suhrkamp taschenbuch
wissenschaft 2176

In unserer dreidimensionalen Welt sind wir umgeben von bebilderten und beschrifteten Flächen. Welche Rolle spielt die »Kulturtechnik der Verflachung« in unseren Wissenspraktiken? Worin besteht die kognitive Kreativität von Tabellen, Texten, Diagrammen und Karten, die für Erkenntnis und Wissenschaft unverzichtbar sind? Sybille Krämer untersucht, wie synoptische Anordnungen zu Denkzeugen werden. Sie analysiert die Erkenntniskraft der Linie als Wurzel eines diagrammatischen Denkens, dessen Spuren sich schon in den Erkenntnistheorien von Platon, Descartes, Kant und Wittgenstein sichern lassen. So entstehen die Konturen einer Diagrammatologie, in deren Rahmen sich die Orientierungsleistung und Imaginationskraft sichtbarer, räumlicher Schemata für das Erkennen erforschen lassen.

Sybille Krämer ist Professorin für Philosophie am Institut für Philosophie der Freien Universität Berlin. Im Suhrkamp Verlag sind zuletzt von ihr erschienen: *Medium, Bote, Übertragung. Kleine Metaphysik der Medialität* (2008); *Sprache, Sprechakt, Kommunikation. Sprachtheoretische Positionen des 20. Jahrhunderts* (stw 1521).

Sybille Krämer
Figuration, Anschauung, Erkenntnis

Grundlinien
einer Diagrammatologie

Mit zahlreichen Abbildungen

Suhrkamp

Bibliografische Information der Deutschen Nationalbibliothek
Die Deutsche Nationalbibliothek verzeichnet diese Publikation in
der Deutschen Nationalbibliografie; detaillierte bibliografische Daten
sind im Internet über http://dnb.d-nb.de abrufbar.

suhrkamp taschenbuch wissenschaft 2176
Erste Auflage 2016
© Suhrkamp Verlag Berlin 2016
Umschlag nach Entwürfen von
Willy Fleckhaus und Rolf Staudt
Druck: Druckhaus Nomos, Sinzheim
Printed in Germany
ISBN 978-3-518-29776-6

Inhalt

Vorwort

Über Jahre, viel zu viele Jahre entstand dieses Buch, denn der akademische Betrieb ist der Muße zurückgezogener Schreibarbeit wenig gewogen. Die Paradoxie unserer universitären Situation, in der die Fruchtbarkeit und Anregungskraft der eigenen Forschung dazu führt, dass die Zeit für neue Forschung rapide schwindet, ist kaum auflösbar. Und so waren es Fellowships, die mir die kostbaren Stunden des Schreibens schenkten. Daher danke ich dem Internationalen Forschungszentrum Kulturwissenschaften (IFK) in Wien, dem Internationalen Kolleg für Kulturtechnikforschung und Medienphilosophie (IKKM) an der Bauhaus-Universität Weimar sowie der DFG-Kollegforschergruppe Medienkulturen der Computersimulation (MECS) an der Leuphana Universität Lüneburg für die Gewährung von Zeiträumen zurückgezogener Arbeit.

Solvej Hartmann und Philipp Linß danke ich für die Formatierungsarbeit am Manuskript und an den Abbildungen und Jan-Erik Strasser für das sorgfältige Lektorat.

1. »Spielfelder« des Denkens und Erkennens? Eine Hinführung

Wir fangen einen durch die Luft fliegenden Ball. Keine Frage: Hirn, Auge und Hand sind hierbei vonnöten; Sensorik, Motorik und Kognition arbeiten dabei in Feinabstimmung. Das Fangen von Bällen ist eine körperliche Kompetenz: Nicht nur, weil unser Körper dabei in Aktion ist, sondern auch, weil der »Zugriff« auf den Ball sich innerhalb der Körperwelt vollzieht: Der Ball ist ein berührbares Ding, und unsere leiblichen Hände, mit denen wir ihn ergreifen, sind zwar keine Dinge für uns, aber als Teile unseres Körpers »zuhanden«. Bälle fangend bewegen wir uns im Materialitätskontinuum der Welt, innerhalb von dem, was raum-zeitlich situiert, also wahrnehmbar und berührbar ist.

Stellen wir uns vor, wir könnten *geistige* Kompetenzen erwerben und befördern, indem das gelungene Zugreifen in der Welt der Körperdinge fruchtbar gemacht wird für das Verhalten in der Welt der Wissensgegenstände: Theoretische Entitäten sind das, was sie sind, weil sie *nicht* raum-zeitlich situiert, *nicht* sinnlich wahrnehmbar, *nicht* zu ergreifen sind. Und doch: Der Kunstgriff, von dem der menschliche Geist – jedenfalls ist das unsere Vermutung – zehrt und beflügelt wird, besteht (auch) darin, abstrakten Entitäten körperliche Surrogate zu verschaffen und sie damit hineinzuholen in die raum-zeitlich situierte, materielle Welt, so dass wir sie in dieser ihrer verkörperten Form eben nicht nur präsentieren, speichern und zirkulieren, sondern vor allem auch explorieren und erforschen können. So werden reale, aber als körperliche Anhaltspunkte fungierende Gegenstände zu Passierstellen, um eine Beziehung aufzunehmen zu abwesenden und vor allem: zu »rein« geistigen Objekten. Es ist nicht abwegig zu vermuten, dass die Bezugnahme auf Immaterielles in Gestalt materialiter präsenter Surrogate ein – sei es auch noch so entferntes – Band stiftet zwischen Wissenschaft und Religion.[1] Doch wir interessieren uns nur für die kognitive, die epistemische und wissenschaftliche Dimension.

Die Aktivität des Rechnens ist für diese kognitive Strategie si-

---

1 Vgl. Day 2010.

gnifikant. Ob mit den Fingern unserer Hand, mit Perlen des Abakus, mit Rechensteinen auf dem Rechenbrett oder mit schriftlichen Zeichen auf dem Papier hantierend: Komplexe Zahlenprobleme werden lösbar durch regelhafte Manipulationen mit taktil und visuell zugänglichen Konfigurationen, die ihrerseits mit für uns unzugänglichen, nicht beobachtbaren Objekten und deren Relationen »irgendwie« verbunden sind. Das Rechnen zeigt auf elementare Weise: Geistige Tätigkeiten können so eingerichtet bzw. formatiert werden, dass sie in Gestalt handgreiflicher Aktivitäten, situiert im Materialitätskontinuum der beobachtbaren Welt, vollzogen werden können. Es gibt ein Handwerk des Geistes.

Die Annahme einer Exteriorität des menschlichen Geistes ist nicht überraschend. Dass der Geist *nicht* mit dem Hirn zu identifizieren ist und alleine im Kopf residiert, sondern in Gestalt symbolischer Artefakte und deren Manipulation den biologischen Körper überschreitet, wird in den letzten Jahrzehnten verstärkt sondiert von Autoren, die ein nicht-kognitivistisches Konzept vom menschlichen Denken unter den Schlagworten *embodied, extended* oder *embedded mind* erarbeiten.[2] Doch lange zuvor – und von den Vertretern des »*embodied* und *embedded mind* nahezu vollständig ignoriert – haben bereits Philosophen zu bedenken gegeben, dass der Gebrauch von sinnlich wahrnehmbaren Zeichen unabdingbar ist, um Gedanken nicht nur zu artikulieren, sondern Erkenntnis überhaupt entwickeln zu können. Für Leibniz sind die Zeichen nicht nur temporäre Stellvertreter geistiger Entitäten, vielmehr können wir gar nicht anders denken denn im Medium von Zeichen.[3] Und er stellt fest: So wesentlich die mündliche »natürliche« Sprache für die Artikulation von Gedanken auch sei, so ist doch unabweisbar: Komplexe Denkoperationen bedürfen der *artifiziellen* räumlich situierten Zeichen, wie sie in den stabilen Konfigurationen von Schrift und Figur gegeben sind. Leibniz' Annahme von einer grundlegenden Externalität des menschlichen Geistes fand prominente Nachfolger: Charles Sanders Peirce, Ludwig Wittgenstein und Ernst Cassirer sind hierfür Beispiele.

2 Unter diversen Titeln hat sich während der letzten Jahre in den Kognitions- und Geisteswissenschaften ein nicht-mentalistischer Ansatz entfaltet, vgl. zu »embodiment« Haugeland 2013; zu »embedded cognition« Shapiro 2001; zu »enactivism« Varela 1991; und zu »extended mind« Clark/Chalmers 2013.

3 Leibniz, GP VII, 1965, S. 31, 191, 204 f.; vgl. Krämer 1991.

Wir sehen also: Nicht erst neuere nicht-kognitivistische Geist-theorien, sondern auch eine bemerkenswerte philosophische Tradition geht davon aus, dass Denken und Erkennen überhaupt erst möglich werden, weil »Denkdinge« und »Denkzeuge« in unserer Außenwelt vergegenständlicht werden und dort sinnlich und operativ zugänglich sind.

Nun gibt es einen Sachverhalt, der so beiläufig, vielleicht auch so selbstverständlich ist, dass er in Reflexionen über die Exteriorität des menschlichen Geistes kaum eine Rolle spielt. Denken wir noch einmal an das Fangen des Balles: Ein solches Vorhaben ist überhaupt nur chancenreich, wenn der Ball eine Flugbahn vollzieht, die innerhalb eines Raumes situiert ist, der von der Spielerin, die den Ball fangen will, auch erreichbar, mithin körperlich kontrollierbar ist. Würden beim Ballfangenspiel Werfer und Fänger sich gegenüberstehen, jedoch der Werfende den Ball hinter sich werfen, so wäre diese Aktion nicht mehr Teil des Spiels. Das Materialitätskontinuum, welches fliegende Bälle und auffangende Hände verbindet, ist eine notwendige, keineswegs aber hinreichende Bedingung: Hinzu kommen muss eine Übereinstimmung in der wechselseitigen Ausrichtung der aufeinander bezogenen Körper, ein vom Werfenden und vom Fangenden, vom Ball und von den Händen *geteilter Aktionsraum*. Plastisch tritt dies daran hervor, dass bei nahezu allen Wettkampfspielen ein Spielfeld verzeichnet und streng einzuhalten ist; Ballspiele wie Fußball, Rugby, Tennis oder Basketball machen deutlich, was für Brettspiele nicht weniger gilt: Das *Diagramm des Spielfeldes* erst garantiert, dass die miteinander und gegeneinander agierenden Körper ihre Bewegungen innerhalb von Grenzen und territorialen Strukturen ausrichten, welche gewährleisten, dass ein übereinstimmender Aktionsradius zwischen den Beteiligten überhaupt möglich ist.

Kommen wir zurück auf Vorgänge von Denken und Erkennen: Wenn geistige Entitäten in wahrnehmbaren Zeichen vergegenwärtigt und in gewissem Sinne auch handhabbar gemacht werden, liegt es dann nicht nahe, auch nach einem Analogon zum Spielfeld zu suchen? Denn tatsächlich: So wie ein Spielfeld auf dem Boden verzeichnet wird, so bedürfen auch geistige Aktionen, die im Medium wahrnehmbarer und manipulierbarer artifizieller Surrogate vollzogen werden, eines Spielfeldanalogons. Es genügt nicht, dass geistige Tätigkeiten außerhalb des Kopfes mit Einsatz von Augen und

Händen geleistet werden: Es muss auch einen korrespondierenden Aktionsraum geben, der dieses Tun in seinen Richtungen festlegt und begrenzt, und dies umso mehr, je mehr die geistige Tätigkeit eine intersubjektiv geteilte, eine kooperative Aktionenfolge ist.

Ein höchst plastisches Beispiel für »territoriale Strukturierung«, die dem Denken dient, ist das Koordinatenkreuz: Die Fläche des Papiers wird in vier Quadranten im umgekehrten Uhrzeigersinn aufgeteilt. Jeder Punkt innerhalb der Quadranten kann jetzt durch ein Zahlenpaar wohldefiniert werden und ist also eindeutig lokalisierbar: Die mathematisch gesehen ausdehnungslosen Punkte bekommen einen berechenbaren Ort. Doch was das Koordinatenkreuz so explizit vollzieht, ist *implizit* mit der normierten, inskribierbaren Fläche immer schon gegeben: Die Fläche weist eine elementare Ausrichtung auf, sie muss orientiert sein, um dem Schreiben und Zeichnen dienen zu können (»orientieren«: einosten). Keine geographische Karte ist zu gebrauchen, kein Text zu schreiben und zu lesen und kein Bild ist anzuschauen ohne eine Kenntnis von deren Ausrichtung, ohne Wissen also, wo jeweils oben und unten, wo links und rechts ist. Ausnahmen – ob bei monochromen Bildern oder den seltenen Schrift(bei)spielen, die Worte auch in entgegengesetzter Richtung lesen lassen (»Anna«) – sind stets möglich und unterstreichen durch ihre Außerkraftsetzung der Ausrichtung gerade deren alltägliche Geltung. Zu dieser elementaren Normierung von beschriebenen und bebilderten Flächen gehört auch die Begrenzung auf ein Format, das überschaubar und handhabbar ist.

Wir leben in einer dreidimensionalen Welt – und doch sind wir allseits umgeben von Buchseiten, Bildern, Computerbildschirmen, Reklametafeln, Karten, Kinoleinwänden – und diese Reihe ist schier endlos fortsetzbar. All dies kulminiert zurzeit im ubiquitären Gebrauch leibnah zu tragender Smartphones. So selbstverständlich sind uns bebilderte und beschriftete Flächen, das uns kaum mehr auffällt, welche *Sonderform* des Räumlichen »Flachheit« erzeugt. »Flächen« sind zweidimensionale Gebilde; sie haben Länge und Breite, jedoch keine Tiefe. Empirisch *gibt* es keine Flächen. Vielmehr behandeln wir Oberflächen – die als Außenhaut eines voluminösen Körpers gegeben sind – so, *als ob* sie flach seien. Diese Verwandlung einer Oberfläche mit Tiefe in eine Fläche ohne Tiefe geschieht, indem Oberflächen etwas eingetragen oder aufgetragen wird. So entstehen Texte und Bilder und die mannigfaltigen Mixturen zwischen ihnen. Für alle inskribierten Flächen gilt: Nicht mehr zählt, was *unter* der Oberfläche verborgen liegt, sondern nur noch, was *auf* der Fläche sichtbar wird.[4] Im Bereich unserer symbolischen Artefakte wird eine Kulturtechnik der Verflachung wirksam, und das gilt auch für unsere technischen Artefakte, deren »Telos« in immer flacheren Versionen technischer Apparate besteht.

Der Paläontologe André Leroi-Gourhan hat den Graphismus als ein Verfahren ausgewiesen, das – einsetzend mit Einritzungen auf Knochen – das untrügliche Zeichen menschlicher Kultur ist.[5] Während die sprachliche Kommunikation zumindest signalsprachliche Vorläufer im Tierreich kennt, gibt es – vermutet Leroi-Gourhan – im vormenschlichen Bereich nichts, was mit der Hervorbringung von Bildern vergleichbar ist. Zwar ist uns klar, dass wir nicht nur über die Sprache des akustischen, sondern auch des visuellen Ausdrucks verfügen, doch hier geht es um mehr als um Deixis, Mimik und Gestik. Es geht um den *Graphismus*, verstanden als eine Technik flächiger Einzeichnungen, die dem Bildermachen wie aller Beschriftung und Markierung zugrunde liegt und die wir in ihrer Bedeutung auf »Augenhöhe« mit der verbalen Sprache bringen wollen.

Die Rolle von Sprachen ist nicht auf Kommunikation und Verständigung eingrenzbar, sondern schließt die Kognition und das Erkennen mit ein. Schon die vorstehenden Überlegungen zur Exteriorität des Geistes legen nahe, von einer bemerkenswerten Verbindung zwischen Denken und Graphismus auszugehen. Unser Hinweis auf die »Spielflächen« des Denkens, auf die Materialität der dabei vollzogenen Operationen, akzentuieren bereits, dass der Graphismus nicht einfach ein visuelles, sondern auch ein taktiles Phänomen ist. *Der Graphismus arbeitet mit räumlichen Konfigurationen*; seine kognitive Bedeutung zu erschließen, heißt, über die Rolle von Figurationen beim Erkennen zu reflektieren. Und damit sind wir bei einem Leitgedanken dieser Studie: Die Sonderform einer Räumlichkeit, kraft derer wir Konfigurationen in nur zwei

---

4 Interessant ist, dass das Deuten und Interpretieren von Texten, Graphen und Bildern traditionell einhergeht mit einer »Rhetorik der Tiefe«: Was bedeutsam ist, liegt »hinter« oder »unter« dem Sichtbaren; fruchtbares Denken ist nicht oberflächlich, vielmehr tiefgründig.

5 Leroi-Gourhan 1980, S. 238.

Dimensionen bilden und umbilden können, ist konstitutiv für das kognitive Potenzial des Graphismus. Doch was bedeutet dies?

Unsere Körperlichkeit grundiert ein basales Ordnungssystem. Die leiblichen Achsen gliedern den uns umgebenden Raum phänomenal in oben und unten, rechts und links, vorne und hinten. So wird der Raum, der uns umhüllt, »ausgerichtet«. Und dieses auf unseren Leib bezogene »Gerichtetsein« kann als ein elementares Ordnungsraster auch auf die Flächen übertragen werden. Indem wir durch Linienzüge, durch Beschriftung und Bebilderung eine Oberfläche in eine Fläche umwandeln, transformieren wir umgebungsräumliche Dreidimensionalität in artifizielle Zweidimensionalität: Auf der Fläche entfällt für Leser und Betrachter das »Darunter«. Damit wird jene Dimension eines »Dahinter« bzw. »Darunter« annulliert, über das wir in lebensweltlicher Situierung keine visuelle Kontrolle haben; der Bereich des für uns Nichteinsehbaren ist eliminiert. Wenn wir also von dem *Sonderraum* der inskribierten Fläche sprechen, so ist damit zuerst einmal ebendies gemeint: Ein durch Begrenzung handlicher, oftmals auch handhabbarer und zumeist rechteckiger Raum wird erzeugt, den wir kraft seiner Verflachung – jedenfalls tendenziell – vollständig überblicken und gegebenenfalls auch überarbeiten können. Flächigkeit versetzt in eine Vogelflugperspektive, die das, was gezeigt wird, im Überblick darbietet. Das aber ist eine Perspektive, die inmitten der Lebenswelt gegenüber ebendieser Lebenswelt *nicht* einzunehmen ist. Flächigkeit evoziert den Eindruck von Sichtbarkeit, Kontrolle und Beherrschung dessen, was sich darauf zeigt; sie verwandelt Leser und Betrachter – ein Stück weit – in externe Beobachter.

Und noch etwas fällt auf: In der Lebenswelt vollzogene Handlungen unterliegen den Gesetzen der Schwerkraft und der Unumkehrbarkeit der Zeitrichtung. Ein Baum, der gefällt ist, kann nicht wieder zurückgepflanzt, das ausgesprochene Wort nicht wieder zurückgenommen werden. Doch ein soeben hingeschriebener Satz kann umgeformt, er kann gelöscht werden. Die bemalte und beschriftete Fläche ist im Akt des Schreibens und Malens der Irreversibilität der Zeit enthoben: Was eingezeichnet, was aufgezeichnet wird, ist im Entstehungsprozess korrigierbar. Als körperliche Wesen sind wir der Macht der Zeit unterworfen; doch die inskribierte Fläche stiftet – jedenfalls ein kleines Stück weit – Macht über die

Zeit. Und nicht nur das: Der Freiraum der Fläche kann auch Imaginäres verkörpern und anschaulich machen. Menschen können als Kopffüßler gezeichnet werden, logisch widersprüchliche Sachverhalte können – denken wir nur an die so genannten unmöglichen Objekte oder an die Zeichnungen Eschers – dargestellt werden.

Befördert und beflügelt die Amputation des »Dahinter« also die Schwungkräfte des Imaginären und Fiktionalen, jenseits der irdisch geltenden Regularien von Raum und Zeit? So viel jedenfalls ist klar: Inskribierte Flächen machen nicht nur sichtbar, sie machen höchst erfinderisch. Die Einbildungskraft findet in diesem artifiziellen Sonderraum einen intersubjektiv teilbaren Ort. Das Einbilden wird im Zusammenhang von Techniken der Einzeichnung und Einschreibung seinerseits disziplinierbar und rationalisierbar. Begegnet uns hier eine Einbildungskraft, die nicht Gegenspielerin, also das »Andere« von Vernunft und Erkenntnis verkörpert, sondern mit diesen verwandt ist? Was aber kann eine solche Verwandtschaft heißen? Wir sehen: Fragen über Fragen.

Es ist verwunderlich, dass der Zusammenhang von Flächigkeit und Denken kaum thematisiert, geschweige denn reflektiert worden ist. David Summers[6] hat mit *Real Spaces* das Kulturgut der bebilderten Fläche kunstgeschichtlich und kunstwissenschaftlich entborgen, beschrieben und analysiert; Manfred Sommer[7] hat gerade ein Buch zur Genese der rechteckigen Bildfläche vorgelegt. Doch das epistemische Potenzial der Kulturtechniken der Verflachung für unsere *Wissenspraktiken* ist noch kaum thematisch geworden, geschweige denn untersucht.

Um eine wichtige Eingrenzung vorab zu markieren: Die Hinwendung zu kognitiven Aspekten im Bildgebrauch der Künste und Wissenschaften ist ein augenfälliger Neueinsatz im letzten Jahrzehnt; sie ist geradezu en vogue geworden und in vielen Hinsichten gut sondiert.[8] Daher geht es in dieser Studie *nicht* um epistemisch eingesetzte Visualisierungen im Allgemeinen. Bezogen auf das breite Spektrum von Visualisierungen interessieren wir uns für einen sehr begrenzten, wiewohl einflussreichen Bereich: die *operativen Visualisierungen*, deren Medium der Graphismus ist, welcher her-

---

6 Summers 2003.
7 Sommer 2016; dieses Buch erschien erst nach Fertigstellung des Manuskripts.
8 Heßler/Mersch 2009b; Galison 1997; Gramelsberger 2010; Raulff/Smith 1999; Rosenblum 1994; Schneider 2005; Tufte 1997.

vorgeht aus der Interaktion von Punkt, Linie und Fläche. Zu dieser Gattung »operativer Bildlichkeit«[9] rechnen wir – ungeachtet der Verschiedenheit dieser Darstellungssysteme – Schriften, Notationen, Tabellen, Graphen, Diagramme und Karten; wir wollen diese Klasse visueller Artefakte »*Inskriptionen*« bzw. »das *Diagrammatische*« nennen.

Inskriptionen setzen Raumrelationen als Medium der Wissensdarstellung und zugleich als ein Instrument der Wissenserzeugung ein. Auf ebendiese surrogative *Räumlichkeit epistemischer Aktion* aufmerksam zu machen und ihre produktive Rolle auszuloten, kommt es uns an. Verknüpft ist diese Rolle mit der Visualität, doch sie geht in der Sichtbarkeit gerade nicht auf; vielmehr werden *Bewegungs*möglichkeiten gestiftet. Durch die Art von Sichtbarmachung, die mit epistemisch eingesetzten inskribierte Flächen verbunden ist, werden Formen von *kognitiven* bzw. epistemischen Bewegungen möglich, die ohne den Operationsraum der Fläche nicht oder nur schwierig auszuführen sind. Inskribierte Flächen eröffnen Denkräume; sie steigern die kognitive Kreativität und Mobilität.

In der Debatte über den Raum stoßen wir auf eine grundlegende begriffliche Differenz: Es geht um den Unterschied zwischen einem Struktur- und einem Bewegungsraum.[10] Ist eine Wohnung zu beschreiben, kann dies auf zwei Arten geschehen: Entweder durch Aufzeichnung des Grundrisses, so dass eine Überblickskarte entsteht. Oder durch die beschreibende Erzählung eines imaginären Ganges durch die Wohnung: »Jetzt folgt rechter Hand das Bad…«. Ersteres stellt die Wohnung als eine Konfiguration von Plätzen, Letzteres als eine Sukzession von Bewegungen dar.[11] Michel de Certeau hat diese Differenz zu qualitativ unterschiedlichen Raumkonzepten verdichtet.[12] Er unterscheidet zwischen dem *Ort* (*lieu*), und dem *Raum* (*espace*). »Orte« beziehen sich auf eine topologische Ordnung, in der alles in einer Beziehung der Koexistenz zueinander steht. Ein Ort ist wie ein fester Punkt, der mit anderen ihn umgebenden Punkten durch stabile Strukturen in *Simultaneität* verbunden ist. Anders der »Raum«, der nicht als Konfiguration von Plätzen vorhanden ist, sondern temporär durch die Bewegun-

9 Vgl. Krämer 2009.
10 Certeau 1988.
11 Linde/Labov 1985, S. 54 ff.
12 Certeau 1988, S. 217 ff.

gen handelnder Akteure erzeugt wird und auch nur im Zuge dieser Bewegungen besteht und vergeht.[13]

Während Strukturraum und Bewegungsraum von verschiedenen Autoren als einander opponierende Darstellungsmodalitäten behandelt werden,[14] gehen wir davon aus, dass Struktur- und Bewegungsraum keine Disjunktion bilden: Die beiden Raumaspekte schließen sich nicht aus, sondern ein. Das demonstriert das Navigationsgerät, welches den objektiven Strukturraum einer Karte in einen subjektiv orientierten Bewegungsraum transformiert. Aber auch der alltägliche Gebrauch von Straßenkarten und Stadtplänen verweist auf das Zusammenspiel beider Formen: Wo wir uns nicht auskennen, jedoch auf einer Karte des unbekannten Territoriums zur indexikalischen Selbstverortung in der Lage sind, stiftet die Karte Aktionsmöglichkeiten. Virtuelle Strukturräume – wie die Karte – eröffnen reale Bewegungsräume. Dies sei der »*kartographische Impuls*« genannt.

Wir können nun eine Leitidee formulieren, die dieser Studie zugrunde liegt: So, wie der kartographische Impuls eine Strategie ist, Orientierungsprobleme unserer praktischen Mobilität zu lösen, so verkörpert die Kulturtechnik flächiger Inskriptionen in Gestalt von Schriften, Diagrammen, Graphen und Karten eine Strategie, Orientierungsprobleme unserer *theoretischen Mobilität* zu lösen. Kraft dieser Orientierungsleistung werden innerhalb theoretischer Domänen Denkoperationen ermöglicht, die anders kaum zu vollziehen wären. Flächige Inskriptionen können in Bewegungsräume des Denkens und Erkennens, der Einsicht und des Verständnisses, der Komposition und des Entwurfs und nicht zuletzt: der Wissensübermittlung verwandelt werden.

Die Untersuchung der konkreten Rolle von Diagrammen innerhalb der Wissenschafts- und auch der Kunstgeschichte ist ein recht gut sondiertes Feld,[15] doch das Fehlen einer allgemeinen Theorie

---

13 Kirsten Wagner charakterisiert diese Differenz als Unterschied zwischen »Vogelperspektive« und »Feldperspektive«, Wagner 2010, S. 244.

14 Vgl. Shemyakin 1961; Piaget/Inhelder/Szeminska 1975 zit. nach Wagner 2010, S. 243.

15 Vgl. Bender/Marrinan 2010; Bogen/Thürlemann 2003; Bonhoff 1993; Boschung/Jachmann 2013; Bucher 2008; Gerner/Pombo 2010; Leeb 2012; Ljungberg 2012; Lutz/Jerjen/Putzo 2014; Mersch 2005; Ong 1959; Schmidt-Burkhardt 2012; in den Literaturwissenschaften: Mainberger 2007; Morreti 2009; Magnus 2016; mit Schwerpunkt Mittelalter: Liess 2012; Patschovsky 2003; zu verallgemeinernden

diagrammatischer Darstellungen und ihrer epistemischen Rollen wird häufig vermerkt.[16]

Stärker als dies in den vorliegenden – sei es bildsemiotisch oder visualitätstheoretisch orientierten – Studien geschehen ist, wollen wir das intellektuelle Potenzial diagrammatischer Einschreibungen mit der *Spatialität der Flächigkeit* in Verbindung bringen.[17] Dies geschieht in zwei Teilen, die wir »Diagrammatik« und »Diagrammatologie« nennen.

Die (1) »Diagrammatik« gibt einen Überblick über Phänomene der Einschreibung in unserem praktischen und theoretischen Tun. Sie entfaltet in grundlagentheoretischer Absicht zentrale Aussagen über das intellektuelle Potenzial des Graphismus im Horizont einer »Epistemologie der Flächigkeit« und der »Erkenntniskraft der Figuration«.

Die (2) »Diagrammatologie« will zeigen, dass die Erkenntniskraft der Figuration, mithin die intellektuelle Bedeutung von simultanen Raumkonstellationen, in der Philosophie selbst Spuren hinterlassen hat. Der kartographische Impuls, die Tendenz also, Denken und Erkennen eine inhärente Räumlichkeit zu verleihen und – nicht selten – durch explizite diagrammatische Aufzeichnungen innerhalb philosophischer Reflexionen auch epistemisch einzusetzen, zieht sich wie ein unterirdischer Fluss durch verschiedene Epochen des Philosophierens. Frederik Stjernfelt[18] lässt in seiner *Diagrammatology* die Diagrammatik mit Charles Sanders Peirce einsetzen, der tatsächlich als Erster vom *diagrammatic reasoning* spricht und dessen intellektuelles Schaffen von einem unübersehbaren Strom graphischer Aufzeichnungen begleitet wurde.[19] Doch wir wollen zeigen, dass die Rolle räumlicher Orientierung für das Philosophieren schon seit der griechischen Philosophie für ganz unterschiedliche Denker auf unterschiedliche Art weichenstellend

Ansätzen einer Diagrammatik: Bauer/Ernst 2010; Gansterer 2011; Gehring 1992; Krämer 2009; Krämer/Ljungberg 2017; Krausse 1999; Mitchell 1981; Stjernfelt 2008; die Dissertation von Schwerzmann 2016 erschien erst nach Abschluss des Manuskriptes.

16 Mersch 2006b, S. 103; Schmidt-Burkhardt 2012, S. 7.

17 Vgl. Krämer 2014a, 2014b.

18 Stjernfelt 2008.

19 Vgl. Peirce 1991, S. 316; vgl. Krämer 2009; Stjernfelt 2000; Stjernfelt 2008; Queiroz/Stjernfelt 2011.

geworden ist. Die Reihe dieser Denker ist umfangreich und imposant, sie umfasst unter anderen: Platon, Aristoteles, Nikolaus von Kues, Descartes, Leibniz, Kant, Peirce, Frege, Wittgenstein, Heidegger, Deleuze oder Derrida. Daher empfiehlt es sich in unseren diagrammatologischen Rekonstruktionen auszuwählen. Unsere Wahl fällt auf vier Philosophen aus vier verschiedenen Epochen: Platon, Descartes, Kant und Wittgenstein. Diese Wahl ist keineswegs zwingend; dass sie gleichwohl aufschlussreich ist für die Entbergung einer impliziten Räumlichkeit erkenntnistheoretischer Ansätze, hoffen wir zeigen zu können. Angesichts unseres Erkenntniszieles aufzuweisen, dass prominente Erkenntnistheoretiker implizit mit dem Räumlichen als Erkenntnismedium arbeiten und welche Spuren dies in ihren Erkenntnistheorien hinterlassen hat, kommt die Eigensignatur der Epoche, in der jeder Teilnehmer unseres »Philosophenquartetts« historisch situiert ist, selbstverständlich zu kurz. Wir sind uns dieses Mankos einer fehlenden historischen Einbettung bewusst: Die Suche nach einer »Familienähnlichkeit« statt einer Herausarbeitung der historischen Differenz motiviert diese Studie. In gewisser Weise setzt die Akzentuierung der Differenz voraus, dass überhaupt gezeigt wird, wie unterschiedliche Epistemologien jeweils durch eine inhärente Spatialität charakterisierbar sind und darin Berührungspunkte finden. Und es wird sich zeigen, dass die detaillierte diagrammatologische Rekonstruktion von Platon, Descartes, Kant und Wittgenstein – gemessen an dem in der einschlägigen Sekundärliteratur jeweils gegebenen Forschungsstand – tatsächlich neue Einsichten über diese Philosophien eröffnet.

I. Diagrammatik

2. Diagramm-Miniaturen: nicht mehr als ein Album

Diagramme sind nichts Besonderes: Sie haben ihren Sitz im Leben und erfüllen höchst unterschiedliche Aufgaben in unseren praktischen und theoretischen Handlungen – und dies zumeist auf unspektakuläre Art. Es gibt unübersehbar viele Diagramme, von denen wir nun einige vorstellen. Unsere Auswahl von »Diagramm-Miniaturen« trägt durchaus willkürliche Züge; keine Systematik, keine Typologie ist hier angestrebt; eher ein Nebeneinanderstellen von Phänomenen nach Art eines Albums, ganz ohne Vollständigkeitsanspruch. Es sind (zumeist) unproblematische Fälle, bei denen Zeichnung und Schrift so verbunden sind, dass das Wort »Diagramm«, wie es alltäglich verwendet wird, unstrittig zutrifft. Auf die oft sondierten Diagramme mittelalterlicher[1] und frühneuzeitlicher[2] Reflexion wird dabei nicht zurückgegriffen. Zutage treten sollen Mannigfaltigkeit und Verschiedenartigkeit des Diagrammgebrauches, der vorab keineswegs über »einen Leisten zu scheren« ist. Gleichwohl hoffen wir anhand dieser Zusammenstellung typischer Fälle Kriterien gewinnen zu können, was Diagramme und vor allem Diagrammgebräuche, auf ihren kleinsten gemeinsamen Nenner gebracht, charakterisieren *könnte*. Daher wird diesem Kapitel eine »Grammatik der Diagrammatik« folgen, welche eine theoretische – und zugleich thetische – Ernte aus der Beschäftigung mit den Phänomenen unserer »Sammlung« einzubringen hofft.

Wir haben Miniaturen aus den folgenden Bereichen zusammengestellt: 1. Sternbilder, 2. Zahlenbilder, 3. Beweisbilder, 4. Bewegungsbilder, 5. Datenbilder, 6. Fehldiagramme und Irrtumsbilder, 7. unmögliche Objekte.

Wir sehen: Die hier vorgestellten Gruppen von Diagrammen werden in der Wortzusammensetzung als »-bilder« bezeichnet. Das ist eine Konzession an unsere Umgangssprache (»Sternbilder«). Zwar kommt Diagrammen eine »operative Bildlichkeit« zu; doch – wie später zu zeigen ist – sind Diagramme von gewöhnlichen Bildern, und erst recht von Kunstbildern, unbedingt zu unterscheiden.

---

1 Etwa bei Lutz/Jerjen/Putzo 2014.
2 Zum Beispiel Siegel 2009.

2.1. Sternbilder

Der Himmel ist bevölkert mit Sternbildern, die aus der Tiefe des Weltalls eine Fläche *machen*. Ein kaum übersehbares Sternenmeer wird aufgeräumt durch die Bildung überschaubarer, einprägsamer Gruppen, benannt nach mythologischen Figuren, Tieren oder Gegenständen. Die Verwandlung von Lichtpunkten in die Elemente einer Figur erfolgt durch Verbindungslinien. Linien sind prominent, wenn es um die Erklärung von Sternbildern geht; es ist erst der Linienzug, der die Sterne in ein Verhältnis zueinander setzt, eine Relation zwischen ihnen stiftet, eine »Kon*stella*tion« überhaupt erst erzeugt. Die im Sternbild zusammen gefassten Sterne haben – physikalisch – nichts miteinander zu tun; was durch die willkürliche Verbindung in nachbarschaftliche Nähe gerückt und in die Bestandteile *einer* Figur verwandelt wird, kann Lichtjahre voneinander entfernt sein.[3] Die Linie jedoch nivelliert; sie macht das in den Entfernungen so Verschiedenartige einander gleich.

Bei der »Erfindung« wie auch dem Wiedererkennen von Sternbildern werden dem menschlichen Augensinn einprägsame Formen unter den 2000-3000 sichtbaren Sternen eine gewisse Zuarbeit leisten; wenn wir den Orion am Winterhimmel identifizieren wollen, ist es der aus drei waagerecht nebeneinander geordneten Sternen bestehende Gürtel des Orion, der als Erstes ins Auge fällt.

Doch was bedeutet angesichts eines gut gefüllten und unübersichtlichen Sternenmeers: »ins Auge fallen«? Gewöhnlich haben wir das Muster, das am Himmel zu entdecken ist, zuvor in mannigfachen Versionen auf Buchseiten, Bildern, Beschreibungen vorgefunden. Sternbilder sind von alters her geprägte artifizielle Konstellationen; sie sind keine Naturphänomene, vielmehr »Bildwerke«, in denen das natürliche Vorkommen von Sternen in die Teilhabe an einer artifiziellen Figur verwandelt wird. Sie sind Projektionen kulturell tradierter Gestalten auf ein »Himmelsgewölbe«, das dadurch seine Tiefe verliert, jedoch an Überschaubarkeit gewinnt. Die Identifizierung von Sternbildern durch irdisch positionierte Augen verleiht dem sich unterschiedslos nach allen Seiten ausdehnenden Himmel eine Richtung. Eine unübersehbare Ansammlung über

---

3 Im Sternbild Orion beispielsweise ist der Stern Beteigeuze 642, der Stern Bellatrix jedoch »nur« 243 Lichtjahre von uns entfernt.

uns wird verwandelt in wiedererkennbare Figurationen, die wir zuerst *vor* uns gehabt haben müssen in Form von Sternbildkatalogen
und Sternbild-Abbildungen, ehe wir sie am Himmel tatsächlich
entdecken können. Jedes Sternbild, das eine Kultur als bedeutsame Konstellation auszeichnet, wird mit einer Pluralität variabler
Skizzen, diagrammatischer und mimetischer Zeichnungen und
mythologisch-literarischer Beschreibungen überliefert und kanoni-
siert. Schon in Höhlenzeichnungen wurden Bezüge auf Sternbilder
entdeckt.[4] Es ist klar: Nur die in den Sternbildregistern und in der
Himmelskartierung Kundigen, nur die also, die dieses Wissen aus
Texten und Bildern bereits gewonnen haben, werden das Sternen-
heer in identifizierbare Strukturen verwandeln (können).

Betrachten wir vier Version des Sternbildes Orion.

Abb. 1: Sternbild Orion, ⟨http://www2.vobs.at/hs-goetzis/tech/sterne/orion.
2.jpg⟩, letzter Zugriff am 1.2.2016

Abb. 2: Orion Grafik ⟨http://1.bp.blogspot.com/-HT8gypOaLKg/T8V
LBJzyZrI/AAAAAAAABY/52iru6DY0_E/s1600/Orion_Grafik.JPG⟩, letzter Zugriff am 1.2.2016

4 Jègues-Wolkiewiecz 2014.

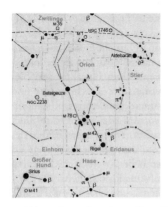

Abb. 3: Orion Sternkarte ⟨http://de.academic.ru/pictures/dewiki/79/
Orion-Sternkarte.png⟩, letzter Zugriff am 1.2.2016

Abb. 4: Figürliche Darstellung des Orion, Archiv Krämer

Unterschiedlicher können Abbildungen kaum sein: (1) zeigt eine
Fotografie des Orion-Sternbildes mit linearen Einzeichnungen; (2)
eine Graphik des Orion, die alle charakteristischen Punkte und
Linien enthält; (3) eine mit einem Koordinatensystem versehene
Himmelskarte, die – neben anderen Konstellationen – auch den
Orion zeigt; (4) eine mimetische Darstellung der mythologischen
Figur des Jägers Orion, die an ausgezeichneten Stellen seines Körpers die korrespondierenden Sterne markiert. Das, was auf dem
Papier gezeigt wird, ist eine einzelne Fotografie, eine schematische
oder mimetische Zeichnung, eine Karte. Doch diese Bilder haben
etwas gemein: Sie realisieren ein Schema. Wir sehen *in* diesen Bildern das Schema des Sternbildes »Orion«. Das Schema ist nicht
das einzelne Bild, sondern etwas, das anleitet, von dem, was jeweils
konkret vor Augen steht, in gewissen Hinsichten gerade *abzusehen*,
um eine *topographische* Anordnung zu entdecken. »Topographisch«
heißt: Auf die räumliche Verteilung kommt es an und darauf, dass
in dieser räumlichen Verteilung – von Bild zu Bild – eine gewisse
Anordnung und Proportionalität gewahrt wird. Die Sterne »Beteigeuze« und »Bellatrix«, welche – wie uns das mimetische Bild
deutlich zeigt – die rechte und linke Schulter des Orion markieren,

folgen in ihrer Anordnung dem Rechts/Links-Schema und sind also relativ zur Körperlichkeit des Betrachters selbst.

Es wird also kein Orion-Bild auf den Himmel projiziert; dafür gibt es zu viele verschiedenartige Orion-Bilder. Wir projizieren vielmehr ein – im Prinzip *unsichtbares* – Schema auf den Himmel, indem wir die Schematisierung, die uns konkrete »irdische« Abbildungen lehren, auf den sichtbaren Himmelausschnitt übertragen und dabei gewissen Anhaltspunkten (wie eben dem charakteristischen Gürtel des Orion) folgen. Sofern ein Sternbild sich einem Betrachter gut sichtbar zeigt, ist es imprägniert von einem ihm zugrundeliegenden artifiziellen und zugleich unsichtbaren Schema, das allerdings vielfach instantiiert und visualisiert ist in kulturellen Bildwerken.

Sternbilder sind kein Selbstzweck; sie haben einen Sinn in jener etymologisch verbürgten Bedeutung, an die uns der »Uhrzeigersinn« erinnert: denn da verweist »Sinn« auf den »Richtungssinn«. Sternbilder dienen der Orientierung und ermöglichen also Selbstlokalisierung. Dies gelingt allerdings nur in einer – für alle folgenden Überlegungen wesentlichen – Verbindung von Räumlichem und Zeitlichem: Anhand eines Sternbildes ist die räumliche Lage auf Erden nur zu orten, wenn zugleich die zeitliche Bewegung dieses Bildes am Himmel in Rechnung gestellt wird. Sofern dies geschieht, lotsen Sternbilder den Himmelskundigen über markierungslose Ozeane und informieren kraft ihrer Stellung im System der Konstellationen auch über die Jahreszeit. Als Orientierungsmittel sind Sternbilder von Nutzen, auch wenn das volkstümliche astronomische Wissen, das sich in ihnen sedimentiert, für wissenschaftliche, für astronomische Visualisierungen kaum ergiebig ist.

Dass wir die chaotische Mannigfaltigkeit des Sternenhimmels durch das Einüben und Wiederentdecken von diagrammatischen Einzeichnungen »bannen« und ordnen können – und kaum eine Kultur kommt ohne Sternbilder aus –, ist eine herrschaftliche Geste. Das uns Unverfügbare wird in ein verfügbares Orientierungsinstrument, das Unübersehbare in eine übersichtliche Anordnung, das Unendliche in eine prägnante Gestalt transformiert. Sternbilder führen diese Metamorphose paradigmatisch vor Augen; und bei ihr spielen Praktiken der diagrammatischen Einschreibung eine entscheidende Rolle.

2.2. Zahlenbilder

Kaum etwas ist vertrauter, als Zahlen durch eine Linie zu visualisieren. Folgend den kulturellen Konventionen unserer Schrift, werden aufeinanderfolgende Zahlzeichen von links nach rechts angeordnet. Beim Zahlenstrahl der natürlichen Zahlen bildet die Null den Anfangspunkt; in regelmäßigen Abständen folgen die weiteren Zahlen, und ein Pfeil am rechten Ende markiert deren lineare Fortsetzbarkeit. Es gibt Zahlenstrahlen für alle möglichen Zahlenarten: für die ganzen, die rationalen und auch die reellen Zahlen; überdies sind aufeinanderstehende Zahlengeraden als Koordinatensysteme konstruierbar. Auf Linealen, Zollstöcken, auf Skalen von Messgeräten und, nicht zu vergessen: in gekrümmter Form auf dem Ziffernblatt analoger Uhren begegnet uns der Zahlenstrahl als ein fast allgegenwärtiges Instrument unserer Kultur; die Zahlenlinie ist ein Allerweltsphänomen.

Abb. 5: Ganze Zahlen, mit der Null beginnend

Abb. 6: Rationale Zahlen mit Null in der Mitte und positiven und negativen Zahlen

Abb. 7: Zollstock ⟨http://www.massstab-diamant.de/artikeldetails-zoll stoecke/kategorie/kunststoff-zollstoecke/artikel/Saphir-Minor.html⟩

Zahlen haben keinen Ort; obwohl individuell, sind sie begriffliche Entitäten, also »Wissensdinge«: unräumlich, unkörperlich, unsichtbar. Doch im Verbund mit der Repräsentation von Zahlen durch Ziffern bannt der Zahlenstrahl die ephemere Existenz von Zahlen auf ein Blatt Papier und macht sie sichtbar, platzierbar, adressierbar. So bekommen Zahlen eine Position, und ihre Aufeinanderfolge bekommt eine Richtung: Je größer die Zahl, umso *weiter* ihre Entfernung vom Nullpunkt. Ein quantitativer Wert nimmt die Gestalt einer räumlichen Erstreckung an; das Zählen als arithmetische und das Messen als geometrische Grundoperation verschwistern sich im Zahlenstrahl, welcher deren Unterschied nivelliert.

Zu zählen ist eine Handlung in der Zeit. Was »Zeitlichkeit« bedeutet, kann kaum eindringlicher erfahren werden als durch die sukzessive, getaktete Erzeugung von Zahlen im Aufzählen. Doch am Zahlenstrahl wird die Zähloperation zu einer *raumgreifenden* Bewegung, bei der die Linie mit Auge oder Finger »abgeschritten« werden kann. Der geistige Umgang mit Zahlen wird als räumliche Mobilität entlang des Zahlenstrahles vollzogen. In der Grundschule kann das Addieren und Subtrahieren anhand des Zahlenstrahls gelehrt werden: Die Addition »5 + 3 = 8« bedeutet, von der Fünf aus drei Schritte nach rechts zu »gehen«; die Subtraktion vollzieht die umgekehrte Bewegung. Sobald ein Zahlenstrahl die rationalen Zahlen verzeichnet, also auch die negativen Zahlen erfasst, eröffnet die lineare Visualisierung der Zahlenfolge etwas, das wir beim Operieren mit Anzahlen konkreter Gegenstände niemals vermögen: Wir können von drei Nüssen nicht acht fortnehmen, wohl aber kann von der »3« aus – am »rationalen Zahlenstrahl« – acht Schritte nach links gegangen werden.

All dies scheint selbstverständlich, nicht mehr als eine Hilfsleiter des Elementarunterrichts, auf welcher die Schüler baldmöglichst zu verzichten haben. Und doch: Müssen wir nicht staunen angesichts des Kunstgriffs der Verräumlichung, mit der die Sukzession aufeinander folgender Zahlen transformiert wird in die Simultaneität ihrer nebeneinanderliegenden Positionierung? Ein sinnlich zugänglicher und operativ handhabbarer Zahlenraum ist entstanden, in welchem Zahlen nicht nur eine Lage, einen Ort bekommen und in ein räumliches Verhältnis zueinander gesetzt werden, sondern mit dem das Lösen von Zahlenproblemen in eine mechanische, raumabtastende Bewegung am »Leitfaden« einer Linie umgepolt werden kann. Die Metamorphose von Zeitlichem in Räumliches durch den Graphismus der Linie ermöglicht es, geistige Arbeit, die auf theoretische Entitäten gerichtet ist – in diesem Falle Zahlen –, als eine exteriorisierbare Aktivität zu vollziehen.

Dieser Zusammenhang von Verräumlichung und Operativität sei nun anhand eines etwas komplexeren Zahlenraumes, eines Nomogramms der Multiplikation, noch einmal beleuchtet.

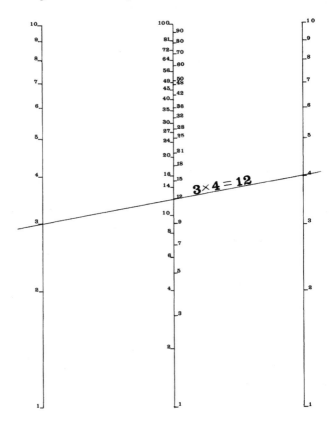

Abb. 8: Nomogramm der Multiplikationstabelle

Mit diesem Graphen[5] lassen sich Multiplikationen im Rahmen des kleinen Einmaleins schematisch ausführen. Zwischen die senkrechten Außenlinien mit einer aufsteigenden Zahlenfolge bis 10 wird eine mittlere Linie platziert, deren räumliche Zahlenplatzierung bis 100 bereits Effekt der Multiplikationsregel ist, also arithmetisches Wissen verkörpert. Zwischen den zu multiplizierenden Zahlen wird eine Linie gezogen und da, wo diese die mittlere Achse kreuzt, findet sich der gesuchte Wert; hier illustriert anhand der Gleichung »3 x 4 = 12«.

Wieder werden Zahlen entlang von Linien angeordnet und erhalten damit eine Position und eine Richtung; wieder ist ein graphisches Problemlösungsinstrument entstanden. Doch anders als am Beispiel des einfachen Zahlenstrahls und deutlicher noch als beim Addieren und Subtrahieren wird bei der Multiplikation eine gegenständliche, material-physische Operation auf dem Papier vollzogen, indem die gegebenen Zahlen durch das Ziehen einer Linie verbunden werden müssen.

Das Nomogramm basiert auf einer Differenz im Status der Linien: Es gibt Hilfslinien und Operationslinien. Die Hilfslinien formatieren den Zahlenraum, in dem dann die Operationslinie »tätig« wird; sie markieren die allgemeine Möglichkeit der Multiplikationsoperation und verkörpern durch die Spezifik ihrer graphischen Anordnung eine universelle arithmetische Regel. Die Operationslinie als Ausführung bzw. Vollzug einer konkreten Operation verkörpert dann die Anwendung dieser Regel auf einzelne Werte. Sowohl ein *universales* arithmetisches Gesetz wie auch dessen *partikuläre* Anwendung auf einzelne Zahlen werden visualisiert. Wir denken nicht nur *auf* dem Papier; wir denken *mit* dem Papier und das heißt: *im Medium* von Punkt, Linie und Fläche.

Die hier dargestellte graphische Multiplikation ist durch eine Fülle unterschiedlicher Verfahren realisierbar: Mit Perlenschnüren des Abakus, mit Kolumnen des Rechenbretts, mit einer Multiplikationstabelle, die nur noch abzulesen ist, mit Nomogrammen, mit Hilfe des schriftlichen Rechnens mit Dezimalziffern, mit Rechenschiebern und schließlich mit mechanischen und elektronischen Maschinen. Nicht nur sind beim Rechnen symbolische und technische Artefakte ineinander überführbar, sondern auch unter-

5 Vgl. Hankins/Silverman 1995, S. 53.

schiedliche graphische Realisierungen sind übersetzbar und in ihrem Funktionswert einander – jedenfalls was das Ergebnis angeht – äquivalent. Anders als die Bilder der Kunst sind Diagramme und Graphen *nichts* Einzigartiges. Ihre Übersetzbarkeit in eine andere Form ist grundlegend für ihre »Natur«: Was diagrammatische Einschreibungen zeigen und was wir mit ihnen machen, kann immer auch *anders* gezeigt und *anders* gemacht werden.

Betrachten wir als letztes Zahlenbeispiel eines, das gerade nicht in der vertrauten diagrammatischen Form, vielmehr »nur« in symbolischer Form, mithin als Zeichensequenz, rekonstruiert ist.

Als Anekdote ist uns überliefert,[6] dass ein Lehrer der Klasse, in der der neunjährige Carl Friedrich Gauß Schüler war, eine komplizierte Rechenaufgabe stellte und hoffte, die Schüler so eine Weile ruhigzustellen: Zu errechnen war die Summe der ersten 100 natürlichen Zahlen. Während die anderen Schüler über lange Zeit unermüdlich – und mit zumeist falschen Ergebnissen – rechneten, fand Gauß blitzschnell die gesuchte Zahl: 5050.

Wie hat er das gemacht? Wir wollen nicht über Gauß' kognitive Winkelzüge spekulieren, sondern das elementare Prinzip einer möglichen – und auch naheliegenden – Problemlösung vor Augen führen, insofern dabei *räumliche* Attribute wie Positionierung, Gruppierung und Umgruppierung von Zeichen eine grundlegende Rolle spielen; und das, obwohl keine Linien eingezeichnet werden. Worauf es bei diesem Beispiel ankommt, ist zu zeigen, dass auch die formale, die »symbolische Schreibweise«, die häufig als die bessere Alternative zur diagrammatischen Einschreibung gedeutet wird, von elementaren räumlichen Positionen und Relationen Gebrauch macht.

Schreiben wir die Addition der 100 ersten natürlichen Zahlen in Gestalt einer Zahlenreihe, die aus der Aufeinanderfolge der Ziffern und dem Additionszeichen besteht:

(1) $1 + 2 + 3 + 4 + 5 + \ldots + 97 + 98 + 99 + 100$

Für die Addition gelten zwei entscheidende Regeln: Das *Kommutativgesetz* besagt, dass die Reihenfolge der zu summierenden Zahlen beliebig ist: statt »1 + 2« kann »2 + 1« geschrieben werden. Anders

6 Erstmals in Waltershausen 1856; s. auch Hayes 2006, S. 200-205.

als beim Zahlenstrahl, wo die Position jeder Ziffer eindeutig festgelegt ist, können beim Addieren die Zahlen ihre Plätze tauschen (commutare: lat. vertauschen). Das *Assoziativgesetz* besagt, dass Summanden durch Klammern beliebig zusammengefasst werden können. Statt »1 + 2 + 3 + 4« kann auch »(1 + 2) + (3 + 4)« oder »1 + (2 + 3) + 4« etc. geschrieben werden. Die Klammerbildung führt Ziffern zu Gruppen zusammen; durch Verschieben der Klammern kann stets eine Umgruppierung vollzogen werden, die das Ergebnis der Addition nicht verändern wird.

Daher kann die Reihe (1) der Summanden durch Platzvertauschung und Gruppierung auch so angeschrieben werden, dass statt einer »chronologischen« Folge jeweils die erste und die letzte Zahl, die zweite und die zweitletzte Zahl und so weiter zusammengerückt und zu Gliedern einer durch die Klammer zusammengehaltenen Gruppe werden.

(2) $(1 + 100) + (2 + 99) + (3 + 98) + \ldots + (49 + 52) + (50 + 51)$

Durch diese Umformung ist eine *optische* Situation entstanden, bei der ins Auge fallen und also entdeckt werden kann (da zwei Ziffern schnell zu überblicken sind), dass die in jeder Klammer stehende Summe gleich groß ist, nämlich: 101.

(3) $(101) + (101) + \ldots + (101) + (101)$

Insofern es 50 solcher Klammern gibt, muss 101×50 errechnet werden. 5050 ist also die Lösung. Noch einmal anders angeschrieben:

(4) $\quad 1 + 100 = 101$
$\qquad 2 + 99 = 101$
$\qquad 3 + 98 = 101$
$\qquad \ldots \ldots \ldots$
$\qquad \ldots \ldots \ldots$
$\qquad 49 + 52 = 101$
$\qquad 50 + 51 = 101$
$\qquad 5050$

Was zeigt uns der »Lösungstrick« bei dieser Aufgabe? Am Zahlenstrahl sind die Ziffern in strenger Sequenz angeordnet. Die Stabilität der Linie fixiert diese Reihenfolge, deren Unveränderlichkeit die Voraussetzung dafür ist, dass elementare Zahlenoperationen wie Addition und Multiplikation mit Hilfe dieser Diagramme ausführbar sind. Anders jedoch im Falle der Entdeckung der Summenformel: Der Kunstgriff beruht darauf, die Linearität in der »natürlichen« Reihen- und Zählfolge der Zahlen zu durchbrechen, insofern die vorderen und die *hinteren* Zahlen jeweils zu einem Paar verbunden werden. So, wie die Verbindungslinie im Sternbild unterschiedlich weit entfernte Lichtpunkte zu *einer* Gruppe zusammenfasst, so bindet die Klammer – abgesichert durch die Kommutativität und Assoziativität der Addition – Zahlen, die weit voneinander entfernt sind, zusammen. Dadurch wird nicht nur eine Kette, die aus 100 Gliedern besteht, wertneutral in eine mit nur noch 50 Gliedern umgewandelt. Vielmehr ist mit dem Perspektivenwechsel dieser Umstrukturierung eine Konfiguration geschaffen, die ein »Aha-Erlebnis«, eine »schlagartige Einsicht« eröffnet: Dass jede dieser neu entstandenen Gruppen denselben Wert »101« hat. Es geht also nicht einfach um die Schaffung von Überblick, denn 100 aufeinanderfolgende Zahlen können so wenig wie 50 Zahlenpaare simultan überblickt werden. Vielmehr ist durch die Umgruppierung eine Situation entstanden, bei der es genügt, nur die ersten $(1+100)$, $(2+99)$, $(3+98)$ und die letzten Glieder $(49+52)$, $(50+51)$ zu betrachten, um eine Regularität zu entdecken in Gestalt der numerischen Äquivalenz der Klammerausdrücke.

Obwohl hier nicht gezeichnet wird, sondern nur Symbolsequenzen geschrieben und umgeformt werden, ist klar: Durch die spezifische *Anordnung* in dieser Anschreibung der Zahlen wird die Entdeckung einer effektiven und eleganten Problemlösung möglich, die bei einer anderen Form der Anordnung im Verborgenen bliebe. Die Durchbrechung des sich »natürlicherweise« aufdrängenden Prinzips einer ihrer Größe folgenden Aneinanderreihung der Zahlen zugunsten einer Umstellung, bei der die »Letzten bei den Ersten« sein werden, vollzieht einen Aspektwechsel in der Erscheinungsform der Zahlenreihe, die damit keine *Zähl*reihe mehr bleibt.[7] Ähnlich Gottlob Freges Erwähnung von Morgen- und Abendstern als Gegebenheitsweisen des Planeten Venus[8] gibt es

7 Zum Aspektwechsel als epistemischem Prinzip in der Mathematik: Wöpking 2015; Colivia 2012; Macbeth 2009.
8 Frege 1962, S. 26 ff.

verschiedene Anschreibweisen einer Addition der ersten 100 ganzen Zahlen, bei welchen die Bedeutung der Summe gewahrt, doch der Sinn – verstanden als Form der räumlichen Positionierung bzw. Perspektivierung – sich ändert.

Ermöglicht wird diese »Sinnverschiebung bei Bedeutungsgleichheit« durch die immanente Spatialität, die eben nicht nur in typisch diagrammatischen, sondern auch in formalen Operationen gegeben ist. Nicht nur am Zahlenstrahl selbst, sondern auch in der formalen Zahlennotation nehmen die Zeichen wohlbestimmte, aber eben auch austauschbare Plätze ein, und so können – zum Beispiel durch Einklammerung – Verbindungen zwischen Zahlzeichen sichtbar gemacht werden, so dass schriftliche »Zahlenbilder« entstehen, die durch Aufdeckung von Regelmäßigkeiten zur Entdeckung von Problemlösungen beitragen.

2.3. Beweisbilder

Bleiben wir noch ein weiteres Mal bei einem mathematischen Beispiel. Das griechische Wort διάγραμμα (diágramma) bezieht sich – unter anderem – auf die Umrisslinie einer Gestalt, wie sie klassisch in geometrischen Figuren Euklids gegeben ist, die als Beweismittel in seinen *Elementen* eingesetzt werden.[9] Beweiskraft zu haben, eine Einsicht im Medium der Visualisierung zu erzeugen, ist eine so frühe wie charakteristische Aufgabenbestimmung diagrammatischer Inskriptionen. Es gibt eine ausgefeilte Diskussion um die epistemische Rolle von Diagrammen in der Geometrie am Leitfaden der Frage, ob Diagramme eine erkenntnis*erweiternde* Funktion spielen, ob sie ersetzbar oder unersetzbar sind für mathematische Entdeckungen und Beweise;[10] wir kommen an späterer Stelle auf diese Debatte zurück. Hier genügt das einfache Beispiel eines Diagramms,[11] das eine mathematische Einsicht eröffnen und demonstrieren kann.

Gezeichnet sei ein Quadrat. Diesem Quadrat wird ein zweites

9 Zum griechischen Diagrammgebrauch: Catton/Montelle 2012; Netz 1998; 1999; Manders 2008a; Macbeth 2010.

10 Brown 1999; Colivia 2012; Colyvan 2012; Giaquinto 2007; Sherry 2009; Manders 2008b; Potter 2006; Mancosu 1996; Stekeler-Weithofer 2008.

11 Giaquinto 2007, S. 51-64; Giaquinto bezieht sich auf Kosslyn 1983.

eingezeichnet, so dass die Ecken des inneren Quadrates mit den Mittelpunkten der äußeren Quadratseiten zusammenfallen. Die Frage lautet: wie groß ist das äußere Quadrat in Relation zum inneren?

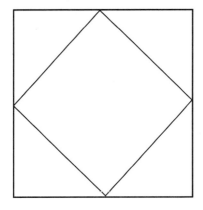

Abb. 9: Zur Relation zweier Quadrate 1

Eine kurze Beschäftigung mit der Zeichnung enthüllt: Die Fläche des äußeren Quadrates ist doppelt so groß wie die des inneren. Doch was heißt »Beschäftigung«? Wir könnten ein Experiment mit dem gezeichneten Quadrat machen, indem wir es ausschneiden und die äußeren Dreiecke nach innen klappen und zeigen, dass diese die Fläche des inneren Quadrats vollständig bedecken. Doch ist so wirklich vorzugehen bei der Demonstration mathematischer Wahrheiten? Wenn wir fahrlässig gezeichnet haben – was bei geometrischen Demonstrationen gang und gäbe ist –, wird es passieren, dass die umgeklappten Dreiecke *nicht* haargenau das innere Quadrat zudecken. Doch daraus würden wir keinesfalls den Schluss ziehen, dass das äußere Quadrat weniger oder mehr als doppelt so groß sein muss, sondern sehen, dass *wir* grobschlächtig gezeichnet haben. Die Einsicht, die das Diagramm eröffnet und die Kant, auf den wir später zurückkommen, als eine apriorisch geltende Erkenntnis charakterisiert, beruht *nicht* auf experimenteller oder überhaupt sinnlicher Erfahrung. Denn zu erwerben ist hier eine Einsicht, die für *alle* in dieser Weise ineinandergeschachtelten Quadrate gilt und eben nicht nur für diese eine hingezeichnete

Figur; genau genommen gilt das Wissen, das zu gewinnen ist, für kein empirisches Quadrat, da die geometrische Idealform des Quadrats (= mathematischer Begriff des Quadrats als Konstruktionsvorschrift) und dessen anschauliche Instantiierung nolens volens voneinander abweichen.[12]

Doch noch einmal: wenn nicht in der Erzeugung sinnlicher Evidenz, worin sonst besteht die demonstrative Rolle der Visualisierung? Wir zeichnen jetzt die ineinandergeschachtelten Quadrate nur um weniges anders:[13]

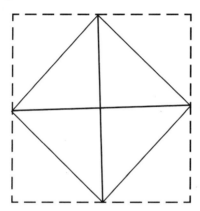

Abb. 10: Zur Relation zweier Quadrate 2

Die äußeren Dreiecke sind nun gestrichelt, wie eine Falzlinie; das innere Quadrat bekommt zusätzliche Linien, indem seine Eckpunkte miteinander verbunden werden, so dass ein Achsenkreuz entsteht. Dieses Achsenkreuz zerlegt das innere Quadrat in vier Dreiecke. Und ins Auge fällt, dass das Achsenkreuz überdies das äußere Quadrat in vier Quadranten unterteilt, von denen jeder wiederum zusammengesetzt ist aus einem innerem und einem äußerem Dreieck. Gemäß der *Konstruktionsanleitung für Quadrate* bzw. dem mathematischen Begriff »Quadrat« ist klar, dass diese vier Quadranten kongruent sind und dass die Diagonale in jedem

---

12 Auf den nicht empirischen Charakter des Einsatzes geometrischer Diagramme zielen die Studien von Giaquinto 2007 und Wöpking 2012.
13 Vgl. Giaquinto 2007, S. 61.

dieser Quadranten diese hälftig unterteilt, die inneren und äußeren Dreiecke also *flächengleich* sein müssen. Da die inneren Dreiecke sich keinesfalls überlappen können, insofern sie zusammen das innere Quadrat bilden, kann geschlossen werden, dass auch die äußeren Dreiecke den inneren entsprechen werden. So gelangt man zu der Einsicht, dass das große äußere Quadrat das kleinere innere verdoppelt. Daher ist unabhängig von Faltexperimenten und exakter Zeichenkunst zu erkennen, dass die äußeren Dreiecke jeweils mit dem inneren Dreieck desjenigen Quadranten, zu dem sie gehören, zur Deckung kommen; und dies impliziert, dass das äußere Quadrat doppelt so groß ist. Hier ist nicht der Ort, präziser in die Subtilitäten und Probleme der mathematischen Visualisierung in demonstrativer Hinsicht einzusteigen. Doch zweierlei sei festgehalten anhand dieser geometrischen Diagramm-Miniatur:

1. Der Beweisgang beruht darauf, dass wir im Wahrnehmen der Figur eine Umpolung, einen Aspektwechsel vollziehen: Ein und dieselbe Linie fungiert als Aufbauelement von zwei unterschiedlichen Gestalten. In diesem Falle: Die *Seiten* des inneren Quadrats bilden zugleich die *Diagonalen* der Quadranten des äußeren Quadrats. Diese Linie muss somit in einer doppelten Rolle »gesehen« werden, da sie zugleich die Funktionsbestimmung einer Quadratseite *und* einer Diagonalen erfüllt. Dieses Doppelleben anhand der hingezeichneten Figur zu erkennen, ist der epistemische Mehrwert, den das Diagramm stiftet; genau dies ist eine Einsicht, die in der Konstruktionsanweisung der ineinandergeschachtelten Quadrate gerade *nicht* enthalten ist.

2. Das Sehen und Einsehen, um das es hier geht, ist immer schon gesteuert von elementaren Konstruktionsregeln, die mit mathematischen Begriffen verbunden sind. Ohne uns an dieser Stelle mit der Fundierung der Mathematik nicht bloß in sinnlichen Erfahrungen, vielmehr in Konstruktionsnormen auseinandersetzen zu können, ist so viel jedenfalls klar: Die Demonstrationskraft mathematischer Diagramme kann nicht unabhängig von der Normativität grundlegender mathematischer Sachverhalte wirksam und also auch begründet werden. Der Aspektwechsel, der auf »etwas *als* etwas sehen« beruht, führt im Demonstrationsbeispiel epistemisch dazu, »etwas *in* etwas zu sehen«: Wir sehen einen begrifflichen Zusammenhang *in* einer empirischen Figur. Das »Sehen-in« ist eine Form der Wahrnehmung, die in der Bilderdebatte dem Wahrneh-

men von Bildern zugesprochen wird.[14] Gleichwohl zeigt sich, dass dieses visuelle epistemische Potenzial sich nur entfaltet, insofern eine konkrete Zeichnung im Lichte eines abstrakten Begriffs gedeutet wird. Das Diagramm bildet ein Scharnier zwischen Begriff und Anschauung.

2.4. Bewegungsbilder

Unser Beweisbild arbeitete mit einem Quadrat im Quadrat. Die nächste Miniatur zeigt einen Kreis in einem Rechteck; überdies gibt es Buchstaben; es ist somit alles vorhanden, was ein geometrisches Konstruktionsbild ausmacht. Und doch ist dies ist kein geometrisches Diagramm; gezeigt wird vielmehr eine der elementaren Bahnfiguren im Dressurreiten: der Zirkel. Die äußerliche Ähnlichkeit eines Mathematik- und eines Reitfigurendiagramms scheint die Vorurteile derjenigen zu bedienen, die das Dressurreiten als widernatürliche – weil geometrische – Verbiegung der natürlichen, freien Bewegungen des Pferdes interpretieren. Schauen wir genauer hin. Was zeigt dieses Diagramm?

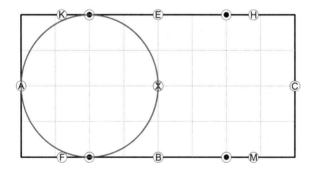

Abb. 11: Idealer Zirkel ⟨https://de.wikipedia.org/wiki/Bahnfigur#/media/File:Dressurviereck_-_Der_Zirkel_quer.svg⟩, letzter Zugriff am 11.3.2016

14 Boehm 2001.

Zwischen der Darstellungsfunktion des Rechtecks und der des Kreises ist hier zu unterscheiden. Das Rechteck stellt maßstabsgetreu die Bodenfläche einer regulären Reithalle dar. Es ist ein Abbild nicht der Höhe der Reithalle, sondern des Einzigen, worauf es ankommt: der Struktur und Proportionen ihrer Grundfläche. Die Buchstaben entsprechen fester Konvention, sie sind an der Seite der Reithalle gut sichtbar angebracht und dienen der Orientierung beim Ausführen der Reitfiguren. Anders als das Rechteck, das den stabilen Rahmen dressurreiterlicher Aktionen abbildet, repräsentiert der Kreis eine virtuelle *Bewegungsfolge*; in der Reithalle ist er nirgendwo »eingebaut« und nirgendwo zu sehen: er existiert nur prozessual, im Vollzug des Reitens – und eben fixiert auf dem Papier. Diese Kreislinie ist keine abbildende Figur, sondern die *Instruktion* für eine Bewegungsabfolge: Sie verkörpert eine Norm, sie gibt eine Regel vor: Wer einen Zirkel reitet, wird sein Pferd dazu bringen, mit der Bewegung seiner Hufe tatsächlich eine kreisförmige Spur – mehr oder weniger gelungen – im Sand zu hinterlassen. Das Vorbild des Diagramms wäre dann als Nachbild dem Boden eingraviert. Doch vom Ideal einer solchen Zirkellinie weicht die Realität des Zirkelreitens gemeinhin ab.

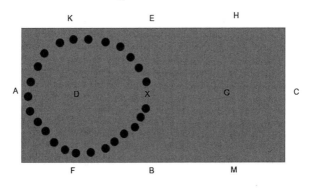

Abb. 12: Real gerittener Zirkel (Archiv Krämer)

Wie nun schafft es ein Pferd, einen Kreis zu realisieren, dessen nebeneinanderliegende Punkte – geometrisch gesehen – niemals eine auch noch so kleine Gerade bilden dürfen? Zweifellos: Ein Pferd wird sich nur dann annähernd auf einer Kreislinie bewegen können, wenn es mit seinem Körper eine dem Kreis entsprechende Krümmung realisiert – jeder die Herde umkreisende Hengst macht dies vor.

Doch damit ein Pferd »versteht«, dass sein Körper sich biegen soll, müssen Reiter ihre eigene rechte und linke Körperhälfte *unterschiedlich* einsetzen. Die rechte Hand macht etwas anderes als die linke, und dies gilt ebenfalls für Fuß und Bein. Es erfolgt somit eine asymmetrische Impulsgebung, bei der links und rechts verschiedenartige Berührungssignale gegeben werden.

Ein Kreis ist eine Grenzlinie, die ein Innen und Außen erzeugt, ohne dass die Kreislinie selbst einem von beiden angehört – denn sie hat ja keine Breite. Dass das Pferd im Zirkel zu reiten ist, heißt jedoch, dass der Unterschied von innen und außen, der – auf der Fläche betrachtet – den Unterschied von rechts und links hervorbringt und gewöhnlich *außerhalb* und *jenseits* der Linie selbst liegt, nun vom Pferd wie vom Reiter *auf* der Zirkellinie buchstäblich zu verkörpern ist. Die Linie bekommt eine Breite und erzeugt – wie es im Reiterjargon heißt – eine »rechte« und eine »linke« Hand mit je unterschiedlichem Funktionswert. Die Annäherung an Idealfiguren beim Reiten heißt gerade, eine Linie nicht als Linie, sondern als etwas zu realisieren, das eine *Breite* hat und also auf die Inkongruenz der Rechts-Links-Unterscheidung von Körpern Bezug nimmt. Das ist der Unterschied zwischen der graphischen Erzeugung einer Kreislinie und dem Reiten auf dem Zirkel.

Der für unsere Diagrammerörterung entscheidende Punkt ist also: Was im statischen Reitdiagramm als *eindimensionale* Linie gezeichnet ist, muss in der dynamischen Reitbewegung in Form einer asymmetrischen, den Unterschied von rechts und links berücksichtigenden Einwirkung auf das Pferd realisiert werden. Die Linie des Diagramms ist nur durch eine *nicht* einheitliche, *nicht lineare* Hilfegebung auf dem Pferd und mit ihm zu verwirklichen: Genau das ist die Reitkunst.

2.5. Datenbilder

Mathematik hilft – so erstaunlich das ist angesichts der Idealität ihrer Objekte –, reale Geschehnisse in der Welt zu berechnen. Dazu gehören auch so komplizierte und für Menschenaugen unter Umständen unsichtbare Dinge wie die Flugbahnen von Kanonenkugeln oder Fußbällen. Wenn eine Flugbahn als eine ballistische Kurve gezeigt wird, dann ist klar: Bei dieser Kurve handelt es sich nicht um ein mimetisches Abbild, welches von der Realität auf das Papier übertragen und dort in seinem Verlauf abgebildet wird; vielmehr die Flugbahn in jedem ihrer Raum-Zeit-Punkte errechnet, und es sind diese *errechneten Daten*, die dann in Gestalt einer Kurve auch visualisiert werden können. Wenn wir eine solche Flugbahn durch fotografische Apparate mit hoher Auflösung tatsächlich sichtbar machen, dann würde eine Ähnlichkeit oder gar Deckungsgleichheit zwischen der errechneten/aufgezeichneten ballistischen Kurve einerseits und der fotografisch fixierten realen Flugbahn eines Objektes andererseits lediglich zeigen, dass die Parameter der Rechnung und das Rechenverfahren glücklich gewählt sind. »Glücklich gewählt« heißt: Mit Hilfe von Bewegungsgleichungen kann der Bewegungsverlauf vollständig berechnet und auch vorhergesagt werden – allerdings dann und nur dann, wenn die einzubeziehenden Parameter extrem reduziert und die Randbedingungen idealisiert werden.

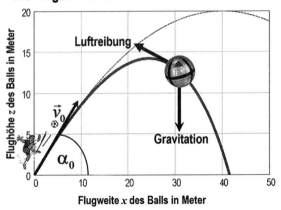

Die Flugbahn eines Fußballs mit Luftwiderstand

Abb. 13: Flugbahn eines Fußballs, ⟨http://www.weltderphysik.de/gebiet/leben/fussball/rolle-des-luftwiderstands⟩, letzter Zugriff am 11.3.2016

Dieser Graph zeigt die Flugbahn eines Fußballs unter Einwirkung sowohl von Luftwiderstand wie auch der Erdanziehung. Die X-Achse gibt die Flugweite, die Y-Achse die Flughöhe an – Letztere ist aufgrund unterschiedlicher Skalen auf beiden Achsen nach oben gestreckt, so dass die wirkliche Bewegung des Balls flacher verlaufen würde. Unter der Bedingung, dass die Abschussgeschwindigkeit des Balls 100 km/h und der Abschusswinkel 45 Grad entspricht – das ist ungefähr das, was ein Torwart beim Abschuss des Balls erreichen kann –, markiert die rote Linie die Flugbahn des Balls, die gestrichelte schwarze zeigt, wie der Ball ohne Luftwiderstand fliegen würde. Wenn also definitive Ausgangsbedingungen gegeben sind, dann ist zu jedem späteren Zeitpunkt die Position des Fußballs im Raum eindeutig zu ermitteln.

Das, was wir hier sehen, ist ein Datenbild:[15] Etwas, das errechnet, also mit Hilfe von Differentialgleichungen arithmetisch *hergestellt* und nachträglich visualisiert ist. Was zuerst als eine Reihenfolge von Gleichungen auf dem Papier steht, wird – in einem zweiten Schritt – als eine präzise Figur vor Augen gestellt, und zwar mit Hilfe eines elementaren Koordinatensystems. *Datenbilder visualisieren Rechenergebnisse.* Ihrer figurativen Oberfläche entspricht eine als Rechnung verfasste »Unterfläche«.[16] Und »Unterfläche« heißt hier: Dem Datenbild geht bereits eine Inskription voraus, als deren visuelle Umschrift das Datenbild zu begreifen ist.

Auf noch etwas ist aufmerksam zu machen: Wir haben nicht einfach vom Diagramm, sondern von einem Graphen gesprochen. Ohne diese Unterscheidung hier zu vertiefen, ist so viel jedoch klar: »Graph« bedeutet, dass Daten mit Hilfe eines Koordinatensystems visualisiert werden, so dass bei solchen Bildern eindeutig zu unterscheiden ist zwischen »Hilfslinien« (= Koordinaten) und »Objektlinien« (= Kurven, die auf errechnete Sachverhalte referieren).

Kein Wunder nun, dass die Grenzen solcher linearen, analytischen Berechenbarkeit schnell erreicht sind, sobald es darum geht, reale Bewegungsverläufe unter komplexen Bedingungen zu errechnen. So würden schon kleine Besonderheiten auf der Oberfläche des Fußballs die Rolle des Luftwiderstandes drastisch verändern; erst recht gilt dies für die komplexen Bedingungen etwa des Verhaltens von Satelliten im Gravitationsfeld der Erde oder

15 Adelmann/Frercks/Heßler/Jochen 2009.
16 Nake 2006.

bei den Strömungsverhältnissen bei künstlichen Herzklappen oder Flugzeugflügeln. Die Existenz nichtlinearer Bedingungen heißt keineswegs, dass das Problem mathematisch nicht lösbar ist, sondern heißt nur: die mathematischen Lösungsverfahren müssen gewechselt werden. Dieser »Wechsel« besteht in dem Übergang zu »Computerexperimenten«,[17] in denen als Alternative zu linearen, analytischen Lösungsverfahren nun eine numerische Simulation von Gleichungen erfolgt. Jetzt kann nicht mehr lückenlos, also vollständig ein Verlauf beschrieben, sondern dieser nur noch für selektive Raum-Zeit-Punkte bestimmt werden. Das Koordinatensystem, das die Ballistik des Fußballs visualisierte, wird nun ersetzt durch ein komplexes Berechnungsgitter.

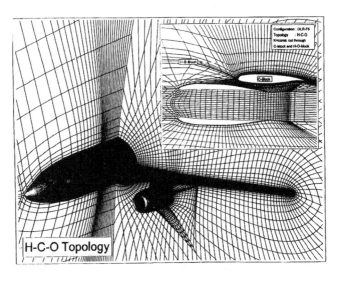

Abb. 14: Rechnungsgitter für die numerische Simulation der Strömung um ein Flugzeug (Gramelsberger 2010, 34)

Datenbilder auf der Grundlage numerischer Simulationen sind durch den Computer generierte Bilder. Es gibt eine Fülle von Studien, welche die computergenerierten Bilder im Rahmen der

17 Vgl. Gramelsberger 2010, S. 34 ff.

gegenwärtigen Praktiken des Visualisierens insbesondere in den Naturwissenschaften erforschen.[18] Bei computererzeugten Bildern ist es offensichtlich, dass zwischen dem für Menschenaugen sichtbaren Phänomen auf dem Bildschirm und dem darunterliegenden, für den Nutzer unsichtbaren digitalen Code, der das Bild als Zeichensequenz abspeichert, zu unterscheiden ist. Ein Umstand, der Frieder Nake bei digitalen Bildern zwischen *Oberfläche* und *Unterfläche*,[19] Lev Manovich zwischen *cultural layer* und *computer layer* unterscheiden lässt.[20] Worum es uns an dieser Stelle geht, ist, diese dem digitalen Bild zugesprochene Sonderform ein Stück weit zu entmystifizieren: Denn tatsächlich liegt allen Datenbildern, also auch den einfachen ballistischen Kurven, eine Berechnung zugrunde, sei diese nun per Hand analytisch errechnet oder per Computer numerisch simuliert. Dass es lebenspraktisch gesehen einen großen Unterschied macht, ob Vorgänge linear vorhersehbar sind oder – via digitaler Simulation – »nur« lückenhaft und extrem eingeschränkt vorhersagbar sind, liegt auf der Hand: Fehlschlagende Wettervorhersagen führen das drastisch vor Augen – von den unterschiedlichen Vorhersagen der Klimaforschung ganz zu schweigen.

Gleichwohl machen Datenbilder – in allen Versionen – deutlich, dass der für Diagramme so konstitutive Flächenbezug subtiler aufzufassen ist und – wenn nicht direkt von Ober-und Unterfläche zu sprechen ist – dann zumindest Flächen in verschiedenen Schichtungen in Rechnung zu stellen sind.

2.6. Fehldiagramme, Irrtumsbilder

Alle unsere Beispiele zeugten – auf die eine oder andere Art – von den nützlichen, den handlungsanleitenden und erkenntniserweiternden Rollen von Diagrammen. Doch nur solche produktiven Funktionen von Diagrammen in den Blick zu nehmen, greift zu kurz. Denn Diagramme können nicht nur die Augen öffnen für einen Sachverhalt, sondern einen Sachverhalt auch verstellen oder gar verfälschen. Gibt es also »Irrtumsbilder«, mithin Diagramme,

---

18 Adelmann/Frercks/Heßler/Jochen 2009; Gramelsberger 2010; Lengauer 2011.
19 Vgl. Nake 2006.
20 Manovich 2001, S.45, zit. nach Schneider 2009, S.196.

die kraft ihrer Visualität falsche Aussagen generieren und nahelegen? Gemeint ist hier nicht der triviale Sachverhalt, dass jedwede Abbildung – etwa eine falsch gezeichnete Karte – so verfasst sein kann, dass sie einen Sachverhalt unrichtig – gemessen am vorhandenen Wissen – darstellt. Gemeint ist vielmehr, dass Diagramme genuin und von ihren Produzenten und Nutzern *unbeabsichtigt* zu Fehlerquellen werden können.

Schauen wir uns diese Figurenfolge von drei identischen Dreiecken an.

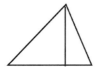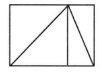

Abb. 15: Drei spitzwinklige Dreiecke (Giaquinto 2007, S. 65)

Ein spitzwinkliges Dreieck mit horizontaler Basis wird konstruiert, von dem oberen Eckpunkt sodann das Lot gefällt und nun ein Rechteck auf derselben Basis mit derselben Höhe konstruiert. An der Zeichnung fällt ins Auge, dass die beiden rechtwinkligen Dreiecke, die zusammen das ursprüngliche Dreieck bilden, genauso groß sind wie die beiden durch das Rechteck neu entstandenen Dreiecke. Und aus dieser Ein-Sicht drängt sich eine generelle Schlussfolgerung auf: Der Flächeninhalt jedes Dreiecks lässt sich bestimmen als die Hälfte der Größe, die sich aus der Multiplikation seiner Basis mit der Höhe ergibt. Doch diese Schlussfolgerung ist falsch, denn die Generalisierung von dem gezeichneten Dreieck für *alle* Dreiecke geht fehl. Tatsächlich trifft dieser Zusammenhang nur für spitzwinklige, nicht aber stumpfwinklige Dreiecke zu, da ein Rechteck in der hier vollzogenen Weise überhaupt nur gezeichnet werden kann, wenn die Basiswinkel nicht größer als rechte Winkel sind.

Wir sehen: Nicht die Zeichnung ist falsch, sondern falsch ist, wie die Zeichnung epistemisch beurteilt und »genutzt« wird. Eine Generalisierung wird vollzogen, die zwar für spitzwinklige Dreiecke, nicht aber für alle Dreiecke gilt.[21] Nicht die Visualisierung,

21 Kann modifiziert werden durch Parallelogrammzeichnung etc., vgl. Giaquinto 2007, S. 69.

48

sondern deren *Interpretation* geht fehl, insofern eine unzulässige Verallgemeinerung erfolgt.

Doch sehen wir uns ein weiteres Beispiel an.[22] Es unterscheidet sich darin, dass seine Irrtumsanfälligkeit tatsächlich in der Zeichnung selbst gegründet zu sein scheint. Dazu allerdings müssen wir einen kurzen Exkurs zu der produktiven Funktion von Euler-Diagrammen machen. Euler-Diagramme sind Kreise, mit denen syllogistische Figuren repräsentiert werden und Verhältnisse des Einschlusses, des Ausschlusses und der Überlappung visualisiert werden können.

Abb. 16: Alle A sind B; kein A ist B; einige A sind B; einige A sind nicht B
(Abbildung Philipp Linß)

Wenn etwa zwei Prämissen gegeben sind: (1) »Alle A sind B« und (2) »Kein B ist C«, dann führt die folgende Visualisierung einen Sachverhalt vor Augen, auf den wir aus den Prämissen zwar schließen können, der in diesen aber nicht explizit angelegt ist; er besteht in der Aussage: (3) »Kein A ist C«.

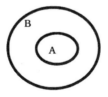

Abb. 17: Alle A sind B (Wöpking 2016, S. 43)

---

22 Vgl. Wöpking 2016, S. 49-51; Stenning/Lemon 2001, S. 45-47; Shin/Lemon/Mumma 2008.

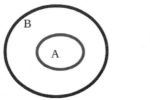

Abb. 18: Kein B ist C (Wöpking 2016, S. 43)

Hierbei ist es also die *konkrete* Zeichnung und sind es die darin realisierten *räumlichen* Verhältnisse, welche die Schlussfolgerung gleichsam durchführen und anzeigen, ohne dass der Nutzer selbst Inferenzregeln anzuwenden braucht, also eine logische Schlussfolgerungsprozedur zu durchlaufen hätte. Es ist – wie Jan Wöpking aufzeigt – ein Informationsüberschuss in der Visualisierung entstanden, indem »Logik [...] per Zeichenphysik betrieben« wird.[23] Doch genau diese Möglichkeit, kognitive Zusammenhänge als graphisch-optische Zusammenhänge vorstellig zu machen, Semantik als Physik, Geist als Graphé zu realisieren, stößt – in einigen Fällen – auf unüberwindbare Schranken.

Euler-Diagramme benutzen Kreisflächen, also zweidimensionale Objekte. Diese sind mathematisch gesehen »konvexe Regionen«, für die charakteristisch ist, dass immer dann, wenn in einer solchen Region zwei Punkte gegeben sind, auch deren Verbindungslinie Bestandteil des Kreises sein muss. Für solche konvexen Regionen hat der Mathematiker Eduard Helly ein Theorem formuliert:[24] Wenn vier oder mehr Kreise gegeben sind, von denen jeweils drei sich schneiden, schneiden sich auch alle vier. Dies kann anhand von vier Euler-Kreisen einfach gezeigt werden: Die vier Kreise, von denen per Instruktion sich jeweils drei schneiden, haben auch ein gemeinsames Schnittfeld aller vier Kreise.

So weit, so gut. Doch nun können Euler-Diagramme nicht nur logisch, syllogistisch, sondern auch *mengentheoretisch* interpretiert werden. Stellen wir uns vor, vier Mengen zu haben, deren Elemente die folgenden natürlichen Zahlen sind:[25]

23 Wöpking 2016, S. 39.
24 Shin/Lemon/Mumma 2008.
25 Beispiel entnommen von: Wöpking 2016, 48.

A = {1, 3}; B = {1, 2}; C ={1, 2, 3}; D = {2, 3}

Die Überlappungsverhältnisse sehen jetzt so aus: Kreis A, B und C haben jeweils das Element {1}, Kreis B, C und D haben das Element {2}, und Kreis C, D und A haben das Element {3} gemeinsam. Doch es gibt kein Element, welches alle vier Kreise teilen, die Schnittmenge des ganzen Quartetts von Kreisen ist daher null bzw. leer. Doch die Abbildung des Helly-Theorems mit Euler-Kreisen legt das Gegenteil nahe: diese Abbildung zeigt definitiv eine nicht-leere Schnittmenge.

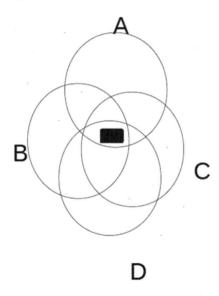

Abb. 19: Satz von Helly (Wöpking 2016, S. 48)

Wir sehen: Was graphisch darstellbar und was logisch gültig ist, tritt hier auseinander. Mengentheoretisch interpretiert, zeigt das obige Diagramm also einen in seinem Graphismus und seiner Räumlichkeit begründeten Fehler, der *graphisch* nicht korrigierbar ist.

2.7. Unmögliche Objekte

Diagramme beziehen sich auf etwas; Fremdreferenz ist grundlegend für ihren Einsatz. Diese Bezugsobjekte – und darauf kommt es uns jetzt an – können auch *unmögliche* Gegenstände sein. Was die diagrammatische Präsentation unmöglicher Objekte bedeutet, sei nun durch zwei Beispiele erörtert: Anhand 1. der technischen Zeichnung einer nicht funktionierenden Maschine, sowie 2. der geometrischen Zeichnungen von unmöglichen Objekten.

1. Mit der ganzen Akribie und Perfektion einer technischen Zeichnung lassen sich Apparate bis ins Detail entwerfen, die *funktionsuntüchtig*, also als eine arbeitende Maschine physikalisch nicht realisierbar sind. Andreas Gormans,[26] aber auch Gregor Wessels[27] haben in neuerer Zeit auf solche kuriosen Zeichnungen verwiesen. Schauen wir uns die folgende Illustration einer komplexen Zugwinde von Jacob Leupold aus dem Jahre 1725 an.

26 Gormans 2000, S. 60 ff.
27 Wessels 2000.

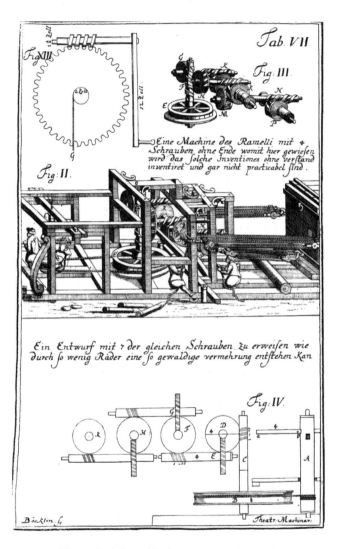

Abb. 20: Jacob Leupold: Illustration einer Zugwinde
(Gormans 2000, S. 60)

Ein komplizierter Zugapparat wird auf einer Buchseite auf vierfache Weise dargestellt mit Hilfe von Querschnittzeichnungen, einer perspektivischen Draufsicht und eines schematischen Funktionsablaufes. Das ganze Register technischer Zeichnungskunst und flächiger Repräsentation kommt zum Einsatz – um eine unbrauchbare Maschine Gestalt werden zu lassen. Denn deren Funktionsunfähigkeit ist – allerdings nur für den technisch Versierten! – schon aus der Zeichnung abzulesen: Die Aneinanderreihung einer Vielzahl von Seilwinden lässt den zu überwindenden Reibungswiderstand gegen unendlich steigen; die Seiltrommeln arbeiten tendenziell gegenläufig und heben sich in ihrer Wirksamkeit auf etc.[28]

Diese Zeichnung spielt das synoptische Arsenal eines Funktionsdiagramms perfekt aus.[29] Dass die Funktionsuntüchtigkeit ihres Referenzobjektes kein Lapsus ist, sondern Jacob Leupold sich der Unbrauchbarkeit dieser Zugwinde durchaus bewusst ist, zeigt sich daran, dass er auf Grundlage dieser Zeichnungen Berechnungen anstellt, welche die physikalische Unmöglichkeit dieser Maschine mathematisch demonstrierten.[30] Das Bemerkenswerte ist, dass die Unbrauchbarkeit sich bereits der Zeichnung entnehmen, für versierte Betrachter *visuell* erkennen lässt. So zeugt diese Abbildung im Negativ von der Bedeutung der Zeichnung als »graphische Sprache« für die Ingenieurskunst.

»Inventiones ohne verstand inventiret und gar nicht practicabel«[31] mag dieser Apparat zweifelsohne sein. Doch als Diagramme sind auch unrealisierbare Maschinen von Interesse, wenn nicht gar von Nutzen: Als mechanische Paradoxien können sie Teil von Kuriositätenkabinetten werden,[32] Gedankenspiele über technische Probleme anregen oder didaktisch Sinn machen – ein Suchspiel auf hohem Niveau (»Wo steckt der Fehler?«) bieten sie allemal.

Bestandteil des diagrammatischen Kuriositätenkabinetts sind

28 Gormans 2000, S. 61.
29 Ebd., S. 60 f.
30 Leupold führt selbst anhand der Zeichnung Berechnungen aus, welche die Unrealisierbarkeit dieses Apparats dokumentieren: »[…] dass zwey Männer eine Last von funffzehen tausendmahl tausend drey hundert und sechzig tausend Centner fry, in die Lufft erheben können […]«, Leupold 1724, S. 39 f., zit. nach Gormans 2000, S. 61.
31 Gormans 2000, S. 61.
32 Ferguson 1993, S. 134-143.

auch die vielfältigen Entwürfe für Perpetua mobilia, deren graphische Konstrukteure allerdings weniger die Unmöglichkeit als die Realisierbarkeit einer infiniten Bewegung aufweisen wollen, indem sie ein Perpetuum mobile im Genre der technischen Zeichnung vorstellen und damit zugleich deren Machbarkeit suggerieren. Ein Perpetuum mobile soll, einmal in Gang gesetzt, in andauernder Bewegung bleiben, so dass es ununterbrochen eine Arbeit ausführen kann, ohne dass Energie zugeführt werden muss.

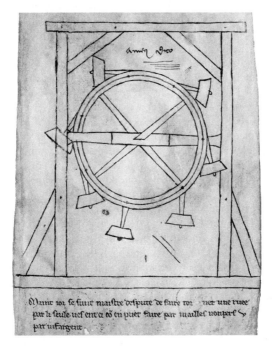

Abb. 21: Perpetuum mobile (Villard de Honnecourt, Bauhüttenbuch um 1225, Tafel 9, zit. nach Gregor Wessels 2000, S. 591)

Villard de Honnecourt hat schon im Jahre 1253 ein durch Schwerkraft sich selbst antreibendes Perpetuum mobile entworfen, dessen Grundprinzip – sobald es einmal angestoßen wurde – eine sich selbst auslösende Drehbewegung ist, welche die Energie, die durch die Reibung etc. verbraucht wird, immer wieder sich selbst zuführt. De Honnecourts »ewig sich drehendes Rad« wurde zu einem Modell, dessen Grundprinzip für einige Jahrhunderte nur noch in Details verändert und ergänzt wurde.[33]

Honnecourts Speichenrad ist in einen Holzrahmen eingefügt und an den äußeren Rändern mit sieben Hämmern als beweglichen Gewichten versehen. Deren Anordnung soll eine Asymmetrie in den Schwerkräften garantieren, insofern auf der einen Seite immer »mehr Hämmer mit größeren Hebelarmen zur Radnabe als auf der anderen« sich befinden.[34] So soll eine unversiegbare Drehkraft entstehen, ein permanentes Differenzdrehmoment erzeugt werden.

Jedoch: Keine physikalische Arbeit ohne die Abgabe von Wärme. Wärme aber fließt in Richtung des Kälteren ab, bei Maschinen gewöhnlich in die Außenwelt, und kann niemals den umgekehrten Weg nehmen. So scheitert jedes Perpetuum mobile an der Thermodynamik. Dass und in welcher Weise die verschiedenen hypothetischen Modelle perpetuierender Bewegungen gegen den Energieerhaltungssatz verstoßen, ist hier nicht zu erörtern. Für uns aufschlussreich ist an beiden Beispielen von unmöglichen Maschinen zweierlei: Zeichnungen von Objekten können nicht nur Entwurfszeichnungen im Sinne konkreter technischer oder architektonischer Bauanleitungen sein, sondern immer auch Experimentierfeld und Spielwiese des Hypothetischen und des Imaginären, des Ausprobierens und der Kreation. Doch »diagrammatische Spielräume« sind verfänglich. Nicht nur das »Noch-nicht«, sondern auch das »Niemals« kann durch den graphischen Gestus zum Verschwinden gebracht werden, indem eine Zeichnung mit dem Gattungsmerkmal konkreter »realistischer« Konstruktionsanweisungen arbeitet und in diesem Medium eine täuschende Suggestivkraft entfalten kann, die das »Niemals« als ein »Noch-nicht«, das Unmögliche als ein im Prinzip Realisierbares projiziert.

Ganz anders als diese »unrealisierbaren Apparate« funktionieren Abbildungen unmöglicher Objekte. Sie sind einem von Kunstwerken wie Eschers Lithographien[35] oder einem Kupferstich von William Hogarth her vertraut, aber auch von den Zeichnungen unmöglicher Objekte und optischer Paradoxien – etwa bei Oscar

33 Vgl. Wessels 2000, S. 590 ff.
34 Ebd., S. 591.
35 Ernst 1985; 1987.

Reutersvärd –,[36] von denen das *Penrose-Dreieck*[37] allseits bekannt ist.

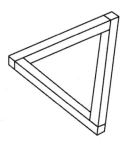

Abb. 22: Penrose-Dreieck, ⟨http://www.zaubermuseum.de/impossible3.htm⟩, letzter Zugriff am 11. 3. 2016

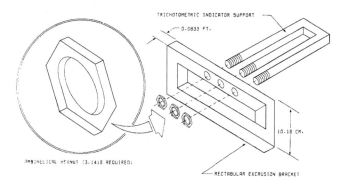

Abb. 23: Unmögliche Bauanleitung, ⟨http://haegar.fh-swf.de/spielwiese/unmoeglicheobjekte/bilder/Ikea.gif⟩, letzter Zugriff am 11. 3. 2016)

Was unterscheidet zum Beispiel die »unmögliche Bauanleitung« von den zuvor diskutierten Diagrammen der unmöglichen Zugwinde und des Perpetuum mobile? Wir können die Zugwinde und

---

36 Reutersvärd 1990.
37 L. Penrose/R. Penrose 1958.

auch das Speichenrad realiter bauen; ihr entscheidender Makel wird sein: Sie funktionieren nicht als »lauffähige« technische Geräte. Jedoch können wir kein Objekt bauen, das der »unmöglichen Bauanleitung« folgt.

Als detailliert ausgearbeitete Konstruktionsanleitung auf Papier ist dieses Objekt fraglos möglich. Nicht die Feder streikt in der Darstellung eines solchen Objekts, sondern die Realität. Wie kann das sein? Wir sind es gewohnt, konkrete zweidimensionale graphische Darstellungen von Dingen dreidimensional zu interpretieren. Wir zehren dabei von dem Alltagswissen, dass alle dreidimensionalen Körper sich zweidimensional abbilden lassen. *Doch das Umgekehrte gilt gerade nicht*: Es gibt zweidimensionale Zeichnungen, die wir als Darstellung von realen Objekten interpretieren, obwohl sie als dreidimensionale Objekte gar nicht existieren können. Warum aber ist das Papier bei unmöglichen Objekten so geduldig und die Realität so widerständig?

Wenn wir einen Körper zweidimensional abbilden, so gibt es einen optischen Fixpunkt, der die Ausrichtung der Linien bedingt und dann bei ihrer gegenständlichen Interpretation durch den Betrachter für das Pendant einer konsistenten Objektinterpretation sorgt. Bei einem unmöglichen Objekt jedoch werden auf der Fläche *verschiedene* optische Fixpunkte *gleichzeitig* erzeugt, die jeweils die räumliche Ausrichtung des Objektes in der *Umgebung* dieses Fixpunktes bedingen. *Lokal* sorgt jeder dieser Fixpunkt für eine konsistente Objektinterpretation. Doch *global*, als Gesamtobjekt interpretiert, liegen diese Fixpunkte respektive die Ausrichtungen der Linien respektive die dreidimensionalen Objektentsprechungen im Widerstreit; sie sind disjunkt. Wir können uns von dieser lokalen Konsistenz im Graphischen überzeugen, indem wir einen Teil des Bildes abdecken; dann stimmt alles wieder. Allein: die Synthese der Zeichnung zur Darstellung eines dreidimensionalen Objektes gelingt nicht. Auf der Fläche lässt sich mit Hilfe von Linien – das wissen wir jetzt zur Genüge – zwanglos verbinden, was in der Realität als Verbindung unmöglich ist. Die »Geduld der Fläche« besteht in ihrer – interpretationsunabhängigen – medialen Zweidimensionalität. Die Fläche nivelliert; auf ihr kann alles mit allem verbunden werden. Das ist das Geheimnis ihrer kulturtechnischen Produktivität und ihrer epistemischen Tücken.

3. Eine »Grammmatik«
der Diagrammatik?

Das Album mit Diagramm-Miniaturen ist durchquert; die Vielfältigkeit und zugleich Alltäglichkeit[1] des Diagrammgebrauchs konnte hervortreten. So, wie die Miniaturen – einem »bottom up«-Verfahren ähnelnd – konkrete Fälle vorführen, so sollen nun in umgekehrter Richtung – also »top down« – einige allgemeine Eigenschaften von Diagrammen herausgestellt und thesenhaft verdichtet werden, soweit dies angesichts unserer Beispiele, einiger Literaturverweise und allgemeiner Überlegungen – also ohne Analyse en détail – überhaupt möglich ist. Wie schon bei den »Miniaturen« geht es »nur« um eine Zusammenstellung nach Art einer Auflistung, ohne dass deren Reihenfolge eine Rangfolge unter den sondierten Attributen signalisiert. Nicht mehr als ein *Überblick* ist beabsichtigt: Artikuliert werden soll, um welche Eigenschaften und um welche Funktionen es sich überhaupt handelt, wenn es zu verstehen gilt, warum, wie und wofür wir Diagramme einsetzen. Wir wollen diesen Überblick eine »Grammatik der Diagrammatik« nennen. »Grammatik« ist hier nicht im terminologisch starken, also linguistischen Sinne gemeint, sondern bringt in Anlehnung an Ludwig Wittgenstein ein *abgeschwächtes* Konzept von Grammatik zur Geltung: eine überschaubare Zusammenstellung von Merkmalen, welche sich in den unterschiedlichen Formen des Diagrammgebrauchs durchgängig zeigen.[2]

Kein einzelner Aspekt soll zum definierenden Kriterium erhoben werden; wohl aber stiftet deren Zusammenspiel jene signifikante Familienähnlichkeit, die Diagrammen in all ihrer Unterschiedlichkeit dann doch zukommt. Es sind die zwölf Attribute, die den Grundstock unserer »Grammatik der Diagrammatik« legen: 1. Bild-Text-Verbindung; 2. Materialität; 3. Flächigkeit; 4. Graphismus; 5. Relationalität; 6. Gerichtetheit; 7. Simultaneität / Synopsis; 8. Schematismus; 9. Referenzialität; 10. Sozialität; 11. Operativität;

---

1 Anders als in Lutz 2014, S. 13, zeigt unser Diagramm-Album nicht die Diagramme »gelehrter Verfasser«.

2 Zum Zusammenhang von »Grammatik« und »übersichtlicher Darstellung« vgl. das Wittgenstein-Kapitel dieses Buches.

12. Medialität. Es ist anzunehmen, dass Diagramme, aber auch alle diagrammähnlichen Artefakte, die wir unter dem Namen »Inskriptionen« zusammenfassen, in – allerdings graduell abweichenden – Mischungsverhältnissen die hier angegebenen Attribute aufweisen.

Eine Erklärung zur Wortwahl ist nötig: Im Folgenden wird sowohl von »*Diagramm*« wie von dem »*Diagrammatischen*« gesprochen. Während »Diagramm« die visuelle Kombination von Zeichnung und Schrift in einem einzelnen, aus einem Fließtext visuell herausgehobenen schematisierten Bild meint, ist die Extension des Begriffes »das Diagrammatische« umfänglicher: Dieser Begriff bezieht sich sowohl auf Diagramme im engeren Sinne wie auch auf andere Formen epistemisch nützlicher visueller Darstellungen wie Notationen, Tabellen, graphische Modelle oder Karten. Unsere Intuition ist, dass sich an Diagrammen *prototypisch* aufweisen lässt, was in graduell variierenden Formen auch für die übrigen Mitglieder der Gruppe des Diagrammatischen gilt. Überdies gilt, worauf wir anfangs schon verwiesen: Wir gehen vom methodischen Primat der sichtbaren Strukturen inskribierter Oberflächen aus, unerachtet des Umstandes, in erkenntnisgeleitetem Gebrauch von Inskriptionen auch Diagramme als Vorstellungen mental hervorzubringen.

1. Bild-Text-Verbindung

These: *Diagramme sind nicht selbsterklärend. Kein Diagramm erfüllt ohne das Umfeld eines begleitenden Textes heuristische oder gar demonstrative Funktionen. Diagramme verkörpern eine textverankerte und textgebundene Form des Bildlichen, wobei dieser Textbezug auch durch eine mündliche Praxis gestiftet werden kann.*

Unser Kapitel »Diagramm-Miniaturen« setzt sich aus Texten *und* Bildern zusammen. Damit vollzieht dieses Kapitel performativ, was für das Vorkommen von Diagrammen generell grundlegend ist. Es gibt kein Diagramm losgelöst von einem erklärenden, kommentierenden Text. Diagramme sind text-verankert, sie sind text-gebunden. So eng ist die Liaison von Diagramm und Text, dass – genau besehen – das Diagramm stets im, oder besser gesagt: *als* ein Bild-Textverbund auftritt. Während das Kunstbild eine gewisse Autonomie besitzt,[3] insofern es als präsentes Bild aufschluss-

---

3 Diese »Autonomie« ist relativ, und jedes Kunstbild ist eingebettet in Kontexte und Traditionen, die es als Bild überhaupt identifizierbar und interpretierbar machen.

reich betrachtet und rezipiert werden kann, ohne dass *zugleich* ein Text präsentiert wird, gilt dies für Diagramme gerade nicht. *Das Diagramm als einzelnes Bild, als textunabhängige autonome Form von Bildlichkeit, die ohne alle Worte auskommt, gibt es nicht*; gerade weil »Text« auch mündliche Erläuterungen einschließen kann. Der griechische Diagrammgebrauch, wie Reviel Netz am Beispiel der antiken griechischen Mathematik nachgewiesen hat, lässt sich nur unter der Annahme ergänzender mündlicher Erläuterungen kohärent und sinnvoll rekonstruieren.[4] Das Maß dieser diskursiven Einbettung kann variieren bis hin zur Schwundstufe der »Legende«, ohne welche beispielsweise Karten nicht auskommen. Doch alle Diagramme bedürfen – im buchstäblichen Sinne – des Kontextes.

In diesem Textbezug unterscheiden sich Diagramm und Bild: Es gibt keine klare Demarkationslinie, die das – relativ – textunabhängige Kunstbild vom textabhängigen Diagramm unterscheidet. Doch als Tendenzbeschreibung gilt: Je tiefer gewisse Diagramme im Bildgedächtnis einer Kultur eingeschrieben sind – denken wir etwa an Visualisierungen der Altersstruktur der Bevölkerung industrieller Gesellschaften –, umso mehr nähern sie sich in ihrem Status einem »autarken Bild« an. Die »Bildwerdung« eines Diagramms steigt mit seinem Unabhängigwerden vom begleitenden Text.

Spannend ist die Frage, ob diese Blickrichtung auch umzudrehen ist. Können wir sagen, dass da, wo originäre Bildwerke notorisch zu Bestandteilen von Texten gemacht werden – wie etwa in kunstwissenschaftlichen Veröffentlichungen –, diesen Bildern durch ihre essenzielle Einbindung in kommentierende, analysierende Texte ein diagrammatischer Status zuwächst? Akzentuiert das Diagrammatische also die »Textualität« des Bildes? Und findet es sich ebenso in der Bildlichkeit von Texten? Das bleibt kryptisch formuliert, aber zumindest eine Vermutung drängt sich auf: Die Beschäftigung mit Diagrammen führt zu einer Relativierung der Entgegensetzung von Text und Bild. Wir vermuten, dass ein Ergebnis dieser Beschäftigung nicht nur darin besteht, über die Funktionsweise von Diagrammen in engerem Sinne aufzuklären, sondern auch darauf abzielt, da, wo das Diagramm fern scheint, also im gemalten Bild einerseits und im geschriebenen Text andererseits,

Gleichwohl gibt es einen Unterschied in der Angewiesenheit auf die das Bild begleitende Präsenz eines Textes.

4 Reviel Netz 1998; 1999.

aufmerksam zu bleiben für etwas, was das Vorkommen »reiner Bilder« und »reiner Texte« jeweils hin zur anderen Seite überschreitet bzw. unterminiert.

Halten wir also fest: Diagramme sind Hybride aus Bild und Text, und zwar nicht nur weil Diagramme buchstäblich in ihrer visuellen Erscheinungsform auf einer Vereinigung von Zeichnung und Schrift beruhen, prototypisch gegeben in der Minimalform der Buchstabenkennzeichnung geometrischer Linien, sondern weil Diagramme sich nicht selbst erläutern und angewiesen bleiben auf ihre Einbettung in diskursive Praktiken.

2. Extrinsische Materialität

These: *Diagramme sind raum-zeitlich situierte »Dinge«, denen eine extrinsische Materialität zukommt, deren Besonderheit es ist, hinsichtlich ihrer konkreten Stofflichkeit prinzipiell auswechselbar zu sein. Daher ist die Materialität des Diagramms imprägniert von einer Immaterialität.*

Diagramme sind Dinge, die uns leibhaftig vor Augen stehen.[5] Sie nehmen Raum-Zeit-Stellen ein, sind sichtbar, handhabbar, veränderbar und transportierbar. Ist diese genuine Materialität und dingliche Faktizität von Diagrammen eine Selbstverständlichkeit? Das ist keineswegs Common Sense. Nicht selten werden Diagramme mit Gedankenbildern, mit der inneren Vorstellungswelt des Imaginären,[6] mit narrativen Strukturen[7] und individuellen Denkbewegungen[8] assoziiert und also in der Innenwelt des Mentalen platziert.

Wir allerdings betonen hier – mit Bedacht – eine grundständige, an eine raum-zeitlich situierte Erscheinungsweise, also an Exteriorität gebundene Materialität. Motiviert ist dies durch eine kritische Absicht:[9] Es ist keine Frage, dass der Diagrammgebrauch eng verknüpft ist mit der Arbeit der Einbildungskraft, des Vor-

---

5 Dieser Ausdruck, allerdings kritisch gemeint, findet sich bei Bauer/Ernst 2010, S. 20.

6 Vgl. Bauer/Ernst 2010; aber auch als »kognitivistischer« Zug bei Giaquinto 2007.

7 Putzo 2014.

8 So in der aufschlussreichen Studie Reichert 2013.

9 Über den kritischen Impuls in Verwendung des Begriffes »Materialität«: Finke/Halawa 2012, S. 15 ff.

stellungsvermögens und einer Vielzahl weiterer kognitiv-mentaler Vollzüge: Sinn und Zweck des theoretischen Einsatzes von Diagrammen besteht geradezu im Auslösen von Denk- und Erkenntnisbewegungen, mithin eines Informationsgewinns. Doch im Rahmen einer kulturhistorisch informierten sozialen Epistemologie ist entscheidend, was wir mit Diagrammen praktisch und theoretisch *tun*, welche Konventionen und Regeln dabei wesentlich sind und wie Diagramme Anlass geben zu überindividuell geteilter Erfahrung und intersubjektiver Erkenntnis. Doch all dies ist angewiesen auf die und verankert in der Materialität, der Räumlichkeit und dem Graphismus des Diagrammatischen. Vorstellungsbilder finden in der materialen Exteriorität des Bildlichen ihren Anlass wie auch ihr Modell, sie gehen dem faktischen Bild weniger voraus, als dass sie ihm nachfolgen.

Unser Ansatz ist also nicht-mentalistisch und geht vom Primat des materiell zuhandenen, sinnlich wahrnehmbaren Diagramms aus. Gleichwohl bleibt das grundständige Wechselverhältnis zwischen dem, was am Diagramm material verkörpert und also beobachtbar ist, und dem, was an ihm nicht wahrnehmbar ist, sowie die den Diagrammgebrauch begleitenden, von ihm evozierten »unsichtbaren« Denkbewegungen ein unhintergehbares Faktum. Die exteriore Materialität des Diagramms prägt und konfiguriert einerseits die damit verbundenen »immateriellen« Denkvollzüge[10] – und ist doch eine vom Immateriellen durch und durch imprägnierte Form der Materialität. Das unterscheidet das Diagramm etwa vom Muster, das zurückrollende Wellen im Sand hinterlassen.

Kaum ein Autor hat so prägnant die Rolle der Exteriorität des Diagrammatischen herausgearbeitet wie Bruno Latour mit seinem Konzept der »immutable mobiles«,[11] mit dem er die Gruppe der Bücher, Karten, Tabellen, Formulare, Laborberichte, Graphen etc., also Papiermedien aller Art bezeichnet. Diese Objekte sind durch zweierlei charakterisierbar: In ihrer kleinformatigen Gegebenheitsweise sind sie überaus beweglich und transportierbar; doch zugleich bleiben die der Fläche inskribierten Aufzeichnungen stabil und widerstehen – ein Stück weit – der Erosion durch räumliche oder zeitliche Veränderungen. Dieses gegenläufige Verhältnis zwischen

10 Natürlich haben Denkvollzüge, hat die Kognition ihrerseits eine materielle, neuropsychologische Basis, die hier aber ausgeklammert bleibt.
11 Latour 1986; Schüttpelz 2009.

der Mobilität des physischen Trägers und der Immobilität seiner Inskription ist aufschlussreich. Doch etwas fällt auf: Beim Kunstbild können wir von einer geradezu »chiasmischen« Verschränkung von Materialität und Bildlichkeit sprechen. Das Bild ist nur kraft *seiner* Bildmaterie präsent und sichtbar;[12] deshalb auch schafft die Reproduktion eines Kunstbildes ein Bild von *andersartiger* Materialität. Traditionell ausgedrückt: Zwischen Original und Abbild klafft beim Kunstbild eine Materialitätsdifferenz; das Original ist nicht das Abbild; die dem Original eigene spezifische Materialität ist gerade nicht übertragbar.[13] Doch anders als Kunstwerke sind jene »immutable mobiles« Latours zwanglos zu übertragen. Texte, Tabellen, Graphen, Diagramme, Karten: All das kann nicht nur durch Transport, sondern auch durch Kopien und multiple Realisierungen übertragen werden, denn der Unterschied von Original und Abbild ist – jenseits der Fragen von Daten*verfälschungen* – dabei unerheblich. Ein singuläres Kunstbild ist von seiner Materie nicht ohne einen Wechsel im ontologischen Status zwischen Original und Abbild ablösbar. Doch das Abbild eines Diagramms bleibt immer noch dieses eine Diagramm. Was besagt dieser Unterschied? Und was folgt aus ihm?

Eine Irrelevanz diagrammatischer Materialität kann damit jedenfalls nicht demonstriert werden: Das Gegebensein von diagrammatischer Inskription und einem materialem Träger ist – als Form eines Zusammenhangs – nicht annullierbar, bleibt doch alles Sichtbarwerden und Sichtbarmachen an Materie gebunden. Doch die Materialität des Diagramms – betrachtet als die Stofflichkeit, mit der seine sinnliche Präsenz gewährleistet wird – ist grundsätzlich *auswechselbar*: Es ist eine »Austauschmaterialität«, die einen »Stoffwechsel« ohne Einbuße im Gehalt ermöglicht, vergleichbar mit der spezifischen Stofflichkeit des Münz- und Papiergeldes. Die Transportierbarkeit und Handhabbarkeit, die dem Diagrammatischen eigen ist, wurzelt nicht nur darin, dass ein beschriebenes *Stück* Papier einfach von A nach B zu transportieren ist, sondern darin, dass eine Inskription ebenso gut einem anderen Stück Papier eingeschrieben werden kann; genau darauf zielt der Begriff des »Übertragens«. Anders als beim Kunstbild ist die Materialität des Diagramms daher keine intrinsische, sondern eine *extrinsische*

12 Mersch 2002, S. 149 ff.
13 Vgl. Finke/Halawa 2012, S. 10.

Materialität. Die Funktion extrinsischer Materialität besteht darin – wir können auch sagen: besteht »nur« darin –, Strukturgebung, Musterbildung, also Figuration zu ermöglichen. Solche Ermöglichung von Struktur ist zwar an Materialität, nicht aber an eine spezifische Art ihrer Stofflichkeit gebunden – abgesehen von dem trivialen Umstand, dass verschiedene Stoffe durchaus unterschiedlich geeignet sind als Folien für Eintragungen. Wenn wir hier von »extrinsischer« und »austauschbarer Materialität« sprechen, so verwenden wir den Begriff »Materialität«in der basalen Perspektive des Ausgedehntseins: Nur im räumlich oder zeitlich Ausgedehnten kann überhaupt ein Muster gebildet und umgebildet werden.

3. Flächigkeit

These: *Durch Flächigkeit wird ein artifizieller Sonderraum geschaffen, welcher auf der Annullierung eines uneinsehbaren Dahinter / Darunter beruht und einen synoptischen Überblick stiftet, der uns im dreidimensionalen Umgebungsraum – gewöhnlich – versagt ist.*

Die Bezugnahme auf das Ausgedehntsein als Bedingung von Strukturbildung scheint banal. Und doch berührt dies einen für unseren Ansatz folgenreichen Sachverhalt. Wenn – wie im Falle von Diagrammen – bildlich charakterisierbare Objekte vorliegen, so scheint deren Kerneigenschaft ihre *Sichtbarkeit* zu sein: Das Bild ist sichtbar, und es macht etwas sichtbar. Diese visuelle Wahrnehmbarkeit als ein kleinster gemeinsamer Nenner von Bildlichkeit ist unbezweifelbar. Und doch wollen wir den Akzent auf einen anderen, der Visualität zumeist implizit bleibenden Aspekt legen: die *Räumlichkeit* des Bildlichen.

Unsere Lebenswelt ist – in Korrespondenz zu den senkrecht stehenden Achsen unserer Leiblichkeit – in drei Dimensionen orientiert: vorne/hinten, rechts/links, oben/unten. In diesen drei Richtungen strukturiert unsere Körperlichkeit die Umgebungswelt und erfahren unsere körperlichen Bewegungen eine elementare, egozentrische Orientierung. Praktisch gesehen bleibt also der Raum aufgefasst als ein Milieu, in dem wir uns bewegen, ein *dreidimensionaler* Raum, unbeschadet des theoretischen Sachverhaltes sich potenzierender Dimensionalitäten, wie sie etwa in nicht-euklidischen Geometrien behandelt werden.

Doch Bildern und Texten eignet eine von unserer lebensweltli-

chen Einbettung abweichende Form von Räumlichkeit: Sie sind –
für gewöhnlich – bebilderte und beschriftete *Flächen*. Genau besehen sind Aufzeichnungen – das Paradebeispiel ist die weichem Ton
eingedrückte babylonische Keilschrift – einer Fläche eingraviert
oder ihr aufgetragen und damit realiter dreidimensional. Daran erinnert auch das griechische Wort »graphein«, das »einritzen«, »ein-
kerben«, »einhauen« bedeutet, ehe es im Sinne von »schreiben« und
»malen«, »aufmalen« gebraucht wird.[14] Und bei einem gemalten
Kunstwerk etwa die sich aufwölbende Eigensinnigkeit des Pinselstrichs zu ignorieren, käme seiner ästhetischen Missachtung gleich.
Was kann dann angesichts der faktischen Dreidimensionalität aller
Inskriptionen die Annahme von der flächigen Spatialität besagen?

Wenn wir auf das Alltagsverständnis unseres egozentrisch strukturierten Umgebungsraumes zurückgehen, dann sind Bebilde-
rungs- und Inskriptionspraktiken dadurch charakterisierbar, dass
die dritte Dimension eines Dahinter oder Darunter absichtsvoll
reduziert bzw. ignoriert wird. Der uns umhüllende Raum birgt Zonen des Uneinsehbaren: Das, was in unserem Rücken liegt, aber
auch das, was hinter dem situiert ist, was offen vor uns liegt, bleibt
verborgen. Doch die flächige Darbietung von Texten und Bildern
schafft kraft des synoptischen Prinzips einen im Prinzip vollständig
überschaubaren und damit auch kontrollierbaren Sonderraum, bei
dem die Zonen des visuell Unzugänglichen beseitigt sind. So wird
der Beobachter/Betrachter/Leser im Umgang mit Flächen in die
Vogelflugperspektive des Überblicks versetzt: Er sieht, was sichtbar
gemacht wird – mehr oder weniger – von oben. Das ist genau diejenige Perspektive, die uns in der lebensweltlichen Verankerung in
einen Umgebungsraum – gewöhnlich – versagt ist.

Bilder und Texte aller Art *machen* also aus einer Oberfläche mit
Tiefe eine Oberfläche ohne Tiefe. Es ist die Praxis der Inskription,
die einen Körper in eine *Fläche,* genauer: in eine *hypothetische Fläche* verwandelt.[15] Denn empirisch gibt es keine Fläche; jedenfalls
nicht im präzisen Verständnis von Flächigkeit, bei dem alle Punkte
insofern homogen sind, als je zwei Punkte durch eine gerade Li-

14 Ludwig 2005, S. 57 f.; zu »graphein« und seiner Doppelbedeutung von »malen«
und »schreiben«: Lissarrague 1992.
15 Zu sprachtheoretischen Zusammenhängen von Performanz und Oberfläche:
Linke/Feilke 2009, darin insbesondere die Aufsätze von Linke/Feilke; Ehlich;
Krämer.

nie verbunden werden können. »Flächigkeit« ist eine Tendenzbeschreibung, von deren tentativer Realisierung die Tätigkeiten des Zeichnens und des Schreibens zehren. Die Außenhaut eines immer noch voluminösen Körpers wird behandelt, *als ob* sie keine Tiefe, kein Darunter besäße. Die besondere Rolle, die der euklidischen Geometrie zukommt als einer Geometrie, die von zweidimensional aufzuzeichnenden Figuren ausgeht, welche auf Gegenstände referieren können, die wiederum auf höchstens drei Dimensionen beschränkt sind, nimmt von unserer körperlichen Verankerung im dreidimensionalen Raum einerseits und unserer im Zeichnen hervorgebrachten artifiziellen – und hypothetischen – Zweidimensionalität andererseits ihren Ausgang. Der flächige Charakter diagrammatisch organisierter Räumlichkeit kann nicht hoch genug veranschlagt werden. David Summers hat mit seiner Studie *Real Spaces*[16] den Unterschied zwischen den Flächenkünsten des Bildlichen und den Raumkünsten von Skulptur und Architektur herausgearbeitet und so bewusst gemacht, welche konstitutive Rolle bildlich organisierter Räumlichkeit zufällt. Denn die Flächigkeit eröffnet das Zusammenspiel von zwei Raumregistern: Das Bild ist physisch ein Realobjekt (das räumliche Ding, das wir anfassen können) und optisch ein Virtualobjekt (das Räumliche, das im Bild repräsentiert ist). Wir kommen auf diese Doppelnatur zurück. Die Flächigkeit gilt also nicht nur für das Diagrammatische, sondern zumeist auch für Bilder. Doch gerade die Bildkünste durchbrechen immer auch das Flächigkeitsprinzip: sei es in der kreativen Nutzung von Unebenheiten von der Höhlenmalerei über die ästhetische Massivität des Pinselstrichs in der Ölmalerei bis hin zu Lucio Fontanas avantgardistischen Schnitten in die Leinwand. Doch für schematische Inskriptionen in allen ihren Schattierungen zwischen Zeichnung und Schrift gilt die allgemeine Tendenz, den Schreib- und Einzeichnungsuntergrund in eine Fläche – wenn auch idealiter – zu verwandeln. Einschreibe- und Aufzeichnungspraktiken zehren nicht einfach von der Flächigkeit, sondern bringen diese als Phänomen allererst hervor.

16 Summers 2003.

4. Graphismus

These: Die *menschliche Artikulationsform des Graphismus geht hervor aus der Interaktion von Punkt, Linie und Fläche und bildet eine gemeinsame Wurzel der Zeichnung wie der Schrift, folgenreich für kognitive wie für ästhetische Belange.*

Die Interaktion von Punkt, Linie und Fläche umreißt das Feld des Graphismus.[17] Dabei ist klar: In einer ästhetisch bedeutsamen Zeichnung spielen die Druckstärke, mit der die Punkte gesetzt werden, die Breite des Strichs und die Kraft, mit der ein Linienzug ausgeführt wird, eine für den ästhetischen Eindruck entscheidende Rolle. Mathematisch allerdings sind Punkte ohne Ausdehnung, Linien haben keine Breite, und Flächen entbehren der Tiefendimension. Das aber sind *begriffliche* Bestimmungen, die der Idealwelt der Geometrie, nicht aber der Realwelt der Dinge zukommen. Nun gehören Diagramme der Realwelt an; gleichwohl eignet dem Schematismus ihrer Inskriptionen etwas, das der Begriffswelt des Nichtempirischen und der mathematischen Figuration ähnlich ist. Je mehr das Diagrammatische informativen und kognitiven Belangen dient, umso stärker nähert es sich der schematisierenden mathematischen Figurierung an. Daher ist zwischen dem ästhetischen und dem epistemischen Funktionswert des Graphischen zu unterscheiden. In medialer Perspektive bildet der Graphismus mit seinen Operationen des (i) Einzeichnens und (ii) Aufzeichnens die Springquelle für die Verbindung von Zeichnung und Schrift.

(i) Für das *Einzeichnen* ist die Bedeutung von »graphein« aufschlussreich: Im »graphein« liegt nicht nur die Kraftäußerung einer gewissen Gewaltsamkeit der Einritzung, sondern zugleich wird die Gemeinsamkeit von Zeichnen, Malen und Schreiben betont, insofern »graphein« in jeder der drei Bedeutungsdimensionen gebraucht wurde.[18] Ein weiteres bemerkenswertes Phänomen kommt hinzu, und das ist das Kritzeln, zu dem jüngst eine aufschlussreiche philosophische Untersuchungen erschienen ist.[19] Oftmals

---

17 Katia Schwerzmann bezieht in ihrer Begriffsbestimmung von »Graphismus« »jede Art von Linie ein, die einer zum Träger gemachten Fläche eingeschrieben wird«; dies. 2012.

18 Zur Doppeldeutigkeit von »schreiben« und »malen« im Wortgebrauch von »graphein«: Lissarrague 1992.

19 Driesen/Köppel/Meyer-Krahmer/Wittrock 2012; Driesen 2014.

unbewusst andrängend in seiner Gestaltlosigkeit, Unförmigkeit und Unbestimmtheit, bildet das Gekritzel eine »formlose graphische Materie«[20] jenseits aller Strukturgebung und Referenzialität. Gleichwohl zeugt das unwillkürliche Kritzeln vom schöpferischen Potenzial des Graphismus, verstanden als eine vom Körper ausgehende Artikulationskraft noch vor deren Einhegung in eine disziplinierte, durch das Bewusstsein kontrollierte graphische Formgebung.[21]

(ii) Für das *Aufzeichnen* werden der Schatten und die Schattenlinie zum erhellenden Phänomen. Steffen Bogen[22] hat in einer instruktiven Untersuchung des Schattenrisses als Ursprungslegende der Malerei[23] und des Schattenwurfs der Sonnenuhr[24] als Urform der Zeitmessung präzise herausgearbeitet, in welcher Weise die Schattenlinie die Entwicklung von Kunst und Wissenschaft beflügelt, wenn nicht sogar auf den Weg bringt. Die Metamorphose des Schattens in einen artifiziellen Linienzug steht dem bildlichen Anteil in den Diagrammen der Wissenschaften ebenso Pate wie dem diagrammatischen Anteil in den Bildern der Kunst.

Wenn nun, ob als Einritzung oder Aufzeichnung, der Linie für das Verständnis des Graphismus eine herausgehobene Bedeutung zukommt, so birgt dies einen wichtigen Aspekt: Die Geste des Linienzugs ist von archaischer Einfachheit; der als Alltagstechnik praktizierte Graphismus bildet nahezu ein anthropologisches Grundvermögen. Der Paläontologe André Leroi-Gourhan hat das Gestische und das Sprechen einerseits sowie die Technik und das Symbol andererseits in ihrer evolutiven Koexistenz aufgezeigt.[25] Für ihn ist der Graphismus eine anthropologische Technik, die – noch vor der Ausdifferenzierung in Zeichnung und Schrift – auf trainierten Operationsfolgen beruht und auf Augenhöhe mit der gesprochenen Sprache anzusetzen ist.

Dieser Blick auf das Graphische als ein Elementarvermögen ist keineswegs selbstverständlich: Anders als die alltägliche Zuhanden-

20 Driesen/Köppel/Meyer-Krahmer/Wittrock 2012a, S. 10.
21 Vgl. Driesen 2012b.
22 Bogen 2005.
23 Zu dieser Ursprungslegende: Gombrich 1995; Baxandall 1998, S. 75, 135; Stoichita 1999, S. 11 ff., 151 ff.; alle zit. nach Bogen 2005, S. 155.
24 Schaldach 2001; Diels 1965, S. 155 ff., zit. nach Bogen 2005, S. 157.
25 Leroi-Gourhan 1980.

heit unserer Sprache wird gerade die Produktion von Bildern häufig mit unnachahmlicher Kunstfertigkeit oder komplexem technischen Equipment wie Foto oder Film assoziiert. Doch kann es – wie auch die »natürliche« Sprache ihre hochelaborierten literarischen Kunstwerke hervorgebracht hat – nicht in umgekehrter Blickrichtung ein allseits zuhandenes, alltägliches Bildpotenzial geben? Wir vermuten: ja. Stellen wir uns den Menschen anthropologisch als ein Wesen vor, das *zweisprachig* ist in dem Sinne, dass Menschen grundständig über differierende Darstellungsmodalitäten verfügen. Wir haben nicht nur die auditive, zeitsequenzierte sprachliche Artikulation, sondern auch eine visuelle, räumlich organisierte graphische Artikulationsform. Gerade weil das Bildliche oftmals mit den hochstilisierten Formen von Kunst und wissenschaftlicher Visualisierung identifiziert wird, ist der Blick verstellt für die Elementarität und Ubiquität unseres graphischen Vermögens, das sich – präsymbolisch – im Kritzeln Bahn bricht. Die Rehabilitierung dieser genuinen graphischen Artikulationskraft, dieses »Bildvermögens vor dem Bild«, bleibt eine Forschungsaufgabe.

5. Relationalität

These: Diagramme stellen Relationen mit Hilfe von Relationen dar. Das Relationale fungiert in einer Doppelrolle einerseits als Medium und andererseits als Bezugsobjekt diagrammatischer Sichtbarmachung.

Diagramme zeigen nicht Gegenstände, sondern *Verhältnisse* zwischen Gegenständen. Das gilt für das Fußball-Flugbahn-Diagramm, das jeden Punkt der Flugbahn als eine Beziehung zwischen Abschusswinkel, Flugweite und Flughöhe, zwischen Gravitationskraft und Luftwiderstand zeigt, und das gilt für Sternbilder, deren willkürlich gezogene Verbindungslinien beziehungslose Sterne in ein figuratives Verhältnis setzen. Diagramme zeigen Relationen. Die Frage, ob Relationen in der Welt – materialiter – oder nur in unserem Verständnis von der Welt – also idealiter – existieren, brauchen wir hier nicht zu entscheiden; denn uns geht es nur um dies: Was eine Relation ist, erhält im Diagramm einen sinnlich wahrnehmbaren und auch explorierbaren Ort. Kann es sein, dass die Fläche der Inskription die originäre Geburtsstätte abgibt, an welcher Relationen durch diagrammatische Praktiken überhaupt erst »zur Welt kommen«?

Martin Heidegger hat den Begriff »Beziehung« charakterisiert als ein »Zusammenhalten im Auseinanderhalten«.[26] Etwas, das deutlich unterschieden ist, wird so aufeinander bezogen, dass diese Unterschiedlichkeit dabei gerade *nicht* annulliert wird. Denn in der Verschiedenheit muss es Hinsichten der Verknüpfbarkeit und Vergleichbarkeit geben. Diagramme sind »Apparate«, um Heterogenes so zu homogenisieren, dass etwas Unterschiedenes vergleichbar wird. Der jedes Koordinatensystem grundierende Zahlenstrahl verdeutlicht dies: »Einheitlich« sind die Zahlen, insofern sie als Ziffern homogen getaktet auf der Linie angeordnet sind; unterschiedlich sind sie in ihrer jeweiligen Platzierung. Die lineare Verräumlichung hat die Zahlen zugleich homogenisiert und in ihrem regelhaften Verhältnis zueinander differenziert und individuiert.

Wir sehen also: Räumliche Relationen artikulieren – zumeist[27] – nichträumliche Relationen.

Wenn zu denken immer auch heißt: in Beziehung zu setzen, so ist klar, dass Diagrammen als graphischen Apparaturen des In-Beziehung-Setzens eine aufschlussreiche Rolle zufällt. Liegt also die epistemische Bedeutung von Diagrammen – in letzter Instanz – in ihrer grundlegenden Bedeutung für die Generierung von Relationen, und zwar gerade kraft der ihnen eigenen doppelten Relationalität, die darin besteht, dass Relationen zum Medium *und* zum Gegenstand der Darstellung von Relationen werden?

6. Gerichtetheit

These: *Das Ausgerichtetsein ist die Conditio sine qua non des Einsatzes diagrammatischer Inskriptionen; diese Gerichtetheit zeigt sich in einer medialen, einer handlungsbezogenen und einer nutzerbezogenen, also phänomenalen Dimension.*

Flächen der Inskription müssen gerichtet sein: Kaum eine Situation führt dies deutlicher vor Augen als das Schreiben und Lesen. Ohne zu wissen, in welcher Richtung Schriftzüge verlaufen und also zu lesen sind und ob die Zeilenverläufe von oben nach unten oder umgekehrt ausgerichtet sind, ist ein Schriftverständnis nicht zu haben. Und was an Schriften besonders deutlich zutage tritt, gilt für

26 Heidegger 1978, S. 152.
27 Natürlich sind auch räumliche Relationen diagrammatisch darstellbar: Denken wir an alle Formen von Grundrisszeichnungen, Karten etc.

jedwede Nutzung von Tabellen, Graphiken, Diagrammen und Karten: Darstellungsräume müssen formatiert, das heißt ausgerichtet sein. Zwei Aspekte spielen dabei zusammen, die wir (i) »intrinsische Ausrichtung« und (ii) »extrinsische Orientierung« nennen wollen.

(i) Intrinsische Ausrichtung: Die Fläche der Inskription ist formatiert, so dass es stabile, räumlich unterscheidbare Zonen gibt. Ob als Hilfslinien beim elementaren Schrifterwerb, ob in Form des Richtungspfeiles der Koordinatensysteme bei Graphen, ob als Windrose der Himmelsrichtungen auf Karten: Stets ist die einer Konvention folgende Ausrichtung unabdingbar, damit eine beliebige Oberfläche als Medium der Inskription kulturell überhaupt erschlossen wird und in intersubjektive Praktiken eingehen kann. Nicht zufällig wird »ausrichten« in zweifacher Bedeutung gebraucht: im Sinne etwa der Ausrichtung von Spielern entlang einer Linie, aber auch als die Ausrichtung ganzer Wettkämpfe oder Feste. Das Ausgerichtetsein macht gewisse Vollzüge und Handlungen überhaupt erst möglich. Diagrammatisch gewendet: Die Ausrichtung des Mediums ist die Bedingung der Möglichkeit diagrammatischer Inskriptionen und ihrer Nutzung. Schon hier zeigt sich übrigens eine aufschlussreiche Affinität zwischen dem Spiel und dem Diagramm: Das Spielfeld realisiert gewöhnlich eine diagrammatische Einzeichnung, und die Spielfiguren müssen auf diesem diagrammatischen Feld in spezifischer Ausrichtung angeordnet sein.

(ii) Extrinsische Orientierung: Wenn es auf den Handlungsbezug und den Gebrauch ankommt, besteht der vielleicht grundlegendste Aspekt in der phänomenalen Ausrichtung, also der Nutzerorientierung des Diagramms. Dieser bildet in seiner Leiblichkeit den egozentrischen »Nullpunkt«, auf den hin die Richtungen des Unten/Oben und Rechts/Links des Diagramms Bezug nehmen. Kant hat hervorgehoben, dass schon das beschriebene Blatt eine *zweifache* räumliche Ausrichtung besitzt:[28] Intern geht es um das Verhältnis in der Anordnung der Buchstaben zueinander; extern um das Verhältnis zwischen der Ordnung der Schrift und den Lesern selbst. Drehen diese ein beschriebenes Blatt um 90 Grad, wird der Text – auf den ersten Blick – unlesbar, obwohl die erste Art der Ausrichtung – die interne Relation der Zeichen zueinander – sich nicht verändert hat.

28 Kant 1768, S. 995.

Zentralperspektivischen Bildern – das ist hinreichend bekannt – ist der subjektive Gesichtspunkt des Betrachters gleichsam implementiert. Doch auch die nichtperspektivischen, diagrammatischen Visualisierungen aller Art bergen in ihrer topographischen Anordnung den unmittelbaren Bezug auf die Körperlichkeit des Nutzers. Denn mit Hilfe der räumlichen Differenzen zwischen oben/unten, rechts/links werden diagrammatisch Bedeutungen artikuliert. Ein Ordnungsraster kommt zum Einsatz, dessen Justierung der Ausrichtung der Körper der Nutzer folgt. Zusammen mit der Situierung diagrammatischer Artefakte im Nahraum von Auge und Hand muss eine Phänomenologie des Diagrammatischen vom Sachverhalt der leiborientierten Gerichtetheit von Inskriptionen ihren Ausgang nehmen.

7. Simultaneität/Synopsis

These: Die *Simultaneität als Synopsis des Nebeneinanders ermöglicht das Anordnungsprinzip der »übersichtlichen Darstellung«. Zu dem, was im Überblick gezeigt werden kann, gehört auch die vorwegnehmende Präsentation zukünftiger Verläufe in Form von Programmen, Instruktionen und Vorhersagen: Diagramme sind ein Scharnier zur Umwandlung räumlicher Anordnung in zeitliche Abfolgen und vice versa.*

»Simultaneität«[29] bedeutet das Nebeneinander des Gleichzeitigen und unterscheidet sich von der »Sukzessivität«, mit der die Aufeinanderfolge im Nacheinander ausgedrückt wird. Ein Bild und alle seine Abarten präsentieren sich gewöhnlich in der Ordnungsform der optischen Simultaneität.[30] Natürlich setzt das Daumenkino, setzen die Filme und Animationen die Bilder in Bewegung; und sicherlich nehmen die Augen in der Prozessualität des Wahrnehmens visuelle »Abtastungen« in zeitlicher Aufeinanderfolge vor. Doch dies ändert nichts an dem elementaren Tatbestand, dass das, was wir unter einem Bild bzw. Diagramm gewöhnlich verstehen, an die mediale Form einer stabilen, simultanen Darstellung gebunden ist. »Simultaneität« – so können wir mit Hans Jonas feststellen – ist eine der grundlegenden »Bild-Leistungen«.[31] Die ästhetischen und

---

29 Vgl. Krämer 2013.
30 Zur optischen Simultaneität: Baba 2013.
31 Jonas 1997, S. 248.

kognitiven Potenziale der Bildlichkeit sind ohne Reflexion der Besonderheiten von Simultaneität kaum zu erschließen.

Doch hier interessiert weniger der Aspekt der Gleich*zeitigkeit*, sondern derjenige der »Gleich*räumlichkeit*«. Die *Koexistenz,* die räumliche Nähe im Nebeneinander bzw. Übereinander, ist das maßgebliche Faktum, kann dadurch doch Mannigfaltiges in nachbarschaftlicher Präsenz dargeboten und gesehen werden. Von hier nehmen – verbunden mit der homogenisierenden Kraft der Linie und Fläche als Darstellungsmedium – das Vergleichbarmachen und das Vergleichen als elementare epistemische Leistungen des Diagramms ihren Ausgang. Jonas[32] geht so weit, das Sehen selbst – im Unterschied zum sukzessiv sich vollziehenden Tasten und Hören – als eine Wahrnehmungsform zu bestimmen, deren Spezifik die Simultaneität ist, so dass das Sehen eine Form von Sinnlichkeit verkörpert, die wie kein anderer Sinn mit dem im Vergleichen fundierten Erkennen im Bunde ist.

Auch Wittgenstein – wie vor ihm schon Goethe, an den er explizit anknüpft –[33] zollt der synoptischen Anordnung höchste Anerkennung: Er fordert, an die Stelle genetisch erklärender Verfahren, welche kausale, genetische Abhängigkeiten im Nacheinander einer Entwicklung herausstellen, »übersichtliche Darstellungen«[34] treten zu lassen, als probate, wenn nicht gar einzig zulässige Form des Erkennens (dazu später mehr). Die übersichtliche Darstellung – als Bildprinzip genommen – ist auf charakteristische Weise unterschieden von der zentralperspektivischen Darstellung. Der Verzicht auf die Perspektive ist signifikant für diagrammatische Inskriptionen. Sicherlich folgen figürliche Bestandteile in Diagrammen auch perspektivischen Konventionen und kennen wir Petitessen wie dreidimensional gezeichnete Stadtpläne. Doch anders als im zentralperspektivisch organisierten Bild, bei dem ein *einzelner* Gesichtspunkt bzw. Fluchtpunkt zum Organisationsprinzip der gesamten Bildfläche avanciert, zehrt die diagrammatische Simultaneität von der Anordnung unterschiedlicher Gesichtspunkte und Ansichten. Denken wir nur an die Mehrfachpräsentation der nicht funktionierenden Zugwinde bei Leupold. Die Spezifik der diagrammatisch

---

32 Ebd., S. 248 ff.
33 Wittgenstein 1984, VII, § 889.
34 Vgl. z. B. Wittgenstein 1984, I, § 122.

genutzten Simultaneität besteht in Anordnungen, die gewonnen sind am Vorbild des *Tableaus* bzw. des *Katalogs*.[35]

Der epistemische und praktische Gewinn simultaner Anordnung kann dreifach bestimmt werden:

(i) Stabilität: Anders als die »Lautmaterie« des Phonetischen verflüchtigen Inskriptionen sich nicht: Sie bleiben in ihren fixierten nachbarschaftlichen Relationen gerade so, wie hervorgebracht, vor Augen stehen. Gegenüber der sekundenschnellen Abfolge nervlicher Impulse, gegenüber dem amorphen Flackern von Bewusstseinsströmen eröffnet die Beschäftigung mit Diagrammen einen *Zeitraum*, in dem Zeit – metaphorisch ausgedrückt – »verlangsamt« werden kann. Anders als die flüssige Geschwindigkeit im Sprechen und Hören ist das Schreiben und Lesen, das diagrammatische Aufzeichnen und Verstehen, »zeitraubend«. So verlangsamt sich das Denken; es kann sich ein Stück weit selbst beobachten und auch disziplinieren.

(ii) Sozialität: Indem Denkresultate und propositionale Gehalte in Figurationen auskristallisiert sind, ist nicht nur die Fluidität geistiger Aktivität ein Stück weit gebannt und ist nicht nur eine Kontrolle und Korrektur individueller Kognition eröffnet, sondern die soziale Distribution und die intersubjektive Kritik von Erkenntnis wird möglich über den phonetischen Radius des gesprochenen Wortes hinaus. Denn Diagramme eröffnen eine Anschaulichkeit im »Modus des Wir«.[36] Mit diagrammatischen Artefakten kann Wissen transportiert, zirkuliert und übertragen werden. Im überindividuellen Umgang mit Diagrammen kann intersubjektive Erfahrung ermöglicht werden. Ist die Sozialität von Wissenschaft und von epistemischen Methoden überhaupt denkbar ohne den Einsatz von Inskriptionen im weitesten Sinne?

(iii) Planung/Entwurf: Die synoptische Zusammenschau ist gerade auch da nicht nur informierend, sondern handlungswirksam, wo das, was auf dem Papier simultan präsentiert wird, später in die Sukzession von Handlungen, also in zeitliche Sequenzen umzusetzen ist. Das gilt für jedes Veranstaltungs- oder Fernsehprogramm, das gilt für Algorithmen und für die Computerprogrammierung

---

35 Siehe Bender/Marrinan 2010, S. 33, die das Anordnungsprinzip von Tableau und Katalog als die für Diagramme signifikante Form gerade am Beispiel der Enzyklopädie von Diderot und d'Alembert herausarbeiten.

36 Stekeler-Weithofer 2010.

generell, das gilt in durchaus frustrierender Selbsterfahrung bei Anleitungen, die das eigenhändige Zusammenbauen von Möbeln steuern (sollen). Doch stets ist es die Synopsis eines Überblicks über eine sich erst noch zu ereignende Handlungsfolge bzw. eines Geschehens, welche das Potenzial einer auf Zukünftiges gerichteten Handlungsmacht freisetzt. Programme und Bauanleitungen aller Art strukturieren in der Zukunft liegende Tätigkeiten so, dass diese nicht nur vorhersagbar, sondern »vorhersehbar« werden. Die Simultaneität in der Gleichzeitigkeit einer *räumlichen Platzierung* aufzufassen, bedeutet, dass Zeitliches in Räumliches und Räumliches in Zeitliches umzuwandeln ist. Diagramme sind Gelenkstellen für Raum-Zeit-Metamorphosen.

8. Schematismus

These: *Diagramme sind schematische Darstellungen, die – im Prinzip – auf Reproduzierbarkeit hin angelegt sind. Zwischen dem zugrundeliegenden, also unsinnlichen Schema und seiner konkreten Instantiierung ist zu unterscheiden. Dieser Schematismus trennt das Diagramm vom Bild als Kunstwerk.*[37]

Was bedeutet »schematisch«? Vordergründig verbinden wir mit dem Wort »Schema« eine Darstellung, welche die wesentlichen Züge eines Sachverhaltes unter Weglassung »unwesentlicher« Details zeigt. In diesem Sinne »schematisch« sind eine gezeichnete geometrische Figur, ein Organigramm, ein Schaltplan oder ein Grundriss. Doch müssen wir »schematische Darstellung« und »Schema« gleichwohl unterscheiden. Schemata sind nicht einfach eine besondere Art reduzierender Darstellungen, sondern vielmehr Instruktionen, die dann wiederum in singulären Bildern vergegenwärtigt und realisiert werden können. Denken wir an das Orion-Sternbild: Obwohl die Punkt-Strich-Zeichnung dem Schema des Sternbildes sehr nahekommt, bleibt sie als bildliches Diagramm immer noch *eine einzelne* Realisierung; denn das Muster der topographischen Punktekonstellation namens »Orion« kann in ganz unterschiedlichen Visualisierungen – mit und ohne figürlich-

---

37 Dies ist eine grobe Abgrenzung, die in vielen Hinsichten zu modifizieren ist. Die Irritation und Hinterfragung ihrer eigenen Medien, welche die Kunst immer wieder praktiziert, kann selbstverständlich das Schematische explizit einbeziehen, denken wir etwa an die Werke von Hanne Darboven.

mimetische Elemente – verkörpert werden. Auf den Unterschied zwischen sinnlich sichtbarem Bild und »unsinnlichem« Schema hat Kant in seinem Schematismuskapitel nachhaltig aufmerksam gemacht; wir kommen darauf zurück.[38]

Die Unsinnlichkeit des Schemas wurzelt in seinem Allgemeinheitscharakter; der überindividuelle, »generische« Charakter des Schemas bedingt – in gewisser Hinsicht – diese Unsichtbarkeit: Sichtbar ist nicht das Schema selbst, sondern seine Realisierung. Gleichwohl ist klar, dass dieser Zusammenhang zwischen universellem unsichtbaren Typus und einzelner Realisierung nicht platonisch missverstanden werden darf als ontologischer Vorrang des »universellen Typus« gegenüber dem »partikulären Token«. Wenn eine Schablone eingesetzt wird, um ein gleichseitiges Dreieck aufzuzeichnen, wenn ein bestimmtes Formular vorgibt, wie die Steuererklärung abzufassen ist, wenn der Ingenieur Blaupausen seiner Konstruktionszeichnung als technische Bauanleitungen aushändigt: Dann scheint in all diesen Fällen das Schema selbst ein empirisch Gegebenes zu sein, das sichtbar ist und seinen Umsetzungen realiter vorausgeht. Zugleich aber ist klar, dass auch die verwendete Schablone nur *ein* Fall für die Realisierung gleichseitiger Dreiecke ist, dass auch das Steuerformular in tausendfacher Ausfertigung vorliegt, dass die Konstruktionszeichnung als Bauanleitung stets mehrfach ausgehändigt werden kann. Auch wenn etwa ein Autounfall als Zeichnung schematisch repräsentiert wird, ist diese Skizze (anders als der konkrete Unfall) beliebig oft wiederholbar und dabei auch veränderbar. Worauf es alleine ankommt, ist: Alles, was schematisch ist, kann wiederholt und in dieser Wiederholung – absichtsvoll oder versehentlich – zugleich variiert werden. Dies ist ein Grundzug aller diagrammatischen Artefakte.

Doch das Beispiel von Schablonen, Formularen und technischen Blaupausen, die nicht das Schema selbst sind, sondern dieses »lediglich« instantiieren, drängt eine Frage auf: Kann es sein, dass Diagramme deshalb mit dem Schema so fundamental liiert sind, weil Figurationen, welche aus der elementaren Interaktion von Punkt, Linie und Fläche hervorgehen, zum Prototyp für unser Verständnis dessen, was ein Schema ist, avancieren? Die Tätigkeit der Graphé ist – in ihren schematisierenden Aspekten – problem-

38 KrV B 179f.

los imitierbar und wiederholbar: Punkt-Linien-Konstellationen auf einer formatierten Fläche können unschwer übertragen und also reproduziert werden. Der Linienzug ist nicht nur die elementare Produktion von Unterscheidungen (wie oben/unten, rechts/links) und ist nicht allein ein Instrument zum Homogenisieren von Verschiedenartigem (»die Fläche nivelliert«), sondern stiftet *die basale Form des Übertragens und Reproduzierens* überhaupt. Kann man so weit gehen zu sagen, dass allen Routinen, allen standardisierten, also auf definiten Vorschriften beruhenden Handlungen etwas Diagrammatisches zukommt? Kann man sagen, dass also auch dem Tanz, der einer Choreographie entwächst, oder dem Konzert, das eine Partitur aufführt – unbeschadet ihrer ästhetischen Fülle – eine diagrammatische Dimension immanent ist, welche genau dann aktualisiert wird, wenn der Schematismus von Choreographie und Partitur in ein Verhältnis gesetzt wird zur singulären Aufführung und genau darin auch ästhetisches Erleben, das aus Kennerschaft hervorgeht, besteht?

9. Referenzialität

These: *Diagramme sind nicht selbstgenügsam, sondern stellen* etwas *dar. Sie sind primär durch Fremdbezug und nicht durch Selbstbezug charakterisiert: Es gibt stets ein »Außerhalb« des Diagramms. Diagramme können eine Form visueller Propositionalität generieren und somit – unter bestimmten Bedingungen – auch als visuelle Behauptungen fungieren.*

So wie Schriften sich *auf etwas* beziehen und damit eine entzifferbare Bedeutung haben, damit sie überhaupt als Schrift – und nicht als Ornament – gelten, so verhält es sich mit Diagrammen: Kraft ihrer diagramminternen visuellen Konfiguration machen sie Beziehungen zwischen diagrammexternen Sachverhalten sichtbar, seien diese willkürlich (Sternbild) oder natürlich (Fieberkurve), seien diese empirisch (Sitzverteilung im Parlament) oder begrifflich (geometrische Figuren; Begriffsbäume). Diese Möglichkeit der Bezugnahme ist – so groß die Variationsbreite und Spannweite dieses »Außerhalb« auch sein mag – nicht dispensierbar. Diagramme sind eine Darstellungstechnik; sie *machen* sichtbar.

Das »Was« dieser Darstellung kann seinerseits eine Inskription sein und damit ontologisch demselben Genre angehören wie das bezugnehmende Diagramm. Tatsächlich beruht die Visualisierungsleistung der meisten epistemisch eingesetzten Diagramme auf einer *Umschrift* von etwas, das als Inskription bereits vorliegt, etwa in Form von Datensammlungen, Listen, Tabellen, Beschreibungen etc.

Allerdings darf diese konstitutionelle Orientierung an einem »Außerhalb«, die den epistemischen Einsatz von Diagrammen grundiert, nicht missverstanden werden: Eine inskriptionsunabhängige »Begegnung« mit dem dargestellten Objekt ist unmöglich. Und dies hat einen einfachen Grund: Diagramme zeigen Relationen. Wenn aber Relationen nicht einfach in der Welt vorfindlich und nicht als eine Art von Gegenständen gegeben sind, wenn vielmehr die *Gegenständlichkeit einer Relation* erst hergestellt wird im Akt ihrer materialen und sichtbaren Einschreibung, dann ist die diagrammatische Aufzeichnung, welche auf eine Relation referiert, notwendig zugleich die Konstitution ebendieser Relation. Dass Diagramme auf Relationen referieren und diese – durch ihre eigenen Relationalität – zugleich konstituieren, schließt sich nicht aus, sondern ist darin enthalten.

An dem Fremdbezug als Conditio sine qua non der Diagrammatik festzuhalten, impliziert also *nicht*, von einer Unmittelbarkeit im Zugang zu epistemischen Gegenständen auszugehen. Dieser Zugang ist immer schon mediatisiert – und wir sind überdies der Überzeugung, dass diagrammatische Artefakte dabei eine grundlegende Rolle spielen.

Diese enge Verbindung von Referenz und Konstitution legt die Idee einer »transnaturalen Abbildung« nah. Das Konzept einer Abbildbeziehung ist philosophisch zumeist diskreditiert. Und doch verstehen wir unsere Überlegungen zur diagrammatischen Referenzialität als die Rehabilitierung eines – allerdings nicht trivialen – Abbildkonzeptes im Sinne einer »*transnaturalen Abbildung*«. Bei dieser geht es um strukturelle Analogien,[39] die auf einer Gleichgerichtetheit im jeweiligen Zusammenhang zwischen den strukturbildenden Elementen beruhen. Eine geographische Karte bildet nicht einfach eine Landschaft ab, sondern macht das in Datensammlungen sedimentierte *Wissen* über diese Landschaft unter Einschluss von Projektionsregeln sichtbar. Und es hängt vom Stand

---

39 Zum »mapping« als Wurzel des Bildlichen generell: Harrison 1991.

der Vermessungs- und Darstellungstechniken wie auch von den Nutzerinteressen ab, wie gut die Karte in ihrem Strukturgehalt mit der auf ihr gezeigten Landschaft übereinstimmt. Bei Netzkarten der U-Bahn ist klar, dass diese die Umstiegspunkte und Linienverläufe, nicht aber reale Entfernungen zeigen; anders bei Wanderkarten, bei denen die proportionale Darstellung realer Entfernungen essenziell ist. Als strukturanaloge Abbildungen sind aber auch die Transkriptionen geometrischer Figuren in Formeln und arithmetische Gleichungen anzusehen, und so kann etwa die Ellipse als ein gemäß einem Projektionsgesetz modifiziertes Abbild eines Kreises gelten.

Referenz und transnaturale Abbildung bereiten den Boden, aus dem dann ein Attribut erwachsen kann, das unseren epistemischen Umgang mit Diagrammen fundiert: Ähnlich den sprachlichen Äußerungen, aber anders als bei gewöhnlichen Bildern haben Diagramme oftmals einen propositionalen Gehalt. Einer langen Tradition folgend, verbinden wir das Propositionale mit der Satzstruktur eines Gedankens und also mit dem Diskursiven. Doch unsere Vermutung ist: Wir begegnen im epistemisch genutzten Diagramm einer *visuellen* Form von Propositionalität. Allerdings ist dabei nicht zu vergessen, dass – wenn hier von »Diagrammen« gesprochen wird – diese kein ausschließlich visuelles Vorkommnis, sondern immer schon eine Mischform von Bild und Text verkörpern. Jedenfalls ist mit der möglichen Referenzialität und Propositionalität des Diagrammatischen ein Wahrheitsbezug eröffnet, welcher selbstverständlich auch trügen kann, wie das Beispiel der »Irrtumsdiagramme« vorführte. Diagramme können – beabsichtigt oder nicht – falsche Darstellungen sein bzw. fehlgehenden Interpretationen Vorschub leisten. Doch zeigt sich darin nur in der Negativversion das latente propositionale Potenzial diagrammatischer Artefakte.

10.Sozialität

These: *Diagramme eröffnen die Anschauung von etwas, das individuell wahrgenommen wird, und zwar »im Modus des Wir«. Eingebettet in normativ geprägte Praktiken, die keineswegs explizit sein müssen, sondern oftmals implizit in kulturellen Gebräuchen verankert sind, organisieren Diagramme geteilte epistemische Erfahrungen.*

Diagramme sind Teil einer Wissenskultur. »Wissenskultur« wird hier verstanden als eine Praxisform, in welche die Mitglieder einer Kultur – mehr oder weniger – eingebunden und eingebettet sind. Die Verarbeitung diagrammatisch dargebotener Informationen ist nahezu ubiquitär, sei es voraussetzungsarm wie beim alltäglichen Blick auf Wetterkarten oder voraussetzungsstark wie bei elaborierten Diagrammen in der wissenschaftlichen Kommunikation. Etwas *als* Diagramm zu sehen, ist nicht bloß eine persönliche Wahrnehmung, eingekapselt in die intrinsische Subjektivität einer Person. Was Diagramme evozieren, ist vielmehr überindividuell und transsubjektiv: Diagramme organisieren geteilte Erfahrungen. Pirmin Stekeler-Weithofer folgend, können wir sagen: Ein Diagramm zu sehen und zu verstehen, ist ein Wahrnehmen im Modus des »Wir«.[40] Diese Art von Wahrnehmung charakterisiert er als »Anschauung«. Im Diagramm wird das Wahrnehmen zu einer Tätigkeitsform, bei welcher der Gegenstand der eigenen Anschauung auch der Gegenstand der Anschauung eines anderen sein kann und sein soll.[41] Und das gilt erst recht für die Formen problemlösender Nutzung graphischer Apparate: Beim schriftlichen Rechnen ebenso wie beim Einsatz des Nomogramms der Multiplikation folgen wir einem überindividuellen Verfahren, vorausgesetzt, wir legen Wert auf Effizienz und Korrektheit der Problemlösung.

Gerade weil Diagramme keine inneren, subjektiven Vorstellungsbilder, sondern materiale, in der Außenwelt raum-zeitlich situierte »Anschauungsdinge« und »Denkzeuge« sind, können sie nicht nur von Hand zu Hand gehen, sondern auch »von Auge zu Auge« und damit auch: »von Geist zu Geist«.

Wichtigster Ausweis für die Sozialität des Diagramms ist seine Normativität. Das Verhältnis von Normierung und Diagramm birgt (mindestens) drei Facetten:

(i) Der Umgang mit Inskriptionen aller Art ist eingebettet in ein Netz impliziter, zumeist nicht thematisierter kultureller Gewohnheiten. Dass Koordinatenachsen jeweils von unten nach oben und von links nach rechts die aufsteigenden Werte anzeigen, dass in geographischen Karten der Norden oben ist, ist zwar üblich, jedoch arbiträr: Es könnte auch anders sein. Dieses meist unausdrückliche »So-machen-wir-es« findet sich auf allen Ebenen des Diagrammge-

40 Stekeler-Weithofer 2010, S. 235 ff.; 2002.
41 Stekeler-Weithofer 2010, S. 244.

brauchs und betrifft Aspekte medientechnischer und operativer wie auch interpretatorischer Art. Diese implizite Konventionalität gibt den Hintergrund ab, vor dem die Figur des Diagramms ihr Profil und ihren Einsatz gewinnt. Sie ist der Grund dafür, dass sich kein Diagramm »von selbst« versteht.

(ii) Diagramme können sowohl beschreibend als auch vorschreibend sein. So einleuchtend diese Unterscheidung ist, so brüchig bleibt sie doch. Denken wir nur an die Graphik eines Sternbildes, welche nicht einfach eine bestehende Konstellation vor Augen führt, vielmehr Himmelsbetrachter darin unterweist, welche Sterne er als zusammenhängende Figuration überhaupt zu identifizieren hat. Doch hier interessiert nicht die Relativität der Unterscheidung von deskriptiv und normativ, sondern wir gehen auf unproblematische Weise davon aus, dass manche Diagramme als Vorschriften für praktische oder theoretische Handlungen fungieren: so, wie Konstruktionsanleitungen eben eine zu bauende Maschine, Reitdiagramme eben die zu reitenden Figuren darstellen. Dabei nun ist es signifikant, dass diese Instruktionen nicht einfach sprachlich repräsentiert, sondern vielmehr ikonisch *präsentiert* werden. Dieser »Präsenzmodus« bedeutet: Es gibt zwischen dem instruierenden Diagramm und der die Instruktion ausführenden Handlung eine Strukturanalogie – und zwar mit mehr oder weniger mimetischen Anteilen. Das Mimetische liegt beim Sternbild oder der Reitfigur auf der Hand: das Diagramm zeigt als Muster, wie die Figuration, nach der wir suchen oder die wir zu erzeugen haben, beschaffen sein soll. Aber auch auf der Schwundstufe des Diagrammatischen in Form eines in Schriftform gedruckten Veranstaltungsprogramms ist dieses Phänomen noch beobachtbar: Wenn ein Konzertprogramm die Abfolge der Musikstücke von oben nach unten anordnet, ist damit eine räumliche Analogie für den zu erwartenden Zeitverlauf gegeben: Das *Untereinander* präsentiert das zu erwartende *Nacheinander* im Konzert. In diesem Sinne ist nicht einfach Repräsentation, vielmehr Präsentation konstitutiv für die Darstellungsform des Diagrammatischen.

(iii) Doch noch eine weitere Dimension ist bemerkenswert: Gibt es einen Zusammenhang zwischen dem Darstellungsmodus des Diagramms und der Idee einer Norm im Sinne von »Normalität«? »Norm« heißt ja nicht nur: Maßstab, Regel, Verhaltensvorschrift – in diesem Sinne haben wir bisher den Terminus erörtert; sondern

Norm handelt auch vom *Normalen*, von der Durchschnittlichkeit des Gewöhnlichen, von dem, was die Mitte hält zwischen den Extremen, was nicht abweicht von den üblichen Erwartungen, kurzum: was »Brauch ist«. Kann es nun sein, dass die diagrammatische Einzeichnung in vielen Hinsichten überhaupt erst zur Anschauung bringt, was Norm in dieser zweiten Hinsicht bedeutet, was also als Durchschnitt, als Mittelwert anzusehen ist? Der Mathematiker und Philosoph Johann Heinrich Lambert trägt experimentell ermittelte Daten als Punkte in ein Koordinatensystem ein;[42] deren graphische Verbindung würde nun eine Linie im Zick-Zack ergeben. Stattdessen zieht er eine gerade Linie durch die Punktmenge, so dass einige Messpunkte oberhalb, andere unterhalb dieser Geraden zu liegen kommen. Lambert deutet diese Gerade als Verkörperung des Durchschnittswertes. Diese Durchschnittslinie – bereinigt von den Ausschlägen der individuellen Messergebnisse – begreift er zugleich als Visualisierung eines allgemeinen Gesetzes, im Unterschied zu den experimentell ermittelten Einzeldaten.[43] Sind also diagrammatische Inskriptionen ein in besonderem Maße geeignetes Medium, um das Durchschnittliche, um den Mittelwert, um die Norm in der Vielzahl ihrer singulärer Abweichungen zu ermitteln?

11. Operativität

These: *Gleich einer Karte, welche Bewegungen in einem unvertrauten Terrain eröffnet, ermöglichen Diagramme, dass wir praktisch oder theoretisch etwas tun, was ohne Diagramm schwer oder überhaupt nicht auszuführen ist. Diagramme sind graphische Denkzeuge; sie eröffnen kognitive Bewegungsmöglichkeiten, insofern ihrem Gebrauch ein transfiguratives Potenzial innewohnt, kraft dessen graphische Konstellationen und deren handgreifliche Manipulation als intellektuelle Tätigkeiten interpretierbar werden.*

Auf den ersten Blick sind Diagramme als stabile Inskriptionen gegeben und rufen in ihrem ikonisch-präsentischen Gegebensein ein Wortfeld auf, das geprägt ist von visuellen Termini wie »zeigen« und »sichtbar machen« sowie »betrachten« und »anschauen«. Doch Diagramme gehen in ihrem Visualisierungspotenzial nicht auf, so grundlegend dieses auch ist; denn sie stellen Sachlagen nicht nur

42 Lambert 1765, S. 426 ff.
43 Vgl. Krämer 2012, S. 93 f.

dar, sondern können in Sachverhalte intervenieren;[44] Diagramme sind dynamisch.[45] Wir wollen diesen tätigen Aspekt im Umgang mit Diagrammen deren »Operativität« nennen. Wie ist diese Tätigkeitsorientierung nun genauer charakterisierbar?

Denken wir an das Nomogramm der Multiplikation: Ein Liniensystem ist gegeben, mit welchem eine arithmetische Aufgabe geradezu »handwerklich« gelöst wird, indem die zu multiplizierenden Ziffern mit einer vom Nutzer selbst herzustellenden geraden Linie verbunden werden. Ein graphischer Problemlösungsapparat ist entstanden; ein kognitives Werkzeug, besser: ein Denkzeug, kommt zum Einsatz. Möglich ist dies, weil in der Konstruktion des Diagramms ein Zahlenraum konfiguriert wird, dessen graphische Anordnung selbst schon einen Multiplikationsalgorithmus verkörpert. Der Gebrauch des Nomogramms realisiert das Potenzial einer Transfiguration: Eine mechanische Tätigkeit, nämlich das Verbinden der zu multiplizierenden Ziffern durch ein Lineal, eine Linie oder einen Faden, schneidet an einer bestimmten Position die Mittellinie, an der sich die gesuchte Zahl befindet. Körperlich-spatiale Bewegungen, auf die sich alle Aufmerksamkeit fokussieren kann, sind zugleich der Vollzug einer intellektuellen Tätigkeit. »Transfiguration« heißt also: das Umschlagen von gegenständlicher Handhabung in Kognition, die Übersetzung handgreiflich gefundener Resultate in theoretische Erkenntnis.

Die dabei vollzogene Denkhandlung muss nicht immer ein Problemlösen sein; sie kann – zum Beispiel als *Beweisbild* – epistemisch auch eine Rechtfertigung, eine Schlussfolgerung, eine Einsicht bewirken. Und es muss auch nicht immer eine kognitive Tätigkeit sein, sondern kann – denken wir an das Diagramm des Zirkelreitens in der Reitlehre oder einfach an Bauanleitungen – auch eine praktische Tätigkeit sein, die mit Hilfe des Diagramms instruiert und gesteuert wird. Festhalten können wir für alle diese Fälle: Die diagrammatische Operativität ist notwendig verbunden (i) mit »spatialer Orientierung« und Formatierung im Sinne eines graphischen, in seinen Richtungen definierten Raumes auf dem Papier und (ii) einem »transfigurativen Potenzial«, welches eine Metamorphose der graphischen Figuration in eine außergraphische

44 Der Gedanke des intervenierenden, dynamischen Diagramms liegt der Studie von André Reichert zugrunde: Reichert 2013.
45 Valeria Giardino spricht daher vom »diagramming«: Giardino 2014.

Konstellation bewerkstelligt – sei es in geistigen oder körperlichen Hinsichten.

In Anbetracht der großen Bandbreite des Diagrammgebrauchs ist die Bedeutung diagrammatischer Operativität kaum genauer auszuloten. Wesentlich aber ist, dass der mit der »Operativität« konnotierte Tätigkeitsaspekt mehr meint, als mit dem aktiven Charakter alles Wahrnehmens, Lesens und Anschauens »sowieso« impliziert ist. Und es geht auch um mehr als um das mit Zeichenprozessen je schon verbundene Deuten und Interpretieren. Ebenso wie Bilder machen Diagramme etwas mit uns. Doch anders als bei den meisten Bildern machen auch wir etwas mit Diagrammen. Diagramme sind graphische »Gebrauchsartikel«. Epistemologisch gewendet bedeutet dies: Durch den Einsatz von Diagrammen entsteht neues Wissen, ergeben sich neue Einsichten. Wie das möglich ist, ist eine Kardinalfrage der Diagrammatologie.

12. Medialität

These: *Als Medium betrachtet nehmen diagrammatische Visualisierungen eine Mittlerstelle ein: Zwischen heterogenen Sphären situiert, stiften sie durch ihre »Vermittlungsarbeit« einen Nexus zwischen dem Verschiedenen, ohne dessen Divergenz dabei aufheben zu müssen.*

Den Abschluss unserer thetischen Zusammenstellung von Aussagen über das Diagrammatische bildet ein Attribut, das so grundlegend ist, dass dieser Gesichtspunkt auch als Nullpunkt unserer »Grammatik der Diagrammatik«[46] fungieren könnte. Diagramme sind immer auch: Medien. Im Rahmen unseres Botenmodells[47] haben wir, was ein Medium ist, anhand seiner *Zwischen*stellung bestimmt: Medien sind zwischen heterogenen Welten/Feldern/ Systemen platziert und stiften kraft dieser Mittlerstellung einen Zusammenhang und einen Austausch zwischen den heterogenen Seiten, indem sie deren Unterschied überbrücken, ohne ihn zu annullieren. Solche Überbrückung gelingt besonders gut, wenn Medien sich als hybride Gebilde erweisen, welche Züge der differenten Seiten, zwischen denen sie vermitteln, in und an sich selbst verkörpern. Die imaginäre (Kunst-)Figur des Engels, der mensch-

---

46 Vergleichbar der Rolle der Ziffer Null als »Ursprung« in einem Koordinatensystem.
47 Krämer 2008, S. 103-122.

liche und göttliche Eigenschaften zugleich verkörpert, war uns hier wegweisend.

Immanuel Kant hat seinen Schematismus strukturell als ein Drittes und Mittleres gekennzeichnet, welches nicht nur *zwischen* Denken und Anschauen steht, sondern Eigenschaften beider Pole in sich aufnimmt und an sich ausbildet und gerade deshalb geeignet ist, beide zu verbinden. In der Tat wirken im Diagramm stets Anschauliches und Begriffliches zusammen und stiften dann ihrerseits eine Verbindung von Anschauung und Denken beim Erkennenden. Wir werden später darauf stoßen, dass der Schematismus – von Kant als »*Monogramm* der Einbildungskraft« gekennzeichnet – so etwas wie eine Epistemologie des Diagramms »avant la lettre« bildet.

Worauf es hier jedoch ankommt, ist, dass der Ansatz, ein Diagramm funktionell und pragmatisch aus seiner Mittlerstellung zwischen Verschiedenartigem zu begreifen, nicht beschränkt ist auf die Vermittlung zwischen Anschauen und Denken. Auch in anderen Hinsichten fällt die Mittlerstellung des Diagrammatischen zwischen demjenigen, was als maximal verschieden konzipiert ist, auf. Etwa beim Unterschied von Raum und Zeit: Der (Lebens-) Raum wird gewöhnlich mit drei, die Zeit jedoch mit einer Dimension verbunden. Ist es vorstellbar, dass das Diagramm deshalb so gut Raum-Zeit-Verhältnisse ineinander zu übersetzen vermag, weil es mit seiner zweidimensionalen Flächigkeit *zwischen* der Eindimensionalität der Zeit und der Dreidimensionalität des Raumes platziert ist? Ähnliches gilt für die Differenz zwischen Instruktion und Vollzug, Regel und Ausführung: Bauanleitungen oder Computerprogramme sind graphische Instruktionen, welche die ontologische Differenz zwischen dem in der Bauanleitung angelegten Möglichen und dem in ihrem Befolgen entstehenden Wirklichen überbrücken. Bauanleitungen und Programme sind nämlich eine Art »Zwitter«, in denen sich Materialität und Immaterialität verschränken.

Kraft seiner Stellung als ein Drittes fungieren Diagramme wie »Übersetzungsapparate« zwischen Heterogenem.

4. Leitidee: ein »kartographischer Impuls«

Wir wollen uns in einem Gebiet bewegen, in dem wir uns nicht auskennen: bei der Hüttenwanderung im unbekannten Gebirge, beim Besuch in einer fremden Stadt. Aufgewachsen mit Orientierungskarten und jetzt Navigationsgeräten verfügen wir – und heute zumeist: verfügt unser Navigationsgerät – über eine Technik, mit dem das »ich kenne mich nicht aus« in die Form einer Kenntnis überführt wird, die ein zielgerichtetes Fortkommen auch im unbekannten Terrain ermöglicht. Solche Mobilität im Unvertrauten wird eröffnet, indem anhand einer handlichen, schematischen und überschaubaren Darstellung mögliche Bewegungen im Terrain virtuell erkundet und dann auch sukzessive – zumeist in beständiger Interaktion mit der Karte – realisiert werden. Eine graphische Struktur wird zum Medium, um eine Bewegung zu organisieren und dann auch: zu realisieren. Der Kunstgriff dieser »kartographischen Orientierungstechnik« besteht darin, mit Hilfe einer schematisierten Darstellung des Terrains in ebendieses Terrain realiter *intervenieren* zu können. Dies sei der »*kartographische Impuls*« genannt.

Unsere Hypothese ist nun, dass dieser Impuls eine nicht-geographische Entsprechung findet im epistemischen Gebrauch von Diagrammen. Die Fähigkeit, uns mit Hilfe graphischer Visualisierungen im unvertrauten Terrain zielgerichtet zu bewegen, ist eine Kulturtechnik, welche – transponiert auf die Ebene diagrammatischer Inskriptionen und epistemischer Aktivitäten – auch bei intellektuellen Bewegungen in unübersichtlichen »Wissenswelten« hilfreich sein kann. Praktisches und theoretisches Orientierungsverhalten können in eine Analogie gebracht werden; der Spur dieser Analogie – oder sollten wir abschwächend sagen: dieser »Familienähnlichkeit« – wollen wir jetzt folgen. So kann der in dieser Studie vertretene *dynamisch-operative* Ansatz im Begreifen der epistemischen Funktion des Diagrammatischen deutlicher zutage treten und präziser bestimmt werden.

Werfen wir zuerst einen genaueren Blick auf die kartographische Orientierungstechnik. Michel de Certeau unterscheidet zwei Formen von Räumlichkeit, die er »*Ort*« (»*lieu*«) und »*Raum*« (»*espace*«)

nennt.[1] Der »Ort« verdankt sich einer topologischen Ordnung, bei der alles in Beziehungen der *Koexistenz* zueinander steht: Jedes Ding hat seinen wohlbestimmten Platz und steht in Relation zu dem, was sich an anderen Plätzen befindet. Ein Ort ist wie ein fester Punkt, verbunden durch Strukturen stabiler Simultaneität mit den ihn umgebenden Punkten. Anders der »Raum«, der nicht als dauerhafte Konfiguration von Plätzen vorhanden ist, sondern überhaupt erst durch die Bewegung von Akteuren erzeugt wird und auch nur im Zuge dieser Bewegung von Dauer ist. Solcher »Raum« entsteht durch Aktivität; er wird zu einem »Ort, mit dem man etwas macht«.[2] Erst die temporären Bewegungen von Subjekten bringen in ihrer Sukzession diese Art von Räumlichkeit hervor.

Die von de Certeau ausgearbeitete Unterscheidung zwischen einem *Konfigurationsraum* und einem *Bewegungsraum* wurde – in anderer Terminologie – auch in der kognitiven Psychologie und der Linguistik thematisch zum Unterscheidungsmerkmal zweier Möglichkeiten verallgemeinert, wie Räumliches darzustellen ist. Wir können diese Optionen im Anschluss an F. N. Shemyakin »Routenbeschreibung« und »Überblickskarte« nennen.[3] Eine Routenbeschreibung artikuliert eine Aufeinanderfolge von Bewegungen: »jetzt biege rechts ab, dann die erste Straße links…« und kann als Text narrativ vermittelt werden oder auch mental verkörpert sein in Form einer gewohnheitsmäßigen Abfolge von gerichteten Bewegungen, mit der wir in einem uns vertrauten Terrain ein Ziel erreichen. Eine Überblickskarte beruht demgegenüber darauf, dass die Struktur der Anordnung lokaler Objekte visuell, synoptisch repräsentiert wird. Auch eine solche Karte kann – wir vernachlässigen hier die Grundsatzfrage, ob es »mentale Repräsentationen« überhaupt gibt – kognitiv gespeichert sein.

Interessant ist nun, dass diese unterschiedlichen Repräsentationsmodi von Räumlichem oftmals in eine genealogische Abfolge gebracht werden: Piaget, Inhelder und Szeminska[4] etwa vermuten, dass Routenkarten vor allem das frühkindliche Orientierungsverhalten lenken, welches dann sukzessive von Überblickskarten abgelöst werde. So erscheinen Routenbeschreibungen als ontogenetische

1 Certeau 1988, S. 217 ff.
2 Ebd., S. 218.
3 Shemyakin 1961; vgl. Linde/Labov 1985; Wagner 2010, S. 245 ff.
4 Piaget/Inhelder/Szeminska 1975, zit. nach Wagner 2010, S. 243.

und phylogenetische Frühform, sozusagen als »indigene« Form von Raumrepräsentation, während die Überblickskarte im Verein mit neuzeitlichen Vermessungs- und Darstellungstechniken zum Paradigma der modernen Repräsentation von Raum avanciert.[5]

Doch beide Repräsentationsmodi gegeneinander auszuspielen bzw. einander entgegenzusetzen, greift zu kurz. Routenkarte und Überblickskarte sind *keine* einander ablösenden Konzepte des Raumes, sondern interagieren miteinander – übrigens auch in den digitalisierten Raumdarstellungen. Denken wir an eine Routensuche per Google Maps: Auf der linken Seite erscheint die sprachliche Beschreibung der sukzessiv erforderlichen Fortbewegungen, spezifiziert nach ihrer Entfernung und Richtung, während auf der rechten Seite eine Überblickskarte durch farbliche Kennzeichnung ebendiese Route visuell als zusammenhängende Linie präsentiert. Das Navigationsgerät wiederum kombiniert beide Darstellungsformen zugunsten einer »egozentrisch« orientierten, fluktuierenden Karte.

Die Unterscheidung von »Route« und »Überblick« kann auch in der Terminologie einer Perspektivenverschiebung gefasst werden: Es geht um die Differenz zwischen der *Vogelflugperspektive* und der *Feldperspektive*.[6] In diesem Lichte betrachtet, kann allerdings de Certeaus Unterscheidung eine andere Wendung gegeben werden: Eine räumliche Situation als *Strukturraum* zu visualisieren, heißt, einen Raum von einem extrinsischen Beobachtungsstandpunkt darzustellen, eine räumliche Situation als *Bewegungsraum* zu beschreiben, heißt, einen Raum aus der intrinsischen Teilnehmerperspektive darzustellen.

Die kartographische Orientierungstechnik beruht – im Prinzip – darauf, die auf der Karte – in der Vogelflugperspektive – ermittelte zukünftige Bewegung, welche als eine das Terrain visuell durchziehende Linie markiert werden kann, in die Teilnehmerperspektive einer sukzessiven Bewegung realiter umzusetzen. Da dies (ohne Navigationsgerät) nur mit Hilfe der indexikalischen Selbstverortung gelingt, muss in der faktischen Bewegung im Gelände beständig die extrinsische Überblicksperspektive via Karte in die intrinsische Feldperspektive des realen Terrains übersetzt werden – und vice versa. »Selbstverortung« heißt, dass die Nutzerin sich als

5 Vgl. Farinelli 1996; 2012.
6 Vgl. Wagner 2010, S. 244.

eine wohlbestimmte Position auf der Karte identifiziert und den realen Standort im Gelände in einen Punkt der symbolischen kartographischen Repräsentation verwandelt. Wir sehen: Der simultan organisierte Überblicksraum und der sukzessiv sich entfaltende Bewegungsraum bilden nicht disjunkte, mithin sich ausschließende Modi von Räumlichkeit, sondern verschränken sich in der kartographischen Orientierungstechnik. So wird eine dynamische Fortbewegung im fremden Gelände mit Hilfe von Karten möglich.

Doch was bedeutet all dies nun für den epistemischen Diagrammgebrauch? Das wesentliche Motiv unserer Parallelführung geographischen und epistemischen Orientierens in Form eines kartographischen Impulses ist es, auf die grundlegende Bedeutung des *Handlungsaspektes* aufmerksam zu machen: Diagramme können nicht auf ihre schaubildliche, illustrierende Funktion und damit auf ihr Visualisierungspotenzial beschränkt werden. Die Versuchung zur Fokussierung auf die *Visualität* liegt durchaus nah: Gerade im Zeitalter des »iconic turn« und der Rehabilitierung epistemischer Bedeutungen von Bildern, gerade im Kontext der Entdeckung, wie unerlässlich für die Entwicklung der Wissenschaften das Sichtbarmachen ist, scheint es auf der Hand zu liegen, den Bild- und Anschauungscharakter des Diagramms zum Dreh- und Angelpunkt zu machen. Doch für unseren Ansatz ist es grundlegend, dass »Visualisierung« zwar eine notwendige, keineswegs aber eine *hinreichende* Bedingung für das Verständnis des Diagrammatischen ist.

Visualisiert werden kann fast alles, und dies auch noch in vielen unterschiedliche Weisen. Wenn Diagramme eine geistige Orientierungstechnik sind, wenn sie zum »Handwerk des Geistes« avancieren, dann ist die ihnen eigene Art von Sichtbarmachung abhängig von ihrer operativen Funktion, und diese wiederum schließt auch die materiale, konkrete Zuhandenheit von Diagrammen ein – und zwar im nahezu buchstäblichen Sinne: Die der geographischen Bewegungsorientierung dienenden Orientierungskarten sind – meistens – durch Handlichkeit ausgezeichnet; sie sind in das Terrain unschwer transportierbar und können körpernah entfaltet werden. Nicht zufällig also erweist sich das Smartphone in seiner unauffälligen Mobilität als ideales Navigationsgerät.

Für Diagramme gilt diese Zurichtung auf Transportierbarkeit weniger radikal, doch auch sie sind – in nicht wenigen Fällen – dem taktilen Zugriff und der haptischen Manipulation zugänglich.

Übrigens ist das ein Spezifikum vieler, wenn auch nicht *aller* Inskriptionen: Rezipierend und lesend können wir intervenieren in die inskribierte Fläche, an ihr Operationen vollziehen durch Unterstreichung oder Kommentierung.

In einer plakativen Weise führt dies das Beispiel des Nomogramms der Multiplikation vor Augen:[7] Die Ermittlung der gesuchten Zahl erfolgt durch das Ziehen einer Linie oder das Anlegen eines Fadens, ganz so, wie wir auf einer topographischen Überblickskarte eine anvisierte Route einzeichnen können. Das Nomogramm bildet eine den Multiplikationsbedürfnissen angepasste Kartierung des Zahlenraums – für das kleine Einmaleins. Die Verbindungslinie zwischen den zu multiplizierenden Zahlen und das Ablesen der gesuchten Zahl auf der mittleren Gerade verkörpern dann eine Routenkarte im Zahlenraum, so dass die konkrete Operation des Ziehens der Verbindungslinie als empirisches Pendant der kognitiven Tätigkeit des Multiplizierens »dient«. Das Ingenium eines solchen symbolischen Apparats liegt darin, dass der materialen, empirischen Geste des Linienzuges auf dem Papier die kognitive Problemlösung korrespondiert.

Nun scheint der Sonderfall des Nomogramms in seiner Simplizität wenig geeignet, um ein Modell abzugeben für die dynamische Funktion und den intervenierenden Charakter von Diagrammen im Allgemeinen. Die epistemisch bedeutsamen Diagramme kommen gewöhnlich in wissenschaftlichen Schriften vor. Was kann es unter den Bedingungen eines im wissenschaftlichen Text gegebenen statischen Bild-Text-Gefüges überhaupt heißen, dass Diagramme dem taktilen Zugriff zugänglich sind, dass wir also mit »Diagrammen etwas tun«? Was bedeutet es, dass es – in irgendeinem Sinne – um *dynamische, intervenierende*[8] Diagramme geht?

Eine weit subtilere Auffassung vom Diagramm als kognitivem »Handwerk« lässt sich anhand der Rolle geometrischer Diagramme bei Euklid aufweisen, denen für die epistemische Geschichte der Diagrammnutzung eine paradigmatische Bedeutung zukommt. Philip Catton und Celemency Montelle haben jüngst zu bedenken gegeben, dass mit der Rezeption von Euklids Geometrie zwei Arten von Diagrammen verbunden sind.[9] Einerseits sind das die fixier-

---

7 Siehe Abb. 8, S. 32.
8 Reichert 2013.
9 Catton/Montelle 2012.

ten, den Text begleitenden und kunstvoll stilisierten geometrischen Zeichnungen; zum anderen enthält der Text Instruktionen, deren Sinn darauf zielt, dass die Leser ihrerseits – in mehr oder weniger kunstloser Manier – für sich selbst ein Diagramm zeichnen, um anhand dieser eigenhändigen »manuellen Operation«[10] zum »Aha-Erlebnis«[11] eines neuartigen geometrischen Verständnisses von etwas geführt zu werden. Diagramme treten bei Euklid somit in einer doppelten Funktion auf: Als textbegleitende Diagramme haben sie die »panoptische Funktion«,[12] geometrische Relationen – in der Vogelflugperspektive – anschaulich zu vergegenwärtigen – das ist ihre Visualisierungsaufgabe. Als Eigenkonstruktionen der Leser haben sie – in der Teilnehmerperspektive – die Aufeinanderfolge der notwendigen Konstruktionsschritte, also eine von Auge und Hand gesteuerte Handlungssequenz, deutlich zu machen. Erst in dem *Zusammenwirken* beider diagrammatischer Funktionen ereignet sich dann das, was den produktiven Kern des Diagramm-einsatzes ausmacht: der Erwerb, das »Aufleuchten« einer neuen geometrischen Erkenntnis. Es ist gerade dieses vom offiziellen, textbegleitenden Diagramm unterschiedene Diagramm »Marke Eigenbau«, das einen wichtigen Schritt hin zur Einsicht in die *Allgemeingültigkeit* des gewonnenen geometrischen Wissens verkörpert: Denn so kann eingesehen werden, dass die im Text gegebene Konstruktionsanweisung in ganz unterschiedlich gezeichneten Figuren realisierbar ist, dass also die Allgemeingültigkeit der anhand des Diagramms gewonnenen Einsicht im normativen Charakter seiner Konstruktionsvorschrift und nicht in seiner empirischen Ausführung wurzelt.

Kommen wir nun auf de Certeaus Unterscheidung zweier Raumprinzipien zurück: dem in Koexistenz gegebenen Struktur-raum und dem in Sukzession erzeugten Bewegungsraum. Offenkundig können die beiden diagnostizierten Diagrammfunktionen bei Euklid in der Perspektive dieser Unterscheidung reinterpretiert werden: Stabil eingebettet in den Text, stiftet das Diagramm einen synoptischen Überblick über Relationen, es fungiert wie eine Karte; ausgeführt als textgeleitete zeichnerische Aktion erfüllt es die Rolle eines Bewegungsraumes, der nur im regelgeleiteten Handeln

10 Ebd., S. 37.
11 Vgl. »flash of understanding«, ebd., S. 50.
12 Ebd., S. 51.

hervorgebracht wird und überindividuelle Erfahrungen im Zuge der Konstruktion einer Figur möglich macht.

Schon diese Beispiele machen klar: Wenn wir von dem *dynamischen* Aspekt der Diagramme sprechen, so realisiert sich dieser Aspekt in einer doppelten Bewegung. Einerseits ist dies das konkrete Umgehen mit einem Diagramm, mit dem wir etwas machen, sei es alleine mit den Augen oder/und mit der Hand. Was sich auf dieser Ebene ereignet, hat mit Wahrnehmungen und Operationen zu tun im *Modus der Präsenz*. Hinsichtlich dieses Präsenzstatus sind wir mitsamt dem Diagramm im materialen Kontinuum der Welt situiert. Andererseits erfolgt eine Transformation der Präsenz in den *Modus der Repräsentation*, indem die materiale, sinnlich wahrnehmbare und konkret vollziehbare Operation als eine Form ideeller bzw. intellektueller Tätigkeit gedeutet wird und darin auch erst ihren Sinn und Zweck findet.

Eine »geistige Tätigkeit« ist somit im Spannungsbogen eines *Wechselspiels* gegeben: als Aktion von Auge und Hand auf der inskribierten Oberfläche und als kognitive Bewegung in der Generierung von Wissen und Einsicht. Der springende Punkt an diesem Doppelaspekt einer sowohl *extrinsischen* als auch *intrinsischen* Mobilität ist die fundamentale Rolle, welche der »Papier-Aktion«, der konkreten Aufzeichnung beim Zugewinn an Wissen, zukommt. Wenn der Phänomenologe Edward Casey[13] davon ausgeht, dass die neuzeitliche kartographische Verzeichnung von Orten der äußeren Welt mit der Aufklärungsphilosophie Descartes' und Kants einen Gegenentwurf bekomme, da Letztere allein den *inneren* Raum des Bewusstseins explorieren, verkennt diese Entgegensetzung von äußerem Territorium und innerem Bewusstseinsraum ein Stück weit gerade die Gelenkstelle der unersetzlichen Rolle, welche die Externalität, Flächigkeit, Visualität und Operativität des Diagrammatischen auch für »interne« Bewusstseinsleistungen und höhere kognitive Funktionen spielt.

So, wie wir mit der geographischen Karte etwas *tun*, indem wir anhand der Karte verschiedene Routen ermitteln, explorieren und vergleichen, um dann die – gemäß unserem Interesse und Bedürfnis – »richtige« oder besser: angemessene Route zu finden, so tun wir etwas mit raum-zeitlich situierten Diagrammen, um dadurch

13 Casey 2006, S. 353 ff.

Wissen zu erwerben, zu demonstrieren, zu kommunizieren, also in unserem »Wissensraum« neue Bahnen zu legen, zu beschreiten bzw. diese für andere verfügbar zu machen. So klar es ist, dass dabei – vom kognitiven Standpunkt aus gesehen – Vorstellungsvermögen und Einbildungskraft (innere Anschauung!) grundsätzlich im Spiel sind, entspricht es doch unserem Ansatz, dass die *konkrete, körperliche*, also raum-zeitlich situierte, anschauliche Operation mit flächigen Einzeichnungen gegenüber deren nur mentalem, »innerem« Vollzug ein Primat zukommt. Wenn wir *mental* eine Strecke um ihren Mittelpunkt rotieren, um so in unserer Vorstellung imaginär eine Kreislinie entstehen zu lassen, so wurzelt dieser mentale Akt – im Prinzip – in realen graphischen Praktiken.

Fassen wir zusammen: Die Analogie zwischen geographischer und epistemischer Bewegungsorientierung findet in der »kartographischen Orientierungstechnik« bzw. im »kartographischen Impuls« ihren Anhaltspunkt. Ein graphisches Arrangement ermöglicht zielgerichtete Aktionen in einem unvertrauten Terrain, sei dieses geographischer oder kognitiver Art. Das ist möglich infolge einer doppelten Bewegung: Es wird eine Operation anhand einer graphisch-symbolischen Figuration vollzogen, welche eine Bewegung im »Referenzterritorium« ermöglicht, sei dies nun eine reale Landschaft oder ein Wissensgebiet. Epistemisch gesehen fällt hierbei auf, dass räumliche Schemata dazu dienen, Einsicht in und Verständnis für zumeist nicht-räumliche, intellektuelle Sachverhalte zu gewinnen. Diagramme *dynamisch* zu begreifen, heißt zu klären, *wie* sie diesen Zugewinn an Wissen evozieren. Die Rolle der inskribierbaren Fläche und insbesondere der Linie ist dafür zentral. Dieser wenden wir uns jetzt zu.

5. Aisthesis und Erkenntnispotenzial der Linie

Phänomene der Inskription, so umfangreich ihr Spektrum zwischen Notationen einerseits und Karten andererseits auch ist, haben einen kleinsten gemeinsamen Nenner: Sie gehen hervor aus der Interaktion von Punkt, Linie und Fläche. Wenn wir uns nun den epistemischen Funktionen des Diagrammatischen zuwenden und diese elementar mit einer Erkenntniskraft der Linie in Verbindung bringen, so vermuten wir, dass diese Erkenntniskraft in etwas begründet ist, was wir das »Intellektualisierungspotenzial« der Linie nennen wollen. Wir wollen dieses intellektuelle Potenzial, das der Linie als *graphischem* Phänomen eigen ist, erörtern. Dabei werden wir auf vier Begriffspaare stoßen, die dafür aufschlussreich sind: Sichtbarkeit und Unsichtbarkeit, Konstitution und Konstruktion, Bewegungslinie und Verbindungslinie, Abbild und Entwurf.

5.1. Sichtbarkeit und Unsichtbarkeit der Linie

Unsere Hand mit einem Schreibinstrument zieht einen Strich auf einer Unterlage; solcher Linienzug ist eine »Hand«lung im wahren Sinne des Wortes. Sie vollzieht sich haptisch als eine Geste in der Zeit und resultiert optisch in einer stabilen, sichtbaren Markierung. Mit dem Ziehen einer Linie ist eine Metamorphose verbunden: Die Sukzession einer Bewegung gerinnt zur Simultaneität einer Inskription; eine zeitliche Aufeinanderfolge kristallisiert sich aus in einer räumlichen Konfiguration; etwas Dynamisches und Flüchtiges kondensiert zu Statischem und Fixiertem. Der Linienzug vollzieht eine signifikante »Übersetzung« oder besser: eine Umwandlung.

Nun es ist keineswegs so, dass die Fläche zuerst da ist und ihr sodann eine Linie eingezeichnet werden kann. Vielmehr ist es der Akt der Einschreibung, der überhaupt erst die Außenhaut eines voluminösen Körpers zu einer zweidimensionalen Fläche »macht«: Aus einer Oberfläche mit (verborgener) Tiefe wird dann eine Fläche ohne Tiefe, auf der alles, was ihr inskribiert wird, sich dem Blick unverborgen darbieten kann. Der Linienzug reduziert einen dreidimensionalen Körper auf einen zweidimensionalen.

Nun darf diese Dimensionalitätsreduktion nicht als ein empirischer Vorgang missverstanden werden. *Jede* inskribierte Oberfläche verfügt nicht nur über Länge und Breite, sondern auch über eine Höhe – und sei diese auch noch so minimal. Und was für die Fläche zutrifft, gilt erst recht für die Linie selbst. Analog der Zweidimensionalität der Fläche, analog übrigens auch der Ausdehnungslosigkeit des (mathematischen) Punktes, ist die Eindimensionalität der Linie eine *imaginäre* Eigenschaft. Realiter verfügt jeder Strich nicht nur über eine Breite, sondern über einen »Strichkörper«.[1] Die ästhetische Linie spielt mit dieser ihrer Körperlichkeit; die epistemische Linie dagegen macht sie vergessen.

Wir stoßen hier auf eine bemerkenswerte Paradoxie. Der im weitesten Sinne schematische Umgang mit Linien, wie er uns in allen diagrammatischen Erzeugnissen begegnet, behandelt die Linie nicht einfach als einen realen, sondern vielmehr – und genau genommen – als einen irrealen Sachverhalt. Es ist keine Frage, dass die Aktivität des Auges dieser Irrealisierung zuarbeitet, insofern die Abmessungen der Linie so dünn, die Höhe der Inskriptionsfläche so minimal, die Ausdehnung des Punktes so gering sind, dass das Voluminöse an ihnen nahezu verschwindet. Gleichwohl bleibt es ein Faktum, dass sich in die Anschaulichkeit, die dem Graphismus eigen ist, dann, wenn dieser schematisch und also für Wissensdinge eingesetzt wird, von Anbeginn eine Unanschaulichkeit eingenistet hat, kraft derer die Linie, die in ihrer Zweidimensionalität *sichtbar* ist, als ein Gegenstand fungiert, der in seiner Eindimensionalität nicht mehr wahrnehmbar, sondern nur noch *denkbar* ist. Wohlgemerkt: Es geht hierbei nicht um jene Ergänzungsakte des Auges, die darin bestehen, beispielsweise sichtbare Punktreihen als eine Linie oder im Viereck angeordnete Punkte als ein Quadrat wahrzunehmen oder gar in einem gezeichneten Quadrat die nicht eingezeichnete Diagonale gleichwohl »sehen« zu können. So bemerkenswert die Tendenz des Auges zur visuell-linearen Ergänzung ist – die Eigenschaft der Linie, ein eindimensionales Gebilde »zu sein«, ist kein Wahrnehmungs-, sondern ein *Geltungs*verhältnis: Die Linie *ist* nicht eindimensional, aber wir behandeln bzw. verwenden sie so, jedenfalls in wissensbasierten Nutzungen von Linien. Das Sehen eines solchen materiell-immateriellen Gegenstandes impliziert

---

1 Fürlinger 1984.

zugleich ein Absehen von etwas. Wir haben damit eine erste basale Einsicht gewonnen: Der Graphismus ist gekennzeichnet durch eine Verbindung von Sichtbarkeit und Unsichtbarkeit, durch die Verwebung von Anschauen und Denken. Dieser elementare Sachverhalt gibt den Nährboden ab, aus dem die Erkenntniskraft der Linie überhaupt erst erwachsen kann.

Diese Einsicht findet eine Stütze, aber auch überraschende Akzentuierungen in Überlegungen von Maurice Merleau-Ponty und Jacques Derrida. Merleau-Ponty hat die Durchdringung des Sichtbaren mit dem Unsichtbaren als ein wahrnehmungsphilosophisches Faktum reflektiert. Für uns kommt es nur darauf an, wie er dieses »Unsichtbare« charakterisiert: Er meint damit kein Noch-nicht-Sichtbares und kein Nicht-mehr-Sichtbares, sondern den Umstand, dass »Sehen« stets bedeutet, mehr zu sehen, als man wahrnimmt.[2] Für ihn enthält »das Sichtbare selbst eine Nicht-Sichtbarkeit«.[3] Philosophisch rückt er dieses mit dem Sichtbaren durchdrungene Unsichtbare in die Nähe einer »reinen Transzendenz«.[4] Wenn wir das nun auf unseren Gegenstand beziehen, bedeutet dies, dass die anschauliche Linie eine Urszene stiftet für das, was das Erfahrbare übersteigt – und zwar ohne sich deshalb ins Übernatürliche zu verflüchtigen oder auch nur ins Metaphysische abzugleiten. Das mit der Linie verbundene Paradoxon eines Zugleichs von Sichtbarkeit und Unsichtbarkeit können wir prosaisch dann so ausdrücken: Die Linie verkörpert eine »geerdete« Transzendenz. Sie ist erfahrungsübersteigende Anschauung. Kant wird genau diesen Sachverhalt mit seinem Paradoxon eines synthetischen Apriori auszudrücken versuchen – doch dazu später.

Wir wollen hier noch auf eine Schlussfolgerung bei Merleau-Ponty aufmerksam machen: Für ihn zeichnet sich in dieser dem Sichtbaren eingelagerten Unsichtbarkeit die Phänomenologie einer »anderen Welt« ab, welche als Grenze einer Phänomenologie des Imaginären und Verborgenen beschrieben werden könne.[5] Wir können das – wiederum bezogen auf unseren Gegenstand – durchaus wörtlich verstehen: Wenn wir in der Linie – zusammen mit Punkt und Fläche – das Abc der Diagrammatik vermuten, so

2 Merleau-Ponty 1986, S. 311.
3 Ebd., S. 312.
4 Ebd., S. 291.
5 Ebd., S. 292 ff.

ist mit dieser Zwischenwelt der Inskription tatsächlich die Phänomenologie einer »anderen Welt« eröffnet. Eine Welt, deren *Telos* gerade darin besteht, Unsichtbares im Sinne von abstrakten Wissensdingen oder Imaginäres im Sinne von mentalen Vorstellungen in das Register der Sichtbarkeit zu überführen; und die dies doch nur vermag, weil die Anschauungsdimension dieser »anderen Welt« infiltriert ist mit dem und gezeichnet ist vom Unanschaulichen. Die Welt des Diagrammatischen kann nur entstehen, weil schon ihr graphisches »Baumaterial« und »Fundament« in seiner Sichtbarkeit mit etwas Unsichtbaren im Bunde ist: Punkt, Linie und Fläche, wenn sie denn zum Handwerk des Geistes diagrammatisch konfiguriert werden, sind eine vom Immateriellen durchtränkte Materie.

Viel deutlicher als Merleau-Ponty hat Jacques Derrida die mit Unsichtbarkeit durchsetzte Sichtbarkeit anhand der *Graphé* im Allgemeinen wie des Zeichnens im Besonderen reflektiert. Angesichts unserer Tradition eines Okkularzentrismus, welche Sichtbarkeit und Sichtbarmachung eben nicht nur als ästhetische Maxime, sondern auch als epistemologisches Prinzip hervorgebracht hat, macht Derrida in geradezu verstörender Weise die Blindheit und die Unsichtbarkeit zur Springquelle jener Aktivität, die wie keine andere dem Sichtbarkeitsregime huldigt: der Zeichnung und dem Strich. Wir können hier nicht das kunstphilosophische und bildtheoretische Programm explizit machen, dass sich in Derridas Hypothese, »daß jeder Zeichner blind« sei,[6] verbirgt. Doch ein Aspekt seiner Überlegungen ist für uns unmittelbar von Belang: Angesichts der immer noch verbreiteten Tendenz, die Arbeit des bildenden Künstlers im Horizont des Mimetischen zu bestimmen, betont Derrida die »abgrundtiefe Heterogenität«, die den darzustellenden Gegenstand vom »zeichnenden Strich«[7] trennt – und zwar gerade auch dann, wenn ein Bild ein Vorbild, wenn ihm etwas Modell gestanden hat. Obwohl wir davon ausgehen, dass die Fähigkeit der Nachbildung, Abbildung und Modellierung für Typen des Diagrammatischen grundlegend ist, impliziert die Bildwerdung eines vorgegebenen Gegenstandes einen Weltenwechsel, der als Differenz zwischen Modell und Bild radikaler kaum denkbar ist. In und mit der Zeichnung entsteht jene »andere Welt«, von der auch Merleau-Ponty spricht. Ausdruck ihrer Andersartigkeit

6 Derrida 1997, S. 49.
7 Ebd.

98

und Aufweis für die konstitutive Ungleichartigkeit zwischen Gegenstand und Gegenstands-Bild ist für Derrida nun eben der Umstand, dass der Zeichner im Vollzug der Einzeichnung blind bleibt bzw. bleiben muss: Während er den Stift ansetzt und den Strich ausführt, kann er nicht zugleich sehen, und das in zwei Hinsichten: Weder sieht er seine im Entstehen begriffene Linie,[8] noch sieht er im Akt des Zeichnens sein Modell. Das zeichnerisch »Geschehene« ist also für Derrida das »Ungesehene«.[9] Im Vollzug der Zeichnung handelt der Zeichner aus dem Gedächtnis oder – mit Kant ausgedrückt – durch seine Einbildungskraft. Derrida betont nun: Dieses Nichtsehenkönnen ist keine Ohnmacht, sondern ihr Gegenteil. Es ermöglicht überhaupt erst das »etwas Sichtbarmachen« und wird zur »quasi-transzendentalen Ressource«.[10] Die Nicht-Sichtbarkeit bildet die Bedingung der Möglichkeit der künstlich bzw. künstlerisch hergestellten Sichtbarkeit.

5.2. Die Linie als Konstitution oder Konstruktion

Merleau-Pontys Transzendenz wird bei Derrida also zu einer Quasi-Transzendentalität fortgebildet. Für die Charakterisierung der Linie bei Derrida führt das zu einer beachtenswerten Konsequenz: »[D]er Strich ist nicht *sinnlich*«.[11] Ist er stattdessen also intelligibel? Doch Derrida betont: »Er ist weder intelligibel noch sinnlich.«[12]

Hier sind wir an einer Gelenkstelle unserer Überlegung, bei der wir unsere zuvor geäußerten Auffassungen durch Derrida irritieren und dann auch korrigieren lassen müssen. Wir hatten bisher dem Strich bzw. der Linie ein gewisses Doppelleben zugestanden, changierend zwischen Sichtbarkeit und Denkbarkeit, zwischen Materialität und Immaterialität, zwischen Empirizität und Idealität. Derrida nun durchkreuzt und durchstreicht diese Annahme; er lehnt sie ab. Was fangen wir damit an? Bringen wir es gleich auf den »Punkt«: Der bei Derrida unübersehbare Wille zur transzen-

---

8 »[D]er Strich oder Zug [ist] an seiner ursprünglichen Spitze unsichtbar und […] der Zeichner [ist] dort für ihn blind.« Ebd., S. 57.

9 Ebd., S. 51.

10 Ebd., S. 49.

11 Ebd., S. 58.

12 Ebd.

dentalen Nobilitierung der Linie hat einen guten – und vielleicht sogar aufregenden – Grund: die Linie ist deshalb für Derrida kein »Zugleich« und auch kein »Entweder-oder« von Sinnlichkeit und Intelligibilität, weil sie überhaupt erst die Möglichkeit zur Unterscheidung zwischen dem Erfahrbaren und dem Denkbaren stiftet. Die Linie ist jener Elementarakt, mit dem nicht einfach eine *bestimmte* Unterscheidung vollzogen, vielmehr Unterscheidbarkeit *überhaupt* sichergestellt wird.

Wir haben bisher die Linie als ein graphisches »Substrat« thematisiert, dem etwas Doppelbödiges eignet, insofern sie ein Zwitter aus Sichtbarem (Strich) und Unsichtbarem (eindimensionale Linie) ist. Indem Derrida der Linie diesen Doppelcharakter *abspricht*, depotenziert er diese nicht, sondern wertet sie auf. Denn er verleiht der Linie ein andersgeartetes Vermögen, das nicht in ihrer Kraft zur *Konstruktion*, sondern zur *Konstitution* liegt. Mit dem Linienzug verfügen wir über die »Macht der Unterscheidung«; die Linie erzeugt und gewährleistet die Möglichkeit, Differenzen zu *setzen*. Auf diesen Tätigkeitsaspekt nun kommt es uns an. Indem wir Derrida in seiner Idee folgen, die Linie als ein Quasi-Transzendental zu deuten, liegt der springende Punkt darin, dass diese transzendentale Auszeichnung *praxeologisch* rekonstruiert und somit »geerdet« werden kann; so ist die mit der Form des Transzendentalismus verbundene Problematik zu vermeiden, die darin besteht, die Grundlagen der Erfahrungserkenntnis jenseits von Erfahrbarem ansiedeln zu müssen und damit gegen Erfahrung zu immunisieren. Was mit dieser »praxeologischen Rekonstruktion« gemeint ist, sei anhand von zwei prominenten Gebrauchsweisen der Linie erläutert: (i) der Grenzlinie und (ii) der Hilfslinie.

(i) Grenzlinien: Die Grenze zwischen zwei Territorien ist für die Identität dieser Territorien grundlegend; insofern kann man sagen: Die Grenze bringt die Unterscheidbarkeit einer Domäne im Sinne ihrer Abgrenzung überhaupt erst hervor. Und zugleich gilt: Die Grenzlinie gehört keinem der abgegrenzten Gebiete an. Denn eine Grenze kann nicht zugleich Teil dessen sein, was sie begrenzt; lebenspraktisch gewendet: sie ist »*terra nullius*«, das »Niemandsland«. Das sieht auch Derrida so: »[W]as den Strich umgibt, das, was er verräumlicht, indem er abgrenzt, […] [gehört] ihm folglich nicht an«.[13]

---

13 Derrida 1997, S. 57.

Das bedeutet nun keineswegs die Verflüchtigung der Grenzlinie ins Imaginäre, sondern heißt nur: Die Grenzlinie ist von einer anderen Seinsart (wenn dieser altertümliche Ausdruck hier erlaubt ist) als die begrenzte Fläche. Dieser Wechsel der »Seinsart« kann auch so erklärt werden: Die Linie begrenzt zwar eine zweidimensionale Fläche; das kann sie jedoch nur, weil sie *nicht* selbst von zweidimensionaler »Natur« ist, sondern einen differierenden Modus von Spatialität (relativ zur Fläche) realisiert: eben ihre *Eindimensionalität.* Auf eine ähnliche Modifikation der Seinsart treffen wir bei einer anderen Gattung konstitutiver Linien: den Hilfslinien.

(ii) Hilfslinien führen auf eine andere Weise die konstitutionstheoretische Funktion von Linien *praktisch* vor Augen. Hilfslinien begegnen uns in beeindruckender Vielfalt:[14] So gibt es die elementaren Rasterungen von Schreibflächen wie beim linierten Schreibpapier, welches dem Lernenden hilft, die Schreibrichtung zu wahren, oder beim karierten Rechenpapier, das erlaubt, die strenge Anordnung des Untereinander und Nebeneinander von Ziffern zu wahren, oder beim Millimeterpapier, das es dem technischen Zeichner ermöglicht, Proportionen zu übertragen und maßstabsgerecht zu verändern. Grundlegender schon für die Semantik von Schriften sind Hilfslinien nach Art der Notenlinien, ohne die der musikalische Wert der Note unbestimmbar wäre. Oder denken wir an die geodätischen Linien wie Längen- und Breitengrade, durch welche Orte der Erdoberfläche identifizierbar und in ihrer Lage vergleichbar gemacht werden. Und schließlich eröffnen die Hilfslinien des Koordinatenkreuzes die Möglichkeit, Formeln in Figuren – und umgekehrt – zu übersetzen. Obwohl also die Konstitutionsleistung von Hilfslinien verschieden schwach (Beispiel: Millimeterpapier) oder stark (Beispiel: Koordinatenkreuz) ausfallen kann, gilt doch in jedem Falle: Die Hilfslinien ermöglichen eine Darstellung, sind aber gerade nicht Teil von dem, was *mittels* der Hilfslinie konstruiert und dargestellt wird. Doch das heißt im transzendentalphilosophischen Sinne gerade nicht, dass die Hilfslinien erfahrungsjenseitig sind, sondern heißt nur, dass ihnen ein anderer Status zukommt: Das System der Notenlinien muss gezogen, das Koordinatenkreuz eingezeichnet sein, ehe Noten als aufgeschriebene Musik oder geometrische Figuren als Zahlengleichung jeweils

14 Richtmeyer 2011.

inskribierbar sind. Hilfslinien sind dem Akt der Darstellung von etwas vorgängig.

Wenn die quasi-transzendentale Funktion der Linie, auf die Derrida aufmerksam macht, praktisch so rekonstruierbar ist, dass der Linie dabei – methodisch gesehen – ein andersartiger Status zukommt, drängt sich eine Unterscheidung auf, die für die Diagrammatik grundlegend ist. Linien führen ein funktionales Doppelleben, insofern sie sowohl der »Konstruktion« wie der »Konstitution« zu Diensten sein können. Gemeint ist damit, dass Linien als Hilfslinien und Objektlinien fungieren können. Denken wir an das Koordinatenkreuz: Die mit Zahlen beschrifteten Koordinaten sind die *Hilfslinien*; wird im Koordinatenkreuz eine geometrische Figur punktgenau eingezeichnet, so bilden deren Linien die »*Objektlinien*«. Kraft dieser funktionellen Unterscheidung von Objekt- und Hilfslinien kann der transzendentalphilosophischen Überhöhung des Strichs bei Derrida eine immanenzphilosophische Wendung gegeben werden, insofern der diagrammatische Umgang mit Linien auf der Interaktion beider Rollen beruht.

5.3. Bewegungslinie und Verbindungslinie

Wenn die Frage »Was ist eine Linie?« zu beantworten ist durch die Art, wie wir Linien hervorbringen, so kommen zwei Erzeugungsverfahren in den Blick. Entweder werden zwei Punkte auf einer Fläche durch einen Strich verbunden; oder vom Punkt ausgehend wird mit dem Schreib-/Zeicheninstrument in einer flüssigen Bewegung ein Strich produziert. Im ersten Fall wird eine Verbindung gezogen, welche durch die Lage der Punkte vorgegeben ist; im zweiten Fall ist die Strichführung – außer im Anfangspunkt – ungebunden. Wir können das als Unterschied zwischen einer »Verbindunglinie« und einer »Bewegungslinie« bezeichnen. Ist diese Differenz folgenreich für die Aufdeckung des intellektuellen Potenzials der Linie?

Mit dieser Frage macht es Sinn, sich an zwei ästhetisch orientierte Autoren zu wenden, bei denen diese Differenz thematisch wird. Paul Klee interessiert sich für das Formbildungspotenzial der Linie in ihrer Eigenschaft, zugleich Wurzel des Schreibens wie auch des Zeichnens zu sein.[15] Klee geht von zwei Weisen der Strichfüh-

---

15 Über die Linie sagt Paul Klee: »In Vorzeiten der Völker, wo schreiben und zeichnen noch zusammenfällt, ist sie das gegebene Element.« Ders. 1987, S. 98.

rung aus. Einmal wird, mit dem Ansetzen eines Stiftes, ein Punkt in Bewegung gesetzt.[16] So entsteht die »*freie Linie*«, deren Grundmerkmal ihre ungebundene Beweglichkeit, die Autonomie in der Linienführung ist. In ihrem Charakter vergleicht er diese Linie mit einem »Spaziergang um seiner selbst willen. Ohne Ziel.«[17] Die andere Art des Linienzugs gleicht dagegen einem »Geschäftsgang«;[18] dabei wird die Freiheit der Linienführung aufgegeben, um möglichst rasch ein bestimmtes Ziel zu erreichen. Die Inkarnation dieser Art von Linienführung, welche Klee die »*befristete Linie*« nennt,[19] ist die Strecke, die gerade Linie.

Dass Klee hier zwei Formen des Gehens – »Spaziergang« und »Geschäftsgang« – zur Charakterisierung einsetzt, ist nicht zufällig, denn grundsätzlich sei »jede Linie als Weg eines Menschen zu denken«.[20] Diese Analogie zwischen Linie und Weg ist aufschlussreich. Wege sind mit der Bewegung im Raum liiert: Sie sind das Resultat einer bahnenden Tätigkeit, die gewöhnlich auf Oberflächen bezogen ist und denen stets eine Richtung zukommt. Als Verbindung zwischen Orten – Wege ins Nirgendwo sind eher selten – eröffnen sie Bewegungs- und Verknüpfungsmöglichkeiten. Dabei können Wegenetze im Sinne des »freien« Spazierens und ziellosen Schlenderns ebenso genutzt werden wie im Sinne des zielgerichteten Fortkommens und akzentuierten Transports. Kurzum: Wenn der Weg unserem Verständnis der Linie Pate steht, dann ist das, was dabei an der Linie hervortritt, ihr auf die Fläche bezogener *Mobilitäts*charakter – mit der Folge, dass unterschiedliche Arten von Bewegungen bei der Linienerzeugung auch unterschiedliche Arten von Linien bedingen; in diesem Falle und mit Klees Worten: die »freie« und die »befristete« Linie.

Noch ein anderer über Linien reflektierender Künstler stellt deren *Bewegungs*charakter in den Mittelpunkt. Wassily Kandinsky hat den Punkt als jene Elementar- und Urform der Malerei gekennzeichnet,[21] die – aus dem Zusammenstoß von Werkzeug

16 Ebd., S. 95.
17 Ebd., S. 101.
18 Ebd.
19 Ebd.
20 Ebd., S. 106.
21 Kandinsky 1959, S. 26, 31.

und Grundfläche entstehend[22] –, »nicht die geringste Neigung zur Bewegung in irgendwelcher Richtung« zeigt.[23] Der Punkt ruht in sich – können wir sagen. In schroffem Gegensatz[24] dazu steht für Kandinsky die *Linie*, die überhaupt nur als Bewegung aufzufassen ist: Die Linie entsteht, indem der Punkt seines statischen Daseins beraubt und dessen »geschlossene Ruhe« vernichtet wird. Es ist also ein »Sprung aus dem Statischen in das Dynamische«,[25] der die Linie hervorbringt. Während für Kandinsky »das Element der Zeit im Punkt fast vollkommen ausgeschlossen« ist,[26] gilt für die Linie das Umgekehrte: Wiewohl in räumlicher Simultaneität gegeben, prägt sich die zeitliche Sukzession des Strichs ihrem graphischen Charakter ein. Diesen Zeit- und Bewegungscharakter der Linie nennt Kandinsky deren »Spannung«.[27] Dass die Linie über eine Spannung verfügt, zeigt sich daran, dass sie stets mit einer Richtung verknüpft ist, während der in sich ruhende Punkt keine Richtung hat. Insofern ist also die Gerichtetheit der Linie ein Ausweis ihrer Bewegungsqualität, und diese wiederum zeugt von ihrem durch und durch temporalen Charakter.

Wir sehen also: *Die Linie ist im Räumlichen verkörperte Zeit*, zur Simultaneität kondensierte Sukzession. Darin jedenfalls sind sich Klee und Kandinsky einig.

Was immer über die Linie als Konfiguration auf der Fläche zu sagen ist, darf die ihr implizite Zeitlichkeit und ihre sich in Richtungen auskristallisierende Dynamik nicht außer Acht lassen. Doch die Frage bleibt noch offen, was diese Differenz zwischen der gebundenen »Verbindungslinie« und der freien »Bewegungslinie« bedeutet bzw. was in epistemischer Hinsicht aus dieser Unterscheidung folgt. Wir wenden uns daher Tim Ingold zu, einem weiteren Autor, der eine vergleichende anthropologische Archäologie bzw. eine Ethnographie der Linie vorgelegt hat.

Auch Ingold arbeitet mit der uns bereits vertrauten Differenz zwischen der Linie als »Spur einer Geste« (»*trace*«) und der Linie als »Verbindung zwischen Punkten« (»*connector*«). Diese Unterschei-

22 Ebd., S. 25.
23 Ebd., S. 30.
24 Ebd., S. 57.
25 Ebd.
26 Ebd., S. 32.
27 Ebd., S. 56 ff.

dung bildet das Herzstück seiner Überlegungen.[28] Visuell demonstriert er den Unterschied anhand einer kontinuierlich gezeichneten Linie von ausholendem Schwung und derselben Linie, jetzt aber visualisiert als eine Figuration von Verbindungen zwischen Punkten.

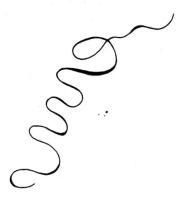

Abb. 24: Geschwungene Linie

Abb. 25: Gepunktete Linie

28 Ingold 2007, S. 72 f.

Ähnlich wie Klee interessiert auch Ingold, dass mit dieser Unterscheidung zwei verschiedenartige Bewegungen zur Darstellung kommen: Die Spur einer Geste ist einem kontinuierlichen Anwachsen vergleichbar, es ist ein sich den Pfad bahnendes *Wandern*; die Verbindung zwischen Punkten dagegen entspricht einer Ansammlung diskreter und fragmentierter Teile, und die korrespondierende Bewegung ist der punktgenaue *Transport*. Wandern und Transport: Das erinnert an Klees Differenz zwischen »Spaziergang« und »Geschäftsgang« – an den Ingold tatsächlich anknüpft.[29] Die Unterscheidung ist also nicht neu; neu allerdings ist, was Ingold daraus macht, denn er stellt eine weitreichende These auf: Die Geschichte der Moderne beruht auf der Ablösung der kontinuierlichen frei schweifenden Linie durch die fragmentierte, zielorientierte Verbindungslinie: »Once the trace of a continuous gesture, the line has been fragmented – under the way of modernity – into a succession of points or dots.«[30]

Wir können Ingold in dieser holzschnittartigen Deutung nicht folgen – denn wir werden in Platons Liniengleichnis sehen, dass schon dieses mit der Fragmentierung der Linie »arbeitet«. Doch die Idee einer Transformation zwischen freier, kontinuierlicher und gebundener fragmentierter Linie wollen wir aufgreifen, zwar nicht modernitätsdiagnostisch gewendet wie bei Ingold, wohl aber als Explikation einer *diagrammatischen Grundoperation*. Wir vermuten, dass der von Ingold herausgestellte basale Vorgang, aus einer kontinuierlichen eine fragmentierte Linie werden zu lassen, eine Handlung ist, die in nuce birgt, was wir unter dem »epistemischen Gebrauch des Diagrammatischen« verstehen wollen – mit dem entscheidenden Unterschied allerdings, dass diese »Verwandlung« nach *beiden* Seiten hin erfolgen kann, also keineswegs unidirektional ist.

Erinnern wir uns: Der Strich überträgt die Sukzession einer Bewegung in die Simultaneität einer flächigen Markierung und lässt einen Zeitvollzug zu einer Raumkonstellation gerinnen. Wir verstehen jetzt präziser, wie das möglich ist: Gerade weil wir dem Strich *zwei* unterschiedliche Bewegungscharaktere zusprechen können, bildet die Umwandlung der Bewegungslinie in die Ver-

29 Ebd., S. 76.
30 Ebd., S. 75.

bindungslinie jene materiale Operation, die wir dann (auch) als Verräumlichung von Zeit beschreiben können.

Führen wir uns eine solche Umwandlung an einem einfachen Beispiel vor Augen, dem Zahlenstrahl bzw. der Zahlengeraden.

Unter dem Zahlenstrahl verstehen wir eine gerichtete Gerade, auf welcher in regelmäßigem Abstand, beginnend mit der Null, mit Zahlen benannte Punkte bzw. Einschnitte eingetragen sind, so dass – in der Bewegungsrichtung von links nach rechts – die Abfolge der natürlichen Zahlen gezeigt wird. Die Linie wird zu einer Regel für die Anordnung der Zahlen. Auf den ersten Blick scheint damit eine plastische Anschauung für das gefunden zu sein, was Klee und Ingold als eine am »Geschäftsgang« orientierte »befristete« Linie charakterisiert haben, die dem Diktat zielgerichteter Einteilung und Aufteilung folgt und deren Gegebensein darin aufgeht, Verbindungen zwischen Punkten herzustellen. Bildet also der Zahlenstrahl den Prototyp jener fragmentierten Verbindungslinie, welche die Bewegungslinie – in der Sicht von Ingold – verdrängt und dadurch weichenstellend wird für den Gebrauch der Linie in der Moderne?

Zuerst einmal gilt es zu beachten, dass der Zahlenstrahl nach rechts hin fortsetzbar ist und damit eine Bewegung markiert, die *unabgeschlossen* ist. Das deutet der Pfeil an: Die Linie realisiert einen Vollzug, den wir uns als kontinuierlich fortsetzbar denken können und müssen – auch wenn diese Fortsetzung praktisch begrenzt ist. Dann aber wird die Linie durch Punkte unterteilt, und damit nimmt die kontinuierliche Bewegung der Linie den Charakter einer gebundenen, diskretisierten Linie an. Worauf es nun ankommt, ist, dass das Verhältnis von kontinuierlicher und fragmentierter Linie hier nicht disjunkt aufzufassen ist; der Kunstgriff des Zahlenstrahls besteht gerade darin, *beide* Aspekte der Linie einzusetzen, wenn nicht gar zu einer Synthese zu bringen. Indem die Linie als Zahlenstrahl (Zahlengerade) eingesetzt wird, visualisiert sie eine Aussage über die Anordnung von (natürlichen) Zahlen. Die Zahlen bekommen also nicht nur einen Ort auf der Linie, sondern die räumlichen Eigenschaften der Linie (links, rechts, dazwischen, lange oder kurze Abstände) werden zu Indikatoren für die Ordnungseigenschaften von Zahlen. Darauf hat schon Dedekind verwiesen: Wenn 5 größer ist als 4 und 4 größer ist als 3, so dass also auch 5 größer ist als 3, dann bedeutet dies: 4 liegt *zwischen* den Zahlen 5 und 3.[31] »Zwischen« jedoch ist eine räumliche Charakterisierung. Numerische Beziehungen von Werten bzw. Zahlen werden – wie schon bei Bezeichnungen wie »größer« und »kleiner«– in der »Sprache des Raumes«[32] ausdrückbar. Numerische Beziehungen werden durch die Lage links oder rechts einer positionierten Zahl expliziert.

Was wir hier am einfachen Beispiel angedeutet haben, hat Dedekind in elaborierter Form für die reellen Zahlen gezeigt. Seine Argumentation nutzt den Kontinuierlichkeits- bzw. Stetigkeitscharakter der Zahlengeraden aus, um anhand der Lückenlosigkeit, mit der auf einer stetigen Gerade immer noch ein Punkt zwischen zwei Punkten eintragbar ist, dann die Stetigkeit und Lückenlosigkeit in der Abfolge der reellen Zahlen selbst zu begründen. Schon Aristoteles hat »Kontinuität« als dasjenige bestimmt, was bis ins Unendliche teilbar ist.[33] Und eine Linie kann daher nicht nur in endlich viele Abschnitte durch Punkte unterteilt werden, zwischen denen die Linie dann als Verbindungslinie zu begreifen ist, wie es der Zahlenstrahl natürlicher Zahlen dokumentiert. Vielmehr kann eine Linie auch als *lückenlose* Ansammlung von Punkten bestimmt werden und dadurch sich wiederum der freien, der kontinuierlichen Bewegungslinie annähern, insofern die Lückenlosigkeit in der Aufeinanderfolge der Punkte den Fluss im Vollzug der Bewegung der Linienführung anzeigt. Wenn natürliche Zahlen durch ihre Nachfolgerelation »n + 1« bestimmt sind, so kann man sagen: Der Zahlenstrahl mit den *natürlichen Zahlen* gilt als diskrete Linie, zwischen zwei aufeinanderfolgenden natürlichen Zahlen befindet sich nicht noch eine dritte. Umgekehrt verhält es sich mit der Zahlengeraden, welche die *reellen Zahlen* visualisiert. Für Dedekind ist nämlich entscheidend, dass zwischen den rationalen Zahlen, die als Punkte auf der Linie platziert sind, es noch unendlich viele weitere Punkte gibt, die dann jene »irrationalen« Zahlen markieren, welche nicht als Bruch ganzer Zahlen darstellbar sind. So zeigte Dedekind, dass »das Gebiet der Zahlen dieselbe Vollständigkeit oder, wie wir gleich sagen wollen, dieselbe Stetigkeit gewinnt, wie die gerade Linie«.[34]

31 Zit. nach Kaulbach 1967, S. 49.

32 Ebd., S. 50.

33 Aristoteles 1988, S. 53, 232 b, 24 f.: »Ich nenne das Zusammenhängende [Kontinuierliche] dasjenige Teilbare, welches ins Endlose geteilt werden kann.«

34 Zit. nach Kaulbach 1967, S. 50.

Was dieses Beispiel einer »Erkenntnisfunktion« der Linie zeigt, ist, dass deren epistemische Rolle nicht einfach in der Ersetzung und Verdrängung der freien durch die gebundene Linie gründet. Daher würde es auch zu kurz greifen, die freie Linie etwa der Kunst, die gebundene Linie jedoch der Wissenschaft zuzuweisen. Vielmehr wollen wir die Eigenschaft, eine Bewegungslinie oder eine Verbindungslinie zu »sein«, als einen Doppelaspekt auffassen, der jeder Linie, die wir vor Augen haben, als ein optionales Spannungsverhältnis inhärent ist, so dass also das »diagrammatische Leben« der Linie nicht einfach in der unidirektionalen Verwandlung der Bewegungslinie in eine Verbindungslinie besteht, sondern auch in der umgekehrten Richtung läuft. Während wir bei der zuvor getroffenen Unterscheidung zwischen »Konstitution« und »Konstruktion« gerade betonten, dass in Bezug auf diese Funktionstypen zwischen beiden Arten des Einsatzes als Objektlinie und als Hilfslinie grundsätzlich zu unterscheiden ist, verhält es sich bei der Bewegungs- und Verbindungslinie so, dass eine Linie innerhalb einer Inskription den Wechsel beider Aspekte verkörpern und realisieren kann und zwischen diesen oszilliert. Die epistemische Dimension im diagrammatischen Einsatz von Linien besteht in der Möglichkeit zu dieser Oszillation.

5.4. Abbild und Entwurf

Die Differenz zwischen »gebundener« und »freier« Linie kann allerdings noch auf andere Weise akzentuiert werden, nämlich indem die gebundene Linie mit einem Potenzial zum Abbilden von etwas Vorgängigem, die freie Linie aber mit dem Potenzial zu Entwurf und Projektion von etwas noch nicht Gegebenem in Zusammenhang gebracht wird.

5.4.1. Abbild

Schon beim händischen Zeichnen einer Linie ist klar: Als Spur einer Geste eignet der Linie eine elementare Indexikalität. Spuren sind fremdbestimmt: In ihnen drückt sich ab (Fußspur) oder drückt sich aus (Handschrift), was der sichtbaren Markierung äußerlich und ihr vorgängig ist. Überdies zeugen Spuren von einem singulären Vorkommnis, insofern sie Restbestand eines vergangenen Ereignisses sind, mit dem sie ein kausales Band verknüpft.[35] All dies gilt zweifellos für alle eigenhändigen Einzeichnungen und Aufzeichnungen, prototypisch verkörpert in der Handschrift. Gleichwohl wollen wir an dieser Stelle über das Phänomen einer Indexikalität hinausgehen, um dabei – mit aller Vorsicht angesichts der postmodernen Tabuisierung dieses Begriffes – den möglichen »Abbildcharakter« der Linie zu thematisieren. Mit Linien als flächigen Figurationen kann alles singuläre, raum-zeitlich Gegebene prinzipiell verzeichnet werden. Und dies gilt eben nicht nur direkt, im Sinne der unmotivierten Spur der Geste des Linienzugs, sondern indirekt, im Sinne absichtsvoller künstlicher Inskriptionshandlungen und komplexer figürlicher, notationaler oder formaler Aufschreibsysteme. Nahezu alles, was es gibt, kann als Lineatur bzw. Konfiguration aufgezeichnet werden. In diesem sehr allgemeinen und im ersten Schritt durchaus »naiven« Sinne gilt: Mit Linien kann etwas »abgebildet« werden. Eine Möglichkeit zur »Verzweifachung« durch die symbolische und/oder figürliche Inskription von etwas entsteht, die – und darauf kommt es jetzt an – selbstverständlich keine einfache Verdoppelung, sondern vielmehr eine *Metamorphose* ist.

Gehen wir von einer vielbeachteten und vielinterpretierten Legende aus,[36] die auf Plinius den Älteren[37] zurückgeht und in mehreren Variationen auch als Sujet von Gemälden überliefert ist. Der griechische Töpfer Butades von Sikyon, der als der Erfinder der Reliefkunst gilt, hat eine Tochter, die ihren scheidenden Geliebten mit Hilfe einer Lichtquelle als Schattenriss an eine Wand »werfen« lässt und die Konturlinie seines Schatten nachzeichnet, um so die bevorstehende Abwesenheit des Geliebten durch die Anwesenheit seines Abbildes überbrücken zu können. Ihr Vater – so die Legende – gibt dann dieser flächigen Abbildung durch Ausfüllen mit einem Tonrelief die dritte Dimension zurück.

Jacques Derrida hat die »Blindheit« im Akt dieser Einzeichnung unterstrichen, insofern die Tochter vom Geliebten gerade weg und auf seinen Schatten hin blicken muss, um dessen Konturen über-

35 Vgl. Krämer 2007, S. 17.
36 Vgl. Bogen 2005.
37 Plinius der Ältere 1997.

haupt nachzeichnen zu können.[38] In der Kunsttheorie wird diese Erzählung nicht selten als Legende vom Ursprung der Malerei und des Bildes gedeutet.[39] Insofern der Graphismus der Linie für uns die gemeinsame Springquelle sowohl des Kunstbildes wie auch der graphischen Inskription bildet, wollen wir noch auf einen anderen Aspekt aufmerksam machen: Dass ein leibhaftiger Mensch in eine flächige Konfiguration projiziert werden kann, dass eine Linie oder ein Liniensystem den Anspruch überhaupt erheben kann, ein *Abbild* von etwas zu sein, das selber nicht von der »Natur« einer Linie ist, wird – der Legende gemäß – genau dadurch möglich, dass der Schatten als ein Mittleres zwischen abzubildende Person und abbildende Graphik tritt. Auch der Schatten, für Platon nicht zufällig Inkarnation von dem, was als ein Abbild zu gelten hat, transformiert das Voluminöse in die Projektion auf eine Oberfläche, die dadurch zur Bildfläche des Schattenwurfs wird. Die Konturlinie des Schattens ist keine Linie, wird aber von uns als Grenz»linie« zwischen Schatten und Licht durchaus als Linie wahrgenommen. Wie schon Anton Fürlinger feststellte: »die Kontur ist ein Sehartefakt«.[40]

Auf diese *intermediäre* Position des Schattens kommt es uns hier an. Zwischen dem Vorgegebenen und dem Aufgezeichneten vollzieht sich etwas, das wir als einen Übersetzungsvorgang, eine Metamorphose beschreiben können im Grenzgang zwischen Natürlichem und Künstlichem. Solche Übersetzung – so die Legende – ist durch das Dazwischentreten des Schattens möglich. Denn schon im Schatten verbinden sich Natürliches und Künstliches, Spur und Entwurf, insofern der Schatten als Spur kausal bedingt und also natürlich ist, den Schatten als Kontur wahrzunehmen jedoch durchaus artifiziell ist. Wobei diese dem Wahrnehmen selbst inhärierende Artifizialität sich überhaupt erst zeigt in der künstlich-künstlerischen Geste des Strichs, welcher die Konturen nachfährt, *als ob* diese eine Linie bildeten.

Gehen wir einen Schritt weiter. Die mittlere Position des Schattens zwischen Realgestalt und graphischer Einzeichnung, verkörpert und demonstriert jene *konstitutive* Funktion, die wir in einem

38 »Dibutades sieht ihren Geliebten nicht«, Derrida 1997, S. 53.
39 Vgl. Gombrich 1995, S. 30 f.; Baxandall 1998, S. 75; Stoichita 1999, S. 11 ff., 151 ff. Weitere Hinweise auf Literatur in Bogen 2005, S. 155 ff. Zur nicht kunsttheoretischen Deutung: Derrida 1997, S. 53 ff.; Belting 2001, S. 189-212; Kruse 2003.
40 Fürlinger 1984, S. 758.

früheren Abschnitt unterschieden haben von der bloß »helfenden« *konstruktiven* Rolle von Linien. Was das Koordinatenkreuz für die Analytische Geometrie ist, nämlich die Ermöglichung einer »Umschrift« bzw. Übersetzung von Formeln in Figuren (und vice versa), und was die Projektionslinien für die Kartographie eröffnen, nämlich die Umwandlung des Erdballs in eine flache Weltkarte, das findet sich angelegt im Schattenriss: Die Abbildung des Realen im Graphischen (das selbstverständlich seinerseits eine Art von Realem bildet) wird möglich durch das Dazwischentreten einer *anderen* Form von Lineatur, welche den Status einer »Projektionslinie« annimmt. Der Schatten ist nicht nur natürlicher Index, sondern verkörpert – so können wir folgern – zugleich eine Projektionsmethode, denn seine jeweilige Form ist gebunden an die Positionierung der Lichtquelle.

Das ist der erste Aspekt, den wir anhand der Legende vom Ursprung des Bildes herausarbeiten können: Jede Abbildung ist ein Übersetzungsvorgang, der mit einem Wechsel in den Dimensionen und Materialien einhergeht, welcher radikaler kaum denkbar ist. Aus dem Voluminösen wird das Flächige, aus dem leibhaftigen Mensch wird eine graphische Umrisslinie, aus dem Großen und Unübersichtlichen wird das Kleine und Handliche. Die Abbildung eines Singulären ist überhaupt nur möglich kraft eines Projektionsverfahrens, und es gibt stets eine Pluralität von Projektionsmöglichkeiten. Welche Gestalt das Bild des Geliebten in der graphischen Aktion der Butades-Tochter annimmt, hängt von der Situierung der Lichtquelle ab, die höchst variabel ist.

Doch noch ein weiterer, für uns aussagekräftiger Aspekt zeichnet sich ab. Die Medialität des Schattens als Vermittlung zwischen Realkörper und Linienkörper besteht darin, dass dessen Kontur zur Spur werden kann im buchstäblichen Sinne einer Bahnung, welche die graphische Bewegung lenkt und »orientiert«, insofern die zeichnende Hand dieser Bahn mit dem Stift folgt. Diese Spur ist nicht einfach ein Index des Körpers, vielmehr des »Körpers unter den Bedingungen einer bestimmten Positionierung des einfallenden Lichtes«. Indem die zeichnende Hand diese Kontur reproduziert, hat sich das »Wunder«, wie voluminöse Körper sich in Linienkonfigurationen verwandeln, von seiner prosaischen Seite her gezeigt als die Übersetzung eines durch Licht generierten Abbildes in ein durch den Stift erzeugtes Abbild. Damit tritt eine Implikation dieser Legende als »Abbildtheorie *avant la lettre*« zutage: Abbildung ist nicht einfach die Verbildlichung von Nichtbildlichem, sondern ist die Übertragung *einer* Darstellungsweise in eine *andere* Darstellungsform. Das macht uns zum Zeugen einer medientechnischen Metamorphose: Der flüchtige Schatten kondensiert zur dauerhaften Zeichnung. Wenn – wie die Legende sagt – Butades, der Töpfer, diese Darstellung dann durch geformten Ton reliefartig macht, so ist dies nur eine Fortsetzung im Wechselbad der Darstellungsmodalitäten.

Mit dieser Lesart der Legende wollen wir das Augenmerk auf die Komplexität im Verständnis des Konzeptes der »Abbildung« lenken: »Abbildung« ist immer nur als *transnaturale Abbildung* zu verstehen. Und das heißt: damit von »Abbilden« philosophisch belangvoll die Rede sein kann, impliziert dieser Begriff zwei Sachverhalte: (i) das Vorhandensein einer Projektionsmethode und (ii) den Wechsel unterschiedlicher Darstellungsformen im Prozess des Abbildens. Die »wundersame« Transformation von Ding in Darstellung vollzieht sich – genau betrachtet – als Transformation *einer* Darstellung in eine andere. Daher schaut die aufzeichnende Tochter des Butades gerade nicht das »Original«, also den Geliebten an, sondern nur den Schatten, den sie graphisch fixiert.

Doch ist das nicht ein merkwürdiger Befund? Er mag einer poststrukturalistischen Überzeugung, welche Dinge und Realitäten gerne in Texte und Diskurse auflöst, entgegenkommen. Doch einer zum Realismus tendierenden Auffassung, dass es etwas außerhalb der Welt der Zeichen gebe – und diese Auffassung ist auch diejenige, die dieser Studie zugrunde liegt – scheint ein solcher Befund geradezu dieses »Außerhalb« wegzustreichen.

Daher wollen wir unsere Überlegungen über das Abbilden im Medium von Linienkonfigurationen noch einmal an einem – im wahren Sinne des Wortes – »welthaltigen« Beispiel überprüfen und präzisieren: anhand jener frühen Weltkartierung, die wir dem hellenistischen Mathematiker, Astronomen, Geographen und Kartographen Ptolemaios verdanken.

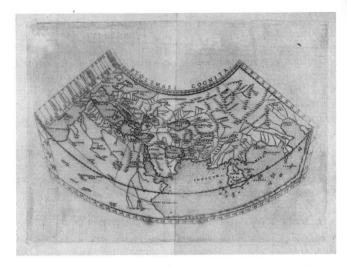

Abb. 26: Erdkarte von Ptolemaios ⟨http://www.vintage-maps.com/de/anti
ke-landkarten/weltkarten/ruscelli-ptolemaeus-weltkarte-1574:223⟩ ⟨Zugriff:
12.6.2016⟩

Das in neuer Edition vorliegende »Handbuch der Geographie«[41]
von Claudius Ptolemaios enthält neben einigen Länderkarten auch
eine Karte der gesamten damals bekannten Welt. Der gezeichnete Kartenteil hat an diesem geographischen Werk allerdings den
geringsten Umfang. Den Löwenanteil nimmt eine tabellierte Liste ein, auf der ca. 8000 bekannte Örtlichkeiten mit Längen- und
Breitengraden angegeben werden. Überdies stellt Ptolemaios in
einem mathematisch-geometrischen Teil die von ihm neu entwickelte Methode der Kegelprojektion vor, mit der – gegenüber der
Zylinderprojektion – die Abbildung der Erdkugel auf eine zweidimensionale Fläche »realitätsgetreuer« ausfällt. Wir sehen also: Die
Erdkugel (soweit damals bekannt) wird graphisch abgebildet; ein
damals unermesslich großer Körper wird auf einem handlichen
Stück Papyros flächig verzeichnet. Die Karte des Ptolemaios gibt
nun einen »Lackmustest« ab für jene Einsichten über das »trans-

41 Ptolemaios 2006; vgl. Stückelberger/Graßhoff 2006; Stückelberger 2005.

naturale Abbilden«, die wir zuvor im Anschluss an die Butades-Legende entwickelten.

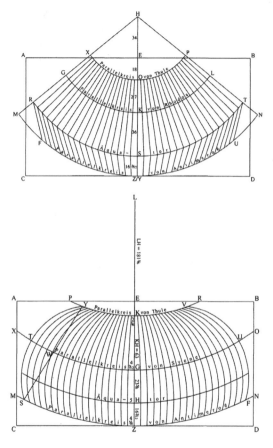

Abb. 27: Projektionsmethode des Ptolemaios (Stückelberger 2004, S. 35)

Klar ist: Eine flächige Abbildung von Dreidimensionalem ist ohne Projektionsmethode nicht zu haben, und Ptolemaios' neuartige Methode, die Kegelprojektion, muss sich – wie jede mathematisierte Projektionsmethode – eines Systems von Hilfslinien bedienen. Doch für uns geht es jetzt alleine um die Frage: Hier wird ein Realkörper, die mehr oder weniger runde Erde, in eine flache Abbildung verwandelt; können wir dabei die zuvor entwickelte Idee, dass Abbilden im Kern auf einen Wechsel in den Darstellungsformen zielt, auch in diesem Falle wieder finden respektive bestätigen?

Schauen wir genauer hin: Damals bekannte Örtlichkeiten werden durch ein Netz imaginärer Linien, die Breiten- und Längengrade, so homogenisiert, dass Unterschiede ihrer geographischen Lage die Form numerischer Differenzen annehmen. Bedenken wir: Diesen Längen- und Breitengraden entspricht nichts auf der Oberfläche des Erdballs. Gleichwohl ist es mit Hilfe dieses künstlichen Liniensystems möglich, mit Hilfe von Zahlenangaben Orte zu individuieren und eindeutig zu lokalisieren. Ptolemaios stellt seinen gezeichneten Karten diese geschriebene Liste bzw. Tabelle voran. Damit ist klar: Nicht die »Erde« als Realgegenstand wird abgebildet, vielmehr ein *Wissen*, das *von* der Erde existiert und in den Listen inkorporiert ist. Dieses listenförmige Wissen wird dann allerdings in Gestalt der Karten nicht nur visualisiert, vielmehr kann die kartographische Visualisierung die Grundlage abgeben zur Gewinnung *neuen* Wissens, das die Liste zwar implizit enthält, jedoch kognitiv kaum zu erschließen ist. Das gilt etwa für die Relationen zwischen den Orten. Wer eine Reise plant, tut gut daran, dies im Medium der visuell dargebotenen Karte virtuell zu machen: Denn erst auf der Kartenfläche erschließen sich die numerisch spezifizierten Lageverhältnisse der Orte in ihren für unser Tun wichtigen räumlichen Proportionen. Das Handbuch des Ptolemaios demonstriert also, dass sein Kartenwerk auf der visuellen *Transposition* tabellarisch inskribierten Wissens beruht. *Eine* Modalität von Inskription wird in eine andere Modalität von Inskription übertragen: Die kartographische Abbildung wird zur Umschrift, zur Übersetzung zwischen Inskriptionen.

Doch wir müssen noch einen Schritt weitergehen: Denn was heißt es, dass der Liste der mit Längen- und Breitengraden spezifizierten Örtlichkeiten ein Wissen »inkorporiert« sei? Nachforschungen haben ergeben, dass Ptolemaios dieses Wissen – selbstverständlich – nicht genuin »erzeugt« hat, sondern dass er auf eine Fülle unterschiedlichster Formate zurückgreifen konnte, in denen geographisches Wissen bereits erworben und aufgeschrieben war:

vielfältige Reiseberichte, Tafeln astronomischer Beobachtungen sowie Tabellen mit mathematischen Berechnungen. Ptolemaios' Leistung bestand darin, diese höchst unterschiedlichen überlieferten Quellen kompatibel gemacht zu haben, um ihnen – so gut es eben ging – Informationen zu entnehmen, die dann im System der Längen- und Breitengrade »eingefangen«, homogenisiert und damit vergleichbar gemacht wurden. Wenn wir also von »Wissen« sprechen, dann ist selbstverständlich klar: dieses Wissen ist kein mentaler innerer Sachverhalt, sondern ein externes Phänomen, ein sozial geteilter, öffentlicher Sachverhalt, gegeben in den mannigfaltigen Formen von Aufschreibungen. *Diese* sind es, die Ptolemaios in das einheitliche System seiner Liste mit 8000 lokal eindeutig zu identifizierenden Örtlichkeiten »übertragen« hat. Und er vermochte dies nur, indem er die Pluralität der vorliegenden Perspektiven der Weltbeschreibung und Weltbeobachtung genau dadurch »über einen Leisten scheren« konnte, dass er sie der homogenisierenden Matrix seiner Lineatur von Längen- und Breitengraden unterwarf, oder umgekehrt: sein artifizielles Liniennetz über die Oberfläche des Realen »warf«. Dieses Netz ist gebildet aus imaginären Linien und damit aus Linien, die nicht Abbild-, sondern Entwurfscharakter haben. Wir sehen also: *Das Reale ist »realistisch« abbildbar nur mit Hilfe von Imaginärem.* Es ist die Erfindungskunst, welche die Abbildungskunst grundiert und eröffnet.

Spätestens hier wird klar: Wir haben zu Anfang dieses Abschnitts Abbildung mit der »gebundenen« und Entwurf mit der »freien« Linie korreliert. Jetzt sehen wir, dass sich einem genaueren Blick auf »Abbildungsverfahren« zeigt, dass eine Abbildung ohne die Erfindung, eine Reproduktion ohne genuine Produktion undenkbar sind. So wollen wir uns jetzt der »freien« Linie als Grundlage aller Entwurfstätigkeit zuwenden.

5.4.2. Entwurfslinie

So erstaunlich es ist, dass die Fülle alles Existierenden ein Echo finden kann in graphischen Lineaturen, die es aufzeichnen und abzubilden suchen, so klar ist es auch, dass die Linie eben nicht nur die Möglichkeit graphischer Wiedergabe von Existierendem birgt, sondern das Potenzial zu ungebundener Gestaltung freisetzt: Mit Linien erfinden und entwerfen wir Formen. Und dazu gehören auch

Formen, die sich auf das Nicht-Wahrnehmbare, Nicht-Wirkliche und sogar auf das Unmögliche beziehen, ob nun im physikalisch oder logisch unmöglichen Sinne. Das Neue kommt auf dem Papier am leichtesten zur Welt. Das Entwerfen ist ein kreativer Akt: Wir überschreiten darin das Vorgegebene, ohne dieses im Entwurfsstadium schon physisch-physikalisch materialisieren zu müssen. Diese Vorläufigkeit und Veränderbarkeit ist grundlegend: Der im Parlament behandelte »Entwurf« eines Gesetzes ist noch nicht das Gesetz; die Entwurfszeichnung der Maschine ist noch keine Maschine. Entwerfen vollzieht sich im Medium eines Probehandelns, in dem geformt und umgeformt, konturiert und variiert, strukturiert und restrukturiert werden kann.[42]

»Entwurf« ist also nicht bloß die *Vorstellung* eines Neuen, sondern ist an dessen *Aufzeichnung* bzw. Niederschrift gebunden. Das Wort »entwerfen« bewahrt noch einen Nachhall des mittelhochdeutschen Fachwortes für das Werfen des Schussfadens durch die Kettfäden, wenn am Webstuhl gearbeitet wurde. Der Entwurf ist – um es paradox zu sagen – visuell zugängliches Nicht-Sein oder zumindest: Noch-nicht-Sein. Er stellt einen Erfahrungs- und Handlungsraum bereit, der im skizzierenden Gestus das Entworfene zu variieren erlaubt; er ist visualisierte Revidierbarkeit.

Eine der wohl folgenreichsten Entwurfshandlungen ist die technische Zeichnung, die in allen konstruierenden Disziplinen wie eine »visuelle Sprache« fungiert.[43] Zwei grundlegende Aufgaben erfüllt die technische Zeichnung: In ihrer skizzenhaften Form ist sie Probierraum für Ideen; in präzisierter Form ist sie Herstellungsvorschrift und Handlungsanleitung. Im »Gedankenlabor« des Papiers tritt der Entwerfer mit sich selbst in einen Dialog; in der Fertigungsanweisung tritt er in einen Dialog mit denen, welche die Konstruktion ausführen. Als Gesamtprozess betrachtet, ist unübersehbar, welche Bedeutung dieser Zwischenwelt des Graphischen als Vermittlungsinstanz zwischen Idee und Realisierung zukommt: Sie ist Nachbild einer Idee und Vorbild ihrer Realisierung. Dabei

---

42 Bauer/Ernst 2010, S. 18 ff.

43 »Anschauliches Denken ist im Ingenieurwesen notwendig. Ein großer Teil der technischen Informationen wird in einer Bildersprache aufgezeichnet und weitergegeben, die praktisch die *lingua franca* der modernen Technik ist.« Ferguson 1993, S. 47. Zur Rolle von Entwurfszeichnungen in künstlerischen und technischen Zusammenhängen: Krauthausen/Nassim 2010; Voorhoeve 2011.

funktioniert diese »Zwischenwelt« – selbstverständlich – nicht unidirektional, sondern erlaubt alle möglichen Formen von Wechselwirkung zwischen Entwurf und Ausführung.

In dieser Duplizität von Exploration und Befehl, von »spielerischem Probehandeln« und »exakter Operationsvorschrift« kristallisiert sich im Gebrauch technischer Zeichnungen eine Aufspaltung in der Funktion heraus. Diese zweifache Rolle kann allen Inskriptionen eigen sein; sie bildet einen Springquell für den epistemischen und ästhetischen Reichtum des Diagrammatischen. Denken wir an die Bedeutung der Musiknotation, die dem Komponisten einerseits den Spielraum seines Komponierens bereitstellt und andererseits den Instrumentalisten und Dirigenten Anweisungen zur Aufführung von Musik kommuniziert.

Doch wenn wir den entwerfenden Charakter des Diagrammatischen verstehen wollen, müssen wir in diagrammatischen Inskriptionen mehr als »nur« ein Drittes zwischen Idee und Ausführung sehen. Davon zeugt ein Entwerfen, dessen Markenzeichen gerade seine praktische Unrealisierbarkeit ist. Wir begegnen ihm in zwei Formen: In den technischen Zeichnungen nicht realisierbarer und lauffähiger Apparate sowie in den geometrischen Zeichnungen und künstlerischen Darstellungen unmöglicher Objekte (erinnert sei an die im Kapitel »Diagramm-Miniaturen« behandelten unrealisierbaren und paradoxen Objekte).

Wenn Jacob Leupold im Medium eines perfekten Funktionsdiagramms eine nicht funktionierende Maschine aufzeichnet, deren Unmöglichkeit dem technisch Versierten sich schon aus der Zeichnung erschließen und deren physikalische Unbrauchbarkeit sich auf deren Grundlage sogar berechnen bzw. demonstrieren lässt,[44] so fungiert das Diagramm gerade nicht als Konstruktionsanleitung, sondern als Nachweis für die Problematik und Irrtumsanfälligkeit einer Konstruktionsanleitung.

Radikaler noch zeigt sich die Möglichkeit ikonischer Darstellung von Unmöglichem in der graphischen Darstellung paradoxer Objekte – auch solche Zeichnungen unmöglicher Objekte haben wir in unseren »Miniaturen« bereits behandelt.

44 Gormanns 2000, S. 61 ff.

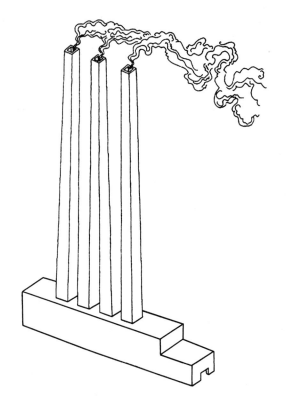

Abb. 28: Unmögliches Objekt (Reutersvärds 1990, S. 29)

Anders als die technische Zeichnung einer nicht funktionierenden Maschine, die vielleicht gebaut, aber nicht zum Laufen gebracht werden kann, ist ein »paradoxes Objekt« zwar visuell darstellbar, kann aber nicht physisch nachgebaut werden. Denn es gibt zweidimensionale »perspektivische« Zeichnungen, die wir als Darstellungen von realen Objekten interpretieren, obwohl sie als dreidimensionale Objekte gar nicht existieren können. Nicht der Zeichenstift, wohl aber die »Realität« streikte, würde die Zeichnung mit einem paradoxen Objekt als eine Konstruktionsanleitung eingesetzt.

Es war Immanuel Kant, der darauf aufmerksam machte, dass

es bei der Darstellung von Räumlichkeit nicht nur auf Relationen ankommt, sondern auch auf deren Ausrichtung, auf die »Gegend«, wie er das nannte.[45] Kant sah auch ein, dass diese Ausrichtung in unserer körperlichen (also dreidimensionalen) Organisation gründet, mithin in dem Leibbezug jeder Inskription, insofern diese von einem menschlichen Betrachter gesehen und gedeutet wird. Der Widerstreit der »paradoxen Objekte« liegt darin, dass deren Darstellung in der Simultaneität der Fläche zwei räumlich gegensätzliche Ausrichtungen *gleichzeitig* ins Spiel bringt. Nur die Unterbrechung dieser Synopsis gegensätzlicher Ausrichtungen durch Abdeckung von Teilen der Zeichnung weist einen Weg aus dem Fliegenglas unmöglicher Objekte: Wird bei paradoxen Darstellungen ein Teil der Zeichnung zugedeckt, bekommt die Zeichnung – interpretiert als Abbildung eines Objektes – wieder Konsistenz. Auf der Fläche ist so etwas möglich; in unserem dreidimensionalen Lebensraum allerdings kann ein und dasselbe Objekt nicht zwei sich widerstreitende Ausrichtungen annehmen.

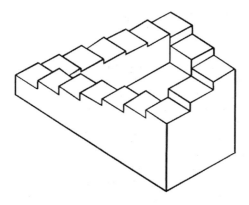

Abb. 29: Die Unendliche Treppe in paradoxer Form nach Escher

45 Kant 1996.

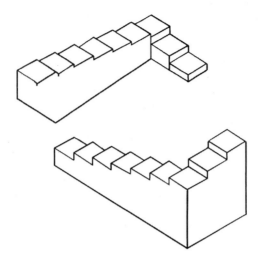

Abb. 30: Die Treppe, in konsistente Form gebracht
(nach Alexander Lamprakis)

Anders als im temporalen Nacheinander von Kippfiguren kann die Simultaneität unterschiedlicher Ausrichtungen auf einer Zeichnung – interpretiert als eine Objektdarstellung – nicht aufgelöst werden in die Sukzession eines Entweder-oder. Dem Auge bleibt nur ein Weder-noch.

Das Potenzial, das in der Fläche und der Linie liegt, kann klarer kaum zutage treten als am Beispiel der Zeichnung von Paradoxa. Die »Geduld der Fläche« besteht darin, dass sich *alles* auf ihr *verbinden* lässt, im Realen dagegen nur weniges. Die universelle Verbindungskraft der Linie findet auf der Fläche ihr »Heimspiel«.

5.5. Kulturtechnische Grundlagen der Linie:
Faden und Stab

Gerade und gekrümmte Linien bilden das formgebende Grundrepertoire der Lineatur; das allerdings fällt nicht vom Himmel, sondern hat kulturtechnische Vorläufer. Wäre es möglich, gerade und gekrümmte Linien auf den Umgang mit zwei Arten von Dingen – dem Faden und dem Stab – zurückzubeziehen, welcher sich in der einen oder anderen Weise wohl bei allen Völkern und zu allen Zeiten auffinden lässt? Bilden diagrammatische Praktiken eine epistemische Technik, die in einem engen historisch wie systematisch spezifizierbaren Verhältnis stehen zu Verfahren, bei denen Faden und Stab eine Rolle spielen? So abwegig ist dies nicht. Tim Ingold hat in seiner vergleichenden Kulturanthropologie der Linie »Faden« und »Spur« (also nicht Stab!) als materiale Vorläufertechniken des Graphismus der Linie begriffen,[46] das kunsthistorische Jahrbuch *Bildwelten des Wissens*[47] macht explizit den Zusammenhang von bildtextilen Ordnungen und Diagrammen zum Thema. Wir gehen also von der Vermutung aus, dass das, was man mit Faden und Stab tun kann, auch für ein Verständnis des Diagrammatischen aufschlussreich ist. Und noch weitergehend gefragt: Lässt sich zeigen, dass gerade in *Orientierungs*fragen und -techniken Faden und Stab zu einem geschätzten Metier und Medium werden?

Die folgenden Überlegungen rühren an ein weitläufiges Forschungsgebiet, das zu untersuchen außerhalb der philosophischen Reflexion liegt. Doch wollen wir zumindest andeuten, wie Anordnungen und Funktionen, die mit Faden und Stab verbunden sind, einen Denkweg eröffnen können hin zum Verständnis des Diagrammatischen.

5.5.1. Faden

Von seltenen Fällen wie dem Spinnenfaden abgesehen, zeugt das Vorkommen von Fäden und ihre kunstfertige Verarbeitung von genuin menschlichen Formen des Lebens. Fäden kommt ein Strukturgebungspotenzial zu, das wir in drei Richtungen ausloten wollen: (i) Wie aus Fäden Flächen werden: Gewebe und Netz; (ii)

46 Ingold 2007, S. 38-71.
47 Bredekamp 2005.

Wie Operationen mit Fäden die Mathematik inspirieren: die Knotentheorie; (iii) Wie Fäden der Orientierung dienen: der Ariadnefaden.

(i) Gewebe und Netz: Der Architekt und Kulturtheoretiker Gottfried Semper[48] hält das Verknüpfen und Verknoten von Fasern für die grundlegendste aller menschlichen Künste, welche die Produktion von Bauten und Textilien gleichermaßen grundiere. Die gewebte Wand der »Urhütte« erinnere daran, dass Gestalt und Ornament die Abkömmlinge von textilen Praktiken sind. Auch die Wortgeschichte gibt darauf viele Hinweise: Das lateinische »*linea*« bezeichnete den gespannten Faden, ehe es sich auf den Strich bezog und schließlich zur Linie wurde.[49] Dass »Textur« als textiles Gewebe dem geschriebenen Text Pate steht, ist hinreichend sondiert, und dass wir Gedanken »entfalten«, »entwickeln« und »verknüpfen«, kann seinen textilen Ursprung kaum verleugnen.

Birgit Schneider vermutet »im Aufbau von Diagrammen, Texten und Rastern […] strukturelle Analogien zur Machart von Textilien«.[50] Dieser Perspektive folgend, wollen wir einen kurzen Blick werfen auf Anordnungen, die mit Fäden operieren. Das Weben wie auch das Verknoten werden dafür interessant: Das Weben basiert auf einer Parallelführung von Fäden, die dann von einem anderen Faden im ständigen Hin und Her gekreuzt werden, so dass durch Überkreuzung zweier unterschiedlich ausgerichteter Fadensysteme eine durchgängige Oberfläche entsteht. Die »Leinwand« ist geboren, deren ferner Nachhall noch der »Bildschirm« ist.

Mit Hilfe von Knoten sind zwar, sofern die Knoten nur eng genug liegen, ebenfalls undurchdringliche, stabile Flächen zu erzeugen.[51] Doch folgenreicher ist die Verknotung, die eine unterbrochene Oberfläche herstellt und also Löcher aufweist: denn so entsteht das Netz.

Beim Gewebe kreuzen sich die Fäden in starrer Symmetrie; ihre Krümmung beschränkt sich auf das Minimum der Über- oder Unterquerung eines anderen Fadens. Beim Netz dagegen ist der gekrümmte Faden das beherrschende Prinzip. Leinwand und Netz, das Gewebte und das Geknotete, bilden Grundanordnungen in

48 Semper 1878, S.166 ff.
49 Schneider 2005, S.17.
50 Ebd., S.10.
51 Vgl. Ingold 2007, 62 ff.

der Verknüpfung von Fäden und dokumentieren deren Struktur-bildungspotenzial. Kaum eine andere Materie kann so leicht durch menschliche Kunstfertigkeit verbunden und kombiniert werden. Da die Darstellung und Herstellung von Relationen zur Kernaufgabe des Diagrammatischen zählt, liegt die Annahme einer Familienähnlichkeit zwischen textiler und diagrammatischer Machart auf der Hand.

Allerdings kann gerade das Studium des Umgangs mit Fäden die Gewähr dafür bieten, die Fallgruben begrifflicher Dichotomien zu vermeiden: In unserer Unterscheidung zwischen Faden und Stab wurde der Faden mit der gekrümmten Linie assoziiert. Doch ähnlich wie bei allen binären Schematisierungen in der Beschreibung von Linien macht auch hier eine Relativierung Sinn: der Faden ist nicht einfach Prototyp der gekrümmten, sondern ebenso gut der geraden, zwischen Punkten als kürzester Verbindung *aufgespannten* Linie.

(ii) Knotentheorie: Wenn wir von der Eigenschaft von Fäden ausgehen, sich verbinden/verknoten zu lassen, liegt es nahe, den Sprung zu machen zu jenem modernen Zweig der mathematischen Topologie, der als »Knotentheorie« bekannt ist. Stellen wir uns vor, die Enden eines Fadens unlösbar zu verbinden – der einfachste Fall ist eine Kreislinie – und das entstandene Gebilde durch Operationen der Verknotung und Entknotung in andere Gebilde zu überführen – ohne allerdings den Faden zu zerschneiden. Eben davon handelt die mathematische Knotentheorie, die den Faden nicht als empirische Schnur, sondern als mathematisch abstrahierte, der Krümmung fähige eindimensionale Linie behandelt. Zwei Knoten sind dann mathematisch äquivalent, wenn sie sich durch eine stetige Verformung ineinander überführen lassen.

Es sind vor allem zwei Aspekte der mathematischen Knotentheorie, die im Kontext der Faden-Diagrammatik interessant sind.

(1) Knoten sind dreidimensional. Das unmittelbare Objekt der Knotentheorie ist jedoch gerade nicht der voluminöse Knoten, vielmehr seine Projektion auf eine Fläche. Also nicht Knoten, vielmehr Knotenprojektionen bilden den Gegenstand dieses Zweiges der Mathematik. Die Analogie zum Schattenriss eines Körpers, den die Butades-Tochter absichtsvoll inszeniert, ist nicht abwegig. Doch die Mathematik muss am Schattenbild des projizierten Knotens noch eine Veränderung eintragen: Wenn sich Fäden kreuzen,

muss in der Abbildung deutlich werden, welcher oben und welcher unten zu liegen kommt.

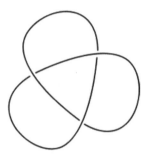

Abb. 31: Projektion des Kleeblattknotens, ⟨https://de.wikipedia.org/wiki/Knotentheorie⟩, letzter Zugriff am 7.7.2016

Was »oben« ist, wird dann durch eine kontinuierliche, was »unten«, durch eine unterbrochene Linie dargestellt. Das graphische Arsenal von stetiger und nichtstetiger Linie wird zu einer visuellen Armatur, um mit den Mitteln der Flächigkeit dreidimensionale Relationen darzustellen. Aus einem empirischen Knoten wird ein Knoten*diagramm*. Der Gegenstand der mathematischen Knotentheorie sind ebendiese Knotendiagramme. Auf eine instruktive Weise verbindet sich in der Knotentheorie der Schattenriss als Umwandlung des Dreidimensionalen in Flächiges mit dem Formbildungs- und Umformungspotenzial der beweglichen Lineatur des Fadens.

(2) Insofern es das Ziel der Knotentheorie ist festzustellen, welche Gebilde (ohne Zerschneiden) ineinander überführbar sind, stehen im Fokus nicht die Knoten, sondern verformende Operationen an ihnen. Denn was den Mathematiker am Knoten interessiert, ist, ein Objekt zu finden, das unverändert bleibt, während es deformiert wird; er sucht die Identität in der Transformation. Diagrammatisch gesehen liegt darin eine wichtige Einsicht: Nicht anders als in einer algebraischen Gleichung, bei der auf beiden Seiten unterschiedliche Zahlenverbindungen stehen, die gleichwohl im Wert äquivalent sind, können in ihrer Erscheinungsform visuell abweichende Knotendiagramme das gleiche mathematische Ob-

jekt repräsentieren. Und das ist genau dann der Fall, wenn sich ein Knotendiagramm in ein anderes mit Hilfe von drei möglichen Bewegungen (bzw. deren Kombination) überführen lässt, die nach ihrem Erfinder »Reidemeister-Bewegungen« genannt werden:

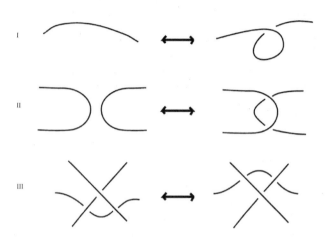

Abb. 32: Drei Bewegungstypen nach Reidemeister, ⟨http://spie.org/Images/ Graphics/Newsroom/Imported-2012/004497/004497_10_fig2.jpg⟩

Die erste Bewegungsabfolge legt eine Schlaufe in einen Faden oder löst diese wieder; die zweite legt ein Stück des Faden über oder unter ein anderes Fadenstück; die dritte verschiebt die Lage eines Fadens in seine Parallelposition. Die Diagramme der Reidemeister-Bewegungen sind also eine Instruktion zum Umgang mit Fäden bzw. eine Festlegung, welche Arten von Fadenmanipulationen zugelassen und miteinander kombinierbar sind. Unschwer sind diese Operationen als reale Handlungen mit einer Schnur zu realisieren, deren Besonderheit es allerdings ist, dass sie in graphische und in formal notierbare Operationen übertragen werden müssen.

Bezüglich der Diagramme – die uns hier alleine interessieren – zeigen sich zwei wesentliche Einsichten:

Zum einen ist klar, dass phänomenal unterschiedliche Figuren als Darstellung ein und desselben Objektes dienen können. Dass

Diagramme visuelle Evidenz erzeugen, heißt also nicht, dass das, was ein Diagramm »bedeutet«, auch tatsächlich im Diagramm zu sehen ist. Doch öffnet diese »Unsichtbarkeit des Wesentlichen« nicht die zur Genüge bekannt Kluft zwischen Erscheinung und Wesen, die immer wieder dazu (ver)führt, die Existenz der Erscheinung zugunsten einer Essenz des Wesens zu marginalisieren? Genau dies allerdings ist hierbei nicht der Fall – und das nun ist die zweite diagrammatische Einsicht: Es ist zu bedenken, dass die Reidemeister-Operationen die Aufzeichnung einer *Bewegung* sind, angezeigt durch die Pfeile, die zwei Stellungen des Fadens als verschiedene Etappen einer *Handlung* ausweisen. Die Identität verschiedenartig aussehender Diagramme besteht darin, dass beide Diagramme die Zustände einer *stetigen* Bewegung verkörpern, ähnlich derjenigen Bewegung, die einen Kreis in eine Ellipse überführt. Diagramme sind räumlich organisiert; doch der Gebrauch, den wir von der den Diagrammen eigenen Form von zweidimensionaler Räumlichkeit machen, zielt – oftmals – darauf ab, in der Simultaneität eines Nebeneinanders die Stadien einer Sukzession zu vergegenwärtigen. So bleibt die Bewegung der Transposition zwar unsichtbar, aber materialiter kann sie anhand des Diagramms als leicht vollziehbar imaginiert werden. Der Faden ist ein Material, das wie kein anderes der Veränderung durch die Hand zugänglich ist. So wird der Faden zur Geburtshelferin der Linie, die zugleich dessen Beweglichkeit erbt. Deshalb können Diagramme *Hand*lungsanweisungen sein.

(iii) Ariadnefaden: Fäden können Orientierungsmittel sein: Um säend im Beet die Ausrichtung der Reihe einzuhalten, leitet die gespannte Schnur das Aussäen; um eine Senkrechte zu ermitteln, kann das Lot – eine mit einem Stein beschwerte Schnur – »gefällt werden«. Zahlreich sind die praktischen Anwendungen von Fäden, um einem handgreiflichen Tun eine definitive Ausrichtung zu geben. Fäden können zu »Leitfäden« und zu »Richtlinien« werden; jemand kann im Vortrag den »Faden verlieren«, oder einer Erörterung fehlt der rote Faden.

Theseus verdankt seine Orientierung im Labyrinth, in welchem er den Minotauros tötet, dem Geschenk der Ariadne: Der beim Betreten eines Labyrinths abgerollte Faden weist – im Notfall – den Weg zurück.

Es war Leibniz, der den Ariadnefaden zu intellektueller Bedeutung erhob, indem er alles Denken an den methodischen Gebrauch sinnlich wahrnehmbarer Zeichen koppelte. Für Leibniz kann der menschliche Verstand, aufgrund seiner durch unsere Endlichkeit bedingten Grenzen, die Gegenstände des Erkennens nicht in der Fülle aller ihrer Merkmale überblicken – dies vermag allein das göttliche Auge. Stattdessen sind Menschen angewiesen auf die standortgebundenen, perspektivischen Darstellungen alles Erkennbaren in Gestalt von sichtbaren und handhabbaren Zeichen (»*characteres*«), die – in Analogie etwa zu den Zahlzeichen der Arithmetik – eine Doppelfunktion erfüllen: Sie sind eine visuell-graphische Sprache zur Darstellung von Sachverhalten wie auch ein Werkzeug zum intellektuellen Operieren mit diesen.[52] Leibniz betont, dass die für das Denken angemessenen Zeichen gerade nicht – wie etwa die Stimme – flüchtiger Natur sind, sondern dass diese gemalte, gezeichnete oder geschriebene Zeichen zu sein haben.[53] Ebendiese Inskriptionen bilden dann den kognitiven »Ariadnefaden«. Nicht zufällig charakterisiert Leibniz die menschliche Erkenntnis als »blinde oder symbolische Erkenntnis«.[54] Was angesichts von Theseus' Desorientierung im Labyrinth der Faden ist, das ist für den mit Blindheit geschlagenen menschlichen Intellekt seine »ars characteristica«, die Zeichenkunst: Denn »die richtige Methode stattet uns mit einem Ariadnefaden aus, […] einem wahrnehmbaren und fühlbaren Mittel, welches den Geist leitet, wie die gezogenen Linien der Geometrie und die Formen arithmetischer Operationen«.[55] Nur im Zusammenwirken von Auge, Hand und Geist wird der Mensch »sehend« und erkennt.

Leibniz bildet die Gelenkstelle, an welcher der Faden als praktisches und mythisch verbürgtes Orientierungsinstrument sich verwandelt zu einem Register der methodischen Ausrichtung menschlicher Denkvollzüge, die auf der intimen Verschwisterung mit dem handlichen Umgang mit Symbolen beruhen. Diese Metamorphose vom lokalen Richtungsfaden zum universalen Denkinstrument wäre nicht möglich ohne die für Leibniz gegebene Verwandtschaft zwischen Taktilität und Visualität – oder sollten wir vielleicht sagen: ohne seine Einsicht in den taktilen Charakter des Visuellen selbst? Leibniz transponiert die orientierende Rolle von Schnüren

52 Vgl. Krämer 1991, S. 220-254.
53 Leibniz 1965a, Bd. VII, S. 204.
54 Ebd., Bd. IV, S. 422-426.
55 Leibniz 1965a, Bd. VII, S. 14, 22.

und Fäden auf die Ebene geistiger Orientierung – und dies keineswegs im nur »uneigentlichen« Sinne: Der Ariadnefaden ist mehr als eine Metapher. Denn die epistemischen Inskriptionen teilen realiter mit den konkreten Schnüren eine »Handhabbarkeit« und »Fühlbarkeit«. Genau diese beiden Eigenschaften sind für Leibniz Konstituens jener Art künstlicher Zeichen, die wir uns als Denkzeuge schaffen. Mit seiner Idee eines »handhabbaren Wahrheitskriteriums« wird Leibniz dann zu einem Vordenker der Idee von der grundständigen Rolle der Inskriptionen für das Erkennen.[56]

5.5.2. Stab

Wir wollen uns nun dem Stab zuwenden und seiner Einbettung in Praktiken, welche eine Verbindung zeigen, vielleicht auch ein »Übergangsfeld« bilden, zur Erkenntniskraft der Linie. Dass der feste Stab der geraden Linie ähnlich ist, kann kaum geleugnet werden: Das Lineal ist immer noch die beste Methode, eine Gerade zu ziehen. Doch diese Vergleichbarkeit in der Form soll hier nur die Frage eröffnen: Leistet der Einsatz des Stabes auch eine funktionelle Vorarbeit für intellektuelle Aufgaben, welche in der historischen Entwicklung unserer Geisteskraft dann die Linie annehmen kann?

Indem wir uns auf den Stab beziehen, folgen wir aus gutem Grund nicht Tim Ingold, der neben dem Faden die *Spur* zum Vorläufer der Linie gemacht hat.[57] Spuren treten in unübersehbar vielen Formen auf, und nur soweit sie als durchgängige Fußspur sich rekonstruieren lassen, kommen sie als Vorläufer der Linie in Betracht. Überdies ist der Verlauf von Spuren eher mäandernden Verläufen von Fäden verwandt. Der Stab jedoch in seiner statuarischen Gradlinigkeit bildet – auf den ersten Blick jedenfalls – tatsächlich einen Gegenentwurf zum Faden. Während Operationen mit Fäden deren Beweglichkeit und Biegsamkeit kulturtechnisch nutzen, ist es beim Stab gerade umgekehrt: Seine Bedeutung liegt in seiner starren Unbiegsamkeit und Gradlinigkeit, die er nur gewaltsam, also durch Brechen verlieren kann. Kein Wunder also, dass der Stab sich als Maßstab anbietet. In dieser maßstabsetzenden Eigenschaft sowie daran anknüpfenden Verwendungen zeichnet sich – wie schon beim Faden – eine grundlegende orientierende

56 Krämer 1992, S. 235.
57 Ingold 2007, S. 39 ff.

Rolle ab, die wiederum das Scharnier bildet zum intellektuellen Einsatz von Stäben. Daher wenden wir uns im Folgenden zunächst dem Phänomen des Maßstabes zu. Sodann greifen wir aus einem unüberschaubaren Feld kulturhistorischer Phänomene ein Beispiel heraus: es ist der antike Gnomon, der Schattenstab der griechischen Sonnenuhr – als astronomisches Instrument auch aus Mesopotamien und China bekannt. Der Gnomon kam auch außerhalb der Zeitmessung im Handwerk etwa als Winkelmesser zum Einsatz; vor allem aber basieren die figurierten Anzahlen der pythagoreischen Rechensteinarithmetik auf dem Einsatz des Gnomon als eines »Bauelements« der Zahlenfiguren: der Gnomon wird in der pythagoreischen Zahlenarithmetik zum Denkinstrument.

5.5.2.1. Maßstab

Präzises Messen ohne Maßstab ist nicht möglich. Die im Messen realisierte Zuordnung zwischen Objekt und Zahl bedarf der vermittelnden Instanz einer Einheit. Dabei ist die artifizielle Schaffung bzw. Festlegung eines Referenzkörpers, welcher die zu messende Eigenschaft physikalisch besitzt, ein komplexer sozialer Prozess. In der Messung von räumlicher Ausdehnung ist das die »Stunde des Stabes«: 1795, inmitten der Französischen Revolution,[58] wird der Meter als universales Längenmaß in Frankreich eingeführt. Er ist der zehnmillionste Teil der Strecke zwischen Nordpol und Äquator, des Erdmeridianquadranten. Das Referenzsystem des Meters ist somit bereits eine imaginäre Linie, nämlich der Bruchteil einer idealisierten Entfernung, insofern die Strecke Pol-Äquator auf dem Niveau des Meeresbodens angesetzt wird. Diese die Dreidimensionalität der Erdoberfläche glättende, idealisierte Linie ist es, die nun in die überschaubare und handliche physikalische Realität des Protometers »überführt« wird:[59] Der Metallstab des Urmeters ist nicht das *Vorbild* der Metermessung, sondern das *Nachbild* der Bestim-

---

58 1793 wurde dieses Längenmaß im Nationalkonvent Frankreichs eingeführt; 1795 wurde der Prototyp hergestellt. Aufschlussreiche Ausführungen zur Arbitrarität des Urmeters bei Treitz 2009, S. 110 f.

59 Wir vernachlässigen hier alle damit verbundenen Komplikationen der Messung, die damit zu tun haben, dass die reale Ausdehnung des Urmeters keineswegs vollständig präzise das anvisierte Teilstück des Erdmeridianquadranten repräsentiert.

mung des Meters als Bruchteil einer imaginären Linie. Der heute in einem Pariser Tresor aufbewahrte Urmeter[60] wanderte in Gestalt von Kopien zu anderen Nationen. 1960 wird die Bezugnahme auf den Erdmeridianquadranten als Referenzsystem abgelöst, indem der Meter nun als diejenige Strecke definiert wird, die das Licht im Vakuum in einem bestimmten Bruchteil einer Sekunde zurücklegt.

Kein Zweifel: Der Stab als Maßstab ist in unserer Zivilisationsgeschichte von immenser Bedeutung; zugleich aber ist klar, dass die stabile Dauerhaftigkeit und abgegrenzte Sichtbarkeit des Stabes, wie das Beispiel des Urmeters demonstriert, nicht einfach der Vorgänger des Graphismus der Linie ist, sondern im Rahmen der Längenmessung materialiter Garant wird für das, was idealiter als eine bestimmte Linie gilt. Dabei kommen alle Optionen einer Wechselwirkung zwischen Stab und Linie ins Spiel. Solche Wechselwirkung kann der Gebrauch des Zollstocks erläutern: Wenn der ausgeklappte Zollstock eine Länge auszumessen hat, so liegt sein Nutzen gerade darin, dass er nicht nur an das zu Messende realiter angelegt werden kann, sondern dass er idealiter dessen Unebenheiten durch die strikte Ausrichtung seiner »Hartleibigkeit« annulliert bzw. kompensiert: Vom Urmeter und Zollstock ist der Weg zum Lineal nicht weit.

Das Lineal ist unersetzbar, wenn es auf die Erzeugung gerader Linien ankommt. Dann fährt der Stift die Linealkante entlang, wie einstmals die Hand der Tochter des Butades der Konturlinie des Schattens folgte. Die Kante überträgt sich durch diese Handlung auf das Papier und wird zum Strich. Das Zusammenwirken zwischen voluminöser Körperlichkeit des Lineals und der ihm folgenden einzeichnenden Bewegung der Hand bildet eine interessante Form von Übersetzungsleistung: Es ist dies der prosaische Ursprung der Entstehung gerader Linien und damit ein Kulturgut und Zivilisationsprodukt ersten Ranges. Überdies macht das Lineal einen Zusammenhang klar, der uns schon beim Pariser Urmeter begegnete: Im praktischen Einsatz muss ein Lineal *zuerst* vorhanden sein, bevor es den Linienzug ausrichten kann. Doch Existenz und Funktion von Linealen verdanken sich dem mathematischen Sachverhalt, dass sie physische Instantiierungen von »Strecken« als

60 Dieser ist genau genommen bereits der zweite »definitive Urmeter«, er wurde 1889 wiederum von einem dritten Meterprototyp abgelöst, der noch präziser war als derjenige von 1799. Doch wir vernachlässigen die Historie hier.

kürzeste Verbindung zwischen zwei Punkten sind. Das Lineal ist Inkarnation der »idealisierten Verbindungslinie«, ehe es faktische Verbindungslinien zu zeichnen hilft. In Griechenland[61] waren Lineale in Gebrauch, die – vergleichbar dem Urmeter – eine definierte Länge hatten, aber keine Skalierung. Gewöhnliche Lineale jedoch besitzen eine Skala, meist sind ihnen verschiedenartige Skalen inskribiert, womit die Lineale selbst zu »physischen Diagrammen« werden, ehe sie graphische Inskriptionen (an)leiten können.

Bleiben wir einen Moment bei der Rolle von Stäben in der graphischen Bearbeitung realweltlicher Sachverhalte. Maßstäbe helfen nicht nur, das Reale zu quantifizieren, sondern auch, Proportionen des Realen – verkleinernd, vergrößernd – ins Graphische zu übertragen. Wir stoßen hier auf einen zum Verständnis des Diagrammatischen grundlegenden Sachverhalt: Wo immer ein Graphismus sich als gezeichnetes Modell eines Realen versteht, ist ein Maßstab vonnöten, der gewährleistet, dass Vorbild und Modell in ihren Proportionen übereinstimmen, so dass das Proportionierte selbst nahezu beliebig verkleinert oder vergrößert werden kann und gleichwohl in der *Relation* seine Ähnlichkeit bewahrt. Die fotografierte Spielzeuglokomotive kann auf dem Foto auch als »gewöhnliche« Lokomotive angesehen werden: Fotos entbehren in ihrem Realitätsbezug der Maßstäblichkeit – es sei denn, eine Hand oder eine Kaffeetasse kommen zufällig ins Bild.[62] Wenn Astrid Lindgrens Kinderfigur Pippi Langstrumpf im Zeichenunterricht ihr Pferd malt, beginnt sie auf dem Papier, malt dann auf dem Fußboden weiter, um schließlich auf den Korridor auszuweichen, denn – wie sie der erstaunten Lehrerin mitteilt – »auf dem lumpigen Stückchen Papier hat mein ganzes Pferd nicht Platz«.[63]

Die Maxime der Maßstäblichkeit ist uns so vertraut, dass wir kaum mehr bemerken, wie selbstverständlich die Zwischenwelt des Graphischen auf Handlichkeit und Handhabbarkeit zielt; es ist eine »Welt«, die auf das dem Menschen zuträgliche und zugängliche Maß gebracht ist, indem das ganz Kleine groß und das ganz

61 Stroht 1998, S. 59; Hinweis von Alexander Lamprakis.
62 Selbst wenn eine Kaffeetasse oder eine Hand auf dem Foto erscheinen und die Proportionen wieder zurechtrücken, so gibt es keine Gewähr, dass Tasse und Hand nicht ins riesenhaft vergrößerte Artefakte als Mittel zur Erzeugung einer fotografischen Illusion sind.
63 Lindgren 1967, S. 48.

Große klein gemacht wird. Dass eine Karte im Maßstab 1:1 keinen Sinn ergibt, ist das Sujet nicht weniger Anekdoten und Erzählungen. Insofern Karten es ermöglichen, sich in einem unvertrauten Terrain zu orientieren, tritt an ihnen die Forderung der Maßstäblichkeit so unverhüllt wie einsichtig zutage. Auch hier taucht der – allerdings ins Graphische übertragene – Stab wieder auf: das ist der Balken, der sich in der Legende nahezu jeder Karte findet und unter dem nicht nur numerisch der Maßstab der Verkleinerung angegeben wird, sondern der geometrisch *zeigt*, welcher Längenabschnitt auf der Karte welcher Länge im Realen entspricht. Er fungiert wie ein »Zollstock«, welcher Kartennutzern die Abschätzung von Entfernungen ermöglicht. Die Messbarkeit der Welt in ihrer elementaren Form räumlicher Ausdehnung ist also eine höchst vertraute Alltagserfahrung; und die Linie – ob als materialer Stab oder als graphische Strecke – ist dabei immer im Spiel.

Und so darf an dieser Stelle nicht unerwähnt bleiben, dass auch in der Historiographie die Linie eine fundamentale Rolle spielt. Es ist hinreichend bekannt, dass unser Sprechen über die Zeit kontaminiert ist von Begriffen des Räumlichen.[64] Auf *spatiale* Begriffe zu verzichten, hieße, unser Reden über die Zeit aufzugeben. Daniel Rosenberg und Anthony Grafton[65] haben in einer materialreichen und Jahrhunderte durchquerenden Studie *Cartographies of Time. A History of the Timeline* gezeigt, dass der Kern dieser Verräumlichung von Zeit die Linie bildet: Die Historiographie erarbeitet immer auch eine »Kartographie der Zeit«, indem sie in Tabellen und Diagrammen den Ablauf von Zeit in aufeinanderfolgenden Linienabschnitten visualisiert.[66] Ein großes Spektrum von Zeitlinien ist uns bekannt, diese reichen vom Kalender über die genealogischen und evolutionären Bäume bis hin zu den modernen Graphen. Die Idee der Chronologie entsteht im engen Wechselspiel mit den linearen Aufzeichnungsmedien, und schließlich wird »Geschichte selbst« zur Instantiierung der Zeitlinie. Die Ubiquität der Linie als visualisierte Zeit steigert sich dann noch einmal mit den elektroni-

---

64 Vgl. exemplarisch Mitchell 1980, S. 274: »[W]e literally cannot ›tell time‹ without the mediation of space«.

65 Rosenberg/Grafton 2010.

66 »In many ways, this work is a reflection on lines […], the basic components of historical diagrams. Our claim is that the line is a much more complex and colorful figure than is usually thought.« Ebd., S. 10.

schen Medien: Neben Liste und »*link*« ist die Zeitlinie die zentrale organisierende Struktur des Nutzer-Interface.[67]

Vorkommen und Funktion der Zeitlinie werden hier, wo es uns um *Stäbe* zu tun ist, nur der Vollständigkeit halber erwähnt, nicht aber analysiert. Allerdings gibt es eine antike Form der Zeitmessung durch Verräumlichung, in welcher der Stab zu kulturtechnisch verbreiteter Anwendung kam. Es geht um den Gnomon, den Stab der Sonnenuhr, den wir jetzt genauer in den Blick nehmen. Für uns aufschlussreich ist dabei, dass der Gnomon das Anwendungsfeld der Zeitmessung überschreitet und uns in jener Form von Mathematik wiederbegegnet, die – obwohl sie auf die Erkenntnis von Zahlen zielt – sich des Gnomons zum Aufbau von figurierten Anzahlen bedient.

5.5.2.2. Gnomon

Der Gnomon (griech: Schattenzeiger) ist als ein Instrument der Zeitmessung nicht nur aus Griechenland, sondern auch aus anderen antiken Kulturen (China, Babylon, Ägypten) überliefert.[68] Für uns von Interesse ist der Umstand, dass der Gnomon sowohl als physischer Bestandteil der Sonnenuhr wie auch als schematische, rechtwinklige Linienfiguration in der griechischen Mathematik von Bedeutung war. Die Familienähnlichkeit zwischen Stab und Linie, die Wechselwirkung zwischen Schattenwurf und Lineatur, manifestiert sich in kaum einem anderen Phänomen deutlicher.

(1) Sonnenuhr

Setzen wir ein mit der Sonnenuhr.[69] Die aufsteigende und untergehende Sonne bestimmt unseren Tagesverlauf, von dem die Länge der Schatten kündet, den die besonnten Körper werfen. In der Mittagszeit sind diese am kürzesten; überdies verändert sich die Länge des Schattens abhängig von den jahreszeitlichen Sonnenwenden. So gibt es einen elementaren Zusammenhang zwischen Sonnenstand, Schattenlänge, Tages- und Jahreszeit. An die Stelle des schattenwerfenden Körpers kann nun ein Stab treten, der senkrecht in

67 Ebd., S. 246.
68 Schoy 1923; Gazalé 1999.
69 Vgl. Gazalé 1999; Waugh 1973.

eine Fläche eingelassen ist. Wenn dieser Fläche ein auf Kenntnis astronomischer Zusammenhänge fußendes Linien- und Zahlensystem inskribiert ist, wird es möglich, die Zeit abzulesen: in Bezug auf den Tag, in Bezug auf die Jahreszeit. Eine Sonnenuhr ist entstanden, die auf der Kombination von Stab und Diagramm beruht. Sie setzt sich zusammen aus dem Gnomon, dem Schattenstab, und dem *Analemma*, dem Schattenfeld: Senkrechte und Horizontale arbeiten zusammen. Zugleich ist klar: Auch das Liniensystem der Fläche selbst muss noch einmal ausgerichtet – orientiert – sein, denn die Länge des Schattens wechselt ortsabhängig.

Abb. 33: Sonnenuhr, Sonnenuhr ⟨http://pressezone.myftp.org/hewa/2012-09-20_hewa_sonnenuhren2.JPG⟩

Vitruv, der eine antike Horizontalsonnenuhr beschreibt,[70] stellte in *Zehn Bücher über Architektur* fest, »daß der Schatten des Gnomon zur Zeit der Tag- und Nachtgleiche eine andere Länge in Athen hat, eine andere in Alexandria, eine andere in Rom […] und an den übrigen Orten des Erdkreises. Daher weichen die Verzeichnungen (*descriptiones*) der Sonnenuhren mit der Veränderung des Ortes

70 Vitruvius 1964; Schaldach 2001; Steffen Bogen fußt seine Analyse der Sonnenuhr unter anderem auf Vitruvius' Beschreibung und gibt eine inspirierende Darstellung der Rolle des Schattens in der Ursprungslegende der Malerei (Butades' Tochter) einerseits und der Konstruktion der Sonnenuhr andererseits; ders. 2005.

sehr voneinander ab.«[71] Das Liniensystem auf der Fläche, in der der Gnomon mittels einer Öffnung angebracht ist, fixiert also Schattengrenzen – und ähnelt darin dem Schattenriss, den die Tochter des Butades mittels eines Strichs fixiert.[72] Und so, wie der Standort der Lichtquelle mit bedingt, welche Gestalt der Schattenriss des Geliebten annimmt, so folgt auch das Liniennetz der Sonnenuhr einer – allerdings komplizierten – Projektionsmethode. Doch während die Tochter des Butades auf ein statisches Bild im Medium der *Simultaneität* zielt, handelt es sich bei der Sonnenuhr um das Anzeigen einer *Sukzession*. Die Sonnenuhr zeigt die Bewegung der Zeit, sie arbeitet – auf Grundlage der Interaktion zwischen Schatten und dem Liniensystem – indexikalisch und ist eine Wissens- und Orientierungstechnik. Zu Recht betont Steffen Bogen den *diagrammatischen* Charakter dieser Orientierungstechnik und hebt hervor, wie sehr sich in der diagrammatischen Fremdreferenz, also in der Bezugnahme auf ein Außerhalb der Sonnenuhr, diese Bezugnahme nicht den Prämissen einer figürlichen Ähnlichkeit fügt, welche noch die Hand der Tochter des Butades lenkte. Diese Ähnlichkeit ist anderer »Natur« und bezieht sich ausschließlich auf eine *Analogie in den Relationen*: Die Höhe der Sonne am Himmel ähnelt in keiner Weise der Länge des Körperschattens; und doch besteht zwischen beiden eine (umgekehrte) Proportionalität. So »natürlich« der Schatten in seiner spezifischen Länge jedem belichteten Körper auch zugehört, so artifiziell, so inszeniert, so raffiniert ist seine Nutzung zur Messung der Zeit. Und dies war keineswegs die einzige Nutzungsform, denn mit Hilfe des Gnomons und darauf basierender komplexer astro-geodätischer Messinstrumente konnten auch geographische Ortsbestimmungen durchgeführt werden.[73]

Wir können die Geschichte des Gnomons als Messgerät hier nicht verfolgen; für uns genügt es, dass der »Schattenzeiger« sich als ein Instrument erweist, in welchem der Übergang vom Stab in die Linie sich plastisch verkörpert und der überdies zur Orientierung und Messung nur dienen kann, wenn die indexikalische Konturlinie des Schattens mit einem fest inskribierten konventionellen Liniennetz – dem eine Fülle von Wissen über Astronomie und Geographie implementiert ist – auf der Fläche interagiert.

71 Zit. nach Bogen 2005, S. 156.
72 Ebd., S. 157 ff.
73 Leigemann/Knobloch/Fuls/Kleineberg 2005.

(2) Zahlenwinkel

Doch der Gnomon ist mehr als ein Instrument zur Zeitmessung. In medialer Hinsicht fällt auf, dass schon in der Sonnenuhr »Schattenzeiger« und *Analemma* zusammen – als bloße Figuration gesehen – eine rechtwinklige Verbindung zwischen der Vertikalen und der Horizontalen bilden. Daher wird im Handwerk unter dem »Gnomon« auch ein »Winkelhaken« verstanden, der zum Einsatz kommt, um rechte Winkel zu ziehen.[74]

Auf diese Fügung zweier aneinanderstoßender Stäbe/Linien, die einen rechten Winkel bilden, kommt es an, wenn der Gnomon als eine *Gestalt* betrachtet wird, denn sie bildet das Fundament seines Gebrauchs als Zahlenwinkel.[75] Aristoteles charakterisiert den Zahlenwinkel als eine Figur, welche, einem Quadrat hinzugefügt, dessen Gestalt nicht ändert, es jedoch größer macht.[76] Er spielt damit an auf eine mathematische Technik der Pythagoreer, die anhand von Äußerungen verschiedener Autoren[77] in den letzten Jahrzehnten als eine archaische Rechenstein-Arithmetik rekonstruiert wurde.[78] Die Benutzung von Rechenbrett und Rechensteinen gehörte zur alltäglichen griechischen Rechenpraxis, da die griechische *Buchstaben*schrift der Zahlen das schriftliche Rechnen unmöglich machte. Die Pythagoreer benutzten die Rechensteine, die *Psephoi*, nicht zum Zahlenrechnen, wohl aber, um Eigenschaften von Zahlen herauszufinden und diese auch evident zu machen. Dies geschah, indem sie Rechensteine in bestimmten Anordnungen, die eine Art geometrischer Figuren bildeten, auslegten. In dieser Praxis der Konfigurierung von Anzahlen bildet der Gnomon nun das wesentliche Aufbauelement. Er ist ein Winkel, gelegt aus Rechensteinen, der sich als Differenz zweier aufeinanderfolgender Quadratzahlen ergibt.

---

74 Heath 1960, S. 78; vgl. Krämer 1991, S. 16.

75 Diels 1903.

76 Aristoteles 1984a, S. 30.

77 Vgl. Krämer 1991, S. 14.

78 Burnett 1930, S. 99–107; Becker 1954, S. 34 ff.; Lefevre 1981, S. 124 ff.; Knorr 1975, S. 134 ff.

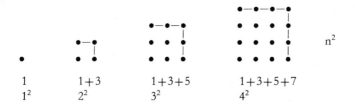

Abb. 34: Quadratzahlen (Krämer 1991, S. 18)

Auf diese Art können nicht nur Quadratzahlen, sondern auch Rechteckzahlen und Dreieckszahlen ausgelegt werden. Und stets ist es der Gnomon, der Zahlenwinkel, mit dessen Hilfe eine figurierte Zahl vergrößert oder verkleinert werden kann, ohne dass dabei deren Grundcharakter und Ausgangsform – Quadrat, Rechteck, Dreieck – eine Veränderung erfährt.

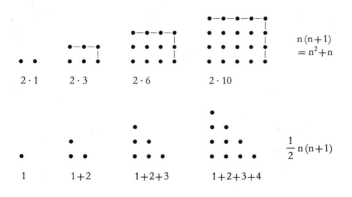

Abb. 35: Rechteckzahlen (Heteromeke) und Dreieckzahlen
(Krämer 1991, S. 18)

Mit Hilfe der Figurierung von Zahlen durch Anlegen des Gnomons stießen die Pythagoreer auf wichtige zahlentheoretische Einsichten. Machen wir dies an einem Beispiel klar. Die zu gewinnende Einsicht ist: Die Summe der ungeraden Zahlen ergibt die Quadratzahlen. Das Verfahren besteht darin, an das erste Element den Gnomon anzulegen, der aufgrund seiner »Winkelhaftigkeit« stets aus einer ungeraden Zahl besteht. Diese Operation der Anlegung kann beliebig lange fortgesetzt werden; doch stets ist das Ergebnis wieder eine Quadratzahl.

Wir verstehen jetzt Aristoteles' Bemerkung besser, dass der Gnomon ein Quadrat vergrößert, ohne es in seiner Gestalt zu ändern. Der Gnomon wird damit zum Garanten der Einsicht, dass bei Wahrung der Proportionalität die jeweiligen Größen veränderlich sind. Die Ähnlichkeit in der Gestalt, ihr Schematismus unter den Bedingungen quantitativer Variabilität, beruht auf der Invarianz ihrer Relationen.

Die Vielzahl der zahlentheoretischen Einsichten zu erörtern, die mit der *Psephoi*-Technik zu gewinnen sind, ist hier nicht der Ort.[79] Dabei ist bei der Verwendung des Begriffs »Zahlentheorie« allerdings zu berücksichtigen, dass die Rechenstein-Arithmetik eine »vortheoretische Wissenspraktik« verkörpert. Ihre Einsichten werden nicht in Form deduktiv aufgebauter Satzsysteme bewiesen, sondern deren Evidenz geht zurück auf das archaische Beweisen im Sinne eines ursprünglichen »Zeigens« und »Aufweisens«, wie sich etwas verhält, indem mit visuellen Objekten strukturierend und umstrukturierend hantiert wird.[80]

Uns interessiert die Zone des Übergangs vom Stab auf die Linie. Und genau dafür ist die pythagoreische Rechensteinarithmetik besonders aufschlussreich, wird hier doch der Gnomon als Instrument sowohl des Aufbaus von Zahlen wie auch der Demonstration von Zahleneigenschaften eingesetzt. Systematisch zugespitzt: Eine Entwicklung kann herausdestilliert werden, deren Kern die Metamorphose eines dreidimensionalen Stabes in eine eindimensionale Linie vollzieht. Der Gnomon als Stab der Sonnenuhr transformiert sich in die Schattenlinie; der Gnomon als handwerklich eingesetzter Winkelmesser verwandelt sich in den Zahlenwinkel der Rechensteinarithmetik. So wundert es nicht, dass schließlich der Gnomon »nur noch« als geometrischer Sachverhalt behandelt wird, etwa bei Euklid, der unter Gnomon jene (Rest-)Figur versteht, die übrig bleibt, wenn von einem größeren Parallelogramm ein ihm ähnliches kleines durch Flächenanlegung abgezogen wird.

Gloria Meynen hat den Verästelungen und Anwendungen des

79 Krämer 1991, S. 18 f.
80 Vgl. ebd., S. 12 ff.

Gnomons als Spur medialer Materialität im »Reinraum« der Mathematik wie auch im Instrumentalklang der Musik nachgespürt und unter anderem gezeigt, dass etwa im »Satz des Pythagoras« sowie in Platons Dialog *Menon* ein folgenreiches Echo des Gnomons sich vernehmen lässt. Ihr Verdienst ist es, die mit dem Gnomon verbundenen Einsatzformen im Kontext der Entwicklung der Fläche zu einem Medium der Mathematik entfaltet zu haben.[81]

Mit dem Übergang zum Konstruktionselement der Flächengeometrie ist der Gnomon zum Diagramm im buchstäblichen Sinne geworden. Der gerade Stab hat sich – als Winkelstab – in eine graphische Anordnung verwandelt. So wie schon der Faden bei der gekrümmten Linie Pate stand, deren wissenschaftlich stilisiertes Erbe die mathematische Knotentheorie ist, so zeigt sich der Stab als ein Stammvater der geraden Linie, deren Erbe die *Psephoi*-Arithmetik und die antike Flächengeometrie ist und deren zeitendurchschreitender Nachhall der Maßstab bildet.

81 Vgl. Meynen 2012.

II. Diagrammatologie

6. Platon: Das Denken richtet sich aus.
Urszenen des Diagrammatischen

Kaum ein Denker scheint so der Ort- und Zeitlosigkeit und damit der Erfahrungsferne und Unsinnlichkeit von Erkenntnis und ihrer Gegenstände verpflichtet wie Platon. Und doch kann Platon zu einer Schlüsselfigur werden, wenn es darum geht, die Räumlichkeit als eine Matrix für das Denken und die Rolle diagrammatisch-zeichnerischer Mittel für das Erkennen auszuloten. Zwar ist das Vorurteil traditionell fest verankert, Platon trenne sinnliche und intelligible Welt, kategorisch verbunden mit einer grundständigen Abqualifizierung des Sinnlichen. Doch zeigen sich Tendenzen innerhalb der Platonforschung, diese fundamentale Aufspaltung und damit die unsinnliche Autonomie der Ideen wie die generelle Desavouierung des Sinnlichen bei Platon zu relativieren.[1] Daran anknüpfend wollen wir zeigen, dass Platon die Erkenntnis als eine *Bewegung* fasst, die des Durchganges durch ein »Außen« bedarf, somit Züge von Sinnlichkeit aufweist und durch eine *erkenntnisleitende* – und nicht etwa: erkenntnishinderliche – Bildhaftigkeit gekennzeichnet ist. Zu diesem »Außen« bei Platon gehört der Umgang mit Formen des Diagrammatischen, und damit verbunden ist sein Versuch, das Unanschauliche anschaulich zu machen und der gewöhnlich unräumlich aufgefassten Erkenntnisbewegung eine Raumorientiertheit zu verleihen.

Bei Platon lassen sich in mindestens drei Hinsichten diagrammatische Impulse aufweisen:[2]

(1) Das Liniengleichnis in der *Politeia* erörtert Grundzüge der platonischen Ontologie und Erkenntnistheorie am Modell eines proportional zu unterteilenden Linienzugs.

(2) Eine Passage aus dem *Menon* demonstriert, wie Wissen über mathematische Zusammenhänge durch den prozeduralen Umgang mit gezeichneten Figuren gewonnen werden kann.

(3) Im *Sophistes* (und anderen Dialogen) wird die Dihairesis als eine Methode der Begriffsklärung eingeführt, die im Schema einer binarisierenden, baumartigen Entscheidungsstruktur verfährt.

1 Dazu exemplarisch: Bedu-Addo 1983; Kümmel 1968; Notopoulos 1936; Stenzel 1961; Zovko 2008.
2 Diese Reihenfolge entspricht nicht der chronologischen Ordnung der Dialoge.

Trotz der Fülle an kommentierender Literatur wurden diese diagrammatischen Aspekte im platonischen Denken noch kaum thematisch und erst recht nicht zusammenhängend untersucht. Allerdings hat Wolfgang Maria Ueding[3] sowohl das Liniengleichnis wie die Menon-Stelle als *diagrammatische* Methoden analysiert, Ulrike Maria Bonhoff[4] hat den Gebrauch von »diagramma« als Fachbegriff für die geometrische Figur bei Platon aufgewiesen, und Marcus Giaquinto erforscht die Diagramm-Verwendung in der Menon-Szene.[5] Im Zuge unserer Rekonstruktion diagrammatischer Implikationen bei Plato wird sich etwas abzeichnen, das wir den »*kartographischen Impuls*« genannt haben: Die Projektion von Gegenständen des Erkennens auf quasi-räumliche Strukturen wird als eine Anordnung zur Orientierung der Erkenntnisbewegung selbst genutzt.

6.1. Das Liniengleichnis (*Politeia* 509d-511e)

Obwohl sich das Liniengleichnis – gegenüber der *Menon*-Szene – in einem späteren Dialog findet, setzen wir mit diesem ein, denn es verkörpert eine »diagrammatische Urszene«. Die Differenz von Phänomenalem und Intelligiblem, von Sichtbarem und Denkbarem wird hier eingeführt, und dabei wird zugleich die Überbrückung und Vermittlung beider als ein für die Erkenntnis unabdingbares Verfahren auf eine Weise erklärt, bei der die Visualisierung eine grundlegende, auch erkenntniserweiternde Rolle spielt.

6.1.1. Das Liniengleichnis: eine Realzeichnung?

Das Liniengleichnis ist uns im Rahmen eines platonischen Dialogs, also in Textform überliefert. Immer wieder wurde bemerkt und auch bemängelt, dass wichtige Details bei der Konstruktion der Linie ungeklärt sind, wie zum Beispiel die Richtung der Linie (horizontal, vertikal oder diagonal) oder an welchem Ende das längere Stück liegt.[6] Kaum eine Option der visuellen Interpretation

3 Ueding 1992.
4 Bonhoff 1993.
5 Giaquinto 1993
6 Vgl. Smith 1996, S. 26 f.; Zovko 2008, S. 322 f.

blieb unausgelotet. Die Unbestimmtheit der Anweisungen, die der Text gibt, wurde auch zur philosophischen Signatur des platonischen Gedankenguts stilisiert, insofern Platons Dialoge in ihrer Grundstruktur grundsätzlich nicht thetisch angelegt und durch eine offenhaltende Ambivalenz selbst noch in den von Sokrates vertretenen Positionen charakterisiert sind.

Doch es gibt noch eine andere Deutung für den Umstand der graphischen Unbestimmtheit der Linienkonstruktion. Reviel Netz vermutet, dass die griechischen Diagramme in der Mathematik stets eingebettet sind in einen *mündlichen* Diskurs und ihre Bedeutung daher nicht aufgeht in dem, was in den mathematischen Schriften da, wo Diagramme auftauchen, jeweils überliefert ist.[7] Bezogen auf Platons Liniengleichnis: Ist es möglich, dass das in Textform überlieferte Liniengleichnis in Verbindung steht mit den praktischen Übungen innerhalb der platonischen Akademie, bei der Diagramme real gezeichnet und erörtert wurden? So dass also die Unbestimmtheit der Linienkonstruktion im Text nur ein Verweis ist auf den Umstand, dass dieser Linie eine reale Zeichnung korrespondierte, so dass die ontologisch-epistemische Bedeutung der Linienfiguration dann am anschaulichen Realdiagramm erläutert wurde?

Dass diese Vermutung nicht völlig abwegig ist, zeigt ein überraschender Fund, auf den keiner der Interpreten des Liniengleichnisses bisher Bezug genommen hat: Eine bedeutende Pariser Handschrift der *Politeia* ist mit einer Zeichnung versehen, die dann letztmalig in einer Edition der Scholien 1938 auftaucht.[8] Die Selbstverständlichkeit der Annahme, dass Platon »natürlich« die Linienkonstruktion nur imaginiert habe und deren Textualität die *einzig* uns überlieferte Darstellungsweise sei, ist damit zumindest relativiert. Wir können diesen Zusammenhang hier nicht verfolgen. Eines allerdings ist klar: Die charakteristische Marginalisierung bzw. Auslassung figürlich-visueller Bestandteile philosophischer Texte – die übrigens im Falle von Aristoteles noch signifikanter ist – hat in der Editionsgeschichte philosophischer Werke Tradition; wir können diese Lücke hier nur markieren. Im Gegenzug zu dieser

---

7 Netz 1998, S. 39.
8 Codex Parisinus graecus 1807 (Par. gr. 1809). Das Diagramm ist auch bei Green 1938 editiert. Diese Hinweise verdanke ich dem Direktor des Aristoteles-Archivs an der Freien Universität Berlin, Dieter Harlfinger.

Auslassung ist allerdings die Anzahl und Verschiedenartigkeit der Visualisierungen des Liniengleichnisses in der Sekundärliteratur fast unübersehbar angewachsen![9]

6.1.2. Die Unterscheidung von Phänomenalem und Intelligiblem, von Abbild und Urbild

Das Liniengleichnis ist das mittlere von drei Gleichnissen in Platons *Politeia* (509d-511e): Sonnengleichnis, Liniengleichnis, Höhlengleichnis hängen zusammen.[10] Das Liniengleichnis erläutert die Idee des Guten im Kontext einer Ontologie, in der die Ideen die wirklichkeitshaltigsten und wirkmächtigsten Instanzen des Realen bilden. Gewöhnlich gilt die »Ideenlehre« Platons als Inkarnation einer statischen, zeitlosen Welt jenseits von Werden und Vergehen: die Essenz des Seienden, gefasst in seiner statuarischen Unbeweglichkeit. Doch diese Sicht – das sehen auch einige Platonforscher so[11] – greift zu kurz. Schon im *Sophistes* (247e) betont Platon, dass das Seiende immer auch als *Dynamis*, als Kraft und Vermögen aufzufassen ist.[12] Bewegung ist nicht einfach das Gegenteil des Seienden, sondern vielmehr sein Inkrement. Und im *Parmenides* (129b) unterstreicht Platon, dass die Idee selbst Eines *und* Vieles sei.[13] Von einer Einheit der Idee ist also immer nur im Durchgang durch Mannigfaltigkeit und Verschiedenheit zu sprechen.

Das Liniengleichnis bildet einen zentralen Beitrag zu Platons Ideenkonzeption, zu seinem Weltbild und vor allem: zu seiner Erkenntnislehre. Mittelbar steht es im Zusammenhang der Erörterung der Idee des Guten; unmittelbar ist sein Gegenstand die Unterscheidung von Sichtbarem und Denkbarem und welche Rolle dieser Unterscheidung für den Aufbau der Welt wie für deren Erkennbarkeit zukommt.

---

9 Eine interessante Zusammenstellung einschlägiger Visualisierungen auf dem Stand von 1992 liefert Wolfgang Maria Ueding; ders. 1996, S. 25 ff.

10 Vgl. Wieland 1982, S. 197 ff.

11 Vgl. exemplarisch Kümmel 1968.

12 »Ich setze nämlich als Erklärung fest, um das Seiende zu bestimmen, daß es nichts anderes ist als Vermögen, Kraft [*dýnamis*].« Platon 1990, Bd. 4, S. 329 (*Sophistes* 247e).

13 »[D]as eigentliche Eins selbst sei vieles, und wiederum das Viele selbst sei eins«. Platon, *Parmenides* 129b.

Wie nun ist das Verhältnis zwischen Phänomenalem und Intelligiblem beschaffen? Das ist die Ausgangsfrage, auf welche das Gleichnis reagiert. Sokrates gibt seinem Gesprächspartner Glaukon die Anweisung, eine Linie zu ziehen und in zwei *ungleiche* Abschnitte zu teilen. Der eine Abschnitt steht für das Sichtbare, der andere für das Denkbare. Im Text fehlt sowohl eine Angabe über die Richtung der Linie wie auch darüber, welches der größere und kleinere Abschnitt sei. Sodann kommt die Anweisung, beide Abschnitte – rekursiv – noch einmal in demselben Verhältnis zu unterteilen. Aus dem Linienzug ist eine Strecke geworden, die in vier Abschnitte untergliedert ist. Bemerkenswert ist, dass die Linie nicht aus einzelnen Abschnitten aufgebaut wird, sondern eine kontinuierliche Linie zu zeichnen ist, die erst im Nachhinein unterteilt, also diskretisiert wird. Bereits hier fällt auf, dass die Konstruktionsvorschrift eine Implikation hat, die der Text *nicht* explizit erwähnt. Wenn wir die ungleichen Abteilungen A, B, C und D nennen, so ergibt sich mathematisch, dass $A:B$ sich verhält wie $C:D$. Dies ist umformbar in $(A+B):(C+D)$, und daraus wiederum ist zu schließen, dass »$B=C$« gilt. Die beiden Linienabschnitte sind in Analogie zueinander zu sehen.[14] Es existiert damit eine mittlere Proportionale; die beiden mittleren Abschnitte sind als gleich lang anzusetzen.[15] Bedauerlicherweise ignorieren viele Interpreten diese Implikationen des Linienschemas,[16] obwohl die diagrammatische Frage, welche Rolle der Sachverhalt eines gleichen Streckenumfangs der mittleren Abschnitte spielt, für die Erkenntnisfunktion des Gleichnisses höchst aufschlussreich ist.[17] Was nun bedeuten diese vier Abschnitte im Horizont der Unterscheidung von Sinnlichem und Intelligiblem?

14 Euklid hat in Buch VIII den Begriff der Analogie stets in Gestalt von Linienabschnitten erläutert, s. Morrison 1977, S. 220.

15 Zur genauen Rekonstruktion des mathematischen Zusammenhanges: Ebd., S. 220 ff.

16 Vgl. Ross 1951, S. 45; Wedberg 1955, S. 102; John E. Raven hält den gleichen Streckenumfang der beiden mittleren Abschnitte für »an unfortunate and irrelevant accident«; ders. 1965, S. 145; andererseits jedoch: Wieland 1982, S. 203.

17 John S. Morrison streicht die Gleichheit dieser Abschnitte heraus; ders. 1977, S. 212.

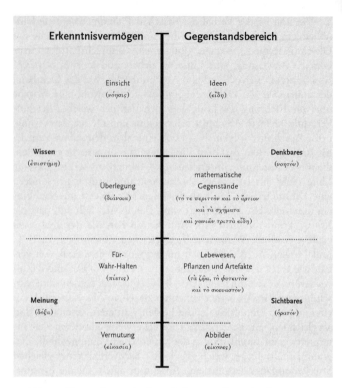

Erkenntnisvermögen | **Gegenstandsbereich**

Einsicht
(νόησις)

Ideen
(εἴδη)

Wissen
(ἐπιστήμη)

Denkbares
(νοητόν)

Überlegung
(διάνοια)

mathematische
Gegenstände
(τό τε περιττὸν καὶ τὸ ἄρτιον
καὶ τὰ σχήματα
καὶ γωνιῶν τριττὰ εἴδη)

Für-
Wahr-Halten
(πίστις)

Lebewesen,
Pflanzen und Artefakte
(τὰ ζῷα, τὸ φυτευτὸν
καὶ τὸ σκευαστὸν)

Meinung
(δόξα)

Sichtbares
(ὁρατόν)

Vermutung
(εἰκασία)

Abbilder
(εἰκόνες)

Abb. 36: Platons Liniengleichnis, *Politeia* 509d-511e (Archiv Krämer)

Platon charakterisiert diese Unterteilung zweifach, sowohl *ontologisch* im Sinne von Gegenstandsbereichen wie auch *epistemologisch* im Sinne von Erkenntnisformen: Den untersten Bereich bilden Abbilder vom Typus der Schatten und Spiegelbilder, ihnen entspricht als Erkenntnishaltung das »Vermuten« (*Eikasia*). Der nächste Bereich repräsentiert Dinge, Pflanzen, Lebewesen, welche als Urbilder fungieren; die ihnen korrespondierende Erkenntnisweise ist der »fürwahrhaltende Glaube« (*Pistis*). Mit den Dingen und ihren Abbildern ist der Bereich des sinnlich Wahrnehmbaren vollständig erfasst, und sowohl das Vermuten wie auch der fürwahrhaltende Glaube bilden Versionen der »Meinung« (*Doxa*):

Über das sinnlich Wahrnehmbare ist also kein Wissen im strengen Sinne möglich. Für den dritten Abschnitt gibt Platon keine gesonderten Gegenstände an, sondern charakterisiert – wofür dieser Abschnitt steht – ausschließlich epistemologisch, insofern es hierbei um Hypothesenbildungen gehe, die darauf beruhen, dass dasjenige, was zuvor als Urbild galt, nun als Nachahmung gesehen wird; die mathematischen Verfahren seien für ein solches Vorgehen beispielhaft. In Übereinstimmung mit den üblichen Interpretationen können wir sagen: Dieser Abschnitt repräsentiert mathematische Gegenstände und Allgemeinbegriffe; ihnen entspricht die Erkenntnisaktivität des Verstandes (*Dianoia*). Den vierten Abschnitt bilden die Ideen, das wahrhaft Seiende, das mit der Tätigkeit der Vernunft (*Noesis*) erkannt werden kann; das ist die Domäne des Dialektikers, der allein zu den Ideen als obersten Prinzipien gelangen kann. Nur in den letzten beiden Domänen hat das, was epistemisch erworben wird, tatsächlich den Status eines Wissens (*Episteme*).

Die Exegesen und Interpretationen des Liniengleichnisses sind kaum mehr zu überblicken.[18] Wir fokussieren in der folgenden Betrachtung auf den Sachverhalt, dass Platon mit dem Gleichnis ein Diagramm einsetzt – sei es »nur« narrativ in Textform oder graphisch als reale Zeichnung –, um mit Hilfe einer figürlichen Konfiguration die für seine Philosophie grundlegende Unterscheidung zwischen dem Phänomenalen und dem Intelligiblen plausibel zu machen. Dabei zeigt sich, dass er diese Unterscheidung anhand eines Modells einführt, welches im gleichen Zuge anschaulich zu machen hat, wie sehr in der Erkenntnisbewegung selbst diese grundständige Unterscheidung relativiert wird. Doch warum sind wir überhaupt berechtigt, hier von einem »Diagramm« zu sprechen?

Die Verwendung dieses Begriffs hat mindestens drei Gründe: (i) *Figuration*: Durch explizite Anweisungen von Sokrates an seinen Gesprächspartner Glaukon wird eine Linie gezogen, deren Abschnitte zu untergliedern sind. So entstehen graphische Abteilungen, die einzeln benannt werden und die untereinander in einer mit den Mitteln der euklidischen Mathematik behandelbaren Relation stehen; deren Verhältnis zu ermitteln, wird zur intellektuellen Aufgabe in diesem Gespräch. Die Kombination von zu konstruierender Figur und Benennung ihrer Abschnitte als figuratives

18 Schon ein Blick ins Internet zum Thema Liniengleichnis führt die mannigfachen Visualisierungen vor Augen.

Medium von Erkenntnis entspricht einem der Gebräuche des griechischen Terminus »Diagramm« im Sinne der geometrischen Figur. (ii) *Referenz*: Die Linie repräsentiert bzw. visualisiert einen theoretischen, mithin unsinnlichen Sachverhalt. Dieser Sachverhalt besteht in einem philosophischen Zusammenhang, der sowohl ontologisch wie auch epistemologisch im Dialog spezifiziert wird und im Diagramm als räumlich-visuelle Relation zwischen Linienabschnitten verkörpert werden soll. (iii) *Erkenntnisfunktion*: Das Diagramm eröffnet durch seine visuelle Figuration Einsichten, die nicht schon in der Konstruktionsanweisung enthalten sind, sondern sich erst in der Anschauung und kognitiven Auseinandersetzung mit dem Diagramm ergeben.

Das Liniengleichnis stellt das platonische Welt-Bild und die ihm korrespondierenden Erkenntnishaltungen in aufeinanderfolgenden Abschnitten dar, welche teils verschiedener Länge sind, die jedoch zueinander proportional sind. Dass eine Ontologie zu einer Linienfiguration verdichtet wird, ist bereits bemerkenswert und bildet doch nur den ersten Schritt dafür, in der Beschäftigung mit dem Diagramm zugleich Denkbewegungen zu evozieren. Was sind das für »Denkbewegungen«?

Die Besonderheit des linearen platonischen Weltenaufbaus ist es – wie Sokrates in seinen Anweisungen betont –, dass dessen Untergliederungen jeweils in einer *Urbild-Abbild-Relation* stehen: Die Dinge sind Urbilder der Schatten und Spiegelungen – so, wie die Ideen die Urbilder der mathematischen Gegenstände und Allgemeinbegriffe abgeben. Was immer existiert, steht also in einem Zusammenhang mit dem Bildlichen – sei es als ein Vorbild oder ein Nachbild. Abbildbarsein wird zur Grundauszeichnung alles Existierenden und bildet das innere Organisationsprinzip der platonischen Ontologie. So können wir auch sagen: Die Einheitlichkeit des kontinuierlichen Linienzuges verkörpert diese Durchgängigkeit des Bildprinzips, welches den Nährboden dafür abgibt, die sodann kategorisch unterschiedenen Bereiche des Sinnlichen und des Denkbaren gleichwohl aufeinander zu beziehen, da sie vom gleichen ontologischen Prinzip durchdrungen sind. Dass diese Einheit im Unterschiedenen gegeben ist – erinnern wir uns hier nur an die *Parmenides*-Stelle (*Parmenides* 129b), welche von der Einheit als Vielheit handelt –, gibt sich visuell auf zweifache Weise zu erkennen: Neben dem Kontinuum des Linienzuges, der das Diagramm bildet, sowie der internen Proportionalität der dann eingetragenen Abschnitte tritt hinzu, dass anhand der Längen der Abschnitte in der Gesamtkonstruktion zu erkennen ist, welcher Wirklichkeits- und Wahrheitsgehalt den einzelnen Domänen zukommt. Wert und Bedeutung jeder Domäne zeigen sich anhand der Längen der einzelnen Linienabschnitte. Der Bereich des Denkbaren fällt doppelt so groß aus wie der Bereich der Phänomene. Es geht dabei nicht um absolute Längen, sondern um deren *Relation*: Ob ein Abschnitt im Verhältnis zu anderen Abschnitten kürzer oder länger ist, vergegenwärtigt den Grad sowohl seiner Realitätshaltigkeit wie auch seiner Erkennbarkeit. Kraft visueller Merkmale, also durch Lage, Länge und Proportionalität der Linienabschnitte zusammen mit der im Text gegebenen ontologisch/epistemischen Charakterisierung dieser Abschnitte, eröffnet das Diagramm philosophische Einsichten.

6.1.3. Die mathematischen Gegenstände als intermediäre Objekte?

Wir wollen das Potenzial, neues Wissen zu gewinnen, an einem der vielleicht schwierigsten Abschnitte der gesamten Liniekonfiguration erproben und erörtern, dem Bereich, welchem die *Dianoia* als Erkenntnisform entspricht. Für nicht wenige Interpreten bildet der Umstand, dass dieser Abschnitt – gemäß der graphischen Logik des Liniengleichnisses – genauso lang ist wie der Abschnitt, der die Welt der wahrnehmbaren Dinge/Lebewesen und Pflanzen markiert, eine Verlegenheit, wenn nicht gar einen Lapsus:[19] Sie nehmen an, dass dieser Abschnitt länger sein müsse als der vorhergehende, da doch die mathematischen Gegenstände, die ihm entsprechen – im Unterschied zu allen sinnlich wahrnehmbaren Dingen –, nicht mit den Sinnen, sondern nur mit dem Verstand erkennbar sind und damit – jedenfalls für Platon – im Realitätsgehalt und Grad der Erkennbarkeit den sinnlichen Dingen überlegen seien. Die Eigenlogik der Graphik (die auf gleiche Längen der beiden mittleren Abschnitte hinausläuft) scheint Platons eigene Lehre, der zufolge mathematische Gegenstände sinnenferne ideale Objekte sind, zu desavouieren und ihr zu widerstreiten. Doch ebendies kann auch anders gesehen

19 Vgl. Ross 1951; Raven 1965; Wedberg 1955, Anm. 16; Ringbom 1965, S. 92.

werden: Denn in der längenmäßigen Übereinstimmung der beiden mittleren Abschnitte »zeichnet« sich eine weitreichende Einsicht Platons über die »Natur« mathematischer Objekte ab.

Bei Aristoteles findet sich ein aufschlussreicher Hinweis auf Platons Konzept der mathematischen Gegenstände: Diese sind für Platon, so erläutert er im Buch I der *Metaphysik*,[20] angesiedelt *zwischen* dem Sinnlichen und dem Denkbaren. Aristoteles benutzt eine *spatiale* Anordnung, um den Ort der mathematischen Gegenstände in einem *Dazwischen* zu bezeichnen; es sind »intermediäre Objekte«.[21] Der Grund für diese Sonderstellung ist – so Aristoteles –, dass die mathematischen Gegenstände vielfach gegeben sind, während eine Idee nur je einmal existiert. Was jedoch bedeutet dieses »vielfache Gegebensein«? Kann dies ein Hinweis sein auf die Variabilität der notationalen und figürlichen Repräsentationen mathematischer Gegenstände? Bilden die intermediären Objekte des dritten Linienabschnittes die Versinnlichungen der unsinnlichen mathematischen Gegenstände, ohne die mathematisches Operieren nicht möglich ist und die in ihrem ontologischen Status doch nicht mit den gewöhnlichen Dingen zur Deckung kommen?

Kehren wir zum Liniengleichnis zurück. Platon beschreibt die Gegebenheitsweise der mathematischen Gegenstände, indem er die *Dianoia*, die den mathematischen (und damit allen wissenschaftlichen) Objekten korrespondierende Verstandestätigkeit, so charakterisiert: Die Mathematiker müssen »sich der sichtbaren Gestalten bedienen, […] unerachtet sie nicht von diesen handeln, sondern […] um des Vierecks selbst willen und seiner Diagonale ihre Beweise führen [und] nicht um dessentwillen, welches sie zeichnen«. Und Platon verallgemeinert dies für Wissenschaftler schlechthin, die »auch sonst überall« sich dessen, »was sie nachbilden und abzeichnen, […] zwar als Bilder bedienen, immer aber jenes selbst zu erkennen trachten, was man nicht anders sehen kann als mit dem Verständnis (*Dianoia*)«.[22] So defizitär ein Kreis auch gezeich-

---

20 »Ferner erklärt er, daß außer dem Sinnlichen und den Ideen die mathematischen Dinge existieren, als zwischen inne liegend unterschieden vom Sinnlichen durch ihre Ewigkeit und Unbeweglichkeit, von den Ideen dadurch, daß es der mathematischen Dinge viel gleichartige gibt, während die Idee selbst nur je eine ist.« Aristoteles 1982, I, 6, 987b, S. 39 f.

21 Vgl. Brentlinger 1963.

22 Platon 1990, Bd. 4, S. 549 (*Politeia* 510e).

net sein mag, so vielfältig in den Formen das Kreishafte auch als Einzeichnung begegnet: In intellektueller Perspektive notieren diese abweichenden kreisförmigen Figuren stets »*den* Kreis« als einen mathematischen Begriff und ein geometrisches Ideal. Das Sinnliche gebrauchen, um damit Unsinnliches zu verstehen und diesen Akt an das »Abzeichnen« und »Nachbilden« zu binden, ist in der Tat ein Plädoyer für die Zwischenwelt des Anschaulichen, auf welche die Mathematik, wie alle übrigen Wissenschaften, angewiesen ist im Prozess der Erkenntnis ihrer Gegenstände. Wir haben an früherer Stelle entwickelt,[23] welche Bedeutung dieses von der symbolischen Differenz zwischen Zeichen und bezeichnetem Gegenstand ausgehende Konzept der Mathematik bei Platon hat: Denn darin liegt ein historischer Bruch mit der noch für die pythagoreische Mathematik charakteristischen Identifizierung des Anschaulichen und des Intelligiblen. Platon war sich bewusst, dass die mathematischen Beweise gerade nicht für die empirischen Realisierungen, sondern ausschließlich für die theoretischen Gegenstände selbst gelten.

Er entwirft im Liniengleichnis eine Sonderform von Gegenständen, die einerseits nicht mit den »reinen« Ideen zusammenfallen, insofern diese der Versinnlichung bedürfen, um überhaupt verstanden und begriffen zu werden, die sich aber andererseits unterscheiden von den partikulären, phänomenalen Dingen. Mit dieser Sonderexistenz ist eine Art von Anschaulichkeit verbunden, die sich unterscheidet von der Anschaulichkeit, die einzelnen Dingen zukommt. Um die moderne Unterscheidung von »sehen«, »sehen als« und »sehen in« zu gebrauchen: Wir sehen Dinge, oder wir sehen ein Ding *als etwas* Bestimmtes. Doch wir *sehen in* der Kreiszeichnung den Begriff des Kreises bzw. den idealen Kreis.[24] Im Einzelnen das Allgemeine zu »sehen«, ist das, was im metaphorischen Sinne als Tätigkeit des »geistigen Auges« charakterisiert werden kann.[25] Die platonische *Dianoia* als die für alle Wissenschaften konstitutive Verstandestätigkeit ist dann im platonischen System der Erkenntnisvermögen dadurch bestimmt, dass Anschauen und Denken eine

23 Krämer 1991, S. 53-70.
24 In diesem Sinne betont Marcus Giaquinto, dass das, was Diagramme zu sehen geben, nicht genuin Empirie ist; ders. 1993.
25 Im Unterschied zu diesem »Sehen in« betont David Ambuel, dass für die platonische Metaphysik alles Sehen ein »Sehen als« sei; ders. 2010, S. 35.

spezifische Verbindung eingehen, insofern sinnlich wahrnehmbare Figuren und Zahlen als unsinnliche mathematische Objekte *gelten* und auf diese Weise auch eingesetzt werden. Die Beziehung zwischen Figur und Referenzgegenstand ist eine der Repräsentation und der Interpretation: Sehendes Denken bzw. denkendes Sehen ist hierbei vonnöten. Und es ist diese Doppelnatur von Sinnlichem und Intelligiblem, die sich in der visuellen Ambiguität dieses Abschnittes niederschlägt, der seiner Länge nach dem Abschnitt der gewöhnlichen Dinge zwar gleichgestellt ist, doch seiner Anordnung nach dem Bereich des nur Denkbaren zugehört. Denn tatsächlich sind die absichtsvollen Visualisierungen der Mathematik und anderer Wissenschaften eine von gewöhnlichen, »natürlichen« Dingen unterschiedene Klasse von Gegenständen. Auf diese Andersartigkeit der artifiziellen Zeichnungen nimmt Platon mehrmals Bezug.[26]

Wir haben – hierin den meisten Interpreten folgend – die Gegenstände dieses dritten Linienabschnittes bisher als »mathematische Gegenstände« charakterisiert. Jetzt können wir dies präzisieren: Gegenstände, die als epistemische Gegenstände durch menschliche Kunst hervorgebracht werden, also sinnlich sind und gleichwohl als Abbilder von Ideen gelten, sind die sinnlich sichtbaren Notationen und Figuren der Mathematik und der wissenschaftlichen Arbeit. Reviel Netz hat betont: »[T]he *object* of mathematics is the diagram«.[27] Der dritte Linienabschnitt repräsentiert in diesem Sinne – wie Aristoteles betont – intermediäre Objekte, in denen sich das Anschauliche und das Denkbare unmittelbar verbinden. Zu diesen Objekten der Verbindung von Sinn und Sinnlichkeit gehört übrigens auch das Liniengleichnis selbst; wir kommen darauf zurück.

6.1.4. Erkennen als Weg: das Denken »richtet sich aus«

Das Liniendiagramm ist noch in einer weiteren Hinsicht weichenstellend: Es führt in die Auffassung von Erkenntnis eine inhärente Räumlichkeit ein und bereitet so den Boden dafür, das Erkennen als einen *gerichteten Weg* zu begreifen. Die Ausrichtung der Linie wird zum Synonym für eine Ausrichtung – also Orientierung – in der Erkenntnisbewegung. Wie wir schon vermerkten, lässt der Text des

26 Vgl. Platon 1990, Bd. 4, S. 549-551 (*Politeia* 510c, 511a).
27 Netz 1998, S. 38.

platonischen Gleichnisses die Frage nach der exakten Richtung offen. Die uns überlieferte Handschrift zeichnet die Linie horizontal ein, allerdings am unteren Seitenrand, so dass nicht ausgeschlossen werden kann, dass die Zwänge des Seitenformats dafür ursächlich sind. Doch *unabhängig* vom entweder horizontalen oder vertikalen Verlauf lassen Sokrates' Anweisungen keinen Zweifel daran, dass die *Abfolge* der Abschnitte derart ist, dass der *erste* Teil der Linie die Abbildungen umfasst; sodann folgen die sichtbaren Dinge, darauf die mathematischen Objekte und zuletzt die Ideen. In jedem Fall notiert die Abfolge der Linienabschnitte die den ontologischen Schichten jeweils korrespondierende Erkennbarkeit. Als Modell für den Weltenaufbau kommt der Sukzession der Abschnitte ein Anwachsen im Realitätsgrad zu; als Modell für einen Erkenntnisweg korrespondiert dem ein Anwachsen in der Wahrheitsfähigkeit. Verbunden mit dem Strukturprinzip einer Urbild-Abbild-Relation, wird das *Erkennen als ein gerichteter Weg* konzipiert, der vom Vermuten über den Glauben zum verstandesmäßigen Denken und zur vernünftigen Einsicht führt. Die *Richtung* ist dadurch vorgegeben, dass die Erkennenden an den jeweils vorliegenden Gegenständen deren Ungenügen im Sinne ihres jeweiligen Abbildcharakters gewahr werden, so dass sie also motiviert sind, jede Stufe auf die nächsthöhere hin zu überschreiten, die dann jeweils das Urbild liefert für die zurückzulassende niedrigere Stufe.

Das Defizit, das Platon im Abbild verkörpert sieht – für Generationen von Philosophen als Diskreditierung des Bildes überhaupt gedeutet –, erweist sich umgekehrt als Motor, den Erkenntnisprozess als das aufeinander aufbauende, fortschreitende Begehen eines Weges auszuweisen. Die genuine Kraft der Linie, eine Richtung zu präsentieren, wird eingesetzt, um philosophisch die Idee der Erkenntnis als eines »gerichteten Denkens« einzuführen. »Thought is movement with direction«: So charakterisiert James Anastasios Notopoulos die dem Liniengleichnis inkorporierte Dynamisierung des Erkennens.[28] Und auch Marie-Élise Zovko spricht in der Exposition des Liniengleichnisses von einem »path of knowledge« wie auch von der »intrinsic orientation […] in navigating that route«.[29]

28 Notopoulos 1936, S. 63, vgl. S. 64: »Thus in the Divided Line Plato portrays the life of mind in general as movement and specifically as rhythmic phases of movement.«

29 Zovko 2008, S. 321.

Die inhärente *Spatialität*, die – gemäß dem Leitgedanken dieser Studie – vielen philosophischen Denkfiguren zugrunde liegt,[30] kann daher von Platons Liniengleichnis seinen Ausgang nehmen. Es gibt eine Antwort auf die Frage, die Kant später explizit stellen wird: Was heißt es, sich im Denken zu orientieren?

Von hier her fällt auch ein Licht auf die Ideenlehre und die Sonderstellung, welcher der Idee des Guten darin zukommt, die – wie in der *Politeia* kurz vor dem Liniengleichniss ausgeführt wird[31] – an der Spitze aller Ideen steht. Das Gute wie auch die übrigen Ideen markieren nicht einfach eine finale Form des Erkennens, bei welcher die Denkbewegung dann zum Stillstand kommen könnte. Vielmehr sind die Ideen so etwas wie *Richtungsanzeiger*. Sie halten dazu an, jeden erreichten Stand im Denken hin auf etwas zu überschreiten, was der Wahrheit noch ein Stück näher kommt.[32] Da, wo auf das Movens einer Grenzüberschreitung im Denken verzichtet wird, wo also, was ein Bild ist, für das Reale selbst gehalten wird, kommt das Denken zum Stillstand: Aus dem Abbild ist dann ein Trugbild geworden.

An dieser Stelle wird der Zusammenhang offenbar, der zwischen den drei Gleichnissen besteht: also mit dem vorhergehenden Sonnengleichnis (*Politeia* VI 508a–509d) und dem nachfolgenden Höhlengleichnis (*Politeia* VII 514a–517a). Im Sonnengleichnis wird die Bedeutung des Guten und der Sonne in eine Analogie gesetzt: Die Augen bedürfen des Lichts, um zu sehen, und ebenso bedürfen die Objekte des Lichts, welches deren Sichtbarkeit wie Wachstum gewährleistet. Die Sonne wiederum ist die Quelle der Sichtbarkeit und ist Bedingung des Sehens. Dieser zentralen Rolle der Sonne in der Welt des Sichtbaren korrespondiert etwas in der Welt des Denkbaren, insofern Sehen und Erkennen sich für Platon entsprechen. Gleich dem körperlichen Auge ist auch das »geistige Auge« – und an dieser Stelle ist eine solche Metapher tatsächlich angemessen – angewiesen auf das Sonnenlicht, dem im Bereich des Erkennens die Wahrheit entspricht; die Quelle dieses »Lichts der Wahrheit« nun ist das Gute, das – sonnengleich – Erkenntnis allererst ermöglicht. Den

---

30 Vgl. Reichert 2013, S. 9-67.

31 Platon 1990, Bd. 4, S. 543-545 (*Politeia* 509a).

32 Die Urbild- und Vorbildfunktion des Guten ist übrigens nicht auf die Erkenntnissuche, also das theoretische Handeln, zu begrenzen, sondern schließt das praktische, moralische Handeln ein.

Kern des Sonnengleichnisses bilden also Entsprechungen:[33] In der sinnlichen Welt verhält sich die Sonne zum Sichtbaren, wie in der intelligiblen Welt sich die Idee des Guten zum Denkbaren verhält.

Erinnern wir uns: »Orientierung« verweist etymologisch auf das »Einosten« und findet in dem im Osten anhebenden Gang der Sonne seinen Fixpunkt. Wenn nun die Sonne ein Ebenbild der Idee des Guten ist, so unterstützt dies die Annahme, dass die Bedeutung des Guten in seiner *Orientierungsfunktion* liegt und dass im Liniengleichnis Platon nicht nur seine Ontologie schematisiert, sondern kraft der gerichteten Linie der genuinen Bewegung des Erkennens eine Ausrichtung gibt. Die Unterscheidung zwischen falscher und richtiger Orientierung liefert dann – als zumindest *eine* seiner Bedeutungen – das Höhlengleichnis. Im Höhlengleichnis tritt an die Stelle der flächigen Linienkonfiguration eine dreidimensionale dramatische Szene: Im Inneren einer Höhle zur Bewegungslosigkeit gefesselt, erblicken Menschen zeit ihres Lebens nur die rückwärtige Höhlenwand, nie aber deren Ausgang. In ihrem Rücken brennt ein Feuer, so dass die Gegenstände nur als Schattenriss an der einsehbaren Höhlenwand erscheinen. Für die Höhlenbewohner ist das, was sie sehen, das einzig Reale; beschränkt auf die Zwischenwelt der Abbilder, sind die Menschen Gefangene ihrer Trugbilder. Das ist nur der Auftakt des Gleichnisses, welches die Frage aufwirft, was geschieht, wenn einer der Gefangenen befreit, umgedreht und zum Ausstieg aus der Höhle gezwungen wird: Nach anfänglicher Blendung durch das Licht der Sonne erblickt der »Aussteiger« zuerst die Schatten, danach die Dinge und schließlich die Sonne selbst – genau jene Reihenfolge im schrittweisen Erkennen wird hier vollzogen, die das Liniengleichnis als Abfolge vorgegeben hat. Erzählt wird sodann, wie er das Phänomen des Schattens erkennt und diese Erfahrung es ihm für immer verunmöglicht, die Schattenbilder der Höhlenwand *nicht* als Trugbilder zu entlarven. Wenn der Befreite in die Höhle zurückkehrt, um für den Ausstieg zu werben, widerfährt ihm eine zweite Blendung infolge der in der Höhle waltenden Dunkelheit. Und so erleidet er – in Anspielung auf das Ende des Sokrates – den Tod durch die Hand der Gefangenen, die befürchten, dass jeder, der – vom Aussteiger verführt – die Höhle verlässt, mit geblendeten Augen zurückkommen müsse.

33 Wieland 1982, S. 198 f.

Die Verbindung geistiger Tätigkeit mit der Orientierung innerhalb einer räumlichen Konstellation, die Vorstellung vom Erkennen als Aufstieg auf einem Weg, kann plastischer kaum vor Augen treten als durch das Höhlengleichnis.

Denken ist gerichtete, ist orientierte Bewegung. Das Liniengleichnis verkörpert diese Botschaft in seiner flächigen Lineatur einer sukzessiven Anordnung von epistemischen Aktivitäten. Das Höhlengleichnis dramatisiert sie in der Konfrontation der zweidimensionalen Schattenwand, auf welche die Höhlenbewohner zurückgeworfen sind, mit der dreidimensionalen Höhle, aus der ein Einzelner heraussteigt. Dabei sind die Höhlenbewohner mit ihrer Fixierung auf die Schattenwand nicht etwa orientierungslos, sondern sie sind falsch orientiert. Ihre Ausrichtung folgt der Linie in der entgegengesetzten Richtung: Sie deuten die Abbilder als Originale und werden zu Gefangenen ihrer Trugbilder. Die temporäre Blendung des befreiten Höhlenbewohners sowohl vom gleißenden Sonnenlicht wie von der schattenhaften Dunkelheit bei der Rückkehr signalisiert vielleicht einen Moment des Orientierungsverlustes, des Bruchs mit dem jeweils Gewohnten als Voraussetzung dafür, zur richtigen Orientierung zu finden.

6.2. Die *Menon*-Szene: Wie ein Sklavenjunge mathematisches Wissen erwirbt (82b-85b)

6.2.1. Versuch und Irrtum: die Korrekturfunktion der Zeichnung

Die erkenntniserweiternde Rolle von Diagrammen besteht darin, dass diagrammatische Operationen Erfahrungen eröffnen, die neues Wissen zu erwerben erlauben – nur, dass für Platon dieses »neue Wissen« eine Art vorgeburtlichen Wissens, eine Anamnesis, darstellt, welches durch Erfahrungen aktualisiert werden muss. Das jedenfalls ist eines der Ziele, die das Experiment mit dem Sklavenjungen im *Menon* verfolgt. Wir gehen hier nicht der Frage nach, wie die platonische Konzeption der Anamnesis einzuschätzen ist, etwa im Horizont des Wissens um die notwendigen Wahrheiten bei Leibniz[34]

---

34 Im Hinblick auf die *Menon*-Passage: Scott 2006, S. 104.

oder des Wissens a priori bei Kant.[35] Was für uns zählt, ist alleine der Umstand, dass Platon im *Menon* eine Szene entfaltet, in der jemand, der von Mathematik nichts versteht, durch Erfahrungen mit und an geometrischen Diagrammen ein mathematisches Wissen erwirbt. Eingebettet ist diese Szene in den Dialog des Sokrates mit Menon, in dem die Frage erörtert wird, ob Tugend lehrbar ist, und in der Sokrates aufzuweisen versucht, dass die Wiedererinnerung – und nichts anderes ist für Platon das Lernen – auch im Falle der Einsicht in das, was Tugend ist, grundlegend ist. Die Szene mit dem mathematischen Wissenserwerb und die übergreifende Frage nach der Lehrbarkeit von Tugend stehen also in einem analogischen Verhältnis: Am Beispiel des Erwerbs von mathematischem Wissen soll etwas aufgezeigt werden, was auch für den Erwerb des Tugendwissens gilt. Wir konzentrieren uns auf den Zusammenhang von Mathematik und diagrammatischer Operation.[36]

Sokrates wird im Laufe der Erörterung mit dem Sklavenjungen nahezu 16 Quadrate gezeichnet haben. Den Anfang macht ein Quadrat, das zwei Fuß misst; der Junge soll den Quadratinhalt verdoppeln. Sein erster Vorschlag lautet, die Seiten doppelt so lang zu machen, doch der daraus entstehenden Figur mit der Seitenlänge vier ist anzusehen, dass sie die vierfache Größe des Ausgangsquadrats hat. Also müsste die gesuchte Verlängerung kleiner als vier und größer sein als zwei, und der Junge schlägt drei vor (83e). Doch schnell ist an dem von Sokrates nun mit der Seitenlänge drei gezeichneten Quadrat zu sehen: auch dieses ist mehr als doppelt so groß.

Auffallend am bisherigen Fortgang der Szene ist, dass diese sich zwar einer geometrischen Figur bedient, dabei jedoch arithmetische Überlegungen und also Zahlenverhältnisse bzw. Längen von Strecken ins Spiel bringt.[37] So kann das Problem der Quadratverdoppelung auch so ausgedrückt werden: Wenn die Länge einer Quadratseite gegeben ist, wie lang muss die Seite eines zweiten Quadrats dann sein, wenn dieses den doppelten Flächeninhalt des

---

35 So etwa Calvert 1974, S.148; Wilkes 1979, S.146. Zur Erörterung dieses Problems: White 1974.

36 Eine scharfsichtige Rekonstruktion dieses Zusammenhanges unter diagrammtheoretischen Aspekten gibt Giaquinto 1993.

37 Auf diesen arithmetischen Charakter des ersten Teils des Experiments macht Malcolm S. Brown aufmerksam, ders. 1969.

gegebenen Quadrats haben soll? Der Sklavenjunge ist mit seinen ersten Antworten in eine Aporie geraten: Seine instinktiven Reaktionen auf das Ausgangsproblem haben sich allesamt als falsch erwiesen, seine Selbstgewissheit ist verloren gegangen, er ist verwirrt und kennt sich nicht mehr aus. Er gesteht auf Sokrates' weiteres Fragen: »Ich weiß es nicht.«

Es fällt also auf, dass Platon mit der *Verdoppelung* der Quadratfläche kein Problem gewählt hat, das durch einfaches Handhaben einer geometrischen Figur und durch schnelles Hinsehen zu lösen ist – das wäre zum Beispiel bei der Aufgabenstellung einer *Vervierfachung* der Fall gewesen. Stattdessen erkennt der Junge aufgrund der Schwierigkeiten in der Problemlösung sein Nichtwissen (84a) – und genau dies ist in Sokrates Augen bereits ein bemerkenswerter, und zwar am diagrammatischen Operieren gewonnener Fortschritt. Offensichtlich liegt die Komplexität des Problems darin, dass die Längen der gegebenen und der gesuchten Quadratseite inkommensurable Größen bilden,[38] also durch Berechnung – im Rahmen der mathematischen Kenntnisse der Griechen – nicht zu finden sind. Beide Strecken haben kein gemeinsames Maß, lassen sich also nicht im Verhältnis ganzer Zahlen darstellen. Gleichwohl können Strecken, die als Zahlenverhältnis inkommensurabel sind, geometrisch auf der Fläche kommensurabel werden.[39] Und so besteht der Fortgang der Szene darin, dass Sokrates neuerlich ein Quadrat zeichnet, nun aber – wie auch in allen folgenden Operationen – zahlenunabhängig, das heißt, »rein geometrisch« verfährt.

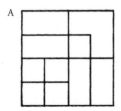 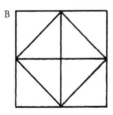

Abb. 37: A enthält die irrtümlich gezeichneten Quadrate des ersten Teils (82b-84a) der Szene. B enthält die zur Lösung führenden Quadrate des zweiten Teils (84d-85b) der Szene. (Bedu-Addo 1983, S. 235)

38 Euklid 2003, Def. 1.
39 Vgl. Platon *Theaitet* 148b.

Die nächsten Schritte in Sokrates' fragender Konstruktionsarbeit bestehen darin, an das Ausgangsquadrat drei gleiche Quadrate anzusetzen, so dass dieses nun vierfach vorhanden ist. An dieser Stelle kommt Sokrates nicht umhin, ein geometrisches Wissen in die Szene einzuspeisen:[40] Er zeichnet in das Ausgangsquadrat die Diagonale ein: »Diese nun nennen die Gelehrten die Diagonale; so daß, wenn diese die Diagonale heißt, alsdann aus der Diagonale, wie du behauptest, das zweifache Viereck entsteht.« Offensichtlich halbiert die Diagonale das Ausgangsquadrat. Das heißt aber – bezogen auf die Vierfachquadrate –, dass das Quadrat über der Diagonalen des Ausgangsquadrates genau doppelt so groß sein muss wie dieses. Dass die Fläche des auf diese Weise konstruierten Quadrats doppelt so groß ist wie die Fläche des Ausgangsquadrats, ist dem Diagramm untrüglich zu entnehmen. Damit ist die geometrische Lösung gefunden: Die Quadratverdoppelung beruht darauf, über der Diagonalen des gegebenen Quadrats das gesuchte zu errichten.

6.2.2. Prozedurales Wissen durch den Umgang mit Diagrammen

Nun geht es um die Rolle, die das Konstruieren und Betrachten von Diagrammen in der *Menon*-Passage spielt. Dabei kommt es uns auf drei Aspekte an: (i) Der Einsatz diagrammatischer Mittel ist nicht marginal, vielmehr zentral für die Form des Wissenserwerbs, die Platon in der *Menon*-Passage vorführt. (ii) Die Wirkkraft des Diagramms liegt in seiner Einbettung in eine dialogische Szene: Diagramme erklären sich nicht selbst. (iii) Bei dem Wissen, das erworben wird, handelt es sich um »prozedurales Wissen«, dessen prototypische Form im Finden eines Weges zu einem bestimmten Ziel liegt.

(i) Die konstitutive Rolle des Diagrammatischen: Obwohl die Szene vorführt, worin Lernen besteht, geht es für Platon keineswegs um das Illustrieren einer pädagogischen Strategie, welche auf die Übermittlung von Wahrheiten im Sinne eines thetischen, in sprachlichen Aussagen formulierten propositionalen Wissens abzielt: Wissen ist für Platon nicht übertragbar. Seine Idee der Wiedererinnerung, so merkwürdig diese uns anmuten mag, will

---

40 Worin implizit angelegt ist, dass es Anamnesis im strengen Sinne nicht gibt.

ebendiesem Umstand der Nichttransportierbarkeit und – dadurch bedingt – der Notwendigkeit des »Selbsterwerbs« von Wissen Rechnung tragen.[41] Daher besteht die höchste Kunst der Unterrichtung in der Hebammenkunst, in der Entbergung von etwas, das in demjenigen, der Wissen erringen will, auch »zu verorten« ist. So zu verfahren, ist das Ziel von Sokrates' Mäeutik. Es ist die Methode, durch Fragen an die Gesprächspartner deren Meinungen kritisch zu überprüfen, keine Trugbilder gelten, aber auch keine Wahrheiten verwerfen zu lassen, so dass die Gefragten schließlich zu Einsichten gelangen, die sie aus eigener Kraft erworben haben.[42] Wissen entsteht durch verständige Verarbeitung eigener Erfahrungen. Diese Kraft zur Selbsttätigkeit bedarf der Auseinandersetzung mit dem anderen im personalen und sachlichen Sinne; sie bedarf *externer* Unterstützung, die in der *Menon*-Passage durch den Dialog und das Diagramm gegeben ist. Das Zusammenspiel von Frage und Antwort einerseits und von Konstruieren und Betrachten von Diagrammen andererseits durchzieht die gesamte Passage.[43] Dass diese äußerliche Unterstützung »innerlicher« Wissensaktivität nicht nebensächlich und erst recht kein Lapsus ist, dass vielmehr der Umgang mit dem Diagrammatischen als Medium des »Selberdenkens« so zentral ist wie der Dialog selbst, darauf verweist ein Passus aus dem *Phaidon*, der eine Zusammenfassung jener Lehre der Wiedererinnerung darstellt, die Platon im *Menon* entfaltet. »Dass unser Lernen nichts anderes ist als Wiedererinnerung«,[44] lässt sich – so der Text – durch zwei miteinander verbundene Phänomene aufweisen: Einmal ist das die Fragekunst, so dass, wer diese beherrscht, die Gefragten dazu bringen kann zu *sagen*, wie sich etwas verhält. Zum andern ist dies der Umgang mit »*diagrammata*«, bei denen zu *sehen* ist, wie sich etwas verhält.[45] Das Sagen und Fragen einerseits, das Konstruieren und Sehen andrerseits arbeiten einander zu.

Malcolm S. Browns Deutung der *Menon*-Passage im Sinne ei-

41 Daher wird Lernen mit der Wiedererinnerung verknüpft: Es geht um die Selbstaktivität des Lernenden; Platon 1990, Bd. 3, S. 63-65 (*Phaidon* 76a).

42 Dazu im Anschluss an Platon 1990, Bd. 6, S. 31 (*Theitetos* 151d): Hardy 2001.

43 Anders jedoch bei Malcolm S. Brown, der im ersten, auf der Einschätzung der Seitenlängen beruhenden Dialogteil das geometrische Diagramm für überflüssig hält und es zum sophistischen Residuum einer »ocular geometry« marginalisiert; ders. 1967, S. 60 ff.; Kritik daran von Bedu-Addo 1983, S. 242.

44 Platon 1990, Bd. 3, S. 53-55 (*Phaidon* 72e).

45 Ebd., 73a-b.

ner platonischen Kritik an der sophistischen »ocular geometry« verkennt die grundlegende Verbindung von Auge, Stimme, Hand und Geist für jene Art des mathematischen, also wissenschaftlichen Wissens, die Platon im Liniengleichnis mit der dritten Stufe als »*Dianoia*« charakterisiert: Der Mathematiker »sieht« und untersucht in dem sinnlichen, gezeichneten Kreis stets den unsinnlichen Begriff des Kreises. Im Sensiblen wird das Intelligible sichtbar. Diese Art von Sehen – darauf hat Giaquinto[46] nachdrücklich aufmerksam gemacht – ist nicht das gewöhnliche, das empirische, nahezu unwillkürliche Sehen; leibliche Augen und Interpretation arbeiten absichtsvoll zusammen, wenn im gezeichneten defizitären Kreis der ideelle, mathematische Kreis gesehen wird: Es ist das »geistige Auge«, das tätig wird.

Es könnte nun – als Generalverdacht gegenüber dem Strickmuster sokratischer Unterredungen – eingewandt werden, dass das Wissen, das der Sklavenjunge in Betrachtung und Beurteilung der von Sokrates gezeichneten Diagramme erwirbt, durch eine geschickte Manipulation hervorgerufen wird, die sich im Gestus der sokratischen Fragen verbirgt und dann nahezu »papageienhafte Antworten«[47] seitens des Jungen evoziert. Doch Jacob Klein hat in seinem Kommentar detailliert gezeigt, wie jeder Schritt in der Entwicklung der Einsichten des Sklavenjungen mit Hilfe der Betrachtung der gezeichneten Figuren erfolgt;[48] eine Entwicklung, die zuerst zum Ablegen von falschen Annahmen und dann erst zur sukzessiven Einsicht in die richtige Antwort führt.[49] Sokrates' maieutisches Anliegen zielt eben nicht nur auf die Überwindung falscher Meinungen, sondern auch darauf, die dadurch entstehende aporetische Situation nicht in Ärger und Widerwillen seitens des Schülers münden zu lassen; er regt ihn dazu an, sich seines Verstandes zu bedienen, um den Ausweg aus der Fallgrube falscher Meinungen zu finden.

(ii) Zusammenwirken von Rede und Diagramm und die Doppelrolle von Entdeckung und Rechtfertigung: Aus dem bisher Erörterten wird klar, dass es nicht ausreicht, die Sklaven-Szene nur

46 Giaquinto 1993, S. 90.

47 Zu dieser möglichen »parrot interpretation« der Antworten des Jungen und ihre argumentative Entkräftung: Vlastos 1965, S. 143 ff.; Scott 2006, S. 102 ff.

48 Klein 1965, S. 105 ff.

49 Platon 1990, Bd. 6, 29-31, 215 (*Theaitetos* 151c-e, 210b).

diagrammatisch zu rekonstruieren, vielmehr sind Diagramm und Dialog auf das engste miteinander verzahnt. Reviel Netz betont wie gesagt, dass der Gebrauch mathematischer Diagramme bei den Griechen eingebettet ist in eine mündliche Kommunikationssituation, ohne die diagrammatische Evidenz kaum »funktionieren« könnte.[50] Netz hat sich dabei vor allem auf den mathematischen Beweis und seine Fundierung im Diagramm bezogen. An der *Menon*-Passage ist aufschlussreich, dass sowohl die (Er-)Findungskunst wie die Beweiskunst dabei angesprochen werden und das Diagrammatische somit eine zweifache Funktion erfüllt: Unmittelbar auf die Lernsituation des Sklavenjungen bezogen, geht es um die produktive Rolle des Diagramms beim Erwerb neuen Wissens. Hinsichtlich der Einbettung in den Metadialog zwischen Menon und Sokrates, in welchem Sokrates mit dem Sklavenjungen-Experiment die Lehre von der Wiedererinnerung plausibel machen will, kommt der Szene dagegen eine demonstrative Funktion zu. Evident gemacht werden soll, dass jemand ohne mathematische Vorkenntnis mathematische Einsichten erwerben kann, ohne dass diese vom Lehrer auf den Schüler übertragen werden; dies demonstriert – für Platon –, dass es so etwas wie »Wiedererinnerung« gibt. Kurzum: Die kreative Rolle des Diagrammatischen verwirklicht sich sowohl auf der Ebene der Gewinnung von Wissen wie auch seiner Rechtfertigung.

(iii) Ein Wissen welcher Art wird gewonnen? Es gibt – wir deuteten das schon an – eine »Familienähnlichkeit« zwischen der Erkenntnistätigkeit der *Dianoia* im dritten Abschnitt des Liniengleichnisses und der Art von Wissen, die der Sklavenjunge erwirbt. In beiden Fällen ist die in Rede stehende Form des Wissens charakterisierbar durch den unersetzlichen Gebrauch von sinnlich wahrnehmbaren Abbildungen, Symbolen und Verkörperungen, um zu Einsichten über unsinnliche, intelligible Gegenstände zu gelangen. Welchen Aufschluss gibt uns nun die *Menon*-Passage über diese Form von Wissen?

Innerhalb der epistemologischen Debatte wird eine Unterscheidung wirksam, die im Gewand unterschiedlicher Begriffspaare auftritt, der Sache nach jedoch – mit Modifikationen – auf den Unterschied zwischen Wissen und Können, zwischen einem in Sätzen

---

50 Netz 1998, S. 34 ff.: »The writing down [eines Diagramms] is preceded by an oral dress rehearsal.«

artikulierten »Wissen, was« und einem in Handlungen verkörperten »Wissen, wie« zielt. Propositionales und nicht-propositionales Wissen, *Knowing that* und *Knowing how*, Aussagewissen- und Handlungswissen, deklaratives und prozedurales Wissen sind nur einige der für diese Differenz sinnvoll einsetzbaren Termini. Das »Wissen, was« zielt auf einen Sachverhalt, der nicht nur in begründeten Behauptungssätzen formuliert werden und in seinem satzförmigen Format auch kommuniziert werden kann und der – in gewissem Sinne – von einer Person auf die andere übertragen sowie zum Gegenstand weiterer Analyse, Kritik und Reflexion gemacht werden kann. Die Eigenschaft eines solchen Wissens, wahr oder falsch zu sein, ist ein Attribut von Sätzen, nicht von Personen; auch wenn dieses Wissen darin besteht, dass Personen eine gerechtfertigte Meinung über etwas haben, ist es stets ein – im Prinzip und kraft seiner satzförmigen Struktur – depersonalisierbares Wissen.[51]

Vor diesem Horizont können die Eigenarten des »Wissen, wie« hervortreten: Es geht um den Erwerb einer Fähigkeit, etwas *tun* zu können. Nicht die Kenntnis eines identifizierbaren Sachverhalts, sondern die Fertigkeit, eine Handlung gelingend auszuführen, ein Problem zu lösen, auf eine Situation angemessen zu reagieren, bildet den Fokus. Die Gegebenheitsweise dieses Wissens ist prozedural, es existiert nicht in einer von Personen unabhängigen Gestalt, sondern im Umgang von Personen mit Situationen. Obwohl über dieses Wissen in Sätzen gesprochen werden kann – wenn auch graduell sehr unterschiedlich, denken wir an kaum beschreibbare Tätigkeiten wie das Schuhebinden und die gut beschreibbaren Koch- und Rechenkünste –, ist der »Ort«, an dem sich das Vorhandensein dieses Wissens zeigt, die Bewältigung einer Aufgabe und der Vollzug einer Tätigkeit. Daher wird dieses Wissen auch im Tun gewonnen und über ein Tun – durch Anleitung und Einübung – vermittelt; kurzum: Es wird erworben durch Erfahrung.[52] Das Wissen eines Handwerkers oder das alltägliche Gebrauchswissen im Umgang mit Gegenständen sind Beispiele solchen Erfahrungswissens.

---

51 Wolfgang Wieland charakterisiert das propositionale Wissen so: »Es handelt sich um ein Wissen, mit dem sich keine wissende Instanz zu identifizieren braucht. Sie kann deswegen über diese Art von Wissen verfügen; sie kann sich von ihm distanzieren, sie kann es in gegenständlicher Form präsentieren und in dieser Gestalt einem anderen mitteilen.« Ders. 1982, S. 228 f.
52 Wieland 1982, S. 254 f.

Platon hat nicht nur nahegelegt, die Tugend, das oberste Prinzip des Handelns, einem solchen Typus des nicht satzförmigen und auf Erfahrung beruhenden Wissens zuzurechnen.[53] Überdies fungiert für ihn durchgängig das handwerkliche und technische Wissen als eine Analogiestifterin zum Verständnis der höheren Formen des Wissenserwerbs. Das praktische Wissen verkörpert für Platon keine mindere, sondern eine hochrangige Form des Wissens.[54]

Kaum ein Wissen nun scheint weiter entfernt vom erfahrungsbasierten und praktischen Wissen als das mathematische. Die Mathematik scheint in der Explizitheit ihrer Definitionen und Regeln geradezu wie die Inkarnation eines propositionalen Wissens.[55] Warum aber kommt Platon, der das nicht-propositionale Wissen so sehr schätzt, dabei immer wieder auf die exemplarische Bedeutung der Mathematik zu sprechen? Warum ist gerade im Dialog *Menon*, in dessen Zentrum die Frage steht, ob Tugend lehrbar sei, eine *mathematische* Szene eingebettet, und wieso kann am Beispiel des Mathematikerwerbs etwas gezeigt werden, das Platon letztendlich für die Tugend als höchste Form des praktischen Wissens entfalten will?

Es ist bemerkenswert, dass sich im *Menon* eine Unterscheidung findet, die zwar nicht deckungsgleich ist mit derjenigen zwischen satzbasiertem und erfahrungsbasiertem Wissen, doch gewisse Züge mit dieser teilt. Sokrates unterscheidet Fragen, »*was etwas ist*«, von Fragen, »*wie etwas ist*« (71b).[56] Und obwohl er anfangs betont, dass die Beantwortung der Was-Frage derjenigen der Wie-Frage vorausgehen müsse, ist der Dialog mit dem Sklavenjungen doch so charakterisierbar, dass spätestens dann, als der Junge in eine Aporie geführt wird und zugeben muss, dass er sich nicht mehr auskennt, die Unterweisungssituation auf ein durch Erfahrung zu gewinnendes Wissen mit Hilfe von Wie-Fragen zielt. Malcolm Brown, der Unterscheidbarkeit und Vorkommen dieser beiden Frage- und Wissenstypen im *Menon* genau untersucht hat, kommt zu dem Schluss, dass der zweite Teil des Dialogs eben nicht

---

53 Eben davon handelt der Dialog *Menon*, der ausgeht von der Frage nach der Lehrbarkeit oder Nichtlehrbarkeit von Tugend; Platon 1990, Bd. 2, S. 507 (*Menon* 70a).

54 Wieland 1982, S. 224-236.

55 Dies betont etwa Wieland; ebd., S. 254.

56 Platon 1990, Bd. 2, 509 (*Menon* 71b). Dazu: Vgl. Bedu-Addo 1983, S. 230 ff.; Brown 1967, S. 57 ff.

mehr auf »substanzielle[n] Frage[n]«, sondern auf »prozedurale[n] Frage[n]«[57] beruhe, und disqualifiziert ebendeshalb die durch den Jungen erworbene Disposition als »ocular geometry«. Und doch ist auch eine andere, weniger abwertende Deutung möglich.

Der Junge ist durch Versuch und Irrtum zu der Einsicht gekommen, sich nicht mehr auszukennen.[58] Dass er von falschen Annahmen ausgegangen ist, kann er tatsächlich *sehen*, insofern Sokrates seine Vorschläge durch eine Zeichnung realisiert, so dass ihm sein Irrtum ins Auge fällt. Was in der nun entstandenen aporetischen Situation gebraucht wird, ist *Orientierungswissen*. Mit Hilfe der Wie-Fragen des Sokrates und immer in engem Zusammenhang mit dem Betrachten und Umformen der gezeichneten Quadrate erwirbt der Sklave schließlich die Fähigkeit, ein Quadrat zu verdoppeln. Denn er weiß nun – mit Sokrates' Worten –, wie »aus der Diagonalen […] das zweifache Viereck« entsteht (85b), er weiß, wie das geometrische Problem zu lösen ist, vom gegebenen Ausgangsquadrat zum gesuchten zweifachen Quadrat zu *kommen*. Eine Art Handlungswissen ist erworben. Und es ist das praktische Umgehen mit dem gezeichneten Quadrat, das zur Springquelle dieses im Tun erworbenen Wissens wird. Charakteristischerweise vergleicht Sokrates diese Art von Handlungswissen mit einem territorialen Sich-Auskennen, zum Beispiel »den Weg nach Larissa kennen« (97a/b). Diese Verknüpfung eines allgemeingültigen mathematischen und eines partikularen geographischen Wissens hat Anstoß erregt: So stellt Crombie fest,[59] dass es »etwas rätselhaft« sei, sowohl das Verständnis eines Theorems als auch das Verständnis eines Terrains in Platons *Menon* als Wissen behandelt zu finden. Doch die Analogie mit der Wegfindung enthüllt gerade den Orientierungscharakter, die Vollzugsdimension dieses Wissens. So zeigt die *Menon*-Passage, interpretiert als eine für die Rolle des Diagrammatischen bei Platon signifikante Szene, an, *dass das Umgehen mit Diagrammen ein Erfahrungsfeld eröffnet, auf dem prozedurales Wissen erworben werden kann* – und dieses ist gerade durch eine Suspendierung der »Was-Frage« gekennzeichnet.

57 Brown 1967, S. 57.
58 Jörg Hardy hat herausgearbeitet, dass heuristisch die »Problemlösung durch Fehleranalyse« auch im Zentrum des Dialogs *Theaitetos* steht, welcher die Frage »Was ist Wissen?« erörtert; ders. 2001, S. 14.
59 Crombie 1963, S. 52, zit. nach Bedu-Addo 1983, S. 234.

Diesen prozeduralen Aspekt charakterisiert Platon als »hypothetische Methode« – und zwar sowohl im Anschluss an die Sklavenjungenszene (*Menon* 86d) wie auch im Liniengleichnis (*Politeia* 510c) bei der Charakterisierung der *Dianoia*. »Hypothese« darf hier nicht im modernen Sinne einer noch unbestätigten satzförmigen Annahme verstanden werden. Das Liniengleichnis (*Politeia* 510b) erläutert vielmehr das Hypothetische dadurch, dass es sich der sichtbaren Gestalten als Bilder für die intelligiblen Gegenstände bedient (510d), auf welche das mathematische Tun abziele. »Die hier gemeinten Hypothesen sind also durchaus keine Sätze«, bemerkt Wolfgang Wieland,[60] vielmehr sind sie, so wollen wir seinen Gedanken fortsetzen, jene Art des Umgangs mit einem Sinnlichen, bei dem dieses als bildhafte Verkörperung eines Unsinnlichen dient. Die *Menon*-Szene führt vor Augen, dass auch das mathematische Wissen des Sinnenfälligen als Abbild eines Unsinnlichen bedarf und dass dessen graphische Hervorbringung mathematische Erfahrungen, die zu Einsichten in universelle Zusammenhänge führen, möglich macht.

6.3. Die Dihairesis

Wenden wir uns nun einer dritten Tendenz eines diagrammatisch inspirierten Verfahrens bei Platon zu, der *Dihairesis*. Es handelt sich um eine Methode zur Bestimmung von Begriffen, die darauf beruht, dass diese in (zumeist) dichotomisch strukturierte Komponenten zerlegt werden, und zwar nach dem Muster, dass ein allgemeiner Begriff in spezielle Begriffe, der Oberbegriff in Unterbegriffe aufteilbar ist. Platon hat diese Methode an mehreren Stellen seines Werkes zur Beantwortung der sokratischen »Was ist?«-Frage[61] eingesetzt, und zwar sowohl in der Analyse originär theoretischer Konzepte wie »Politiker« (*Politikos* 258b-287a) oder »Sophist« (*Sophistes* 264e-268d) als auch in der exemplarischen Erklärung dieses Verfahrens anhand von Alltagsbegriffen wie »Webstuhl« oder »Angelfischer«.[62] Gerade weil die für Platon substan-

---

60 Wieland 1982, S. 209.
61 Zu dieser Art essenziellen Fragens: Robinson 1953, S. 49-60.
62 Vgl. ebd., S. 65 ff.

zielle Frage nach dem »*was* etwas ist« gestellt wird und nicht – wie in der *Menon*-Passage – die Frage nach dem »*wie* etwas gemacht wird«, ist das Phänomen der Dihairesis so aufschlussreich: Denn dieses Verfahren rückt damit – insbesondere in der späteren Phase des platonischen Philosophierens – ins Zentrum der philosophischen Methode der Dialektik:[63] Der Philosoph ist Dialektiker, und sein Erkenntnisverfahren (*episteme*) ist das Verfahren der Dihairesis.[64]

Wir können davon ausgehen, dass diese Begriffsoperation den Schülern in der platonischen Akademie beigebracht wurde. James A. Philip hat die Hinweise zusammengestellt, die darauf schließen lassen, dass die Dihairesis tatsächlich in der Akademie praktiziert wurde;[65] David Ross vermutet, dass in der Akademie Tafeln und Tabellen mit exemplarischen Begriffszergliederungen zum Einsatz kamen.[66] Obwohl also das Verfahren der Dihairesis uns in den platonischen Dialogen nur in Textform überliefert ist, können wir davon ausgehen, dass ihm reale Visualisierungen entsprachen.

Vergegenwärtigen wir uns die Dihairesis des »Angelfischers« (*Sophistes* 218e-221b), die uns Sokrates zum Einüben in ebendiese Methode empfiehlt. Was ist ein Angelfischer? Die Antwort führt – ausgehend von einer obersten Begriffszerlegung, welche die kunstfertige von der kunstlosen Tätigkeit unterscheidet – über mehrere binär strukturierte Stufen, bei denen der Übergang zur nächsten Stufe jeweils auf der Entscheidung für eine Alternative beruht, schließlich zu dem nicht weiter zerlegbaren Wort »Angelfischer«, das dann dichotomisch abgesetzt ist vom »Harpunenjäger«.

Im Resultat einer sukzessiven Zerlegung wird ein Begriff dadurch definiert, dass seine Stellung innerhalb eines ganzen Begriffsfeldes Gestalt gewinnt. Kaum etwas ist einfacher, als die in der Gesprächsform in zeitlicher Sukzession sich erstreckende sokratische Dihairesis in die Simultaneität einer Visualisierung mit Hilfe eines Entscheidungsbaumes zu übertragen. Die Methode der Dihairesis ist eine genuin anschauliche. Julius Stenzel hat daher deren Bedeutung für die Philosophieauffassung Platons in engem Zusammen-

---

63 Julius Stenzel hat diese Zuordnung der *Dihairesis* zur späteren Dialektik-Auffassung Platons gründlich herausgearbeitet; ders. 1961.

64 Platon 1990, Bd. 6, S. 347-349 (*Sophistes* 253c-e).

65 Philip 1966, S. 335 f.

66 Ross 1951, S. 144 f.

hang gesehen mit der genuinen Anschaulichkeit, die für dessen Denken insgesamt charakteristisch ist.[67]

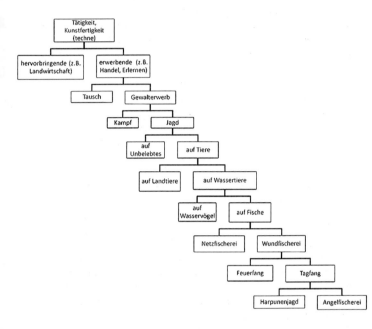

Abb. 38: Dihairesis des Begriffs »Angelfischer«, *Sophistes* 218e-221b
(Archiv Krämer)

Begriffe sind theoretische Entitäten und also unsichtbar. Die Dihairesis ist ein Verfahren, welches diese intelligiblen Objekte »verräumlicht«, indem es sie in quasi visualisierbaren flächigen Anordnungen von Worten situiert. Begriffliche Operationen wie die Bildung von *Unter-* und *Ober*begriffen oder die *Aufteilung, Verknüpfung* und *Grenzziehung* zwischen Begriffen gewinnen so nicht nur eine anschauliche, vielmehr eine originär *spatiale* und hand-

67 Vgl. Stenzel 1961, S. 95: »Weil Platons Denken anschaulich ist, deshalb glaubt er Sein aus »Begriffen« erschließen zu können [...]« (indem die *Dihairesis* den lückenlosen Zusammenhang zwischen dem Allgemeinen und dem Einzelnen herstellt).

greifliche Bedeutung. Begriffliche Zusammenhänge werden als Wort-Relationen vor Augen gestellt. Ein nahezu architektonischer Entwurf entsteht, in dem Begriffe aus Komponenten aufgebaut sind und Begriffsfelder sich im Verhältnis von Teil und Ganzem, Oben und Unten strukturieren. Teilung und Verknüpfung: Das sind die Basisoperationen, die durch die Verräumlichungsstrategie der Dihairesis eröffnet werden. Ein Begriffsfeld wird kartiert, eine Art logischer Geographie ist entstanden, die es möglich macht, Zusammenhänge und Ausschlüsse zwischen Begriffen *sehen* zu können. Worauf es uns ankommt, ist die der Dihairesis inhärente räumliche Direktionalität: Das Definieren ist der Weg durch das Feld der zweigeteilten Begriffe, der (i) von oben nach unten verläuft und (ii) stets die rechte – und nicht etwa die linke – Abzweigung zu nehmen hat.[68] Diese Bevorzugung der *rechten Seite* ist augenfällig und wird von Platon nicht nur in seinen *Dihairesen* praktiziert, sondern im *Phaidros* auch metatheoretisch legitimiert: Was rechts steht, ist zu bevorzugen; was links steht, zu verschmähen.[69] Deutlicher kann flächige Räumlichkeit als Medium des Denkens kaum artikuliert werden!

Platon lässt keinen Zweifel daran, dass der diskursive Vorgang der Begriffszerlegung kein ausschließlich sprachlicher oder logischer ist, da der vollzogenen Aufteilung und Anordnung der »Namen« eine Ordnung im Seienden entspricht:[70] Der Anordnung der Begriffe korrespondiert eine Ordnung zwischen den Sachen. Gerade deshalb ist die Zweiteilung die bevorzugte Zerlegungsstrategie – analog der Zerteilung des Opfertiers, die am natürlichen Punkt des »Gelenkes« ansetzen sollte.[71] Die Zweiteilung gewährleistet eine Vollständigkeit in der Erfassung der logischen Alternativen, die auf die Differenz als Strukturprinzip in der Ordnung des Realen bei Platon verweist. Auf diese Weise ist es möglich, einen

---

68 Auf diese vielleicht in der Orientierung an unserer Rechtshändigkeit oder der griechischen Schriftrichtung verwurzelten Bevorzugung von rechts gegenüber links hat James A. Philip verwiesen; ders. 1966, S. 347.

69 Platon 1990, Bd. 5, S. 145-147 (*Phaidros* 266a).

70 Daher dürfen die Unterscheidungen, die getroffen werden, nicht beliebig und nicht quantitativ sein, sondern müssen Unterschiede in der Art reflektieren: Platon, *Politikos* 262b-264a; der Erklärung des Namens entspricht die Erklärung in der Sache: Platon, *Sophistes* 221b.

71 Platon 1990, Bd. 6, S. 501 (*Politikos* 287c).

Allgemeinbegriff so aufzuspalten, dass schließlich der Begriff eines einzelnen Gegenstandes daraus resultiert, von dem dann mit Recht zu sagen ist, dass er durch das Verfahren der Dihairesis konstituiert wird. Die *noetische* Welt der Allgemeinbegriffe und die phänomenale Welt des Gegenständlichen werden so aufeinander beziehbar gemacht und verbunden.

Dies birgt noch einen weiteren Aspekt: Allgemeinbegriffe sind als etwas Einheitliches gegeben, die unter sie fallenden Gegenstände jedoch nur als Vielheit. Doch das dihairetische Verfahren löst die Entgegensetzung von begrifflicher Einheit und gegenständlicher Mannigfaltigkeit auf. Nicht mehr herrscht in der Ideenwelt die absolute Einheit, in der Sinnenwelt die verwirrende Vielheit, sondern die Dihairesis zeigt, wie auch die Ideen sich teilen, in Form von untergeordneten und übergeordneten Begriffen eine Vielheit gewinnen, die dann schließlich zu etwas Individuellem führt, von dem seinerseits dann aufgewiesen werden kann, wie es mit dem Einheitlichen zusammenhängt.[72] Im Dialog *Parmenides* (129b) wird dies mit überraschender Klarheit ausgesprochen: Die Idee ist Eines *und* Vieles. Daher messen Autoren wie Stenzel und Kümmel dem Verfahren der Dihairesis so großes Gewicht zu: Die platonische »Ideenlehre« erfährt eine Umorientierung, insofern die Idee ihren bewegungslosen idealen Status der frühen Dialoge verliert und Momente der Gegenständlichkeit, Bewegung und Sinnlichkeit in sich aufnimmt. So wird die Dihairesis diesen Autoren zum Ausweis dafür, dass Platon die kategorische Entgegensetzung von Denkbarem und Sinnlichem selbst relativiert, wenn nicht gar überwunden hat.[73]

Was Idee (»*eidos*«) für den späteren Platon bedeutet, erschließt sich nur durch eine begriffliche Bewegung, die dasjenige aufnehmen und auch durcharbeiten muss, was in Differenz steht zur statuarischen Unbeweglichkeit, Unsinnlichkeit und Einheitlichkeit, die der frühere Platon noch der Idee zugesprochen hat. Die »Pedanterie« und Langatmigkeit der Dihairesis hat bei Interpreten Befremden erregt,[74] doch sie zeugt gerade von der Gründlichkeit, mit der eine Methode (»*hodos*«: Weg) als Wegfindung sich bewähren

---

72 Stenzel 1961, S. 105.
73 So etwa Friedrich Kümmel, der mit der Dihairesis eine Umkehr von der spekulativen zur gegenständlichen Erkenntnis verbunden sieht; ders. 1968.
74 Vgl. Stenzel 1961, S. 59.

muss. Platon hat vor jeder Abkürzung, vor jedem Überspringen einer Stufe gewarnt (*Politikos* 286d): die Lückenlosigkeit der Dihairesis muss gewährleistet sein. Die räumlich-visuelle Kartographie der Begriffe entfaltet genau dadurch ihr Potenzial, dass sie eine Verlangsamung der Denkbewegung inauguriert, die in ihrer Gründlichkeit zu der gelungenen Definition eines Begriffes und damit zum Verständnis einer Sache führt.

Definieren wird zu einem Akt, bei dem es darauf ankommt, in richtiger Weise ein Feld zu durchschreiten und sich an jeder Weggabelung für den richtigen Fortgang entscheiden zu können. Die aufgezeichnete Dihairesis ist die »Karte«, welche orientierend ermöglicht, dass in der Tätigkeit der Begriffsbestimmung die Richtung ersichtlich ist und eingehalten werden kann. Einen Begriff zu definieren, heißt dann, in die als Resultat der Dihairesis gefundene Definition ebenjene Route münden zu lassen, die im »Entscheidungsbaum« anschaulich wird.

6.4. Zur Räumlichkeit des Denkens: über implizite und explizite diagrammatische Dimensionen im Philosophieren Platons. Ein Resümee

1. Platon verwendet das Wort »*diagrammata*« im Sinne von »geometrische Figuren« bzw. »reale Zeichnungen«. Dieses Verständnis von Diagramm entspricht einer der sechs Bedeutungsfacetten des griechischen Wortgebrauches von »Diagramm«, die Ulrike Bonhoff herausgearbeitet hat und bei der sie die »geometrische Figur« etymologisch für stilbildend hält.[75] Und auch Reviel Netz – der von einem engeren Begriff von Diagramm ausgeht – konstatiert, dass die mathematischen Diagramme wahrscheinlich die ersten Diagramme gewesen sind.[76] Der philosophische Gebrauch, den Platon von Diagrammen im geometrisch-graphischen Sinn macht, besteht darin, ihnen die epistemische Aufgabe zuzuweisen, unsinn-

---

75 Ulrike Maria Bonhoff beschreibt sechs Verwendungsweisen im antiken Griechenland: (1) geometrische Figur; (2) Bauinschrift; (3) gesetzliche Verordnung; (4) Tabelle, Liste; (5) Schema musikalischer Tonfolge; (6) kartographische Aufzeichnung; dies. 1993, S. 7 f.
76 Netz 1999, S. 60.

liche mathematische Gegenstände zu veranschaulichen. Das Diagramm ist somit eine immer auch defizitäre Visualisierung eines idealen Gegenstandes; es fungiert als Abbildung von etwas, das nur noch denkbar ist.[77] Diese Auffassung scheint genügend bekannt in ihrem für Platon scheinbar so typischen Ton über das Verhältnis von Sinnlichem und Intelligiblen. Und doch kommt Platons Einsatz »diagrammatischer Szenen« eine bemerkenswerte Sprengkraft zu, sofern man diese konfrontiert mit der ihm zugeschriebenen Prämierung der Unanschaulichkeit in sich ruhender Ideen. Die Mathematik – und mit ihr die Wissenschaft überhaupt – ist für Platon irreduzibel darauf angewiesen, ihre Erkenntnisverfahren mit Hilfe sinnlicher Abbilder des Unsinnlichen zu organisieren – das entnehmen wir der Erkenntnisform der Dianoia im platonischen Liniengleichnis. Bildverhältnisse strukturieren nicht nur die Welt, sondern konstituieren auch deren Erkennbarkeit. Ontologisch gesehen sind wissenschaftlich genutzte Abbildungen ein Amalgam aus Zeichnung und theoretischem Gegenstand, der in der Zeichnung visualisiert wird. Daher hat das Diagrammatische einen selbstständigen Status gegenüber den »bloßen« Abbildungen, die gleich den Schatten im Höhlengleichnis zu Trugbildern mutieren, sobald der Geist sich mit ihnen begnügt und zum Stillstand kommt: Die Unbeweglichkeit der gefesselten Höhlenbewohner vor dem Schattenspiel der Wand verdichtet bildhaft diese Bewegungslosigkeit des im Angesicht eines Abbildes arretierten Geistes.

Für Platon jedoch gilt: kein Erkennen ohne Bewegung. Daher können die mathematischen Abbildungen *Ebenbilder* ihrer Gegenstände sein, insofern sie den forschenden Geist zu einer auf die Ideen hin vorwärtsschreitenden Denkbewegung animieren, welche damit zu Richtungsgebern werden. Epistemisch gesehen verbinden sich jedenfalls in den anschaulichen Visualisierungen die Wahrnehmung und das Denken. Über diesen Sachverhalt drückt das Liniengleichnis zweierlei aus. Einerseits sind Sinnenwelt und Ideenwelt, Anschauung und Denken, begrifflich zu trennen; genau diese Trennung zu erläutern, bildet den Ausgangspunkt wie auch den Grund der sokratischen Hinwendung zum Liniengleichnis. Andererseits zeigt das Linienschema, dass es »Gegenstände« gibt, deren sinnliches Gegebensein gerade in ihrer Funktion besteht,

77 Vgl. Platon, *Politeia* 529e; *Phaidon* 73b; *Menon* 83b ff.; *Theaitetos* 169a.

wissenschaftliche Erkenntnis in Gang zu setzen, so dass ihnen ein intermediärer Status zukommt, lokalisiert in einem »Reich«, situiert zwischen Sinnlichem und Denkbarem. Angetreten zur Erläuterung des *Unterschieds* zwischen Sensiblem und Intelligiblem, führt Platon also einen Wirklichkeitsbereich und eine darauf gerichtete Erkenntnistätigkeit ein, die just vom notwendigen *Zusammenspiel* beider zeugt. Das Liniengleichnis inauguriert so in einem Zug: die Unterscheidung von Sinnlichem und Denkbarem wie auch deren Vermittlung und Überbrückung. Das Paradoxon einer Philosophie, welche die Unsinnlichkeit der Ideenwelt begründen will und dafür das Mittel des Sinnlichen einsetzt, verliert dann ihr Widersinniges, denn für die Leser der Dialoge ist klar, dass die epistemische Praxis der Verbildlichungen über sich selbst hinaustreiben muss: Abbilder sind dazu da, überschritten zu werden, genau deshalb sind sie »Motor« des Denkens, das seinerseits nur als eine Transgression realisierbar ist, die schließlich auch vor dem statuarischen Ruhezustand der Ideen nicht haltmachen kann, vielmehr in die Ideen selbst eine Signatur von Bewegung und Gegenständlichkeit einträgt. Von dieser »Mobilmachung« der Welt der Ideen zeugt wiederum die Dihairesis.

2. Die epistemische Funktion des Diagrammatischen ist also nicht reduzierbar auf die figürliche Illustration eines in sprachlicher Form beschriebenen Sachverhaltes. Vielmehr ist in der Auseinandersetzung mit der Zeichnung *neues Wissen* zu gewinnen. Das ist der Fall, wenn aus der Konstruktion des Liniengleichnisses durch betrachtende Überlegungen zum Linienschema die Einsicht gewonnen wird, dass es eine mittlere Proportionale gibt (obwohl dies die Konstruktionsvorschrift nicht expliziert hat) und also die beiden mittleren Abschnitte gleich lang sind. Oder das ist der Fall, wenn der Sklavenjunge in der *Menon*-Szene durch Versuch und Irrtum im operativen Umgang mit dem Diagramm lernt, wie ein Quadrat zu verdoppeln ist. Die Erfahrung von Versuch und Irrtum anhand des Diagramms ist durchaus bemerkenswert: Darin zeigt sich, dass das Operieren mit Inskriptionen einen *Experimentierraum* des Denkens eröffnet, der nicht nur ein »mentales« Probehandeln im Kopf, sondern ein graphisches Konstruktionshandeln auf der Fläche einschließt, und sich insofern dabei buchstäblich zeigt, was falsch und was wahr ist. Denn das Diagramm führt Zusammenhänge zwischen seinen Komponenten vor Augen, um mit

Hilfe sinnlich sichtbarer Relationen unsichtbare, also nur denkbare Relationen zu zeigen: Ebendies ist die genuine Funktion der platonisch eingesetzten Visualisierungen.

Das gilt erst recht für das Verfahren der Dihairesis: Indem das Definieren zur Wegbahnung wird, ist das Denken nolens volens gezwungen, sich zu verlangsamen. Das gilt auch in der Szene mit dem Sklavenjungen: Die Irrtümer, die der Junge anfangs macht, sind seinen übereilten, spontanen Reaktionen auf Sokrates' Fragen geschuldet; erst nachdem die Diagramme die Falschheit seiner Antworten drastisch vor Augen führen und eine Aporie des Nichtwissens evozieren, wird das Denken vorsichtig und damit: reflexiv.

Doch bei alldem ist nicht zu vergessen: Die platonischen Diagramme sind Bestandteile einer *Gesprächs*situation. Sie sind keinesfalls selbsterklärend, sondern bedürfen der diskursiven Einbettung, um überhaupt ein Erkenntnispotenzial zu entfalten: Das Hörbare und das Sichtbare, der Text und das Bild müssen zusammenwirken – und soweit wir dies wissen, wurde in der platonischen Akademie die Verbindung von Zeichnungen und Tabellen mit mündlichen Unterweisungen tatsächlich praktiziert.

7. Descartes: Die Erkenntniskraft der Linie

Das traditionelle Descartes-Bild unterliegt bemerkenswerten Veränderungen: Eine theoretizistische Deutung ließ »philosophieren« und »argumentieren« bei Descartes weitgehend zusammenfallen; zugleich wurde das Œuvre Descartes' auf seine philosophischen Hauptwerke begrenzt – unter Vernachlässigung seiner naturwissenschaftlichen und naturphilosophischen Schriften wie auch der überraschend zahlreichen Visualisierungen, die sich gerade in diesen Schriften finden. So entstand ein Bild von Descartes, das – holzschnittartig betrachtet – epistemologisch durch die Skepsis gegenüber sinnlicher Wahrnehmung und damit gegenüber allem Visuellen und metaphysisch durch den Körper-Geist-Dualismus konturiert wurde. Doch dieses Bild erodiert: Kern dieser Erosion ist, dass Descartes' Philosophieren zunehmend in den Zusammenhang seiner epistemischen *Praktiken* gestellt wird. Zu diesen Praktiken gehören die Selbsttechniken der Meditation, vielfältige experimentelle Untersuchungen, der Gebrauch ästhetischer Darstellungsmittel und dann, vor allen Dingen: der umfassende Einsatz von Visualisierungen. Dabei – so stellte sich heraus – hat Descartes Bilder keineswegs nur eingesetzt, um die schriftlich explizierten Gedanken zu illustrieren; vielmehr sind Visualisierungen für ihn eine Möglichkeit, Evidenzen zu schaffen: Sie zeigen Strukturen auf, anhand derer Erfahrungen zu machen und neue Einsichten zu gewinnen sind. Bilder dienen Descartes nicht nur zur Präsentation von Wissen, sondern sind auch Instrumente zu dessen Erzeugung und Überprüfung; sie werden damit zu Bestandteilen von Argumentationen.[1] Claus Zittel hat mit seinem wissenschaftsgeschichtlichen Werk *Theatrum Philosophicum: Descartes und die Rolle ästhetischer Formen in der Wissenschaft* an der Revision des überkommenen Descartes-Bildes entscheidend mitgearbeitet, indem er die Rolle der Visualisierung und weiterer ästhetischer Formen quer durch die unterschiedlichen Schaffensperioden Descartes' untersucht. So unersetzlich erscheint die epistemische Funktion von Bildern für Descartes, dass Zittel dessen Texte geradezu als eine »Schule des

1 Lüthy 2006.

Sehens« charakterisiert.[2] Allerdings ist diese Art des Sehens und der visuellen Erfahrung für Zittel vom mathematischen Methodenideal Descartes' wohl zu unterscheiden: Das ästhetische Verständnis, das sich in Descartes' epistemischen Praktiken zeigt, und die von ihm entwickelte mathematische Methode bleiben einander fremd, sind gar zueinander disparat.[3]

Dies sieht Dennis Sepper anders, der die Einbildungskraft, die Imagination als eine dem cartesischen Erkenntnisideal inhärente und für das Erkennen unersetzliche Dimension ausweist, welche ihren Schwerpunkt zwar in den frühen Schriften hat, doch gerade in den mathematischen und naturwissenschaftlichen Visualisierungen – bis zuletzt – beständig am Werk bleibt.[4] Schemata und Figurierungen nicht nur zur visuellen Darstellung eines Sachverhaltes einzusetzen, sondern als eine Methode der Analyse und des Problemlösens, bildet für Sepper den Kern des cartesischen Methodengedankens, der paradigmatisch gerade in Descartes' mathematischen Verfahren Gestalt gewinnt. Mathematik ist ohne die Arbeit der Imagination und der visuellen Figurierung, welche für die Geometrie ebenso wie für die Algebra charakteristisch sind, unmöglich. Allerdings wird die Bildlichkeit, von der Descartes Gebrauch macht, von Sepper stets in Tuchfühlung zum Vorstellungsbild aufgefasst und ist somit psychologisch, mental konturiert. Die Rolle der »äußerlichen« graphischen Praxis, die mit Linien, Figurationen und Konfigurationen in concreto operiert, wird bei ihm wenig belichtet.

Von diesen an visuellen Konfigurationen bei Descartes orientierten Einsätzen ist das Werk von André Reichert zu unterscheiden,[5] welches sich mit Descartes' »Denkdiagrammen« auseinandersetzt und sein Denken erstmals explizit einer diagrammatologischen Interpretation erschließt. Anders als explizite »Wissensdiagramme«, die Denkbewegungen in Strukturen fixieren und vergegenwärtigen, sind »Denkdiagramme« für Reichert implizite *Bewegungen*, die philosophischen Texten inhärieren und die solchen Texten

---

2 Zittel 2009, S. 21.

3 Vgl. ebd., S. 140.

4 Vgl. Sepper 1996; 2000a, S. 228-248; 2000b, S. 736-750.

5 André Reichert analysiert nicht nur Descartes, sondern auch Deleuze im Horizont der ihren Philosophien impliziten Denkdiagramme und ist damit ein entscheidender Wegbereiter einer »Diagrammatologie«; Reichert 2013, S. 73-155.

inkorporierten »Denkfiguren« anleiten.[6] Wenn dann Descartes'
metaphysische Schriften auf die ihnen impliziten Denkdiagramme
und Denkfiguren hin analysiert werden, fällt ein neues Licht auf
grundlegende Züge der cartesischen Philosophie, etwa die Denkfigur des Anfangs. Allerdings geht es Reichert *nicht* um materiale, bildliche, räumliche Figurationen und deren *epistemologischen*
Einsatz. Doch genau diese Materialität, Bildlichkeit und Spatialität
des Diagrammatischen ist diejenige Perspektive, in der wir uns mit
Descartes auseinandersetzen wollen. Und so kommen wir wieder
zurück zu den Studien von Zittel und Sepper, die diese Perspektive
überhaupt erst gebahnt haben.

Beide sind sich darin einig, dass die produktive Rolle der Bilder
wie der Imagination bei Descartes in dem Phänomen der Proportionalität gründet: Wo immer es um Proportionen geht, sind Linie
und Linienkonfigurationen für Descartes das privilegierte Medium, welches Proportionen sichtbar machen und diese von einer
Domäne in eine andere zu übertragen und mit ihnen zu operieren
erlaubt. So eröffnet sich für uns ein Weg, Claus Zittels Rehabili-
tation ästhetischer Dimensionen unter Ausschluss des Mathematischen mit Denis Seppers Rehabilitierung der Imagination unter
Einschluss des Mathematischen zu verbinden: Diese Verbindung
tritt hervor, sobald wir die erkenntnistechnische Rolle der Linie
und der Linienkonfiguration in exemplarischen Sondierungen bei
Descartes erschließen. Das sei jetzt in zweierlei Hinsichten getan:
Sowohl als cartesische Praxis des Umgangs mit Diagrammen wie
auch als – nahes oder fernes – Echo dieses Umgangs in Descartes' erkenntnistheoretischen Reflexionen selbst. Die epistemische
Rolle, die diagrammatischen Visualisierungen bei Descartes zukommt, wollen wir an vier unterschiedlichen Bereichen seiner
(einzel)wissenschaftlichen Praxis darstellen: der Musiktheorie, der
Physiko-Mathematik, der Analytischen Geometrie sowie der Meteorologie.

6 Ebd., S. 10.

7.1. *Musicae Compendium*

Wir beginnen mit der ersten vollendeten Schrift Descartes, *Musicae Compendium* von 1618, welche eine Diagrammatik des Musikalischen entwirft.[7] Erst in Descartes' Todesjahr 1650 kommt sie zur Veröffentlichung;[8] eine vollständige Übersetzung ins Deutsche erfolgt erst 1978.[9] Die philosophische Debatte hat von diesem Text kaum,[10] die musikwissenschaftliche nur spärlich Notiz genommen.[11]

Die letzten Sätze des *Compendiums* leitet Descartes mit dem Ausruf ein: »Endlich sehe ich Land und eile ans Ufer.« Der kartographische Impuls ist unüberhörbar: Mit dieser Schrift hat Descartes seinem Denken eine Orientierung geben können; er hat – wie von einem markierungslosen Ozean herkommend – festes Land erreicht. Kompass dieser »Anlandung« ist – so jedenfalls unsere Vermutung – ebendas, was Descartes zugleich zu einem Denker der »Erkenntniskraft der Linie« macht: Phänomene dadurch zu erklären, dass unsichtbare Relationen zwischen ihren Bestandteilen als Linienkonfigurationen konkret vor Augen gestellt und dadurch begreifbar, aber auch manipulierbar werden. Das Phänomen, um das es hier geht, ist die sinnliche Tonalität der Musik, welche – das betont Descartes – von emotionaler wie von ästhetischer Wirkung auf den Menschen ist.[12] Diese Wirkung der Musik auf die menschliche Subjektivität zu erklären, ist sein Anliegen.

Die im *Musicae Compendium* entfaltete Musikdiagrammatik verwandelt die hörbare Musik in eine sichtbare Konfiguration von Linien. Dieser Ansatz wird Descartes' wissenschaftliche Überzeugungen fortan grundieren: Phänomene werden dadurch zu einem

---

7   Sie ist seinem Freund Isaac Beeckman gewidmet und als Neujahrsgeschenk überreicht worden. In Descartes 1992, S. 69, bittet Descartes Beeckman ausdrücklich, diese Schrift vor anderen zu verbergen. Beeckman hält sich nicht daran, was zum Zerwürfnis zwischen den beiden führte; Lohmann 1979, S. 81. Zum Verhältnis zwischen Descartes und Beekman: Gaukroger 1995, S. 68-90.

8   Zu frühen englischen Reaktionen auf Descartes' Musikologie: Wardhaugh 2013.

9   Durch Brockt; ders. 1992.

10 Eine Ausnahme ist Lohmann 1979, S. 74-80.

11 Pirro 1907; Moseler 2000, S. 167-185. Jüngst hat Daniel Muzzulini sich intensiv mit musikalischen Visualisierungen bei Descartes und Robert Fludd auseinandergesetzt; ders. 2006; 2015.

12 Descartes 1992, S. 3.

Objekt der Wissenschaft, dass sie innerhalb eines visuellen Darstellungssystems anschaulich gemacht und mit dessen Hilfe auch analysiert werden. Zum Gegenstand wissenschaftlicher Erörterung kann nur werden, was innerhalb eines künstlichen Darstellungsraumes konstruiert und damit regelhaft konstituiert ist.[13] Diese Metamorphose des Phänomens in ein Erkenntnisobjekt bewerkstelligt die Linie bzw. die aus Linien zusammengesetzte *Figuration*, und die kognitive Aktivität, welche diese Verwandlung vollzieht, ist gelenkt und geleitet durch die *Imagination*. Zur Linienkonfiguration gehört auch, dass diese sich zur Kreisform schließen lässt, der in Descartes' Musikdiagrammen eine besondere Bedeutung zukommt.[14]

Einem Missverständnis sei vorab entgegengetreten: Es geht Descartes *nicht* darum, die durch unsere Sinne wahrgenommenen Phänomene ihrer Sinnlichkeit zu entkleiden, um sie visuell zur abstrakten Struktur zu skelettieren. Denn die von ihm vorgenommene Verwandlung eines Phänomens in ein wissenschaftliches Objekt eliminiert Sinnlichkeit nicht einfach,[15] sondern transponiert diese in eine andere Modalität bzw. Gestalt. Wodurch könnte dies klarer hervortreten als dadurch, dass gezeigt wird, wie das, was das Ohr hört, in etwas, das das Auge sieht, transponiert werden kann? In seiner Musikdiagrammatik setzt Descartes Linienfigurationen ein, die hervorgehen aus der *Transfigurierung* des Akustischen in das Visuelle, des Bewegten in das Strukturelle. Und es ist diese Transfiguration, die zu einer epistemischen Praktik avanciert, welche fortan Descartes' wissenschaftliches Arbeiten begleitet und zugleich seine Auffassungen über die Arbeit des Denkens und Erkennens grundiert.

7.1.1. Die Vornotizen

Descartes ist sich also bewusst, dass er mit seiner Musikdiagrammatik ein »Land gewonnen hat«, dessen Relevanz das Gebiet der Musikanalyse überschreitet. Dies machen die »Vornotizen« bzw.

---

13 Es ist das Verdienst von Johannes Lohmann – in seiner ansonsten allzu pathetisch geratenen Erörterung des *Compendiums* –, auf die Entdeckung des künstlich konstruierten Darstellungsraumes als Konstitutionsbedingung wissenschaftlicher Objekte aufmerksam gemacht zu haben; Lohmann 1979, S. 84 ff.

14 Dazu: Muzzulini 2015.

15 Das betont auch Dennis L. Sepper; ders. 1996, S. 42.

Prinzipien klar, die seinen Text eröffnen. Hierin stellt er klar, ein Analyseverfahren einzusetzen, das nicht auf musikalisches Material einzuschränken ist, sondern für die Analyse auch anderer Sinneseindrücke gilt.

Wenn ein sinnlicher Eindruck als ein Vergnügen erlebt wird, ist der Grund für dieses Wohlgefallen, dass dieses Phänomen – verwandelt in einen wissenschaftlichen Gegenstand (*objectum*) durch schematische Visualisierung – gerade nicht wie eine verworrene Gestalt erscheint, sondern wie eine Figur, die gebildet wird aus Linien, welche zueinander proportional sind. In der Klarheit oder Unklarheit, in dem Ebenmaß oder der Undurchschaubarkeit einer Linienkonfiguration wird für Descartes das interne Verhältnis der Teile des mit Hilfe von Linien visualisierten Gegenstandes reflektiert. Für die Sinne gefällig ist es, wenn diese Teile in leicht wahrnehmbarer Proportionalität zueinander stehen; das aber ist genau dann gegeben – so fährt Descartes fort –, wenn dieses Verhältnis arithmetisch und nicht geometrisch zur Darstellung gebracht werden kann.[16] Diese Unterscheidung von »arithmetisch« und »geometrisch« – wo es doch allemal um Linien geht – scheint irritierend und wird doch von Descartes durch ein graphisches Beispiel sogleich plausibel gemacht. Dennis Sepper[17] hat Descartes' Originalzeichnung[18] so wiedergegeben:

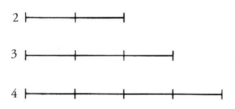

Abb. 39a: Arithmetische Proportionalität (Sepper 1996, S. 40)

16 Descartes 1992, S 5.
17 Sepper 1996, S. 40; dazu auch: Muzzulini 2015, S. 195.
18 Descartes 1992, S. 4 f.

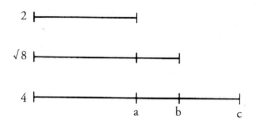

Abb. 39b: Geometrische Proportionalität (Sepper 1996, S. 40)

Descartes führt hier zwei Arten von Streckenverhältnissen als Grundlage seiner Musikdiagrammatik ein. Wenn Strecken zueinander kommensurabel sind, also eine gemeinsame Einheit haben, deren Vielfaches sie jeweils verkörpern, können deren Relationen durch einfache Zahlenverhältnisse ausgedrückt werden, indem eine Einheit addiert oder subtrahiert wird; daher sind diese Proportionen arithmetisch und die Proportionalität ist anschaulich wahrnehmbar. Wo das der Fall ist, entsteht ein *gefälliger* und *angenehmer* Sinneseindruck. Wenn dagegen Strecken inkommensurabel sind, also keine miteinander geteilte kleinste Einheit haben, kann deren Proportionalität auch nicht als eine einfache Linienkonfiguration durch Wahrnehmung erkannt werden; dies wiederum wirkt »ermüdend«[19] auf die Sinne und erweckt einen eher ungefälligen Sinneseindruck.

Die Konfrontation dieser beiden Typen, der kommensurablen (arithmetischen) und inkommensurablen (geometrischen) Linienverhältnisse, ist aufschlussreich: Denn damit werden die Linie und die Linienkonfiguration in den Rang eines *universellen Bezugssystems* erhoben, und es wird eine »Augensprache« geschaffen, in welche Phänomene so übersetzt werden, dass Zusammenhänge zwischen ihnen durch Einsatz des Bezugssystems zutage treten können: Unterschiedliche subjektive Wirkungen werden so wahrnehmbar, erkennbar und erklärbar. Durch Proportionen charakterisiert zu sein, durch »arithmetisierbare« Linien darstellbar zu sein, anhand von Relationen erkennbar zu werden: genau dies ist der Dreiklang, mit dem Descartes Ontologie, Erkenntnistheorie und

19 »sensus fatigetur«, Descartes 1992, S. 4.

Darstellungstheorie verzahnt. Gänzlich fremd ist uns ein solcher Gedanke nicht: In verwandter Form ist er uns bereits in Platons Liniengleichnis begegnet.

Was nun zeigt sich innerhalb des visuellen Bezugssystems, gebildet aus Linien, in Bezug auf die Tonalität in der Musik, mit der – wie Stollberg vermutet – Descartes »zum Ahnherr[n] einer vom Auge her gedachten musikalischen Formkonzeption« wird?[20]

7.1.2. Musikdiagrammatik

Machen wir exemplarisch klar, wie Descartes die diagrammatische Repräsentation als musikalisches Analyseinstrument einsetzt.[21] Unterschiede zwischen sukzessiv oder synchron erklingenden Tonhöhen nennen wir »Intervalle«. Descartes geht es um das Verständnis solcher Intervalle, die wir – sei es als konsonant oder dissonant – erleben. Konsonanzen, also harmonisch erklingende Töne, sind für Descartes nach dem Prinzip der arithmetischen Proportionalisierung (die in den Vornotizen eingeführt wurde) bezüglich des Verhältnisses zwischen dem tiefen und dem hohen Ton figurierbar. Descartes führt dies am Beispiel des Oktavraumes vor, also eines Intervalls, das acht Tonstufen einer Tonleiter umfasst. Es ist wichtig, hier die graphische Konstruktion nachzuvollziehen.

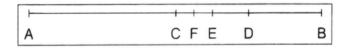

Abb. 40: Descartes' Darstellung der Konsonanzen durch sukzessive Zweiteilung einer Strecke (Sepper 1996, S. 43, nach Descartes 1992, S. 17)

Descartes will zeigen, dass innerhalb einer Oktave alle Konsonanzen ableitbar, also in ihr enthalten sind. Das Konstruktionsprinzip

20 Stollberg 2006, S. 72, zit. nach Zittel 2009, S. 70. Zittel verweist auch im Zusammenhang mit Descartes' Visualisierung der Musik auf Muzzulini 2006 und Nowak 1980.
21 Dabei kann Descartes auf musikalische Visualisierungen, die Gioseffo Zarlino im 16. Jahrhundert entwickelt hat, zurückgreifen; Zarlino 1558, zit. nach Muzzulini 2015, S. 4.

der Figurierung basiert auf der Streckenhalbierung: Zuerst wird die ganze Strecke AB in C halbiert: dies ergibt die Oktave. Danach wird die rechts von C liegende Strecke CB in D halbiert, was einer Quinte entspricht, danach die links von D liegende Strecke in E halbiert, so dass sich die große Terz ergibt, danach die links von E liegende Strecke in F halbiert. Die Konsonanzen entstehen durch die Aufteilung des Streckenabschnitts, der einer Oktave entspricht; sie sind in dieser enthalten. Dies soll das Liniendiagramm der Konsonanzen als sukzessive graphische Aufteilungsoperation vor Augen führen. Worauf es nun ankommt, ist, dass die Richtung, in der die Aufteilung durchgeführt und angeschaut wird, und die genaue Lage der Streckenabschnitte von Belang ist. »Links« und »rechts« spielen eine ebenso fundamentale Rolle wie die genauen Lageverhältnisse eines Streckenabschnitts innerhalb der Gesamtstrecke.[22] Bei der ersten Unterteilung ist die Ausrichtung noch nicht relevant: der Punkt C hält einfach nur die Mitte zwischen A und B ein. Der Abstand der Oktave – dies betont Lohmann[23] – bleibt sich gleich, ob die Richtung nun AC oder CB ist; anders jedoch bei der Unterteilung der Strecke CB durch den Punkt D. Denn CD verkörpert als Quinte einen anderen tonalen Wert als DB, die eine Quarte ergibt. Obwohl also im Diagramm beide Strecken CD und DB gleich lang sind, zeigt ihre unterschiedliche *Lage* einen jeweils anderen musikalischen Gehalt an. Das wiederholt sich bei der Teilung von CD durch E, wo CE die große Terz, ED jedoch die kleine Terz ergibt.

Descartes hat also gezeigt, dass innerhalb der Oktave die Konsonanzen ableitbar sind und in einfachen Verhältnissen der Proportionalität zueinander stehen. Alle Relationen, die auf der letzten Halbierung in F beruhen, ergeben dagegen Dissonanzen. Konsonanzen werden in Descartes' Musikvisualisierungen zu internen Relationen einer in einfache Proportionen untergliederten Strecke. Dabei zeigt die auf der Ausrichtung der Linie beruhende »Einseitigkeit in der Teilbarkeit der Oktave«, dass »der tiefere Ton den höheren gewissermaßen in sich enthält, aber nicht umgekehrt«.[24]

---

22 Nur Johannes Lohmann hat auf diese Spezifik der Aufteilung hingewiesen, indem er betont, dass stets »der *innere* Abschnitt bei der Teilung den Vorzug hat«; ders. 1979, S. 91.

23 Ebd., S. 1

24 Ebd.

Lohmann vermutet, dass Descartes damit das Oberton-Prinzip genial vorweggenommen habe. Töne setzen sich aus Grundton und Obertönen zusammen: Bei der Oktave hat der Grundton einen Oberton, der die gleiche Frequenz hat wie der um eine Oktave höhere Ton; daher erscheint die Oktave wie ein Einklang.

Evident gemacht wird also, dass die Gefälligkeit eines Höreindrucks sich durch das Ebenmaß räumlich-numerischer Proportionen *erklären* lässt.

Um die Überzeugungskraft seiner Überlegungen zu stärken, beruft Descartes sich nun auf seine eigene Erfahrung mit Musikinstrumenten: Die diagrammatisch visualisierten Längenverhältnisse/Proportionen stimmen mit den Prinzipien der Klangerzeugung durch Saiteninstrumente überein, bei denen die Höhe des Tons mit der Länge der in Schwingung versetzten Saite korrespondiert. Tatsächlich wurde ja schon von Pythagoras ein Zusammenhang hergestellt zwischen den Teilungsverhältnissen von Saiten und den musikalischen Konsonanzen. Der von Descartes als Bezugssystem gewählte Darstellungsraum der harmonisch unterteilten Linie ist die visuelle Umsetzung jener Schwingungsfrequenzen, welche die proportional unterteilte Saite des Monochords[25] de facto realisiert. Den Buchstaben im Liniendiagramm entsprechen also Haltpunkte auf der gespannten Saite beim Musizieren. Die Technik des gespannten »Fadens« und die Diagrammatik der gezeichneten Linien arbeiten einander zu.

Descartes' Einsicht – dass »alle einfachen Konsonanzen in der Oktave enthalten sind«[26] – wird noch durch einen weiteren diagrammatischen Schritt untermauert: Er schlägt vor, die gerade Linie CB zu einer geschlossenen Kreislinie zu krümmen, so dass der Punkt C auf B zu liegen kommt. Die Intervalle werden jetzt durch ineinander geschachtelte Kreise veranschaulicht.[27]

---

25 Ein »Monochord« ist ein länglicher Resonanzkörper, über den eine Saite gespannt ist, die gemäß einer Skala so unterteilt werden kann, dass sich entweder Konsonanzen oder Dissonanzen ergeben, abhängig davon, ob das Teilungsverhältnis jeweils einfach oder kompliziert ist.

26 Descartes 1992, S. 19.

27 Muzzulini 2015, S. 8 ff., 18 ff., 25, verweist darauf, dass Descartes' Idee, musikalische Tonverhältnisse durch *Kreis*diagramme zu visualisieren, ohne Vorbild gewesen sei. Gewisse Ähnlichkeiten gibt es allerdings mit einem musikalischen Diagramm Robert Fludds und einem mathematischen Diagramm von Jost Bürgi.

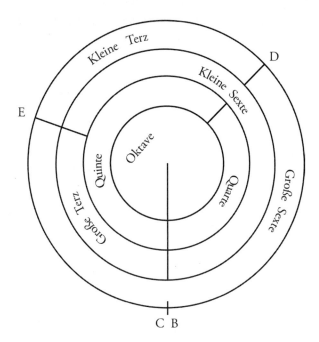

Abb. 41: Die in einer Oktave enthaltenen konsonanten Intervalle
(Descartes 1992, S. 20)

Descartes will anhand des Kreises überprüfen, »ob es wahr ist«, dass »alle einfachen Konsonanzen in der Oktave enthalten sind«.[28] Er entwickelt mit Hilfe des Kreisdiagramms eine Typologie dreier Arten von Konsonanzen, die verschieden situierten Kreisen entsprechen.[29] Dabei nimmt er nicht nur auf die beiden gezeichneten Diagramme Bezug, sondern auch auf zwei Tabellen, die er seinen Diagrammen vorausgeschickt hat und die in Form von Kolumnen die Zahlenverhältnisse der Konsonanzen tabellarisch auflisten.

Wir können uns in die musikalischen Details hier nicht vertiefen. Für uns kommt es darauf an, dass die Darlegung von akusti-

28 Descartes 1992, S. 19.
29 Die erste gleiche Teilung ergibt den Einklang der Oktave (2:1), aus der zweiten ungleichen Unterteilung ergeben sich Quinte (3:2) und Quarte (4:3).

schen Qualitäten im Medium räumlich-visueller Konfigurationen für Descartes die Funktion erfüllt, musikalische Sachverhalte nicht nur darzustellen, sondern anhand dieser Darstellung auch erklären und bestätigen zu können: »[W]as aus der [...] Figur bewiesen werden kann« (»*quod etiam potest confirmari ex [...] figura*«),[30] ist eine seine Visualisierung oftmals begleitende und diese legitimierende Redewendung. Überdies sind seine Figurationen musikalischer Verhältnisse, wie Lohmann betont, zu verstehen als der Inbegriff des musikalisch formal überhaupt Möglichen; in unserem Beispiel sind das die in der Oktave grundsätzlich inbegriffenen Intervalle. Lohmann charakterisiert diese Figuration übrigens mit kartographischen Termini: »Descartes beschäftigt allein die ›Landkarte‹ der Möglichkeiten«; auf dieser Landkarte ein musikalisches Phänomen zu identifizieren, wird dann zum »Erleben des Durchlaufens eines Weges«.[31]

Wir haben hier nur einen kleinen Ausschnitt aus einer Schrift rekapituliert, in welcher Descartes sich mit nahezu allen relevanten Parametern des musikalischen Tongeschehens mit Hilfe einer Fülle von Tabellen und Diagrammen auseinandersetzt. Stets wahrt er darin seine graphisch-kartographische Strategie, Bewegungen im Tonraum sowohl bezüglich der Schwingungsverhältnisse zwischen den Tönen wie auch hinsichtlich der dabei erzeugten subjektiven Empfindungen dadurch zu erklären, dass er Tonverhältnisse in einfach zu überschauende, auf Linien basierende Figurationen von Strecken und Kreisen überträgt und Proportionen im Hörbaren durch Proportionen im Sichtbaren vor Augen stellt.

Aufschlussreich für Sinn und Zweck dieser diagrammatischen Verfahren ist schließlich noch, dass sie nicht nur einen Weg eröffnen für Analyse und Verständnis von Musik, sondern auch das Terrain möglicher musikalischer Kompositionen abstecken sollen. Unmissverständlich empfiehlt Descartes seine Schrift als Anleitung zum Komponieren, da dies gewährleiste, dass die Komposition frei ist von schwerem »Irrtum oder Fehler«.[32] Die Diagramme entwerfen somit auch musikalische Handlungsoptionen.

Sowohl in der figurativ gesteuerten Erkenntnisleistung wie auch

---

30 Descartes 1992, S. 20.
31 Lohmann 1979, S. 96.
32 Descartes 1992, S. 57: »Aus dem Gesagten folgt, dass wir ohne schweren Irrtum oder Fehler Musik komponieren können.«

beim Komponieren ist es stets die Imagination, die federführend wird. Die Einbildungskraft (*imaginatio*) wird gleich zu Beginn des Werkes von Descartes als jene Art von Aktivität eingeführt, mit der wir Elemente verbinden und Glieder zu Einheiten synthetisieren können.[33] Unter »Einheit« – das macht die Analyse der Intervalle als Differenz zweier Tonhöhen klar – versteht Descartes eine Homogenität im Heterogenen, die Identität einer Figuration, welche zugleich das Differente zeigt; Proportionen zu bilden, ist das elementare Verfahren, durch welche solche *Ähnlichkeit im Verschiedenen* gezeigt werden kann. Daher ist die Einbildungskraft – soweit diese im *Musicae Compendium* Gestalt gewinnt – mit bildgebenden Verfahren in Gestalt von schematisierten, visuell-räumlichen Anordnungen, die Proportionen verkörpern, eng verbunden. Die Imagination bleibt bei Descartes kein mentales Innenweltphänomen, sondern wird in seiner frühesten Schrift zu einer Fähigkeit der Figurierung im Medium proportionaler Linien zum Zwecke theoretischer und praktischer Einsicht.

7.1.3. Cartesischer Geist in Keimform

Descartes betont in dem Isaac Beeckman gewidmeten und ihn persönlich ansprechenden Schlussabschnitt des *Compendiums* nicht nur, wie unvollkommen (»verstümmelt«) Teile seiner Schrift noch seien, sondern er unterstreicht zugleich, dass im *Compendium* »einige Grundzüge meines Geistes [*ingenii mei lineamenta*] lebhaft ausgedrückt« seien.[34] Versuchen wir, diese »Grundzüge«, soweit sie im *Compendium* zutage treten, zu rekapitulieren.

(1) Die analytische Klarheit, die Descartes anstrebt, ist genau dann erreicht, wenn musikalische Verhältnisse nicht nur als Zahlenverhältnisse,[35] sondern vielmehr als wahrnehmbare Proportionalität zwischen Linien oder Linienabschnitten vor Augen gestellt werden. Von den Grundzügen seines Denkens spricht Descartes übrigens als »*lineamenta*«: Das lateinische »*lineamentum*« bedeutet wörtlich »Strich«, »Linie«, »Zeichnung« und birgt somit etymologisch die Nähe zu jener graphischen Praxis des Einsatzes von Linien, welche für Descartes' frühe Schrift so signifikant ist.

---

33 Ebd., S. 7.
34 Ebd., S. 69.
35 Schon Gioseffo Zarlino hat Intervalle arithmetisch beschrieben; ders. 1558, S. 74.

Die zu den Augen »sprechenden« Linien sichtbar gemachter Proportionalität realisieren dabei eine dreifache Aufgabe:

(i) Darstellungssystem: Gerade und kreisförmige Linien bilden ein Bezugssystem, mit dem musikalische Phänomene in ein wissenschaftliches Objekt verwandelt werden können, indem Tonverhältnisse in anschauliche Relationen übertragen werden; was ein Wohlklang für das Ohr ist, stellt sich für das Auge als einfache, auf arithmetisierbaren Proportionen beruhende und daher klar zu überschauende Linienfiguration dar. Descartes' *Geometrie* wird dann die Linie in den Rang einer universellen mathematischen Sprache erheben und mit der (rudimentären) Einführung des Koordinatensystems Linien als universelles Bezugssystem für mathematische Größen auszeichnen.

(ii) Erkenntnisinstrument: Die mannigfaltigen Schemata, Tabellen und Diagramme dienen nicht nur zur Illustration von Propositionen, die der Text explizit macht, sondern sind Bestandteil des Schlussfolgerns und der Beweisführung. Descartes setzt Visualisierungen ein, um daraus Einsichten beim Leser zu erzeugen. »Aus dieser Figur erkennt man«[36] ist eine jener Redewendungen bei Descartes, aus denen hervorgeht, wie sehr seine graphischen Inskriptionen die Augen für theoretische Zusammenhänge öffnen und zur Erkenntnis führen sollen. Die Diagramme fungieren sowohl im Entdeckungszusammenhang einer »ars inveniendi« wie im Begründungszusammenhang einer »ars iudicandi«. Sie sind keine Beigabe und kein Zubrot der Theorie, sondern für die Erkenntnis unersetzlich.

(iii) Handlungsanleitung: Descartes' Einsatz räumlicher Strukturen, um Tonverhältnisse durchsichtig und einsichtig zu machen, verfolgt den Zweck, das Komponieren zu erleichtern bzw. vor schweren Fehlern zu bewahren. Das Musikalische soll nicht – im Horizont etwa einer forcierten »rationalistischen« Klangfeindlichkeit – seiner Tonqualitäten beraubt werden, sondern die Verräumlichung und Visualisierung des Akustischen dient umgekehrt dazu, durch Erkenntnis der zugrundeliegenden Strukturen die schöpferische Produktion von Musik anzuregen und zu »dirigieren«.

(2) Es ist aufschlussreich, dass der musikalische Graphismus der unterteilten Linie sein Pendant in der musikalischen Saite findet, aus deren Unterteilungen verschiedene Klänge resultieren. Dia-

---

36 Descartes 1992, S. 19; auch: »Ex hac figura apparet, quid.« Ebd., S. 20, vgl. S. 41 ff.

grammatische Visualisierung und Gebrauch des Saiteninstruments korrespondieren einander. Die Nähe der graphischen Linie und des gespannten Fadens liegt hier offen zutage und deutet an, dass (Musik-)Theorie und (Musik-)Praxis eine genuine Verbindung bilden, deren Scharnier und Mittler das Diagramm ist.

(3) Bei aller Bedeutung, die dem Einsatz von Diagrammen zukommt, bleibt doch klar, dass es nur die Interaktion von Text und Bild, von Tabelle und Diagramm ist, die Einsichten beförder. Keines der Musik-Diagramme ist selbsterklärend; jedes hat nur eingelassen in den Fluss und Fortgang der Textlektüre Bedeutung, die durch den Einbau von Zeichnungen, auf die im Lesen zumeist mehrfach zurückzukommen ist, allerdings unterbrochen und durchaus aufgehalten wird. Das Diagramm ist keinesfalls die »Dienstmagd« des Textes.

Dass die zeichnerische Figuration – wie schon Dennis Sepper in seinem Aufsatz instruktiv herausarbeitet[37] – für Descartes als ein Instrument des Problemlösens, also zur Gewinnung von Erkenntnis, dient, wollen wir jetzt an einem weiteren Beispiel aus der Schaffensperiode des »frühen Descartes« herausarbeiten, das sich in seinen physikalisch-mathematischen Notizen in den *Cogitationes Privatae* findet.

7.2. Die Lösung physikalischer Probleme durch geometrische Figuration: Das Beispiel des fallenden Körpers aus den *Cogitationes Privatae*

Der junge Descartes setzt geometrische Diagramme ein, um physikalische Probleme zu lösen. Wir erörtern nun nicht generell das Verhältnis dieser frühen physiko-mathematischen zu der späteren physikalischen Auffassung Descartes',[38] sondern konzentrieren uns

---

37 Vgl. Sepper 2000a.
38 Die etwa in den *Principia* (Descartes 2005) entwickelte physikalische Auffassung ist qualitativ, kommt also ohne in mathematische Gleichungen transkribierte physikalische Gesetze aus und ähnelt in dieser Hinsicht der aristotelischen: Koyré 1939, S. 46; zur Entwicklung der cartesischen Physik: Schuster 1977, S. 50-159; Garber 1992, S. 9-12. Eine avancierte Auseinandersetzung mit Descartes' mathematischer Physik: ebd., S. 113 ff.

auf den Aspekt der kognitiven Nutzung von Diagrammen in jenen frühen Notizen, die im Zusammenhang des Austausches mit Isaac Beeckman über die Mathematisierbarkeit physikalischer Abläufe entstanden sind. Beeckman wirft ein physikalisches Problem auf, dessen Lösung Descartes in Gestalt eines Diagramms zu ermitteln versucht.

Es geht um das Verständnis der Bewegung eines sich gleichförmig beschleunigenden Körpers, etwa beim Fall eines Steines im Vakuum. Beeckman hatte sich mit dem freien Fall beschäftigt und ging davon aus, dass Körper aufgrund der Anziehungskraft der Erde fallen, und zwar mit sich konstant beschleunigender Geschwindigkeit.[39] Beeckman fragt nun Descartes, wie groß die Distanz sei, die ein fallender Stein in einer Stunde zurücklegt, wenn bekannt ist, welche Entfernung er in zwei Stunden zurückgelegt habe.[40] Descartes gibt dem Problem eine allgemeinere Fassung: In welcher Zeit wird ein gegebener Raum von einem gleichmäßig beschleunigenden Körper passiert? Zur Lösung zeichnet er ein Diagramm der Bewegung und führt dazu aus:[41]

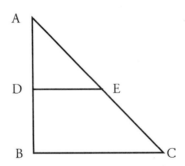

Abb. 42: Descartes' Diagramm des gleichmäßig beschleunigenden Körpers (Descartes 1966, Bd. X, S. 219, zit. nach Sepper 2000a, S. 234)

39 Vgl. Gaukroger 1980, S. 80-84.
40 Descartes 1966, S. 58-61.
41 Ebd., S. 219.

In einem rechtwinkligen gleichseitigen Dreieck repräsentiere die Fläche ABC die Bewegung. Die Vertikale AB stehe für die zurückgelegte Distanz; die Entfernung AD ist dann in derjenigen Zeitspanne durchquert, die ADE repräsentiert; und DB ist in derjenigen Zeit durchquert, die DEBC repräsentiert. Je kleiner die Fläche – betont Descartes –, umso langsamer ist die Bewegung; je größer die Fläche, umso schneller. Da ADE genau ein Drittel des Flächeninhalts von DEBC umfasst, ist also die Zeit, welche der fallende Körper für die Distanz AD braucht, dreimal kürzer als die Zeit, die er zur Durchquerung der Strecke DB benötigt.

Sodann ergänzt Descartes sein Dreieck, um die Lösung noch exakter zu ermitteln, indem er die Hypotenuse des ursprünglichen Dreiecks in kleinere Streckenabschnitte unterteilt, so als ob die Anziehungskraft der Erde durch eine Reihe diskreter Impulse repräsentiert werden kann, die jeweils eine kleine Beschleunigung der zuvor erreichten Geschwindigkeit zur Folge haben.

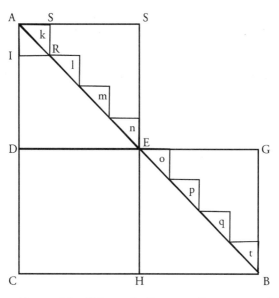

Abb. 43: Descartes' Spezifizierung des Bewegungsdiagramms aus Abb. 42 (aus Sepper 2000a, S. 235)

Descartes diskretisiert die kontinuierliche Linie, welche die Bewegung repräsentiert: Wenn diese Unterteilungen immer schmaler gemacht werden – so seine Annahme –, nähern sich die diskreten Impulse der kontinuierlichen Linie immer weiter an.[42]

Descartes' Analyse, der zufolge der zweite Streckenabschnitt dreimal so schnell durchquert würde, ist allerdings ein Irrtum. Das *Galileische Fallgesetz*, das Galileo 1638 entwickelte,[43] wird von Descartes' Lösung verfehlt. Für uns von Interesse ist jedoch, dass diese Figur eine richtige Lösung durchaus nahelegt bzw. impliziert, sobald die Zuordnungen zwischen den Linien und dem, was diese jeweils repräsentieren, verändert wird.[44] Denn die Problematik in der cartesischen Variante besteht darin, dass Descartes nicht zwischen Entfernung, Geschwindigkeit und Zeit konsistent unterschieden hat. Isaac Beeckman hatte bereits die richtige Interpretation der Zeichnung nahegelegt: Die Vertikale ADB repräsentiert die verbrauchte Zeit und *nicht* den durchmessenen Raum, und die Flächen von Dreieck und Trapez repräsentieren die Entfernungen und *nicht* die verbrauchte Zeit.

Und doch ist selbst das fehlinterpretierte Diagramm instruktiv: Es zeigt, dass Descartes einer der Ersten gewesen ist, die sich darum bemühen, ein physikalisches Problem durch die Arbeit mit einem Diagramm zu lösen; und dass er dabei ein Schema einsetzt, dessen Besonderheit es ist, nicht nur auf die spezielle Frage Beeckmans, sondern für eine ganze Klasse ähnlich gelagerter Fälle eine Antwort zu geben. Ob die erste Distanz in zwei und die zweite in vier Minuten oder ob sie in einer Stunde und in zwei Stunden zurückgelegt wird, spielt keine Rolle, sofern nur die *Proportionalität* gewahrt wird. Dort aber, wo es um Proportionalitäten geht, sei es nun in der Musik oder der Physik, ist die graphische Visualisierung eine Technik, die es erlaubt, Zusammenhänge so darzustellen, dass aus dieser Darstellung neues Wissen generiert und so Probleme gelöst werden können. Die Erkenntniskraft der Linie bewährt sich gerade da, wo mit Relationen zu arbeiten ist.

42 Vgl. Sepper 2000a, S. 234 f.

43 Wenn d die Distanz ist, a die Beschleunigung und t die Zeit, so kann algebraisch aus $d = \frac{1}{2} a t^2$ gemäß dem Ansatz von Galilei gefolgert werden, dass die Zurücklegung der zweiten Strecke als $\sqrt{2\,b} - 1$ errechnet werden kann, was um ca. 0,414 schneller ist; vgl. Sepper 2009, S. 61.

44 Vgl. ebd., S. 60-62.

Was das für den Bereich der Mathematik bedeutet, wollen wir im nächsten Schritt untersuchen, wo es Descartes gelingt, die jahrhundertelang getrennten Bereiche der Arithmetik und der Geometrie wieder aufeinander zu beziehen.

7.3. Descartes' Analytische Geometrie

7.3.1. Die Wiedervereinigung von Geometrie und Arithmetik

Descartes gilt als Begründer der Analytischen Geometrie;[45] das »cartesische Koordinatensystem« – wiewohl bei Descartes erst in Umrissen vorhanden – trägt noch heute seinen Namen. Die Analytische Geometrie vereinigt Geometrie und Arithmetik: Korrespondenzen zwischen Gleichungen und Kurven sind ihr Gegenstand. Die Entdeckung der Inkommensurabilität, die Erkenntnis also, dass geometrische Streckenverhältnisse existieren – etwa zwischen Seite und Diagonale eines Quadrats –, die nicht als ein Verhältnis von Zahlen (soweit sie damals bekannt waren) ausdrückbar sind, führte in der griechischen Antike dazu, Geometrie und Arithmetik zu trennen und als wohlunterschiedene Zweige der Mathematik zu behandeln.[46] Descartes überwindet diese Trennung, indem er zeigt, dass gewisse Klassen von Gleichungen gewisse Typen von Kurven spezifizieren und vice versa. Für einen bestimmten Bereich der (finiten) Mathematik kann Descartes zeigen, dass Figur und Formel ineinander überführbar, Geometrie und Arithmetik ineinander übersetzbar sind.

Mit Bedacht sprechen wir von einer »Übersetzbarkeit« zwischen Gleichungen und Kurven. Dass eine Gleichung als Ausdruck innerhalb einer Zahlen*sprache* gelten kann, liegt nah, denn die den Gleichungen eigene Verkettung schriftlicher Symbolen realisiert das vertraute Schema sprachlicher Zeichen. Im Unterschied dazu

---

45 Zu der allerdings auch Pierre Fermat Entscheidendes beigetragen hat. Unabhängig voneinander haben beide den Grundsatz der Analytischen Geometrie – eine Gleichung mit zwei Unbekannten definiert den geometrischen Ort einer geraden oder gekrümmten Linie – entwickelt, vgl. Boyer 1956, S. 74-102.

46 Im *Compendium* zehrt Descartes von diesem Unterschied, indem er zwischen kommensurablen, also arithmetisch darstellbaren, und inkommensurablen, also nur noch geometrisch darstellbaren Streckenverhältnissen unterscheidet.

scheint die geometrische Figur der Region des Bildlichen – wenn auch in schematisierender Gestalt – anzugehören: Die traditionelle Differenz zwischen Arithmetik und Geometrie hat also – in dieser Perspektive – teil an der Unterscheidung zwischen den Darstellungsmodalitäten Sprache und Bild. Descartes jedoch überbrückt diese Differenz, indem er ein für *beide* Darstellungsweisen gültiges Bezugssystem einführt: die Linienkonfiguration. Die Linie bleibt im Horizont der cartesischen *Géométrie* also nicht länger das Aufbauelement einer geometrischen Figur, sondern wird zu einem Medium, welches als »Augensprache« fungiert, insofern in ihm Proportionalitäten, die sowohl arithmetisch-zählbare wie geometrisch-messbare Größen betreffen, auf allgemeine Weise darstellbar sind.

Die uns schon im *Musicae Compendium* begegnende Einsicht, dass musikalische Verhältnisse sich in visuellen Konfigurationen ausdrücken lassen, erfährt in Descartes' *Géométrie* eine Fortbildung, indem Linien als Hilfslinien eingesetzt und zu einem Bezugssystem fortgebildet werden. Das Koordinatensystem verkörpert diese Metamorphose. So können mit Hilfe von Koordinaten Punkte, also geometrische Örter, als Zahlenpaare spezifiziert werden. Obwohl Descartes noch keine rechtwinkligen Koordinaten einsetzte und die Achsen der Koordinaten noch nicht als eigenständiges System fungieren, hat er das Koordinaten*prinzip* als eine Möglichkeit entdeckt, innerhalb einer geometrischen Linienkonstellation zwei Linien als Bezugssystem für alle übrigen Linien dieser Konstellation auszuzeichnen und durch diesen »Kunstgriff« Kurven als Gleichungen anschreiben zu können.

7.3.2. Algebra der Linie

Die Algebraisierung ist eine der hervorstechendsten Entwicklungstendenzen in der Mathematik der frühen Neuzeit.[47] Ihr Grundverfahren und zugleich Herzstück ist die Kalkülisierung, verstanden als die Möglichkeit, ein System schriftlicher Zeichen einzuführen, die eine Doppelrolle erfüllen: Die Zeichen dienen als »Sprache« zur Darstellung eines Gegenstandsbereiches und zugleich als »Werkzeuge« zum Lösen von Problemen, die diesen Bereich betreffen.

Der Anfangssatz der *Géométrie* lautet: »Alle Probleme der Geo-

---

47 Mahoney 1980, S. 144-151.

metrie können leicht auf einen solchen Ausdruck gebracht werden, daß es nachher nur der Kenntnis der Länge gewisser gerader Linien bedarf, um die Probleme zu konstruieren.«[48] Unmissverständlich ist hier ausgesprochen, dass die Linie von Descartes als ein »Ausdrucksmittel« interpretiert oder besser: in ein solches verwandelt wird, welches zugleich als ein Instrument zum Problemlösen eingesetzt werden kann. Vorbild des Kalküls in dieser medial-technischen Doppelfunktion ist die arithmetische Ziffernschrift des dezimalen Positionssystems, mit der es möglich wird, alle Grundprobleme der Arithmetik durch die algorithmische Manipulation von Symbolsequenzen zu lösen. Die operative Funktion des arithmetischen Kalküls in Form der fünf Grundoperationen des Zahlenrechnens – Addition, Subtraktion, Multiplikation, Division, Wurzelziehen – will Descartes nun auf geometrische Operationen übertragen.[49]

Was das für Addition und Subtraktion bedeutet, ist leicht nachzuvollziehen: Wenn *a* und *b* Strecken sind, dann ist das Hinzufügen oder das Wegnehmen eines Streckenabschnittes einfach auszuführen. Descartes hatte bereits in Regel 18 seiner unvollendeten Frühschrift *Regulae* vorgeführt, wie Addition und Subtraktion auch im Medium von Linien zu vollziehen sind.[50] Wie aber sind die übrigen Grundoperationen realisierbar?

Um auch diese als Linien*kalkül* auszuführen, muss mit dem seit der griechischen Antike geltenden Homogenitätsprinzip gebrochen werden: In der griechischen antiken Geometrie ergab die Multiplikation von Strecken stets eine Fläche, und die Multiplikation von Flächen resultierte in einem Körper. Auf höhere Dimensionen überzugehen, war jedoch unmöglich, da einem Ausdruck wie a^4 – im Rahmen der griechischen Mathematik, die von der Anschaulichkeit mathematischer Gegenstände ausging – nichts in der Realität entsprechen konnte. Descartes setzt dieses Homoge-

---

48 Descartes 1981, S. 1; (Descartes 1897-1913, Bd. VI, S. 369).

49 »Und gleichwie sich die gesamte Arithmetik nur aus vier oder fünf Operationen zusammensetzt, nämlich aus den Operationen der Addition, der Subtraktion, der Multiplikation, der Division und des Ausziehens von Wurzeln [...], so hat man auch in der Geometrie, um die gesuchten Linien so umzuformen, daß sie auf Bekanntes führen, nichts anderes zu tun, als andere Linien ihnen hinzuzufügen oder von ihnen abzuziehen.[...] Und ich werde mich nicht scheuen, diese der Arithmetik entnommenen Ausdrücke in die Geometrie einzuführen.« Descartes 1981, S. 1; (Descartes 1897-1913, Bd. VI, S. 369).

50 Descartes 2011, S. 180 f.

nitätsprinzip nun außer Kraft, und auch hierzu finden wir einen Zwischenschritt in den *Regulae*. Dort führte die Multiplikation von Strecken – wie es das Homogenitätsprinzip vorschreibt – noch zu einem Rechteck, also einer Fläche. Doch die Multiplikation von Flächen ließ keinen dreidimensionalen Körper entstehen, sondern ergab wiederum eine Fläche. In der *Géométrie* überwindet Descartes jeden Anklang an das antike Dimensionalitätsprinzip: Wenn mit geometrischen Linien Operationen zu vollziehen sind, die den arithmetischen Rechenoperationen analog sind, so bedeutet dies, dass deren Resultat wiederum die Form einer *Linie* annimmt.[51] Die geometrische Multiplikation erläutert Descartes so:

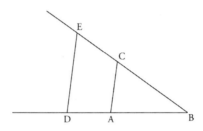

Abb. 44: Geometrische Konstruktion der Multiplikation
(Descartes 1981, S. 2)

Die Aufgabe ist es, BD mit BC zu multiplizieren. Descartes wählt BA als Einheit. Sodann werden die Punkte A und C miteinander verbunden, und dann wird eine Parallele dazu als DE konstruiert. BE ist dann das Produkt der Multiplikation.[52] Hier wird also – wie es der Geometrie entspricht – mit Linien gearbeitet, doch Descartes betont den algebraisch-rechnerischen Charakter dieser geometrischen Konstruktion: Keineswegs sei es nötig, die Linien immer auf Papier zu zeichnen, vielmehr genüge es, diese mit Buchstaben zu bezeichnen, etwa mit »a« und »b« und deren Addition »a + b« anzuschreiben; Entsprechendes gelte für alle anderen den Grundrechenarten figürlich korrespondierenden geometrischen Operationen. Descartes unterstreicht seine Loslösung vom Homogenitätsprinzip: Er verstehe »unter a^2 oder b^3 oder dergleichen nur einfache

51 Descartes 1981, S. 1.
52 Ebd., S. 2.

Linien«,[53] also keinen Flächen- oder Rauminhalt. Zugleich zeigt sich bereits im einfachen Multiplikationsbeispiel, was dann in komplexeren Operationen als »Koordinatenprinzip« fungiert. Bei der Multiplikation zweier Linien ist ein Linienabschnitt als Einheit auszuwählen (das war BA). Sobald die Einheit festgelegt ist, können die Grundrechenarten als Gleichungen zwischen Proportionen rekonstruiert werden:

$$1 : a = b : ab$$
$$a/b : 1 = a : b$$
$$1 : \sqrt{a} = \sqrt{a} : a$$

Wir sehen, wie numerisches Rechnen und geometrische Konstruktion, vermittelt über die Kalkülisierung der Linien, »zwanglos« ineinander übergehen: Das Zeichnen auf dem Papier kann durch das Anschreiben und Umformen algebraischer Ausdrücke ersetzt werden. Das impliziert: Mit Descartes' Analytischer Geometrie wird die Geometrie zu einer »visuellen Sprache«, in der auch arithmetische Sachverhalte zur Darstellung gelangen und bearbeitet werden können. Diese operative Bestimmung des Linienkalküls gibt die Grundlage dafür ab, dass die »analytische Kunst« nun auch für geometrische Problemlösungen eingesetzt werden kann. Die Traditionen der analytischen Kunst innerhalb der Mathematik gehen von den Schriften des Pappus von Alexandria aus, leben fort in den Techniken des späthellenistischen Algebraikers Diophantos und werden von dem Erfinder der symbolischen Algebra François Viète zu jener Form fortgebildet, an die dann Descartes anschließen wird.[54] Die analytische Kunst bildet kein Beweisverfahren, sondern – wie Mahoney betont[55] – ein Corpus von Problemlösungstechniken. Sie gehört dem Bereich der »*inventio*« an, ist Bestandteil der »*ars inveniendi*«.[56]

Der Kunstgriff der Analysis liegt darin, das Gesuchte als ein Gegebenes zu behandeln und damit dem Problem eine Form zu verleihen, bei der das Gesuchte vollständig aus den Bedingungen des Gegebenen ableitbar wird. Schon Viète war klar, dass die von

53 Ebd., S. 3.
54 Vgl. Krämer 1991, S. 134 ff.
55 Mahoney 1968, S. 319.
56 Vgl. Krämer 1991, S. 134 ff.

ihm erfundene symbolische Algebra die analytische Kunst als eine *Buchstaben*rechnung praktiziert, die sich unmittelbar auf die *Zeichen* und nicht auf die *Zahlen* bezieht. Er hat seine Algebra daher »*logistica speciosa*« – Rechnen mit Zeichen – genannt, im Unterschied zur »*logistica numerosa*«, dem Zahlenrechnen; gleichwohl blieb es für Viète unhinterfragt, dass die Algebra Regeln für das Rechnen mit Zahlen allgemeingültig notiert.

Descartes nun geht darüber hinaus, indem er die analytische Kunst des »Rechnens mit Zeichen« so interpretiert, dass als Referenzobjekte der Buchstaben nicht nur zählbare, sondern auch messbare Größen infrage kommen.

Descartes demonstriert die Reichweite seiner analytischen Kunst, das Gesuchte als Gegebenes zu behandeln und die algebraischen Operationen als Problemlösungstechniken einzusetzen, anhand eines aus der griechischen Antike überlieferten Problems: Das *Pappus-Problem* fragt nach derjenigen geometrischen Figur, deren Punkte die Bedingung erfüllen, dass bei einer variierenden Anzahl von fixierten Linien (2n oder 2n + 1) die Distanzen zwischen C und der Hälfte der Anzahl der Linien (n) gleich oder proportional sind zu dem Produkt der Entfernungen von C zu der Hälfte (n oder n + 1) der anderen Linien.

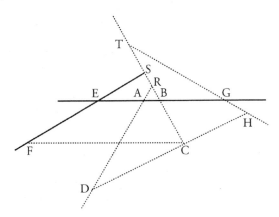

Abb. 45: Das Pappus-Problem bei Descartes, bezogen auf vier Linien (Descartes 1981, S. 13, zit. nach Krämer 1989, S. 21)

Pappus hatte das Problem für drei und vier Linien lösen können – der gesuchte Ort ist ein Kegelschnitt –, und er fand spezielle Kurven im Falle von 5 oder 6 Linien, doch über 6 Linien hinauszugehen, verbot das Homogenitätsprinzip, weshalb Pappus keine allgemeingültige Lösung angeben konnte. Genau diese allgemeingültige Lösung aber entdeckte Descartes, indem er die Strecken AB und BC wie Koordinatenachsen gebrauchte und herausfand, dass bei 4 gegebenen Geraden höchstens eine Gleichung zweiten Grades resultiert und – allgemeingültig notiert – bei n Geraden höchstens eine Gleichung n-ten Grades (n + 1 / 2-ten Grades) die gesuchte Figur definiert. Die geometrischen Kurven, die als Lösungen des Pappus-Problems infrage kommen, sind – auch dies zeigte Descartes – derart, dass sie durch einheitliche und aufeinander aufbauende Konstruktionsvorschriften – ausgehend von dem einfachen Fall der Konstruktion mit Zirkel und Lineal – mit Hilfe spezieller Zirkel erzeugbar sind. Typen von Gleichungen, Typen von Kurven und Typen von Konstruktionsmitteln korrespondieren einander.

Fassen wir zusammen: Descartes gibt der Linie einen zweifachen Funktionswert: Einmal bildet diese – im Sinne des cartesischen Koordinatensystems – ein universelles Bezugssystem, das es möglich macht, Figuren in Formeln und vice versa zu transformieren, mithin Geometrie und Arithmetik wieder aufeinander zu beziehen. Zum andern wird die Linie zu einem operativen Element einer kalkülisierten geometrischen Sprache zur Lösung algebraischer Probleme. Die Linie agiert somit sowohl als Medium einer darstellenden Sprache wie auch als epistemische Technik des Problemlösens.

Wir wenden uns nun einem weiteren Bereich zu, der von Descartes im Unterschied zu seiner »abstrakten Geometrie« als »konkrete« bzw. »angewandte Geometrie« gekennzeichnet wird[57] und einen Beitrag zur Meteorologie bildet. Wie *La géométrie* ist auch die Schrift *Les météores* als Anhang zu seinem *Discours de la méthode* erschienen und wird von Descartes als Feuerprobe und Beweis für die Fruchtbarkeit seines Methodengedankens eingesetzt. Er hat mit dieser Schrift – deren Charakter als »*philosophischer* Text« er gerade von den beiden anderen geometrischen und optischen Anhängen des *Discours* abgrenzt – das einflussreichste meteorologische Werk des 17. Jahrhunderts geschaffen.

57 Mahoney 1968, S. 319.

7.4. Meteorologie

Les météores zielt auf die Beschreibung und Erklärung von Naturphänomenen, mit denen Descartes sich in vielfältigen Experimenten und Beobachtungen auseinandergesetzt hat: Dazu gehören sublunare Wetter- und Leuchtphänomene wie die Entstehung von Winden, Wolken, Blitzen oder Regenbogen, aber auch die Entstehung von Kometen, Lawinen oder Erdbeben. Sein Ziel ist es, Erklärungen für diese Phänomene zu entwickeln, die nicht den Bahnen der bis dahin maßstabsetzenden aristotelischen Meteorologie folgen.[58] Descartes will Wetterphänomene nicht mehr – wie noch Aristoteles – mit substanziellen Eigenschaften von Feuer, Wasser, Erde oder Luft erklären, sondern die augenscheinlichen Differenzen der Materie aufgrund von Unterschieden erklären, die sich ausschließlich auf Lage, Gestalt und Bewegung von Materiepartikeln beziehen. Das aber sind Unterschiede, die im Medium graphischer Darstellungen sehr gut ausgedrückt und auch erklärt werden können. Und so entfaltet *Les météores* in der Perspektive der wissenschaftlichen Ikonographie eine »vollkommen neue Bildsprache«.[59] Christoph Lüthy vermutet sogar, dass es die visuelle Überzeugungskraft der vielfältigen Graphiken ist, welche der cartesianischen Alternative zu Aristoteles' Meteorologie überhaupt erst ihre suggestive Kraft verliehen hat.[60]

Himmelserscheinungen sind nicht deduzierbar. Programmatisch betont Descartes daher, dass in der Erklärung von terrestrischen Phänomenen »die Augen [...] die sichersten Richter« seien.[61] Wir können hier nicht den empirischen Zug der cartesischen Epistemologie genauer herausarbeiten,[62] also Descartes' Abrücken von Erklärungen a priori sowie seine Betonung, dass Experimente die Hypothesen in den *Météores* »hinreichend a posteriori [...]

---

58 Vgl. Aristoteles 1984. Zu Revisionen der aristotelischen meteorologischen Auffassungen in der Renaissance und warum daher eine disjunkte Gegenüberstellung von Aristotelismus und Cartesianismus in der Meteorologie zu simpel ist: Martin 2006, S. 1-16; Zittel 2009, S. 193 ff.

59 Zur »analytischen Kunst« als einer »ars inveniendi«: Krämer 1991, S. 134 f.

60 Descartes 1897-1913, II, S. 268: »Brief an Mersenne« vom 27. 7. 1638.

61 Vgl. Aristoteles 1984.

62 Ebd., S. 193.

demonstrieren«,[63] untersuchen. Wir konzentrieren uns allein auf den Aspekt, dass die leiblichen Augen, welche Descartes als »Richter« in der Erklärung von Naturphänomenen aufruft, hier eine Doppelrolle spielen: Sie haben natürliche oder experimentell erzeugte Phänomene zu beobachten, *und* sie haben die hypothetischen Visualisierungen von Unsichtbarem in Form von Graphiken anzuschauen und zu beurteilen. Genau mit diesem Wechselspiel von *Beobachtung* eines Phänomens und *Anschauung* einer graphisch dargestellten Hypothese etabliert Descartes eine neuartige Perspektive in der Meteorologie.

Klimaerscheinungen – das ist jedem vertraut – sind äußerst wechselhaft; sie gehören zu den immer noch kaum berechen- und vorhersagbaren, oftmals chaotisch verlaufenden Ereignissen. Überdies entziehen sie sich durch Entfernung (Wolken) und Zusammensetzung (Luft) der direkten Beobachtung. Die besondere Stellung der von Descartes in *Les météores* eingesetzten Visualisierungen liegt nun darin, dass Descartes einem die unsichtbare Mikrowelt der Materiepartikel, welche für ihn die Grundlagen der Makrowelt meteorologischer Erscheinungen bildet, in Form von graphischen Darstellungen vor Augen stellt.[64]

Die uns vertrauten Unterschiede kalt/warm, trocken/feucht, fest/flüssig gründen für Descartes in Differenzen, welche die Lage, die Gestalt, die Größe und die Bewegung der Teilchen betreffen. Beispielsweise ist etwas flüssig, wenn seine Teile leichter zu trennen sind als bei etwas Festem, und diese begriffliche Differenzierung wird in *Les météores* überaus plastisch erläutert: Die Flüssigkeit des Wassers wird darauf zurückgeführt, dass die kleinen Teile des Wassers »lang, untereinander verbunden und glitschig sind wie kleine Aale, die [...] sich doch niemals so verknoten und verhaken, daß sie nicht leicht wieder auseinander zu bringen wären«. Stellt man sich diese kleinen Aale nun »ganz trocken und steif vor Kälte am Ufer liegen[d]« vor, so hat man eine Analogie zu der Eisbildung, mit welcher die Bewegung gerinnt. Und der Unterschied zur Festigkeit der Erde ergibt sich wiederum daraus, dass deren Teile eine derartige Gestalt haben, »daß sie nur ein wenig sich zu verflechten brauchen, um sich zu verhaken und untereinander fest zu verbin-

63 Lüthy 2006, S. 103.
64 Descartes 1897-1913, Bd. VI, S. 277.

den, so wie die vielen einzelnen Zweige eines Busches zu einer Hecke zusammenwachsen«.[65]

Solche Analogiebildung mutet simpel an, um nicht zu sagen: naiv. Der wesentliche Punkt aber ist, dass Descartes damit haptisch und motorisch bedeutsame »Gestaltdifferenzen« als Grundverfassung der Materievielfalt einführt. Daher ist das Bild von der »aalglatten« Flüssigkeit des Wassers auch nicht substanziell-mimetisch, sondern strukturell-schematisch zu deuten: Descartes erklärt: »Man weiß sehr wohl, daß ich nicht davon überzeugen will, daß die Teile des Wassers die Gestalt irgendwelcher Tiere hätten, sondern nur, daß sie lang, miteinander verbunden und biegsam sind.«[66] Unterschiede in den meteorologischen Phänomenen ergeben sich also dadurch, dass den Partikeln infolge ihrer unterschiedlichen Gestalt unterschiedliche Bewegungs- und Verbindungsmöglichkeiten eigen sind. Was das für Descartes' Visulisierungspraktik bedeutet, wollen wir anhand eines Beispiels erläutern, bei dem er verschiedene Zustände des Wassers so mit Hilfe zweier Graphiken visualisiert, dass mit diesen Bildern die verschiedenen Aggregatzustände des Wassers – wie flüssig oder dunstförmig – eine Erklärung finden.

65 Zum Verhältnis apriorischer und aposteriorischer Erkenntnis im Rahmen der cartesischen Naturphilosophie: Larmore 1980, S. 6-22, 9 ff.
66 Brief an Vatier vom 22. Februar 1638; Descartes 1949, S. 102.

cercle N O P Q , en telle forte qu'on n'y pourra mettre
aucun autre cors, qu'elle ne le frappe incontinent auec
force, pour l'en chaffer : au lieu que fi vous la faites mou-
uoir plus l'entement, elle s'entortillera de foy mefme au-
tour de ce piuot , & ainfi n'occupera plus tant d'efpace.

De plus il faut remarquer que
ces vapeurs peuuent eftre plus ou
moins preffées ou eftenduës, & plus
ou moins chaudes ou froides, &
plus ou moins tranfparêtes ou ob-
fcures, & plus ou moins humides ou
feiches vne fois que l'autre. Car pre-
miere-

Abb. 46: Aggregatzustände des Wassers
(Descartes 2006, S. 210)

Abb. 46 enthält realistische (Wasser, Felsen, Wolke) und struktur-
bildliche Teile (die mit A, B, C, D, E, F und G bezeichneten Are-
ale); eine solche Verbindung von Mimesis und Schematismus findet sich in einer Vielzahl von Descartes' Visualisierungen. Das, was
diese Graphik anschaulich machen will, befindet sich in den mit
Buchstaben gekennzeichneten, strukturbildlich orientierten Area-
len. Außerdem ist das Verhältnis zum unteren Bild, das ebenfalls
mimetisch-figürliche und schematisch-diagrammatische Elemente
verbindet, wesentlich. Im Bereich von A haben die länglichen Was-
serteilchen sich in ihrer Bewegung um Salzkörner geschlungen und
repräsentieren die Flüssigkeit des Wasserkörpers. Im Bereich von B

verwandelt Wasser sich in Dunst: Dabei rotieren die Teilchen, insofern sie mehr Platz haben, sich auszudehnen. *Nicht* die Teilchen selbst, wohl aber ihre rotierende Bewegung wird mit den gestrichelten Kreisen angezeigt. Diese Darstellung der expansiven Eigenschaften von Wasserdampf wiederum erklärt Descartes mit seiner zweiten Zeichnung: ein Stab wird mit einem Loch versehen, durch das eine Schnur gezogen ist. Solange der Stab ruht, bewahrt die Schnur ihre längliche Form, mit der sie am Stab herunterhängt. Wird der Stab schnell gedreht, beschreibt die Schnur einen Kreis, der wegschlägt, was ihm im Wege liegt; kommt der Stab zur Ruhe, schlängelt die Schnur sich – platzsparend – um den Stab.[67] Die untere Zeichnung versteht Descartes als eine Experimentieraufforderung. Mit der Stabanalogie verbindet er eine Handlungsanleitung, anhand derer seine Erklärung für den sich ausdehnenden Aggregatzustand verdunstenden Wassers von jedermann praktisch überprüft werden kann.

Descartes betont, dass in den Regionen B, E und F der Dunst transparent ist, auch wenn die Geschwindigkeit der in B rotierenden Partikel hier abgebremst wird und sich daher in andere Partikelgestalten transformiert. Im Bereich C sei der Dunst undurchdringlich und undurchsichtig, weil seine Teilchen nicht mehr in freiem Bewegungsfluss sind; bei G wiederum wird Wind erzeugt durch Verlangsamung der Drehung und durch Verlassen des Raumes, den die Partikel bei E und F vorher eingenommen haben.[68]

Worin nun besteht die epistemische Funktion dieses Bildes?

Es geht um die Visualisierung einer *theoretischen Annahme* über die Ursachen meteorologischer Phänomene. Die Essenz der Zeichnung besteht darin, das Bild einer Dynamik vorzuführen: Alltagsweltlich erfahrbare unterschiedliche Gegebenheitsweisen von Wasser werden als »Effekte von Bewegungen«[69] kleiner Partikel dargestellt. Nicht primär diese Teilchen selbst, vielmehr ihre Bewegungsformen werden dargestellt – etwa in Form der kreisförmigen Gebilde im Bereich B: »Es sind vielmehr Bewegungen, aus denen sich das Bild zusammensetzt.«[70] In jedem Fall ist es für Menschen-

67 Descartes 2006, S. 53.

68 Ebd.

69 »[…] Descartes for the first time introduces his graphic representation of otherwise invisible elementary particles«; Lüthy 2006, S. 101.

70 Descartes 2006, S. 35.

augen gewöhnlich Unsichtbares, das hier zur Darstellung kommt: Mit den Worten Claus Zittels: Es geht um einen »Röntgenblick auf das dynamische Geschehen, das sich unter und auf der sichtbaren Oberfläche der Natur ereignet«.[71]

Dieser »Röntgenblick« liefert jedoch kein Abbild, sondern ist ein graphisches Konstrukt, dessen Bausteine ein »morphologisches Alphabet« bilden.[72] Tatsächlich ist Descartes' umfangreiche wissenschaftliche Praxis, die allzu lange zugunsten seiner Metaphysik philosophisch ausgeblendet blieb, mit ihrer Synthese aus Experiment, Beobachtung und Erfahrung von einer starken morphologischen Tendenz geprägt: Es gilt, Objekte zu sammeln, zu beschreiben und zu vergleichen; so können Phänomene geordnet und die Zusammenhänge zwischen ihnen durch Vergleich zutage gefördert werden. Pendant – zugleich aber auch Grundlage – dieser morphologischen Tätigkeit ist der Graphismus einer ikonischen Anordnung unsichtbarer Phänomene im Anschauungsraum des Diagramms. Die von uns diskutierte Zeichnung ist keine Abbildung einer Wetterlage, sondern das Diagramm der Übergänge zwischen verschiedenen Bewegungsformen unsichtbarer Partikel. Es gibt also keine Ähnlichkeit zwischen den beobachtbaren und den gezeichneten Objekten im figürlich-mimetischen Sinne. Daher kann die Zeichnung als *Visualisierung einer Hypothese* bezeichnet werden, die sich auf einen unsichtbaren Sachverhalt bezieht, der – allerdings hypothetisch – sichtbar gemacht wird.

Die Zeichnung erfüllt somit die Aufgabe eines Mittlers: Sie vermittelt – so Peter Galison – zwischen sichtbarer und unsichtbarer Welt.[73] Gedankliche Annahmen und Hypothesen werden vermittelt mit dem, was lebensweltlich erfahrbar ist – denken wir etwa an Descartes' Zeichnung der am Stab befestigten Schnur, deren Bewegung die Ausdehnung des Wassers bei der Verdunstung plausibel machen soll. Kurzum: Das schematische Bild vermittelt Denken und Anschauung.

Bei alldem darf wiederum nicht vergessen werden: Diese Bilder sind nicht selbsterklärend. Nur in enger Interaktion mit dem Text enthüllt sich der ikonische Sinn der Visualisierungen.

71 Zittel 2009, S. 211, 227.
72 Descartes 2006, S. 53.
73 Galison 1984, S. 311-326.

7.5. Zur Visualität des cartesischen Erkenntnisprogramms

Nachdem wir beispielhaft und – gemessen am Reichtum vorhandener cartesischer Visualisierungen – überaus kursorisch Descartes' *konkreten* Einsatz von Diagrammen in seinen einzelwissenschaftlichen Forschungen vorgestellt haben, gehen wir jetzt über zu deren methodisch-epistemologischem Widerhall in Descartes' Philosophie des Geistes, seiner Theorie der Kognition und seiner allgemeinen Methode der Erkenntnis. Dazu wenden wir uns den *Regulae ad Directionem Ingenii* zu,[74] einer methodischen Frühschrift, die als Regelwerk zur Ausrichtung der Geisteskraft angelegt ist, allerdings unvollendet bleibt[75] und erst posthum veröffentlicht wird.[76] Obwohl lange Zeit im Schlagschatten des *Discours* liegend, ist die zentrale Bedeutung, die den *Regulae* für das Verständnis der cartesischen Methode zukommt, in der Zwischenzeit erkannt. Recht sicher ist, dass es mindestens zwei Phasen – 1619/20 und 1626/28 – gegeben hat, in denen die *Regulae* komponiert und niedergeschrieben wurden,[77] und klar ist überdies, dass Descartes bei ihrer Niederschrift die metaphysische Wende hin zum Körper-Geist-Dualismus noch nicht vollzogen hat. Unsere Aufmerksamkeit gilt der in dieser Frühschrift entfalteten Theorie des Denkens und der Methode, denn deren Zentrum bildet Descartes' Einsicht in die erkenntnisfördernde und erkenntnistechnische Rolle der Figürlichkeit: Menschliche Erkenntnis bedarf der Erkenntnistechnik der »Figuration«,[78] deren idealtypische Umsetzung die graphische Konfiguration ist, welche die Einbildungskraft (*imaginatio*) zeichnet. Das ist die Leitidee, deren Rekonstruktion wir uns jetzt zuwenden.

74 Descartes 2011.
75 Im Gesamtplan spricht Descartes von 32 Regeln; 21 hat er niedergeschrieben, wobei die letzten drei davon (die Regeln 19, 20 und 21) nur in Form von Überschriften ohne Kommentar existieren.
76 Zur Editionsgeschichte: Descartes 1897-1913, X, S. 351-357; Wohlers 2011, S. XXVII ff.
77 Zur Rekonstruktion dieser Phasen: Schuster 1977, S. 216; 1980, S. 41-96; Stephen Gaukroger plädiert für drei (Gaukroger 1995, S. 111); Jean-Paul Weber, der die abweichenden Entstehungszeiten erstmals gründlich diagnostizierte, macht noch feinkörnigere Unterscheidungen; Weber 1964.
78 Wir folgen mit dieser Wortbildung Dennis L. Sepper: siehe z. B. seine »technique of figuring«; ders. 1996, S. 57, oder sein »figurate reasoning«; ebd., S. 61.

7.5.1. Imagination

Zwei Studien über Descartes haben die Akzentuierung dieser Leit-idee angestoßen. Ihre Autoren – anders etwa als Zittel und Lüthy, die Descartes als Strategen der wissenschaftlichen Visualisierung gerade unter Vernachlässigung seiner mathematischen Arbeit ana-lysiert haben – gehen dabei von Descartes' *mathematischen* Intenti-onen aus: John A. Schuster hat gezeigt, dass die *Regulae* als Entwurf einer *Mathesis universalis* gelten können,[79] welche die Relationen zwischen Größen beliebiger Dimension mit Hilfe einer Logistik zweidimensionaler Extensions-Symbole untersucht. Allerdings hat Schuster diese Logistik extensionaler Symbole so verstanden, dass diese – von Descartes im Gehirn lokalisierte – Imagination einen *mentalen* Bildschirm der Aufzeichnung und Manipulation von Symbolen bereitstelle.[80] Weit radikaler noch als Schuster hat Dennis L. Sepper dann die Rolle der Imagination für Descartes' Erkenntniskonzeption im Allgemeinen wie für die Mathematik im Besonderen untersucht und im Rückgang auf die *Regulae* deren Rolle und Funktionsweise rekonstruiert.[81] Vermittelnd zwischen Anschauung und Intellekt, ist die Imagination für Sepper mit der Aktivität des Bildermachens und der symbolischen Figuration ge-nuin verbunden. Im Horizont seines psychologischen Ansatzes ist diese Kraft der Imagination – hierin ähnelt er Schuster – primär eine *kognitive* Vorstellungskraft: Es ist die Fähigkeit, beim Denken Bildliches in Form von Vorstellungen zu evozieren.

Dass Vorstellungsbilder beteiligt sind, wo immer Bilder eine ko-gnitive Aufgabe zu erfüllen haben, leuchtet ein. Und doch ist dies nur die »halbe Wahrheit«. Gerade der deutsche Begriff des Bildes, der die Trennung zwischen »*image*« und »*picture*«, zwischen inne-rem und äußeren Bild vom Wort her nicht kennt, legt nah, das, was das Bild für das Denken bedeutet, stets auch unter Einschluss unseres externen Umgangs mit Bildern zu bestimmen.

Die Doppelbedeutung von innerem und äußerem Bild, die un-serem Wortgebrauch eigen ist, findet sich nun – so jedenfalls un-

---

79 Schuster 1980 entwickelt eine vorzügliche Rekonstruktion der *Regulae* unter dem Gesichtspunkt, dass Descartes methodisch darin (abstrakte) Mathematik und (konkrete) Physik vereinigt.

80 Schuster 1980, S. 67.

81 Vgl. Sepper 1996.

sere Vermutung – auch für jenen Begriff der »*imaginatio*«, der in Descartes' früher Erkenntnistheorie zentral ist. Denn es lässt sich zeigen, dass die cartesische Imagination, verstanden als eine für das wissenschaftliche Erkennen unersetzliche Kraft, gerade nicht auf die mentale Innenwelt zu beschränken ist, sondern Züge einer auf die Vermittlung zwischen Sinnlichkeit und Denken abzielenden Exteriorität annimmt, deren Kern im Anschauen von und Operieren mit sinnlichen Figurationen besteht. In den *Cogitationes Privatae* notiert Descartes: »Wie die Imagination Figuren verwendet, um Körper begreiflich zu machen, so verwendet der Verstand gewisse sinnliche Körper, […] um spirituellen Dingen Gestalt zu geben.«[82] Und in der 12. Regel der *Regulae* betont er, dass die Imagination ein »Hilfsmittel des Verstandes« ist,[83] der dabei noch von den Sinnen und dem Gedächtnis unterstützt wird.[84]

»*Imaginatio*« wollen wir – hierin von Christian Wohlers Übersetzung abweichend[85] – mit »Einbildungskraft« übersetzen. Gewöhnlich wird eine epistemisch produktive Rolle der Einbildungskraft mit Immanuel Kant verbunden, der ihr die Funktion einer subjektiven Erkenntnisquelle zugesprochen hat.[86] Doch bereits bei Descartes ist die Imagination ein in wissenschaftlicher Urteilsbildung fundiertes Erkenntnisinstrument, das über die Psychologie mentaler Vorstellungskraft hinausreicht, insofern es mit räumlich situierten bildgebenden, diagrammatischen Verfahren arbeitet. So markiert Descartes einen Wendepunkt, an dem die mentale Imagination »körperhaft« wird; und das nicht nur, insofern sie für Descartes tatsächlich ein körperliches (und eben nicht rein geistiges) Vermögen ist, sondern weil die der Imagination eigene Visualisierungskraft in der Extensionalität und also Exteriorität der Figuration gründet.

In unserem alltäglichen Sprachgebrauch ist die Imagination als

---

82 Descartes 2011, S. 197; Wohlers übersetzt »*Imaginatio*« stets mit »Anschauung«. Dies ist eine problematische Übersetzung, denn »Einbildungskraft« wäre zweifellos angemessener. Wir verwenden daher statt Wohlers' »Anschauung« hier Descartes' Wort »Imagination«.

83 Ebd., S. 91.

84 Ebd.

85 Konsequent übersetzt Wohlers in der 2011 erschienen neuen Übersetzung der *Regulae* »*imaginatio*« mit »Anschauung«.

86 Kant 1781 / 1787, A 15.

oftmals trügerische Einbildung weitgehend marginalisiert, wenn nicht diskreditiert. Wo wir uns etwas einbilden, verfehlen wir das Reale. Anders die philosophische Erkenntnistheorie, für welche die Fähigkeit zur Erfassung von Realem verknüpft ist mit der Einbildungskraft. Schon Aristoteles verbindet die *phantasía*, die zwar wahrnehmungsanalog, doch von unmittelbarer Wahrnehmung gerade abgelöst ist, mit einem Urteilsakt, der unsere Vorstellungen zwar irrtumsanfällig macht, ihnen zugleich aber ein epistemisches Potenzial verleiht.[87] Das Besondere an Vorstellungen – dies zeigt gerade die mittelalterliche Debatte um *imaginatio*/*phantasia* bei Albertus Magnus und Thomas von Aquin[88] – besteht darin, dass in der Imagination Gegenstände ohne Materialität präsent gemacht werden, so dass der Intellekt die allgemeine Gestalt dieser Erkenntnisobjekte dann umso besser zu erfassen vermag. Entmaterialisierung und Verallgemeinerung arbeiten einander im Medium der Einbildungskraft zu. Worauf es nun ankommt, ist, dass diese »Verallgemeinerung durch Entmaterialisierung« in der Figuration von Relationen eine graphische Basis findet, welche wiederum als eine »Materialisierung des Allgemeinen« zu begreifen ist. Dieser Gedanke, dass das Allgemeine – und damit auch Unsichtbare – durch schematische Figuration auf eine »entkörperte« und doch zugleich sinnlich präsente Weise sichtbar gemacht werden kann, wird zum Kern der erkenntnisfördernden Rolle der Einbildungskraft beim frühen Descartes.

7.5.2. Intuition und Deduktion

Der junge Descartes lässt keinen Zweifel daran, dass wissenschaftliches Wissen nur auf zwei Weisen erworben werden kann: entweder durch Intuition oder durch Deduktion.[89] Der Begriff der Intuition taucht in der Philosophie des reifen Descartes nicht mehr auf; doch das Erbe seiner ursprünglichen Idee von »Intuition«, das in der erkenntnisfundierenden Rolle von Distinktheit, Klarheit und Evidenz besteht, bleibt das durchgängige Motiv seiner Methodik und Erkenntnistheorie.

»*Intueri*« bedeutet ursprünglich »anschauen«, »betrachten«,

---

87 Aristoteles 1998, S. 427 ff.
88 Vgl. Trede 1972, s. v. »Einbildung, Einbildungskraft«, Sp. 346.
89 Vgl. Descartes 2011, S. 17, Regel 3.

»den Blick auf etwas richten«, »etwas ins Auge fassen«, ehe es dann in der philosophischen Verwendung zum Synonym für »erkennen« wird. Descartes betont in der Regel 3, in welcher er »Intuition« einführt, dass er sich von der Art entferne, in welcher »Wörter in letzter Zeit an den Universitäten gebraucht worden sind«,[90] und sich stattdessen an der ursprünglichen Bedeutung der lateinischen Termini orientiere. Somit ist klar, dass »Intuition« durch die visuellen Komponenten des lateinischen Verbs »*intueri*« geprägt ist, also vom Wortfeld der Wahrnehmung, Anschauung und Betrachtung zehrt.[91] Dem entspricht, dass Descartes in Regel 9 betont: »Wir erkennen nämlich aus dem Vergleich mit den Augen, wie die Intuition des Geistes verwendet werden muß.«[92] Was immer Intuition für den Intellekt leistet: Es ist einem Akt des Sehens analog zu setzen. Wir sprechen hier absichtsvoll vom »*Akt*« des Sehens, also dem Sehen als einem Vollzug. Einzusehen, wie sich etwas verhält, geschieht oftmals schlagartig: Zusammenhänge werden so blitzartig klar, »wie Schuppen von den Augen fallen«. Doch Descartes betont gerade, dass die Intuition – wie auch die Deduktion – »*Tätigkeiten* des Verstandes sind«[93] (Herv. S. K.). Akzentuiert gesagt: Eine intuitive Erkenntnis zu haben, widerfährt einem nicht einfach, sondern beruht auf einer Art von Arbeit, die darin besteht, die Bedingungen zu erzeugen, unter denen Intuition möglich ist.

Für das mit der Intuition verbundene Anschauen ist wesentlich, dass es zweifelsfrei, mithin »klar und evident« ist.[94] Dass »Klarheit« mit dem Gesichtsfeld und dem Sehen verbunden ist, liegt auf der Hand. Und das gilt auch für die Evidenz, die sich in den lateinischen Termini »*evidens*«, »*evideri*« auf das bezieht, was klar erscheint. Schon Cicero hatte als Synonym für »*evidentia*« die »*perspicuitas*« angegeben:[95] Die Wahrheit leuchtet offenkundig ein, sie fällt unmittelbar ins Auge, und wir erlangen Gewissheit in und durch eine Anschauung, die selbst nicht mehr graduierbar ist.

Descartes charakterisiert diese anschauungsfundierte Gewissheit noch einmal anders: Eine Intuition zu haben, heißt, von einem

90 Vgl. ebd., S. 19, Regel 3.
91 Darauf wird auch verwiesen in Sepper 1996, S. 124; Zittel 2009, S. 79.
92 Vgl. Descartes 2011, S. 73, Regel 9.
93 Vgl. ebd., S. 17, Regel 3: »intellectus nostri actiones«.
94 Ebd., S. 15.
95 Cicero, zit. nach Halbfass 1972, II, Sp. 830.

»zweifelsfreien Begriff des reinen und aufmerksamen Geistes, der allein im Licht der Vernunft seine Wurzeln hat«,[96] auszugehen.

Zweierlei ist daran aufschlussreich: (i) die Aufmerksamkeit und (ii) »das Licht der Vernunft«.

(i) Die Aufmerksamkeit ist ein entscheidendes Attribut des Geistes nicht nur in den *Regulae*; sie wird von Descartes explizit mit dem Betrachten und Erfassen der Gegenstände des Erkennens verbunden.[97] »Aufmerksam zu sein«, betrifft den bewussten Teil unserer geistigen Aktivität. Die gelenkte Konzentration des Blicks blendet aus, was außerhalb des Fokus liegt. Aufmerksam oder unaufmerksam zu sein, ist das, was in unserer Macht steht und von uns selbst kontrollierbar ist.

(ii) Zugleich assoziiert Descartes diese Aufmerksamkeit mit dem »natürlichen Licht der Vernunft«: Er versteht darunter – ausgeführt in Regel 1[98] – nicht einen nach wissenschaftlichen Disziplinen spezifizierten Intellekt, sondern eine Gabe des Geistes, die allen zuteilwird, die sogar gleich verteilt ist und die ebenfalls – wie die Lichtmetapher signalisiert – dem Sehen verwandt ist.

Halten wir fest: Die Intuition ist ein geistiger Akt, der in Analogie zum Sehen von etwas, das unmittelbar präsent ist, begriffen wird und in einer Einsicht resultiert, die untrüglich ist. Doch welcher Art sind die Gegenstände, die Objekte einer Intuition werden können? Unsere Vermutung ist: Diese Gegenstände sind nicht einfach in der Welt vorkommende Phänomene, sondern sind mit Hilfe von Bezugssystemen dargestellte »epistemische Dinge«, unter denen wiederum Relationen eine bevorzugte Stellung einnehmen. Das, was die Intuition in einem dem Sehen analogen Modus erfasst, ist prototypisch realisiert in der schematischen Visualisierung von Erkenntnisgegenständen. Descartes selbst gibt dazu in der dritten Regel einen entscheidenden Hinweis: »2 + 2 ergeben dasselbe wie 3 + 1.« Dies charakterisiert er als eine Folgerung (»*consequentia*«), die auf drei intuitiven Einsichten beruht: (i) 2 + 2 = 4, (ii) 3 + 1 = 4, so dass daraus (iii) 2 + 2 = 3 + 1 notwendig zu schließen ist. Dieses Beispiel scheint nicht unproblematisch: Jean Luc Ma-

---

96 Vgl. Descartes 2011, S. 19 (AT, X, 368), Regel 3.
97 So in der Antwort auf die zweiten Einwände in den *Meditationes*; hier wünscht sich Descartes Leser, die »sich die Mühe geben wollen, mit mir den Gegenstand aufmerksam zu betrachten und über ihn nachzudenken«; Descartes 1972, S. 142.
98 Vgl. Descartes 2011, S. 7 (AT, X, 361), Regel 1.

rion gibt zu bedenken, dass keineswegs ausgemacht ist, ob die Zahl 4 tatsächlich erzeugt wird durch eine Additionsoperation oder ob sie dieser Operation nicht vielmehr als das Einfachere vorausgeht.[99] Seppers vermutet sogar, dass das für Descartes ungelöst bleibende Problem, was einfach und was zusammengesetzt ist, ihn letztlich dazu führte, die *Regulae* aufzugeben.[100] Aber lenkt die Frage nach der – einfachen oder zusammengesetzten – »Natur« der Zahlen überhaupt auf die richtige »Fährte«, zum Verständnis dieses von Descartes gegebenen Beispiels? Die Propositionen, die Descartes hier anführt, sind keine umgangssprachlichen Ausdrücke, vielmehr *Inskriptionen*: im Dezimalsystem notierte Gleichungen. Descartes selbst ist ein Wegbereiter der modernen mathematischen Notation in Arithmetik und Algebra.[101] Das, was in diesem Beispiel präsent ist, sind somit nicht einfach Zahlen, vielmehr *Zeichenausdrücke auf dem Papier*, die ineinander »übersetzbar«, also umformbar sind. »2 + 2« und »3 + 1« sind gleichwertig, insofern der Vergleich *zeigt*, dass beide Gleichungen auf dasselbe Ergebnis führen. Es wäre Descartes nicht schwergefallen, seinem Beispiel die Form eines logisch gültigen Syllogismus zu geben:[102]

(1) Was einem Dritten gleich ist, ist untereinander gleich.
(2) »2 + 2« und »3 + 1« sind einem Dritten gleich, nämlich »4«.
(3) »2 + 2« ist gleich »3 + 1«.

Descartes verfügt – dies lässt sich aus Passagen in Regel 12 entnehmen – durchaus über das für eine solche logische Urteilsfolge nötige Wissen.[103] Doch er organisiert sein Beispiel eben *nicht* in Gestalt einer logischen Folge von Sätzen, sondern als eine *Abfolge von Konfigurationen*. Worin dieser Unterschied besteht, zeigt sich, sobald wir auf eine figürliche Darstellungsweise des Beispiels rekurrieren, die Descartes in Regel 15 selbst nahelegt.

Noch unmittelbarer als bei der arithmetischen Notation zeigt

---

99 Marion 1992, S. 115 ff.

100 Sepper 1996, S. 131.

101 Vgl. Cajori 1928, S. 346 ff.

102 Dies ist schon entwickelt, vgl. Krämer 1991, S. 189; zur syllogistischen Rekonstruktion: Curley 1978, S. 29.

103 Vgl. Descartes 2011, S. 105 (AT, X, 419), Regel 12: »Alles, was einen Dritten gleich ist, ist untereinander gleich [...].«

sich in der figürlichen Repräsentation, dass die graphische Zusammenführung der Flächen »2 + 2« und »3 + 1« jeweils in einer Fläche resultiert, die in beiden Fällen – das sieht man auf »Anhieb« – gleich groß ist.

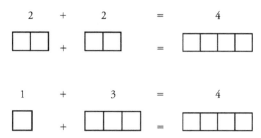

Abb. 47: Numerische und figürliche Repräsentation der Addition 2 + 2 = 4 und 3 + 1 = 4 (vgl. Descartes 2011, S. 163, Regel 15)

Das Vergleichen in der Simultaneität eines Überblicks bildet den Kern der Intuition. Vergleiche werden erst möglich, wenn etwas nebeneinandergestellt wird, wenn man also eine Reihe aus Elementen bildet, zwischen denen verglichen werden kann. Das Beispiel, an dem Descartes die Intuition vorführt, dient nicht dem Sichtbarmachen eines einzelnen Gegenstandes, sondern vielmehr einer *Relation* zwischen Gegenständen, die innerhalb eines Bezugssystems homogenisiert sind: Es geht also um das Verhältnis zwischen den *Darstellungen von Gegenständen*. Angesichts der wenigen Glieder dieser Reihenfolge, die im Beispiel aus nur zwei Propositionen besteht, die zu einer dritten führen, kann der ganze Sachverhalt tatsächlich auf einen Blick erfasst werden. Sobald allerdings die infrage stehenden Glieder sich zu einer längeren Kette fädeln, ist dieser Überblick verwehrt – und an dieser Stelle kommt dann die Deduktion ins Spiel: Diese wird für Descartes dann zu einer Abfolge von Intuitionen.

Deduktion – darauf haben Krämer[104] und Detel[105] hingewiesen – ist nicht im wissenschaftstheoretischen Sinne eines axiomatisch-deduktiven Systems und damit technisch als *logischer* Folge-

104 Krämer 1991, S. 181-192.
105 Detel 2000, S. 249-258.

rungszusammenhang zu verstehen. Descartes' Syllogismuskritik in den *Regulae* ist radikal und wird in verschiedenen Schaffensperioden auch beibehalten.[106] Für ihn kann man »durch diese Form nichts Neues« erfassen.[107] Im Horizont der Intention Descartes', eine Methodik zu entwickeln, die dem Auffinden *neuer* Erkenntnisse dient, sich also primär als *ars inveniendi* versteht, nimmt »Deduktion« bei ihm einen veränderten, an die Intuition unmittelbar an- und diese einschließenden Sinn an: »Deduktion« zielt auf eine »kontinuierliche und nirgendwo unterbrochene Bewegung des Denkens [...], in der das Einzelne transparent intuitiv erkannt wird, nämlich genau so, wie wir erkennen, dass das letzte Glied einer langen Kette mit dem ersten verknüpft ist«.[108] Das Bild der Kette (»*catena*«) als epistemischer Terminus ist bemerkenswert.[109] Schuster spricht von Descartes' »enchainment vision of knowledge«.[110] Aufeinander aufbauende Erkenntnisse als Glieder einer Kette zu charakterisieren, impliziert, dass dem Erkennenden der Überblick über den Zusammenhang aller Glieder ab einer bestimmten Länge verloren geht. Da nur benachbarte Glieder dann noch auf einen Blick erfasst werden können,[111] liegt die Garantie, einen Irrtum im Durchlaufen der Kette zu vermeiden, alleine in der Lückenlosigkeit und damit der Kontinuität einer die Aufeinanderfolge der Kettenglieder »abschreitenden« Denkbewegung. Die Deduktion wird zur wahrheitsgarantierenden Mobilitätsform des Gedankens, die in jedem Schritt der Anschauung bedarf. Nicht nur bedarf die Deduktion, wie im gewöhnlichen axiomatisch-deduktiven Verfahren, eines selbstevidenten Ausgangspunktes; vielmehr muss auch jeder ihrer weiteren Schritte evident sein. Das ist nur möglich, wenn das unmittelbare Objekt der fortschreitenden kognitiven Bewegung

---

106 Vgl. die Syllogismuskritik im *Discours*; Descartes 1960, S. 29 (AT, VI, 19).

107 Vgl. Descartes 2011, S. 83, Regel 11.

108 Vgl. ebd., S. 21; Regel 3. Die Kontinuierlichkeit dieser nirgendwo unterbrochenen Bewegung hebt Descartes auch in Regel 11 hervor; ebd., S. 83.

109 Vgl. Zittel 2009, S. 79; sowie Wolfgang Detel, der hervorhebt, dass Deduktion bei Descartes auf das schrittweise Erfassen längerer Vergleichsketten zielt; Detel 2000, S. 249.

110 Schuster 1980, S. 54.

111 Wir können »nicht alle Glieder einer längeren Kette mit den Augen in einer Intuition unterscheiden; wenn wir aber die Verknüpfung der einzelnen Glieder mit den jeweils nächsten gesehen haben, genügt das dennoch.« Descartes 2011, S. 53.

nicht einzelne – verstehbare – Sätze sind, sondern – sichtbare – Konfigurationen.

Ebendies ist der für unsere diagrammatologische Rekonstruktion Descartes' entscheidende Punkt: Sowohl die Intuition wie auch die Deduktion beziehen sich nicht unmittelbar auf sprachliche Äußerungen, sondern auf sichtbare Konfigurationen, die ihrerseits dem, was ein »körperliches Ding« ist, näher stehen als dem, was ein »verstehbarer Satz« ist. Die wahrnehmbare und handgreifliche Körperlichkeit ist für das cartesische Verfahren der Figuration als Darstellungs- und Problemlösungstechnik entscheidend. Werfen wir nun einen genaueren Blick auf jene Denkbewegung, die durch Intuition und Deduktion ermöglicht wird.

7.5.3. Serialisierung als Leitbild der Methodik

Descartes kommt immer wieder auf sein Bild der Kette zurück. Dieser korrespondiert als geistige Handlung das Sammeln (»*colligere*«) und die Aufzählung (»*enumeratio*«), mit der die Dinge in Gestalt von Serien anzuordnen sind.

Etwas in Reihen anzuordnen, scheint – als Erkenntnistechnik genommen – denkbar schlicht. Warum schätzt Descartes die Aneinanderreihung dann so sehr? Immerhin charakterisiert er die Aufzählung als die nützlichste unter den Erkenntnistechniken und fährt in Regel 6 fort: »[A]lle Dinge [lassen] sich in bestimmte Serien anlegen, und zwar nicht insofern sie auf irgendeine Gattung des Seienden zurückgeführt werden, so wie Philosophen sie in Kategorien eingeteilt haben, sondern insofern sie auseinander erkannt werden können«.[112] Das also ist die erkenntnistechnische Pointe der Aufzählung, wie Descartes sie versteht: Die dabei gestiftete Ordnung der Dinge ist nicht ihrer jeweiligen Natur geschuldet, so etwa wie Aristoteles Dinge nach ihrer Essenz in Gattung und Art klassifizierte. Descartes betont, »daß wir hier die Serie der zu erkennenden Dinge und nicht die Natur jedes einzelnen Dinges betrachten«.[113] Er sortiert Gegenstände in ihrer Eigenschaft als Erkenntnisobjekte und damit relativ zum Maßstab ihrer Erkennbarkeit: Keine Ordnung der Natur, sondern eine Wissensordnung, nicht die Aufdeckung einer natürlichen Abkünftigkeit, sondern die

112 Ebd., S. 39. Regel 6.
113 Ebd., S. 41.

Etablierung einer pragmatischen Reihenfolge ist sein Ziel.[114] Das aber ist eine Ordnung, die in unserer Macht steht: Sie hat den Charakter einer »Anordnung«.

In dieser Anordnung – so Descartes – ist der Unterschied zwischen »absolut« und »respektiv«[115] zu berücksichtigen.[116] »Absolut« ist, was im höchsten Grade einfach und nicht weiter reduzierbar ist: Es steht deshalb am Anfang der Serie. Was »respektiv« ist, hängt in seiner Erkennbarkeit von anderem ab und folgt einem Anfangsglied nach. Der Unterschied von »absolut« und »respektiv« ist also abhängig vom Erkenntnisinteresse und seinerseits nicht absolut, vielmehr variabel. Descartes gibt dafür ein – auch diagrammatisch – aufschlussreiches Beispiel: Wenn es um das Verständnis des Messbaren geht, dann ist »Ausdehnung« (»*extensio*«) das Absolute; wenn es aber um das Verständnis von Ausdehnungen geht, ist wiederum die Länge (»*longitudo*«) absolut. So verbürgt die immer auch anders konfigurierbare Reihenordnung, dass das jeweils erste Glied den Maßstab aller übrigen abgibt, deren Nähe oder Ferne dadurch bedingt ist, in welchem Maße sie Anteil haben an dem, worin das erste Glied vorbildlich ist.

Es geht also um eine übersichtliche Darstellung, bei der eine räumliche Eigenschaft – die Entfernung zum Anfangsglied – zum Ausweis der epistemischen Abhängigkeit wird in Gestalt der jeweiligen Position in der Serie der aufgereihten Wissensgegenstände. So ist mit der Räumlichkeit der je vorgenommenen Anordnung zugleich der Weg des Erkennens vorgebildet: Je weiter ein Kettenglied vom Anfang entfernt ist, umso weiter entfernt ist es von der Wahrheit (wie Descartes sich ausdrückt), und umso länger ist der zu seiner Erkenntnis zurückzulegende Weg.[117]

Eine solche Verräumlichung der Erkenntnissituation ist bemerkenswert. Descartes' *Regulae* sind durchsetzt mit der Metapher des Weges, denn zu erkennen, heißt für ihn, einen Weg zu durchlau-

---

114 Es geht darum, »[…] daß wir hier die Serie der zu erkennenden Dinge und nicht die Natur jedes einzelnen Dinges betrachten.« Ebd.

115 Wohlers hat in den *Cogitationes Privatae* »respectivus« stets mit »relativ« übersetzt.

116 Descartes 2011, S. 41 f.

117 »Die ganze Verschiedenheit ist eine solche des Weges, der sicherlich länger sein muß, wenn er von den ersten und am meisten absoluten Prinzipien zu einer weiter entfernten Wahrheit führt.« Ebd., S. 73.

fen.[118] Um nur einige Beispiele zu geben, die von der Omniprä-
senz der Denkfigur des Weges zeugen: Es wird konzediert, dass sich
auf »verschiedenen Wegen nach der Erkenntnis ein und desselben
Sachverhalts fragen lässt«;[119] es geht um die Aufzählung aller Wege,
»die den Menschen zur Wahrheit offenstehen, um dem sichersten
zu folgen«;[120] Intuition und Deduktion werden als die »sichersten«
Wege charakterisiert, »die zum Wissen führen«;[121] das Gedächtnis
hat bei langen Folgerungen Schwierigkeiten, sich an »die gesamte Wegstrecke zu erinnern«;[122] die Serialisierung gibt die »Stufen
zur Erkenntnis« vor, über die »aufzusteigen« ist.[123] Zuletzt sei auf
eine Verwendung der Wegmetapher hingewiesen, welche Descartes' Kette der Erkenntnisgegenstände mit dem orientierenden Faden im Labyrinth vergleicht: Regel 5 expliziert die Methodik der
Serialisierung als eine Stufenfolge des Erkennens, und Descartes
empfiehlt, diese Regel genauso zu befolgen, »wie jemand, der ein
Labyrinth betreten will, dem Faden des Theseus folgt«.[124] Nicht erst
Leibniz hat also den Ariadnefaden zum Leitbild seiner Erkenntnismethodik erhoben,[125] sondern schon bei Descartes findet sich
eine Analogie zwischen dem Weg des Erkennens und einer Orientierung durch einen methodischen »Leitfaden«. Und wie später
bei Leibniz, ist auch bei Descartes die handgreifliche Räumlichkeit und »Dingnatur« dieses Leit-Fadens mehr als eine Metapher:
Denn Gegenstände nicht ihrer natürlichen Beschaffenheit nach,
sondern gemäß der Wissensordnung zu sortieren, heißt für ihn, sie
im Medium eines externalisierbaren Darstellungssystems so zu homogenisieren, dass das Vergleichen möglich wird. Die epistemische
Aufgabe der Serialisierung zielt auf Vergleiche, die für Descartes zur
kognitiven Basisoperation avancieren.[126]

118 Ebd., S. 51.
119 Ebd., S. 47.
120 Ebd., S. 63.
121 Ebd., S. 21.
122 Ebd., S. 49.
123 Ebd., S. 37.
124 Ebd.
125 Leibniz 1965a, II, S. 371; 1965b, IV, S. 482; ebd., S. VII, 17.
126 Zum Vergleich als epistemischer Elementaroperation: Descartes 2011, S. 39, 139.

7.5.4. Mathesis universalis

Vergleiche fördern Relationen zutage. Die kettenartige Aneinanderreihung der Erkenntnisgegenstände ist eine Technik, nicht Einzeldinge, vielmehr die Verhältnisse zwischen ihnen einsehbar zu machen. Den Kern dieser Verhältnisbestimmung bildet die Proportion.

Verdeutlichen wir uns dies an einem mathematischen Beispiel, das Descartes in Regel 6 gibt:[127] In der Zahlenreihe 3, 6, 12, 24, 48, ... beruht jedes Glied auf der Verdoppelung des vorhergehenden. Unschwer ist erkennbar, dass zwischen 3 und 6 dasselbe Verhältnis gegeben ist wie zwischen 6 und 12 oder zwischen 12 und 24. Obwohl – so Descartes – die Einfachheit dieses Zusammenhanges »fast kindisch« (»*puerilia*«) erscheint, zeigt sich dem »aufmerksamen Nachdenken«, dass in der Transparenz dieser Verhältnisbestimmungen sich die Fruchtbarkeit der von ihm vorgeschlagenen seriellen Anordnung zeigt, die doch den Kern der Mathematik ausmache.[128] Während allerdings die Relationen bei der seriellen Verdoppelung sofort ins Auge fallen, verkompliziert sich der Zusammenhang, wenn die Reihe nur lückenhaft gegeben ist, also ein mathematisches Problem formuliert wird, bei dem eine mittlere Proportionale zu suchen ist: Sind also 3 und 6 gegeben, ist das gesuchte Nachfolgeglied 12 leicht zu finden; wenn jedoch 3 und 12 ($3 : x = x : 12$) oder gar nur 3 und 24 ($3 : x = x : y = y : 24$) gegeben sind, sind die gesuchten mittleren Glieder schwieriger zu ermitteln.[129] Und doch: Diese Gruppe mathematischer Probleme mündet keineswegs in eine sich ins Unüberschaubare auftürmende Komplexion – bemerkt Descartes –, denn wenn dann weiter nach der mittleren Proportionalen von 3 und 48 gefragt wird, kann das wiederum auf die anfängliche Problemstellung zurückgeführt werden (formal: $3 : x = x : 48$), und die 12 resultiert als Lösung. An diesem Beispiel wird klar, was die »Absolutheit« (im Unterschied zur »Respektivität«) des ersten Gliedes – in diesem Falle der 3 – ausmacht: Die 3 geht selbst nicht aus einer Verdoppelung hervor und bildet also den Anfang, doch alle übrigen Glieder – 2×3, $2 \times (2 \times 3)$,

127 Ebd., S. 45 f.
128 Ebd.
129 Formal notiert dies Descartes nicht, vgl. Sepper 1996, S. 173.

2x(2 × 2 × 3) … – sind durch eine kontinuierliche Proportion mit der 3 verbunden. Das, was diese Glieder »sind«, kann mit Descartes' Begriff »respektiv«, also durch Bezugnahme auf die 3 als dem »absoluten« Glied, bestimmt werden.

Auf eine instruktive Art wirken hier Ähnlichkeit bzw. Homogenität, Proportionalität, Darstellbarkeit und die Operation des Vergleichens zusammen: Als ein Vielfaches der 3 darstellbar zu sein, ist das gemeinsame Attribut aller Glieder; sie sind sich darin »ähnlich«, und dies ist der Keim ihrer proportionalen Relation. Indem die 3 als Maßstab dient, fungiert sie wie ein sinnlich wahrnehmbares Darstellungssystem, in dessen Medium alle übrigen Glieder homogenisiert werden können. Nur wo eine solche »Angleichung« möglich ist, sind lösbare Gleichungen in dem Sinne, dass aus dem Gegebenen das Gesuchte ableitbar wird, überhaupt aufstellbar. Descartes betont, dass nur bei diesem Vorgehen die Einbildungskraft (*imaginatio*) als Hilfsmittel verwendet werden kann. Der Kunstgriff der Gleichung besteht darin, dass das Gesuchte – wiewohl noch unbekannt – beim Aufstellen und Umformen von Gleichungen behandelt wird, als ob es gegeben sei. Deduktion fungiert dabei nicht als eine Beweistechnik, sondern als eine Problemlösungstechnik im Medium eines Darstellungs- und Bezugssystems, welches ein Wechselverhältnis von Sichtbarkeit und Manipulierbarkeit eröffnet. Descartes unterstreicht, dass diese auf Reihenbildung, Vergleich und Umformung gegründete Erkenntnismethodik »alle Fesseln der Syllogismen abgeworfen« habe.[130]

Zugleich nennt er Vorläufer seiner Erkenntnistechnik: Es sind dies die griechischen Mathematiker Pappus und Diophantos[131] sowie neuzeitliche Algebraiker – hier meint Descartes wahrscheinlich unter anderem Viète.[132] Diese historische Selbstverortung seiner Methodenidee ist aufschlussreich, da sich Descartes damit auf eine Tradition der analytischen Kunst beruft, die wir an früherer Stelle schon zum Verständnis seiner Analytischen Geometrie anführten. Die antike geometrische Analysis und ihre Verbindung zur neuzeitlichen, symbolischen Algebra ist in Studien von Hintikka,[133] Klein[134]

130 Descartes 2011, S. 53.
131 Vgl. ebd., S. 31.
132 Viète 1973.
133 Hintikka 1978, S. 178-203; Hintikka/Remes 1974.
134 Klein 1968.

und Mahoney[135] gerade in jenen Aspekten gut sondiert, die den Nährboden unserer weiteren Überlegungen abgeben. Es sind dies die folgenden Gesichtspunkte, die hier lediglich rekapituliert seien:

(i) Den Gegenstand der antiken geometrischen Analysis bilden nicht Sätze, sondern sichtbare Figuren bzw. Konfigurationen.

(ii) Die Analysis ist das Verfahren, aus den Bedingungen des Gegebenen das Gesuchte ableiten zu können. Ihre Grundlage ist das Vorhandensein einer Proportionalität zwischen beiden, so dass eine Relation zwischen den bekannten und den unbekannten Größen aufzufinden ist.

(iii) Der Kunstgriff, das Gesuchte so zu behandeln, als ob es bekannt sei, ist möglich, insofern in der symbolischen bzw. figürlichen Darstellungsform Gesuchtes und Gegebenes einander angeglichen werden. Diophantos konnte dieses in der Geometrie praktizierte Verfahren auf Zahlen übertragen, insofern er ein Symbol für die Unbekannte einführte, so dass nun Gleichungen aufgestellt werden, die mit der Unbekannten rechnen, noch ehe diese bestimmt ist.

(iv) Die Analysis ist ein Reservoir von Techniken des Problemlösens und nicht des Theorem-Beweisens. Insofern allerdings der antiken Mathematik keine Ausdrucksmittel (zum Beispiel Formeln) zur Verfügung standen, um diese Techniken allgemeingültig darzustellen und zu lehren, wurde die Analysis als implizites *knowing how* und nicht als explizites *knowing that* praktiziert. Der konkrete Vollzug einer Konstruktion oder Gleichungsauflösung zeigte zwar das Vorhandensein eines Lösungswissens in Gestalt eines Könnens, macht dieses aber nicht explizit.

(v) Das ändert sich mit Einführung der Buchstabenalgebra durch Viète in der frühen Neuzeit, insofern nun die Regeln des arithmetischen Problemlösens mit Hilfe einer eigenständigen Symbolschrift allgemeingültig notiert werden können.

Wir sehen also: Mit Entstehung der symbolischen Algebra kann das analytische Verfahren das Gegebene und das Gesuchte so in ein Verhältnis zu setzen, dass aus den Bedingungen des Gegebenen das Gesuchte abgeleitet werden kann; es kann eine methodisierbare Form annehmen und mithin als allgemeingültiges Regelwerk ge-

135 Mahoney 1968; 1980.

lehrt und gelernt werden. Descartes entwickelt in den *Regulae* die Vision einer *Mathesis universalis*, welche die analytische Problemlösungstechnik im Sinne einer »*ars inveniendi*« auf *alle* überhaupt quantifizierbaren Gegenstände des Erkennens überträgt. Schon bevor er mit seiner Analytischen Geometrie die Übersetzbarkeit von Geometrie und Algebra, von messbarer »*magnitudo*« und zählbarer »*multitudo*«, entdeckt und gewährleistet, verfolgt er das Projekt einer universellen Wissenschaft, welche die mathematischen und physischen Gegenstände erfasst – und zwar alleine im Hinblick auf die in ihnen jeweils verkörperte Ordnung und Quantität.[136] Die *Mathesis universalis* wird als eine Wissenschaft der Relationen, als eine Strukturwissenschaft entworfen, deren Angelpunkt es ist, dass alles, was Gegenstand dieser Wissenschaft werden kann, das Nadelöhr eines homogenisierenden Darstellungssystems passiert haben muss. Denn die von allen materialen Qualitäten bereinigte und von den Unterschieden zwischen mathematischen Disziplinen unabhängige »allgemeine Größe« bedarf ihrerseits einer körperlichsinnlichen Präsenz, um überhaupt als eigenständiger Gegenstand in Erscheinung zu treten und konstituiert werden zu können. Der Ort, das Abstrakte zu verkörpern, ihm also eine an Ausdehnung (*extensio*) und Gestalt (*figura*) gebundene Erscheinung zu verleihen, ist die figürlich-symbolische Repräsentation. Solche *Gegenständlichkeit des Allgemeinen* stiftet die extensionale Figuration. So, wie die Geometrie als anschauliche Konkretion ihrer Gegenstände der sichtbaren Punkte, Linien und Flächen bedarf, und so, wie die Rechenkunst der Arithmetik ohne die numerischen Symbole und die Operationszeichen nicht auskommt, und so, wie die symbolische Algebra der Buchstabengleichungen bedarf, um Regeln allgemeingültig darzustellen, so kommt auch die *Mathesis universalis* nicht aus ohne die Entfaltung eines anschauungsfundierten Symbolsystems, das im Medium der Figuration arbeitet.

136 »Alles, in dem irgendeine Ordnung oder irgendein Maß einer Prüfung unterzogen wird, gehört zur Mathesis; und es kommt nicht darauf an, ob man nun bei Zahlen, Figuren, Gestirnen, Tönen oder irgendeinem anderen Objekt nach einem solchen Maß fragt. Demnach muss es eine bestimmte generelle Wissenschaft geben, die all das erklärt, wonach sich in bezug auf Ordnung und Maß fragen lässt, ohne daß sie schon auf eine spezielle Materie bezogen wäre; diese Wissenschaft läßt sich [….] Mathesis universalis nennen […]«; Descartes 2011, S. 33.

An dieser Stelle unserer Rekonstruktion imaginativer Komponenten in der frühen cartesischen Erkenntnistheorie und -technik kommen wir an jenen Punkt, von dem her einsichtig gemacht werden kann, dass die »*imaginatio*« von Descartes als eine Technik graphischer Einschreibung entworfen wird, auf deren zweidimensionaler Fläche die Gegenstände des Erkennens so figuriert werden, dass mit ihnen in diesem Medium zugleich – problemlösend oder beweisend – gearbeitet werden kann. Dieser Sicht hat John A. Schuster den Weg bereitet: Er kommt in der Beurteilung des epistemischen Gehalts der *Regulae* zu folgender Einschätzung: »[T]he imagination is an ontologically suitable ›screen‹ upon which extension-symbols can be manipulated.«[137]

Der Doppelcharakter eines symbolischen Systems, sowohl »Sprache« der Darstellung von Gegenständen wie auch »Werkzeug« ihrer Manipulation zu sein, ist idealtypisch im Stellenwertsystem der Arithmetik und im Buchstabensymbolismus der Algebra gegeben. Hierbei ist auch klar, dass es sich bei diesem System nicht einfach um eine Sprache, sondern vielmehr um eine besondere Art von lautsprachenneutraler *Schrift* handelt, um ein graphisches System sui generis, das nur in Teilen auch phonetisiert werden kann. Ein solches System, das dem symbolischen Darstellen von Gegenständen und zugleich dem Herstellen sie betreffender Problemlösungen dient, wollen wir »operativen Symbolismus« nennen.[138] Indem Descartes die algebraische Form der antiken geometrischen Analysis als Vorläufer seiner *Mathesis universalis* in Anspruch nimmt, ist ihm klar, dass die Erkenntnistechnik, die er für alle im Prinzip quantifizierbaren Probleme sucht, jenen operativen Zuschnitt aufweisen muss, wie er für die Zahlenschrift der Arithmetik und die Buchstabenschrift der Algebra charakteristisch ist. Allerdings hält er die formale Notation des algebraischen Symbolismus in erster Linie geeignet für die Aufzeichnung der Resultate mathematischer Operationen sowie als eine Gedächtnisstütze.[139] Das bestmögliche Handwerkszeug des Geistes, das geeignete operative Medium, ist für ihn nicht die formale Schrift, sondern die graphische Figuration, deren Zentrum wiederum die Linie bildet. Denn sie ist es, die sich »am leichtesten und deutlichsten in unserer Einbildungskraft

---

137 Schuster 1980, S. 71, spricht auch vom »corporal screen of imagination«.
138 Zu Genese und Funktion des operativen Symbolismus: Krämer 1991, S. 88 ff.
139 So in Descartes 2011, S. 163 ff., Regel 15.

[»*in imaginatione*«] abmalt«.[140] Doch worin besteht das besondere Band, das die Imagination mit dem Figürlichen und insbesondere der Linie verknüpft?

Hier kommt Descartes' mechanistische Theorie der Wahrnehmung ins Spiel, die er in Regel 12 entwirft. Alle Sinne nehmen wahr, indem das empfindende Organ durch das wahrgenommene Objekt auf dieselbe Weise verändert wird wie das Wachs durch den Abdruck des Siegelstempels.[141] Descartes betont, dass dies *nicht* als bloße Analogie zu verstehen sei, sondern als ein Realzusammenhang: Eine figürliche Gestalt wird durch mechanische Einprägung übertragen, und dieser Übertragungsprozess schließt auch nichtvisuelle Sinneseindrücke wie Ton, Duft und Geschmack ein.[142] Aufschlussreich ist, wie Descartes begründet, warum es gerade die gestalthaften Attribute sind, die sich beim Wahrnehmen fortpflanzen: »[N]ichts [fällt] leichter in den Sinn als eine Gestalt, weil sie berührt und gesehen wird«.[143] Es ist also nicht nur die Visualität, sondern auch die Berührbarkeit und damit das taktil-operative Potenzial, welche die Figur auszeichnen.

Der Kern der mechanischen Wahrnehmungstheorie besteht also darin, dass Unterschiede konkreter Sinnesqualitäten in Differenzen auf der Ebene graphischer Konfigurationen übersetzt werden. Descartes gibt ein Beispiel:

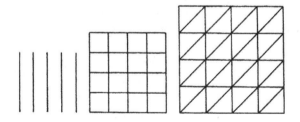

Abb. 48: Die Farbverschiedenheiten als Unterschied graphischer Konfiguration (Descartes 2011, S. 95, Regel 12)

140 Ebd., S. 141.
141 Ebd., S. 93.
142 Ebd.
143 Ebd., S. 95 (AT, X, 413).

Die Verschiedenheit der Farben Weiß, Blau und Rot kann als eine Differenz zwischen graphischen Konfigurationen begriffen werden, und da es eine unendliche Menge solcher Konfigurationen gibt, sind diese geeignet, alle möglichen Unterschiede der Sinnenwelt auszudrücken.[144] Wir sehen: Der Wahrnehmungsapparat agiert, als ob er mit einem Zeichenstift arbeitete; es »malen« dann »die Sinne die Bilder der Körper ab«.[145] Und es sind diese graphischen Figuren, die dann an die Phantasie und den »Gemeinsinn« weitergeleitet werden.[146]

Unmissverständlich also zeigt Descartes, dass die Erzeugung zweidimensionaler Figuren von zugleich visueller und taktiler Beschaffenheit die Grundlage unseres sinnlichen Weltverhältnisses – und durch und durch körperlicher »Natur« – ist. Und das gibt zugleich die Antwort auf unsere Frage, worin das besondere Band zwischen Einbildungskraft und Figürlichkeit besteht. Denn die in der Wahrnehmung vollzogene Figuration gibt das Vorbild ab, worin die Tätigkeit des Ingeniums, also die menschliche Geisteskraft im Allgemeinen besteht. Wie wir schon wissen: Im Zentrum geistiger Aktivität steht nicht die Erkenntnis von einzelnen Gegenständen, sondern vielmehr von deren Relationen, und zwar durch die Operation des Vergleichens, bei dem aus Bekanntem das Unbekannte zu gewinnen ist.[147] Der Vergleich setzt voraus, dass das zu Vergleichende etwas gemeinsam hat; vergleichen lassen sich – nach Descartes – nur das Meßbare (*magnitudo*) und Zählbare (*multitudo*).[148] Alles, was als eine kontinuierliche oder diskrete Größe gegeben ist, kann somit auch figuriert werden. Descartes gibt Beispiele für die figurative Darstellung von Größen und betont, dass diese real aufzuzeichnen und den äußeren Sinnen darzustellen seien, um so die Denktätigkeit zu organisieren.[149] Die Diagrammatik wird damit zum Organon wissenschaftlichen Erkennens. Deren Zweidimensionalität stellt Descartes eigens

144 Ebd., S. 95 (AT, X, 413).
145 Ebd., S. 101 (AT, X, 416).
146 Ebd., S. 97 (AT, X, 415).
147 »Tatsächlich besteht fast die gesamte Aktivität der menschlichen Vernunft darin, diese Operation [des Vergleichens – S. K.] vorzubereiten.« Descartes 2011, S. 139.
148 Ebd., S. 157, Regel 14.
149 Ebd., S. 161, Regel 15.

heraus:[150] Man muss »wissen, dass von den quantifizierbaren Merkmalen der kontinuierlichen Größen überhaupt keine deutlicher begriffen werden als Länge und Breite«. Und er betont weiter: »[F]ür diese Verwendung dürfen nur gradlinie und rechtwinklige Oberflächen zurückbehalten werden oder gerade Linien, die wir auch Figuren nennen«.[151] Er unterstreicht, dass diese flächenbasierte Figuration von den Gegenständen der Geometrie ebenso abstrahiert ist wie von »irgendeiner anderen Materie«. Die Linienfiguration ist sowohl für zählbare, diskontinuierliche wie für messbare kontinuierliche Größen einzusetzen.[152]

Klarer ist kaum auszudrücken, dass die Figuren für Descartes hier in der Funktion von *Zeichen* auftreten. In den *Cogitationes Privatae* vermerkt er den prinzipiell symbolischen Charakter unserer Erkenntnishandlungen: »Wie die Imagination Figuren verwendet, um Körper begreiflich zu machen, so verwendet der Verstand gewisse sinnliche Körper, [...] um spirituellen Dingen Gestalt zu geben.«[153] Der Verstand nutzt die Fläche der Inskription, um in den darin repräsentierten anschaulichen Relationen etwas über die Erkenntnisgegenstände zu erfahren. Das aber gelingt ebendadurch, dass die Figuren in ihrer Visualität und Taktilität dem Anordnen und Umordnen zugänglich sind. In einem Brief an Beeckman äußert Descartes: »Kein Problem findet Eingang in unsere Imagination, das nicht mit Hilfe [gerader und gekrümmter – S. K.] Linien gelöst werden kann.«[154] Die Linienkonfiguration bildet für ihn eine »universelle operative Schrift«, in deren Medium alle quantifizierbaren Objekte relational darstellbar sind. Mit den Worten Schusters: Eine »Logistik von Extensions-Symbolen« ist entstanden.[155]

Stellen wir die Grundzüge dieser »Logistik« zusammen:

(i) Materialität, Wahrnehmbarkeit, Taktilität: Descartes betont, dass die Figuration mit ihrem Potenzial zur Strukturierung von

---

150 Vgl. auch Schuster 1980, S. 61: »The third dimension is never represented and always avoided.«

151 Descartes 2011, S. 161.

152 »Zu guter Letzt lassen sich durch dieselben Figuren sowohl kontinuierliche Größen als auch eine Menge bzw. Zahl darstellen.« Ebd., S. 161.

153 Ebd., S. 197.

154 Brief an Beeckman vom 26. März 1619 (AT, X, S. 157 f.), zit. nach Sepper 1996, S. 70.

155 Schuster spricht hier von »logistic of extension-symbols«; Schuster 1980, S. 69.

Verhältnissen und Differenzen wie auch zum Übertragen von Informationen, der Körperwelt angehört, obwohl die Figurierung von jeder qualitativen Materialität der Dinge gerade absieht. Eine Art von *Struktur-Körperlichkeit* ist entstanden, welche alleine mit Ausdehnung und Gestalt arbeitet. Descartes als Autor der *Regulae* hängt (noch) nicht der Metaphysik des Körper-Geist-Dualismus an. Bevor er also die Körperwelt als *res extensa* durch das nicht weiter zurückführbare Prädikat der »Ausdehnung« ontologisch definiert, gilt ihm – in den *Regulae* – die Ausdehnung zusammen mit der Gestalt als Attribut des Symbolsystems, mit dem die Körperwelt zur Darstellung kommt.

(ii) Diskursivität und Ikonizität: Der figurative Extensionssymbolismus überschreitet die traditionelle Unterscheidung zwischen Sprache und Bild. Er findet sein Vorbild in der »Schriftbildlichkeit«[156] von Inskriptionen. Denn diese sind Darstellungssysteme, mit denen im Wechselspiel von sehendem Auge und berührender Hand syntaktisch agiert werden kann. Den nichtphonetischen, schriftlichen Charakter der cartesischen Figuration hat Wilhelm F. Niebel hervorgehoben,[157] der zu Recht von »der Integration der ikonischen Zeichenfunktion der Geometrie in die Index- und Symbolfunktion der Sprache« spricht, die hierbei vollzogen wird.[158] Wenn wir auch nicht die Radikalität teilen, mit der Niebel den frühen Descartes vom reifen abspaltet – da gerade der Umstand, wie sehr der »frühe« Descartes sich im »reifen« wiederfinden lässt, zur Revision des festgeronnenen klassischen Descartes-Bildes beiträgt –, so ist die Diagnose einer Synthese von Bild und Sprache eine richtungsweisende Deutung, da diese Synthese als Extensions-Symbolismus geradezu in die diagrammatische Textur der Figuration führt.

(iii) Operationalität: Die Figuration gilt nicht als bloße Repräsentation von Größenverhältnissen, sondern dient – nach dem Vorbild der analytischen Kunst – dazu, Probleme zu lösen. Mit Hilfe des Werkzeugs der Figuration sind neue Erkenntnisse zu gewinnen. Wie dies – bezogen sowohl auf inkommensurable wie

156 Als Begriff entwickelt in Krämer 2003, S. 157-176; Krämer 2005, S. 23-60; vgl. auch Trotzke 2012.
157 Vgl. Niebel 1991, S. 295.
158 Niebel 2000, S. 59.

kommensurable Größen – aussieht, zeigt Descartes in Regel 15,[159] wo er verschiedene Figurationen von Punkten, Linien und Rechtecken vorführt und Fragen ihrer Übertragung und Umwandlung erörtert.

(iv) Referenzialität: Descartes versteht seinen Extensionssymbolismus gleichwohl nicht formal: Die semantischen Bezüge syntaktischer Operationen sind stets mitzubedenken. Anders als bei den abkürzenden und gedächtnisstützenden Zeichen der Algebra sollen Linienkonfigurationen die Aufmerksamkeit des Geistes erregen und an das Wesentliche binden. Der Erkennende hat den relationalen und quantifizierenden Charakter seiner geistigen Operation jederzeit im Bewusstsein zu halten. Daher verwendet Descartes in den *Regulae* die Begriffe »idea« und »figura« geradezu synonym: Allein durch Figuren können »die Ideen aller Dinge konstruiert werden«,[160] genauer gesagt: fingiert werden. Daher ist der Ort der Ideen die Phantasie und die Imagination, und ebenso wie diese von Descartes als körperliche Organe begriffen werden, ist auch die Idee selbst »ein real ausgedehnter und gestalteter wahrer Körper«.[161] Dass Ideen »Quasi-Gegenstände« sind und dass dieser dingliche Charakter wiederum in ihrem Bildcharakter gründet, gilt auch für den reifen Descartes. Andreas Kemmerling erläutert daher den cartesischen Begriff der Idee anhand dreier Perspektiven, die wir gegenüber Bildern einnehmen:[162] Bei einem Landschaftsbild unterscheiden wir zwischen (1) den materialen farbigen Partikeln auf der Oberfläche, (2) der damit dargestellten Bild-Landschaft und – eventuell – (3) der realen Landschaft in der Welt außerhalb des Bildes. Der cartesischen Idee entspricht nun die *dargestellte*, also immer in einem Medium fingierte Bild-Landschaft. Das, was – im phänomenologischen Sinne – ein »Bildobjekt« ist, ist dann das, was Descartes unter einer »Idee« versteht. Und es ist für diese Bildfundierung von Descartes' Ideenkonzept aufschlussreich, dass Kemmerling zeigen kann, wie auch die beiden anderen Zugänge zum Bild jeweils einen Niederschlag in anderen Facetten des Ideen-Begriffs finden.[163]

159 Descartes 2011, S. 161.
160 Ebd., S. 157.
161 Ebd., S. 141.
162 Kemmerling 1993, S. 62 f.
163 Dies ist verkürzt wiedergegeben, tatsächlich haben alle drei Zugänge zum Bild ihr Pendant in dem Konzept von »idea« bei Descartes.

Allerdings dürfen wir bei dieser Parallelisierung von Bild und Idee nicht vergessen, dass »*figura*« eben nicht im »reinen Bild« verwurzelt ist, sondern als epistemisches Werkzeug auch Sprachfunktionen adaptiert hat und daher nicht einfach im Bild, sondern in diagrammatischer Ikonik verankert ist.

(v) Konstitution. Der Extensions-Symbolismus ist – gleich jedem operativen Symbolismus – von doppelter Funktion: Er ist ein Medium zur Darstellung und ein Werkzeug zur Handhabung von Objekten als Erkenntnisgegenständen. Wir haben betont, dass für Descartes die »semantische Belegung«, also der Umstand, dass die Symbole für etwas anderes »stehen«, unverzichtbar ist. Eine formalistische Einstellung, die den Bannkreis der syntaktischen Operation nicht überschreitet, ist ihm fremd. Gleichwohl ist die Beziehung von Symbol und symbolisiertem Gegenstand nicht im Sinne einer naiven Referenz misszuverstehen; vielmehr prägen Grenzen und Reichweite des Darstellungssystems, was überhaupt in ihm zur Darstellung – und dann auch Handhabung – gelangen kann. Mehr noch: Diese Prägung ist ein Akt der Konstitution. Daher gelingt es Descartes, das, was er in der Analytischen Geometrie praktisch tut – Figur und Formel als zwei Seiten *einer* Medaille zu behandeln –, nun auf den Begriff der Größe zu übertragen. Im Unterschied zur messbaren kontinuierlichen Größe (»*magnitudo*«) und zur abzählbaren, diskreten Größe (»*multitudo*«) kann er nun nicht nur einen neuen Begriff einführen (nämlich denjenigen der »Größe im Allgemeinen, *magnitudo in genere*[164]), sondern er kann diesem Begriff aufgrund seines figurativen Extensions-Symbolismus, also durch Verräumlichung und Visualisierung, ein gegenständlich-sächliches Fundament verschaffen: Die allgemeine Größe ist nicht einfach eine Abstraktion, sondern verfügt über ein operatives und anschauliches Fundament in den figurativen Strategien von Descartes' *Mathesis universalis*. Diese setzt in ein anschauliches Verhältnis, was quantifizierbar ist, und zehrt davon, dass die Dimensionen, in denen wir Größen messen, ineinander überführbar sind. Kraft dieser wechselseitigen Substituierbarkeit der grundlegenden Dimensionen *magnitudo* und *multitudo*, deren reifster Ausdruck die Koordinatengeometrie ist, kristallisiert sich die »Größe im Allgemeinen« als konzeptuelle Neuschöpfung Descartes' heraus, mit

---

164 Descartes 2011, S. 141.

welcher er den neuzeitlichen Wissenschaften ein neues Fundament verleiht. Das aber ist ein Fundament, in welches sich die Anschauung notwendig eingeschrieben hat.

7.6. Denken und Anschauung beim frühen Descartes. Ein Resümee

Wir kommen zum Schluss dieses Kapitels. Figurationen des Diagrammatischen durchweben Descartes' wissenschaftliche Praktiken, die allesamt auch als Visualisierungsstrategien rekonstruierbar sind. Er gewinnt seine Vorstellung vom Erkennen in Anlehnung an das Sehen und seine Vorstellung von Erkenntnisverfahren in Ausrichtung an der schematischen Zeichenkunst. In seiner Philosophie und Erkenntnismethodik entfaltet Descartes das die einzelwissenschaftliche Diagrammatik eröffnende und diese zugleich legitimierende wahrnehmungstheoretische und erkenntnistechnische Fundament. In den immer auch an Experiment, Beobachtung, Erfahrung gebundenen Erkenntnispraktiken Descartes' fungiert der Graphismus schematischer Bilder in mannigfaltigen Funktionen: Ihr Spektrum reicht von der Sichtbarmachung von Hypothesen (Meteorologie, Physik), über den Einsatz als Analyse- und Erklärungsinstrument (Musikdiagrammatik) sowie als Problemlösungstechnik und Beweiskunst (Analytische Geometrie) bis hin zur visuellen Konstitution neuartiger Gegenstände (»*magnitudo in genere*« in der *Mathesis universalis*). Im Zentrum dieser epistemischen Funktionen steht die Figuration mit Hilfe eines universellen Darstellungssystems, welches heterogene Gegenstände homogenisiert und vergleichbar macht und damit überhaupt erst in wissenschaftliche Objekte transformiert. Ein Gegenstand wird erst zu einem wissenschaftlich untersuchbaren Objekt, sobald er nicht mehr als singulärer Sachverhalt behandelt wird, sondern in eine aufzeichenbare und damit erkennbare Relation zu anderen Gegenständen gesetzt wird; eine Relation, deren Herzstück die Proportionen bilden. Diese in der Proportionalität gründenden Verhältnisse zwischen Erkenntnisobjekten in Gestalt von Strukturbildern zutage zu fördern, ist die Aufgabe seiner diagrammatischen Praktiken.

Liniensysteme stellen Zustände wie auch Bewegungen als Strukturen vor Augen und machen diese auf einfache Weise handhabbar sowie auf andere Domänen übertragbar. Als Denkfigur[165] begegnet uns die Linie überdies in der cartesischen Vision der Aneinanderreihung von Erkenntnisgegenständen in Form einer Kette, die – als eine Serie pragmatisch angeordnet – den Weg des Erkennens gleich dem Ariadnefaden im Labyrinth vorgibt und aufzeigt. Die Linie – situiert auf der Schwelle zwischen Intelligiblem und Anschaulichem – wird für Descartes zum »Leitfaden«, welcher die Welt der Phänomene ordnet, durch ein einheitliches Bezugssystem homogenisiert und methodisch bearbeitbar macht. Descartes wird zum Denker der »Erkenntniskraft der Linie«.[166]

---

165 Zum Begriff der Denkfigur: Reichert 2013.
166 Zum Begriff »Erkenntniskraft der Linie«: Bredekamp 2002.

8. Kant: Denkorientierung durch Anschauung

In einem 1965 erschienenen Aufsatz über die Voraussetzungen des kantischen Denkens entwickelt Friedrich Kaulbach eine Idee, die in dieser von ihm intendierten Form selten aufgegriffen wurde. Er diagnostiziert bei Kant eine »transzendentale Hand«[1] und eine »Handschrift der konstruierenden Vernunft«.[2] Deren Elementarbewegungen seien von der Art eines Schreibens und Zeichnens, in kantischen Termini: eines Beschreibens und Verzeichnens, und diese Operationen sorgten dafür, dass die Erkenntnis nicht in sich selbst kreise, sondern zu »gegenständlicher Erkenntnis«, also *Objekt*erkenntnis werde. Gewährleistet wird diese Gegenständlichkeit Kaulbach zufolge dadurch, dass Kant Begriffe, mit denen wir die Objektwelt erkennen können, zu »figürlichen Begriffen« macht.[3] Diese »Figürlichkeit« entsteht im Zuge einer Bewegung der Exteriorisierung, bei der das unausgedehnte Bewusstsein sich in der »Bewegung des Ziehens der Schriftzüge [...] so wie beim Ziehen einer Linie« ausdehnt. Für das synthetische Urteil a priori in der kantischen Erkenntnistheorie – das im Unterschied zum analytischen über die bloße Begriffsanalyse hinaus neue Erkenntnis schafft, ohne diese aus Erfahrung zu schöpfen – ist also das Figürliche konstitutiv.[4] Figürlichkeit ist für Kaulbach eine Verfassung, welche die Verstandes- und Vernunfttätigkeit ebenso charakterisiert wie die Welt der uns erscheinenden Objekte. Wichtig ist dabei, dass diese prozessual aufzufassen ist: Sie ist epistemologisch wirksam – so wollen wir dies nun ausdrücken – als eine *Bewegung* der *Figurierung*.

Die folgenden Überlegungen versuchen, diese figurierende Bewegung aufzuspüren in drei Bereichen innerhalb von Kants Erkenntnistheorie:[5] (1) Zuerst wird Kants frühe Entdeckung nach-

---

1 Kaulbach 1965, S. 466.
2 Ebd., S. 465.
3 Ebd., S. 464.
4 Zur figürlichen Synthesis: KrV B 151 f.
5 Dabei lassen wir einen wesentlichen Aspekt des Figurativen in Kants Epistemologie außer Acht, der einer gesonderten Untersuchung bedürfte: die tabellarische Form der Kategorien- und Urteilstafeln; KrV B 95/A 70, B 106/A 80.

vollzogen, dass das Räumliche nicht nur durch Lagebeziehungen, sondern auch durch eine Direktionalität, einen *Richtungssinn*, ausgezeichnet ist und dieser sich alleine der Anschauung zeigt, die ihrerseits bezogen ist auf die Matrix des menschlichen Körpers und gerade nicht begrifflich zu erfassen ist. (2) Sodann wird die *Schematisierung* als ein »Drittes« und Mittleres zwischen Begriff und Anschauung als eine Form der figürlichen Synthesis rekonstruiert. (3) Schließlich wird dargelegt, warum für Kant die Mathematik in der Anschauung und nicht im Begriff fundiert ist. Damit wird auch erklärbar, warum die euklidische Geometrie für Kant jene Art von Figürlichkeit a priori konstituiert, die auf unsere Lebenswelt gleichwohl anwendbar ist, da die Geometrie die Bedingungen flächiger Projektion / Abbildung von Objekten lehrt.

8.1. Richtung und Orientierung.
Über eine raumphilosophische Entdeckung Kants

8.1.1. Konkurrierende Raumkonzepte

An jener Schwelle, die den Übergang zwischen dem vorkritischen und dem kritischen Kant markiert, stoßen wir auf einen Text von 1768, der mit seinem erklärten Ziel, die eigenständige Realität des »absoluten Raumes« aufzuweisen, so ganz und gar noch dem vorkritischen Kant anzugehören scheint. Denn Kant will hier nicht weniger erbringen als den Nachweis, dass der »absolute Raum unabhängig vom Dasein aller Materie [...] eine eigenständige Realität habe«.[6] Eine Ontologie des Raumes ist hier intendiert, die substanzialistisch ist, indem sie den Nachweis einer objektiven Gegebenheitsweise des Raumes anzielt. Und doch bahnt sich in der Art und Weise, *wie* Kant diese absolute Raumauffassung plausibel zu machen sucht, eine theoretische Einstellung an, welche wir (erst) mit dem *kritischen* Kant verbinden, der dem Raum keine objektive Realität (mehr) zubilligt, vielmehr ihn als eine subjektive Form der reinen, also apriorischen Anschauung begreift.

Um die Entwicklungsstufen von Kants Raumauffassung, um die detaillierte Rekonstruktion der Vorzeichen für die kritische Wende

6 Kant 1768, S. 994.

Kants, ist es uns hier nicht zu tun. Wir wollen vielmehr zeigen, dass Kant in diesem letzten vorkritischen Text mit dem Titel *Von dem ersten Grunde des Unterschiedes der Gegenden im Raume* eine wichtige Entdeckung kommuniziert: »Räumlichkeit« ist nicht nur durch die Örter, welche die Dinge einnehmen, also durch deren *Lagebeziehungen* bestimmt, sondern muss auch die *Richtung* bzw. *Ausrichtung* oder den *Drehsinn* der Dinge im Raum berücksichtigen. Für dieses Gerichtetsein ist es – in Kants Augen – signifikant, dass es nicht begrifflich beschreibbar, sondern nur sinnlich aufzeigbar ist: Die Ausrichtung von Objekten kann nicht gesagt, sondern nur gezeigt werden. Für den Kant von 1768 bleibt die Entdeckung der Gerichtetheit des Raumes zwar noch der Widerhall seines absoluten Charakters, doch weil das menschliche Sensorium Absolutes nicht aufzunehmen und zu reflektieren vermag, bleibt als faktischer Ausweis der Ausrichtung für Kant nur unsere eigene leibliche Erfahrung der Räumlichkeit und damit ein subjektiver Grund. Denn es ist unser Körper, mit seiner elementaren Matrix von oben und unten, rechts und links, vorne und hinten, der den umgebenden Raum in »Gegenden« aufteilt. Das ist – wie Kant betont – eine Matrix, der die physikalische Möglichkeit entspricht, einen materiellen Körper durch drei Achsen so zu schneiden, dass diese senkrecht zueinander stehen. Der in der kommentierenden Literatur zumeist ausgeblendete[7] bemerkenswerte Sachverhalt des Textes besteht darin, dass Kant hier nicht nur den Begriff der »Gegend« von Körpern in Ergänzung zu demjenigen der »Lage« einführt, sondern zugleich die Fähigkeit, Gegenden zu ermitteln, mit dem menschlichen Körper und seiner Sinnlichkeit als Bezugspunkt für den Richtungssinn plausibel macht.

In seinem späteren Text *Was heißt: sich im Denken orientieren?*[8] führt Kant den Begriff der Orientierung erstmals als einen philosophischen Begriff ein. Von »Orientierung« ist also in dem Text von 1768 noch keineswegs die Rede. Gleichwohl können wir konstatieren, dass bereits in diesem früheren, vorkritischen Text angelegt ist, dass der Raum, soweit er für menschliche Erfahrung von Belang ist, durch Richtungen charakterisiert und also orientiert ist. Diese räumliche Orientiertheit erläutert Kant unter anderem am

---

7 So bei: Frederick 1991.
8 Kant 1786.

Beispiel der Schriftzeichen: Die Ausrichtung der beschrifteten Seite wird ihm zu einem Paradefall für die Bedeutung des Gerichtetseins überhaupt. Was nun bedeutet dies für unsere diagrammatologische Perspektive?

Zwei Raumauffassungen konkurrieren zu Kants Zeit: Da ist einerseits die von Newton vertretene Idee, der Raum sei absolut, da er – einem Behälter gleich – den materiellen Objekten vorausgeht, die in ihm einen bestimmten Ort einnehmen können; der Raum selbst ist von der Existenz dieser Objekte unabhängig, er kann materiefrei, also leer sein. Die Körper sind nur im Raum, aber der Raum ist ohne Körper denkbar.[9] Und da ist andererseits die Auffassung von Leibniz, der Raum sei relational, erzeugt durch das System von Beziehungen zwischen den Körpern. In der Perspektive der relationalen Raumauffassung macht es keinen Sinn, von einem Raum zu sprechen, der unabhängig von den Lagebeziehungen von Körpern existiert; der Raum ist ohne die Körper und ihre Relationen undenkbar. In diesem Spannungsfeld dichotomischer Raumkonzepte befindet sich Kant; und er glaubt, zwischen ihnen zu der Entscheidung für den absoluten und gegen den relationalen Raum zu gelangen, weil er ein Phänomen entdeckt hat, das ihn auch in mehreren Folgeschriften beschäftigt:[10] das Phänomen der Rechts-Links-Gerichtetheit bzw. – da Kants Paradigma für dieses Phänomen die Hand ist – der Rechts- und Linkshändigkeit. Für Kant ist dieser Sachverhalt unmöglich mit den Termini eines relationalen Raumkonzeptes zu erklären.

Die kommentierende Literatur, die sich auf den 1768er-Text Kants bezieht, setzt sich damit auseinander, ob (i) Kants Argument, die Rechts-Links-Unterscheidung sei ein Beweis für die Existenz eines absoluten Raumes, überhaupt zutrifft[11] und ob es (ii) richtig ist, dass diese Unterscheidung nicht durch Begriffe erklärbar, sondern nur durch Anschauung aufzeigbar ist.[12] Merkwürdigerweise

9 Mühlhölzer 1992, S. 438.

10 Nach dem Text von 1768 beschäftigt Kant die Rechts-Links-Unterscheidung auch noch in der Dissertation *De mundi sensibilis atque intelligibilis forma et principiis* (1770), in den *Prolegomena* (1783) und in den *Metaphysischen Anfangsgründen der Naturwissenschaft* (1786). Dazu auch: Rusnock/George 1995.

11 Vgl. Cleve/Frederick 1991, in dem auch moderne Erkenntnisse der Physik zum Symmetriebruch verarbeitet werden.

12 So kritisiert Mühlhölzer 1992, S. 449, die Annahme, Anschauung sei unabding-

wird allerdings kaum Bezug darauf genommen, *wie* Kants argumentative Strategie aussieht. Für dieses »wie« ist es eben nicht nur charakteristisch, dass Kant die Existenz »händiger« materieller Körper wie Schneckenhäuser, Schrauben oder Haarwirbel als Ausweis einer Absolutheit des Raumes annimmt, sondern auch, dass er auf das geographische Sich-Auskennen am Himmel wie auf der Erde rekurriert, welches ohne das »Gefühl« der leiblichen Unterscheidung von rechts und links sowie der damit verbundenen praktischen Asymmetrien undenkbar ist. Eines der zentralen Beispiele dieses asymmetrischen Bezugs auf die leibliche Richtungsgebung ist für Kant unser Umgang mit flächigen Inskriptionen.

8.1.2. Die Unterscheidung von »Lage« und »Gegend«

Alles, was ausgedehnt ist, hat nicht nur eine »Lage«, sondern setzt auch eine »Gegend« voraus. Das, was »Gegend« bedeutet, ist bestimmbar durch das »Verhältnis auf die Seiten unseres Körpers«.[13] Diese Bezugnahme auf unsere Körperseiten wird so grundlegend für den Begriff der »Gegend«, dass sogar Urteile über »Weltgegenden« der Strukturierung durch die Gerichtetheit unserer Körperseiten nicht etwa vorausgehen, sondern umgekehrt von dieser abhängig sind.[14] Kant grundiert alles, was gerichtet ist, phänomenal an der durch die Korporalität des Menschen gestifteten Ordnung. Jeder – nicht nur der menschliche – Körper kann in drei sich rechtwinklig schneidende Flächen aufgeteilt werden. Doch diese dreifache Ordnung von Schnittflächen gewinnen wir am Vorbild unseres eigenen Körpers: Denn wir treffen die leibliche Unterscheidung zwischen »Gegenden« gemäß der horizontalen Matrix von oben und unten, der vertikalen Matrix von rechts und links sowie der perpendikularen Matrix von vorne und hinten. So wird für Kant das Phänomen der »Gegend« ein Ausweis dafür, dass eine relationale Raumauffassung im Sinne von Leibniz unzureichend ist. Die »Gegend« verweist auf einen als absolut aufzufassenden Raum, weil es, im Unterschied zu den intrinsischen relationalen Eigenschaften der Lage, ausschließlich um extrinsische Bezüge dieser »Lagen« von

---

bar für das Rechts-Links-Phänomen, insofern dieses Phänomen auch mit begrifflichen Ressourcen zu erklären sei.

13 Kant 1768, S. 995.
14 Ebd.

Körpern »zu dem absoluten Weltraume« geht.[15] Zugleich jedoch scheidet für uns ein absoluter Weltraum als reales Bezugsystem aus, und daher sind wir angewiesen auf die Bezüge aller materiellen Körper, auf unseren eigenen Leib, dessen asymmetrische Aufteilung dann das letztmögliche Bezugssystem spendet.

Kaum etwas bezeugt klarer die Gerichtetheit alles Körperlichen und die Explizierbarkeit dieser Richtungen durch Bezugnahme auf unsere dreifache körperliche Ordnungsmatrix als das »beschriebene Blatt«, denn auf der beschrifteten Seite treffen alle Gegenden zusammen: Wir »unterscheiden [...] die obere von der unteren Seite der Schrift«, sodann »bemerken wir den Unterschied der vorderen und hintern Seite«, und schließlich sehen wir »auf die Lage der Schriftzüge von der Linken gegen die Rechte oder umgekehrt«.[16] Die Fläche der Inskription ist eine Fläche mit Richtungssinn. Für diesen Richtungssinn ist es aufschlussreich, dass er nicht mit Begriffen beschreibbar ist. Wir nehmen den Richtungssinn wahr durch »das verschiedene Gefühl der rechten und linken Seite«,[17] und für dieses Gefühl ist zweierlei signifikant: *Theoretisch* gesehen ist es grundlegend und »zum Urteil der Gegenden von [...] großer Notwendigkeit«; *praktisch* gesehen ist es mit einer Asymmetrie verbunden, insofern die rechte Seite – und Kant vermutet, dass dies für »alle Völker der Erde« gilt – gegenüber der linken bevorzugt wird und die stärkere ist.[18] Allerdings konzediert Kant bereits, dass zwar die Bewegungskraft der rechten Hand derjenigen der linken überlegen sei – »man schreibt allwärts mit der rechten Hand«[19] –, doch in der Empfindsamkeit wiederum die linke die rechte übertreffe. Gerade indem Kant den Terminus »Gefühl« mit Unterschieden im Gebrauch der rechten und linken Hand verdeutlicht, wird auch klar, dass »Gefühl« hier eine im buchstäblichen Sinne taktilfühlende Dimension birgt.

Eines jedenfalls ist nun deutlich: Wenn die Unterscheidung unserer rechten und linken Körperseiten für die Diskriminierung von Richtungen den Bezugspunkt bildet und wenn diese Unterscheidung fundiert ist in einem Gefühl, dann sind Richtungen etwas,

15 Ebd., S. 993.
16 Ebd., S. 995.
17 Ebd., S. 997.
18 Ebd.
19 Ebd.

das durch unsere *Subjektivität* konstituiert ist. Genau dies ist die Stelle, an der sich im vorkritischen Text der »kritische Kant« ankündigt. Schon zwei Jahre später, in seiner Dissertation *De mundi sensibilis atque intelligibilis forma et principiis* von 1770, bezeichnet Kant die Idee vom absoluten Raum als eine »leere Erfindung der Vernunft«, die »zur Welt der Fabeln« gehöre,[20] und verwandelt sich damit in einen transzendentalen Idealisten. Doch – wie wir sahen – bereits in dem früheren Text von 1768 schickt die eigenständige, objektive Realität des Raumes sich an, in die Subjektivität des Raumes als eines gespürten und empfundenen Raumes überzugehen.[21] Dass die Subjektivität des Gefühls, um das es hier zu tun ist, ihren klarsten Ausdruck darin gewinnt, nicht sprachlich diskursivierbar zu sein, sondern sich alleine der Anschauung zu zeigen, wird an einem weiteren »Beweisstück für den Richtungssinn« klar, das Kant in diesem Text wie auch in späteren Texten einführt: den inkongruenten Gegenstücken.

8.1.3. Inkongruente Gegenstücke

Inkongruente Gegenstücke sind für Kant Gegenstände bzw. Figuren, die zwar »einander gleich und ähnlich sind«,[22] jedoch durch starre Bewegungen wie Verschieben und Drehen (= Lageveränderungen) innerhalb der von diesen Gegenständen jeweils verkörperten Dimensionen nicht ineinander überführbar sind. Kant drückt dies auch so aus: Wenn die Grenzen des einen Körpers nicht zugleich die Grenzen des anderen sind, obwohl diese Körper hinsichtlich Proportion und Lage ihrer Teile völlig gleich sind, sind diese nicht dieselben.[23] Die »Händigkeit« bzw. »Chiralität« ist dafür der heute übliche Begriff; er verweist darauf, dass unsere Hände das Paradebeispiel inkongruenter Gegenstücke bilden. Den Unterschied

20 Kant 1770, S. 63.
21 Zur Ankündigung des kritischen im vorkritischen Kant: »Wir wollen also dartun, daß der vollständige Bestimmungsgrund einer körperlichen Gestalt nicht lediglich auf dem Verhältnis und Lage seiner Teile gegen einander beruhe, sondern noch überdem auf einer Beziehung gegen den allgemeinen absoluten Raum, so wie ihn sich die Meßkünstler denken, doch so, daß dieses Verhältnis nicht unmittelbar kann wahrgenommen werden, aber wohl diejenige Unterscheidung der Körper, die einzig und allein auf diesem Grunde beruhen.« Kant 1768, S. 998 f.
22 Ebd., S. 998.
23 Ebd.

zwischen rechter und linker Hand merken wir nicht zuletzt daran, dass Handschuhe nicht austauschbar sind: Obwohl die internen Anordnungen und Relationen übereinstimmen (im Sinne der Entsprechung von Relationen zwischen Punkten an der einen Hand und Relationen zwischen Punkten an der anderen), passt die linke Hand so wenig in den rechten Handschuh, wie der rechte Fuß in den linken Schuh passt. Inkongruente Gegenstücke verhalten sich zueinander wie Bild und Spiegelbild. Und umgekehrt: Ob ein Ding die Eigenschaft der Händigkeit aufweist, sieht man daran, dass seine Spiegelung nicht mit ihm zur Deckung zu bringen ist.

Gehen wir von einem Beispiel aus: einer zweidimensionalen Figur, die in verschiedenen Formationen eingezeichnet ist.

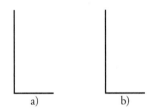

Abb. 49: Zweidimensionale Figuren (a) und (b)

In Abbildung 49 ist zu sehen, dass (a) und (b) zur Deckung zu bringen sind durch eine Parallelverschiebung, bei der jeder Punkt der einen Figur um genau dieselbe parallele Strecke verschoben wird. Wir können sagen: Hier handelt es sich um dieselbe Figur.

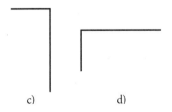

Abb 50: Zweidimensionale Figuren (c) und (d)

In Abbildung 50 scheint es sich auf den ersten Blick um unterschiedliche Figuren zu handeln.[24] Doch bei genauerem Hinsehen wird klar, dass auch diese beiden Figuren zur Deckung zu bringen sind, indem (d) sowohl verschoben als auch um den Punkt des Zusammentreffens von kurzem und langem Schenkel gedreht wird. Auch hier handelt es sich also um kongruente Figuren.

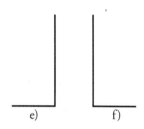

Abb. 51: Zweidimensionale Figuren (e) und (f)

In Abbildung 51 schließlich gibt es zwar eine ins Auge fallende Ähnlichkeit zwischen beiden Figuren, die die Länge der Schenkel und ihre Winkel betrifft. Gleichwohl vermag keine Verschiebung oder Drehung auf der Fläche beide Figuren zur Deckung zu bringen: (f) ist das Spiegelbild von (e), und beide bilden im kantischen Sinne inkongruente Gegenstücke. Die eine Figur hat eine der anderen Figur entgegengesetzte Ausrichtung. Und um dieses Phänomen der Gerichtetheit geht es Kant. Diese »Händigkeit« gilt nicht nur für die menschlichen Körperseiten und Gliedmaßen, sondern auch für Schneckenhäuser, Bohnenranken, Haarwirbel oder die »Rechtshändigkeit« nahezu aller Völker.[25] Überdies haben neuere Entwicklungen in der Physik gezeigt, dass auch auf mikrokosmischer Ebene Paritäts*verletzungen*, also eine Auszeichnung von Rechts-Links-Richtungen, existieren. »Parität« bedeutet, dass die Naturgesetze, die für einen Gegenstand gelten, auch für dessen Spiegelbild gültig

24 Beispiel verwendet bei: Frederick 1991, S. 3 f.
25 »Die Haare auf dem Wirbel aller Menschen sind von der Linken gegen die Rechte gewandt. Aller Hopfen windet sich von der Linken gegen die Rechte um seine Stange: die Bohnen aber nehmen die entgegengesetzte Wendung. Fast alle Schnecken […] haben ihre Drehung.« Kant 1768, S. 996.

sind.[26] Überdies ist in der Chemie, der Biochemie und der Genetik die Privilegierung der Gerichtetheit in der Anordnung von Atomen und Molekülen in vielen Fällen verbürgt. Lebensweltlich zeigen uns Schrauben und Korkenzieher, dass nur die Berücksichtigung des Drehsinns den angemessenen Umgang mit solchen Objekten ermöglicht.

Ein Gutteil der Literatur zu Kants Reflexion über inkongruente Gegenstücke widmet sich der Frage, ob sein in der Schrift von 1768 verfolgter Argumentationszweck, die Annahme eines absoluten Raumes plausibel zu machen, damit überhaupt erreicht werden kann. Wenn wir allerdings die Erwähnung inkongruenter Gegenstücke nicht nur in diesem Text, sondern auch in den drei darauf folgenden Texten[27] in den Blick nehmen, zeichnen sich zwei Gesichtspunkte ab, die für eine diagrammatologische Perspektive äußerst aufschlussreich sind: Das ist einmal Kants Entdeckung, dass der Raum orientiert ist und dass diese Orientiertheit gerade auch für den zweidimensionalen Raum der inskribierten Fläche gilt und ihren Ankerpunkt in der menschlichen Leiblichkeit findet. Und da ist zum anderen die damit zusammenhängende Einsicht, dass diese Orientierung nicht gesagt, sondern nur gezeigt werden kann und somit alleine in der Anschauung zu erschließen ist. Beide Gesichtspunkte hängen zusammen.

8.1.4. Orientiertheit und Anschauungsfundierung der Räumlichkeit

(1) Orientierung. Gerichtetsein als »lokale Eigenschaft«: Kommen wir noch einmal auf ähnliche, aber inkongruente Figuren zurück, also etwa die aufgezeichneten Umrisslinien einer rechten und linken Hand. So richtig es ist, dass durch Bewegungen auf der Fläche die eine nicht mit der anderen zur Deckung zu bringen ist, und so richtig es ist, dass eine wirkliche rechte Hand im dreidimensionalen Raum nicht durch Drehen und Wenden in eine Position gebracht werden kann, in welcher sie den gleichen Raum einnimmt

---

26 Zum Bruch der Parität in der Physik: Lyre 2004; 2005; Pais 1986; Pooley 2003; zur theoretischen Annahme einer Paritätsverletzung: Lee 1956, sowie zu deren experimentellem Nachweis: Wu/Ambler/Hayward/Hoppes/Hudson 1957.

27 Das sind die *Dissertation* (Kant 1770), die *Prolegomena* (Kant 1783) und die *Metaphysischen Anfangsgründe der Naturwissenschaft* (Kant 1786).

wie die linke, so wäre die Herstellung einer Kongruenz doch in dem Moment möglich, in dem es erlaubt wird, in die nächsthöhere Dimension überzugehen. In diesem Falle kann durch eine im Dreidimensionalen vollzogene Drehung um die Spiegelungsachse die rechtshändige Umrisslinie tatsächlich in die linkshändige überführt werden,[28] und wenn wir hypothetisch den Übergang in einen vierdimensionalen Raum annehmen, so kann auch in diesem Falle die rechte Hand in die linke überführt werden. Inkongruente Gegenstücke sind also nur *innerhalb der ihnen eigenen räumlichen Dimensionierung* inkongruent: Sind Gegenstände in der Dimension N inkongruent, so können sie durch starre Bewegungen in der nächsthöheren Dimension N + 1 kongruent gemacht werden. Noch eine weitere Merkwürdigkeit zeigt sich: Erzeugt man ein Möbius-Band, indem man einen Papierstreifen schneidet, um 180 Grad dreht und an den Enden zusammenklebt,[29] so kann auf dem Band zwanglos die eine Handlinie in die andere überführt werden. Da das Möbius-Band keine Auszeichnung von oben und unten, rechts und links kennt, tritt das Phänomen der Inkongruenz bei dieser Art von Räumlichkeit *gar nicht* auf.[30] Das Möbius-Band verkörpert einen *unorientierten Raum*. Doch Linie, Fläche und Körper – verstanden als euklidische Räume – bilden jeweils *orientierte Räume*, und diese sind das, woran wir uns mit der Matrix unserer leiblichen Achsen ausrichten können. Wir müssen gleichwohl einräumen, dass Kants Annahme der »absoluten« Nichtüberführbarkeit inkongruenter Gegenstücke *mathematisch besehen* nicht zutrifft, sei es in unorientierten Räumen wie dem Möbius-Band oder wenn der Übergang in eine höherstufige Dimensionalität zugelassen wird. Doch lebensweltlich besehen ist die Orientiertheit unabdingbar und mit unserer Leiblichkeit notwendig verbunden. Earman führt dafür den Begriff der »lokalen« Orientierung ein.[31]

Wir sehen: Das von Kant eingeführte Konzept der *Gegend* gewinnt seine Plausibilität in Bezug auf die *menschliche* Perspektive und gilt damit in zwei für uns ausschlaggebenden Situationen: für den Umgang mit flächigen Arrangements, wie sie für Texte und Bilder gelten, sowie für das Bewegen in den »natürlichen« Horizon-

28 Darauf verwies auch Wittgenstein im *Tractatus*; ders. 1984, VI, 36 III.
29 Möbius 1991.
30 Dazu: Frederick 1991, S. 5; Lyre 2005.
31 Earman 1971.

ten des uns umgebenden Lebensraumes. Beide Situationen werden von Kant explizit »aufgerufen«, um an ihnen die praktische und in gewisser Weise »subjektive« Auszeichnung des Gerichtetseins zu erläutern.

(2) Anschauungsfundierung. Wenn Kant in seiner 1770 verfassten Dissertation auf die inkongruenten Gegenstücke Bezug nimmt, so nicht mehr, um damit die Absolutheit des Raumes nachzuweisen,[32] sondern um daran die Existenz der *Anschauung* als ein eigenständiges, von begrifflicher Erkenntnis unterscheidbares Vermögen auszuweisen. Die Dissertation ist der erste Text, der von der kategorischen Aufspaltung zwischen Sinnlichkeit und Verstand als eigenständigen Quellen von Erkenntnis ausgeht und dabei zugleich eine Theorie der Anschauung entwirft.[33] Die Anschauung ist fundiert in einer »Form« bzw. »Gestalt«, die nicht mehr von den Gegenständen selbst herrührt, sondern in der »Natur des Subjekts«, in der Beschaffenheit unserer Sinnlichkeit, gründet.[34] An dieser Stelle schon bringt Kant bei der Erklärung des Begriffes »Form« Ausdrücke wie »Schattenriß« und »eine Art Schema« ins Spiel, betont allerdings, dass diese nicht von den Gegenständen, sondern von der Verfassung unseres Anschauungsvermögens abhängig sind:[35] Die Form wird zum Schattenriss unserer Sinnlichkeit. Charakteristisch für das anschauliche im Unterschied zum begrifflichen Denken ist, dass dieses sich auf Einzelnes, jenes sich auf Allgemeines bezieht. Daher handelt die sinnliche Erkenntnis stets von »Erscheinungen«, während die begriffliche Erkenntnis, die darauf beruht, mehrere Erscheinungen zu vergleichen und dadurch zu verallgemeinern, von Kant »Erfahrung« genannt wird.[36] Der Raum wird damit zur Grundform aller Erscheinungen, zu einer Form der Anschauung a priori;[37] diese sinnlichkeitsfundierte Form des Erkennens gilt auch für die Geometrie, die ihre fundamenta-

---

32 Die für ihn zur »leeren Erfindung und Fabel« geworden ist; Kant WWW V, S. 63 (AA II, S. 404).

33 Vgl. Mühlhölzer 1992, S. 446 f.; van Cleve 1991.

34 Kant 1770, S. 31.

35 Ebd.

36 Ebd., S. 33.

37 »Der Raum ist nicht etwas Objektives und Reales; weder eine Substanz noch ein Akzidenz, noch ein Verhältnis; sondern ein subjektives, ideales, aus der Natur der Erkenntniskraft nach einem festen Gesetz hervorgehendes Schema gleichsam, schlechthin alles äußerlich Empfundene einander beizuordnen.« Ebd., S. 61.

len Einsichten – dass die Verbindung zweier Punkte eine gerade Strecke ist, dass ein Kreis entsteht, wenn eine gegebene Gerade um einen Punkt rotiert, etc. – durch Anschauung und Konstruktion und somit »in concreto« erwirbt. Wir kommen auf Kants Idee einer synthetischen Erkenntnis a priori und seinen Paradefall der mathematischen Erkenntnis noch zurück.

Hier interessiert zuerst einmal, dass die inkongruenten Gegenstücke wieder ihren Auftritt bekommen. Kant erwähnt als Beispiele solide Körper wie die Hände oder sphärische Dreiecke von entgegengesetzten Halbkugeln, die sich in allem gleichen, was sich überhaupt mit begrifflichen Merkmalen ausdrücken lässt – und doch einander nicht ersetzen können. Die Gerichtetheit bzw. Händigkeit kann also »durch keinen Scharfsinn diskursiv beschrieben oder auf Verstandesmerkmale zurückgeführt werden«.[38] Die Verschiedenheit, welche inkongruente Gegenstücke realisieren, erschließt sich alleine einer »Art von reiner Anschauung«.[39]

8.2. Schema und Schematismus

Wir wollen uns nun einem anderen, »späteren« Stück kantischen Philosophierens zuwenden, das im Zuge unserer diagrammatologischen Rekonstruktion einen Meilenstein bildet: Es geht um das kleine Kapitel »Von dem Schematismus der reinen Verstandesbegriffe« aus der *Kritik der reinen Vernunft* (B 176-188), mit dem Kant das Schema und die Schematisierung als wesentliche Bestandteile unserer Erkenntnisleistung auszeichnet. Er hat dieses Kapitel als eines der wichtigen und als »ganz unentbehrlich« gekennzeichnet,[40] bei den Interpreten gilt es jedoch als dunkel und schwierig,[41] wenn nicht gar als obskur.[42] Die nahezu unübersehbare Fülle von kommentierender Literatur zum kantischen Schematismus ist von er-

38 Ebd., S. 59.

39 Mühlhölzer 1992, S. 449, folgt Kant hier nicht, sondern will zeigen, dass »begriffliche Ressourcen« zur Erfassung inkongruenter Gegenstände ausreichen.

40 Kant 1783, § 34, 184.

41 So die Klage von Jacobi 1812-15, III, S. 96, und von Schopenhauer 1960-63, I, S. 69, beide zit. nach Detel 1978, S. 17.

42 Schaper 1964, S. 270; Warnock 1948 nennt den Schematismus eine »silly question«.

staunlicher Bandbreite, angesiedelt zwischen dem Nachweis der Überflüssigkeit dieses Kapitels[43] bis hin zu dem Aufweis seiner epistemischen Unabdingbarkeit.[44]

Wir wenden uns diesem Kapitel zu, weil die epistemische Nobilitierung der Schematisierung durch Kant wichtige Akzentuierungen für die Idee der figurativen Erkenntnis birgt. Wenn unsere Frage lautet, wie *räumliche* Relationen für Erkenntnisprozesse fruchtbar zu machen sind und wie sich räumliche Muster in Denkbewegungen einschreiben, so scheint die Bedeutung einer Erörterung der Rolle von Schemata auf der Hand zu liegen: Ist ein gezeichnetes Schema nicht geradezu die Inkarnation eines Diagramms, und bildet damit die Schematisierung nicht eine prototypische Form, um Einsichten in epistemische Zusammenhänge durch Exteriorisierung geistiger Vollzüge zu gewinnen? Merkwürdigerweise jedoch grenzt Kant so explizit wie dezidiert den Schematismus als eine mentale Operation der Einbildungskraft von den sichtbaren Bildern ab, die das *Produkt* solcher Schematisierung sind. Schemata bilden die apriorischen Bedingungen der Möglichkeit, mit epistemischen Bildern Erfahrungen zu machen, aber sie sind selbst keine Bilder. Zwar liegt es – ausgehend vom herkömmlichen Wortgebrauch – nahe, das Schema mit einem gezeichneten Strukturbild zu verbinden. Doch dies ist gerade nicht die Bedeutung der kantischen Termini »Schema« und »Schematisierung«. Denn Kant macht nicht etwa den Raum und die Räumlichkeit, sondern vielmehr die *Zeit* und die *Zeitlichkeit* zur conditio sine qua non der Schemata. Mit den Worten eines Kommentators: »Kant in this context ignores space.«[45] Nicht die räumliche, vielmehr die zeitliche (An-)Ordnung bildet den Bodensatz des kantischen Schematismus: »Die Schemate sind daher nichts als Zeitbestimmungen […].« (B 184)

Dass Schemata für Kant keine Bilder sind und dass ihr Grundzug die Zeitlichkeit und nicht die Räumlichkeit ist, versteht sich

---

43 »The Schematism serves no useful purpose and can in my opinion be ignored without loss.« Wilkerson 1976, S. 94; auch: Prichard 1909, S. 246; Bennett 1966, S. 151; Smith 1962, S. 334.

44 »Thus a schema has, after all, a crucially important role to play in explaining how concept application is possible.« Pendlebury 1995, S. 788. Vgl. auch: Detel 1978, S. 43; Paton 1936, II, S. 17 ff.; Dahlstrom 1981; Lohmar 1991.

45 Franzwa 1978, S. 149, im Anschluss an Kemp 1962, S. 341.

nicht von selbst und kann irritieren. Diese Irritation aufzuklären und also zu verstehen, *was* Schemata und die Schematisierung sind, *worin* ihr epistemischer Wert besteht und *wie* sie ihre epistemische Aufgabe erfüllen, ist Gegenstand der folgenden Erörterungen. Sie werden zu einer Neuakzentuierung unserer Sicht auf das, was ein epistemischer Gebrauch von Raumrelationen überhaupt heißen kann, führen.

8.2.1. Die Ausgangsfrage

Ausgangspunkt ist eine Dichotomie, die Kant so deutlich artikuliert wie vor ihm kaum ein anderer Denker. Schon immer begriffen rationalistisch orientierte Philosophen von Platon bis Leibniz Intellektualität und Sinnlichkeit in ihrem Unterschied. Doch Kant radikalisiert diese Differenz, indem er Begriff und Anschauung als vollständig getrennte Quellen des Erkennens (B 74) auszeichnet und Raum und Zeit der Seite der Anschauung zuschlägt, indem er sie als Formen von deren Ermöglichung begreift – mit der interessanten Folge übrigens, dass Kant das apriorische Wissen der Mathematik in der Sinnlichkeit und nicht im Intellekt verwurzelt.

Werfen wir einen genaueren Blick auf die kantische Entgegensetzung von Anschauung und Begriff: Wir haben einerseits ein rezeptives Vermögen der Sinnlichkeit, durch welches uns Gegenstände gegeben sind, und wir haben andererseits ein spontanes Vermögen des Verstandes, mittels der von ihm produzierten Begriffe Gegenstände zu denken. So birgt die *Kritik der reinen Vernunft* sowohl eine Theorie der Sinnlichkeit wie auch eine Theorie des Verstandes. Allerdings: Erst das Zusammenspiel von Sinnlichkeit und Verstand, von Wahrnehmung und Denken, ermöglicht Erfahrungserkenntnis gemäß dem häufig zitierten Diktum »Gedanken ohne Inhalt sind leer, Anschauungen ohne Begriffe sind blind« (B 75). Wie also ist angesichts der kantischen Ressourcendualität von Anschauung und Begriff eine *gegenständliche* Erkenntnis, also eine Erkenntnis, die den Anspruch hat, dass ihr objektive Realität zukommt, überhaupt möglich? Wie können die Strukturen des phänomenal Gegebenen und die Formen des begrifflichen Denkens so zusammenwirken, dass daraus eine Erkennbarkeit der Welt der Erscheinungen resultiert, so dass also die »subjektiven Bedingungen des Denkens [...] objektive Gültigkeit« (B 122) haben?

Das sind die Fragen, die das erkenntnistheoretische Umfeld des Schematismuskapitels umreißen. Die ihm vorhergehende »Transzendentale Deduktion« in der *Kritik der reinen Vernunft* hat aufgezeigt, *dass* Begriffe auf (Erfahrungs-)Gegenstände anwendbar sind (B 116-169). Das Schematismuskapitel nun will zeigen, *wie* Begriffe auf Erfahrungsgegenstände anzuwenden sind.[46]

8.2.2. Schematismus als Vermittlung zwischen Begriff und Anschauung

Unsere Begriffe sind – in graduell unterschiedlichem Maße – von *allgemeinem* Charakter; die uns begegnenden Erscheinungen dagegen sind *partikulär*. Begriffliche Allgemeinheit und phänomenale Einzelheit sind gegenläufig. *Wie* nun können angesichts dieser Verschiedenartigkeit Erscheinungen überhaupt unter Begriffe subsumiert werden (B 177)? Mit dieser Frage setzt das Schematismuskapitel ein.

Eine erste Weichenstellung ist damit klar: Die Schematisierung interessiert Kant *nicht* in dem heuristischen Sinne einer allgemeinen denkunterstützenden Funktion schriftlich-graphischer Aufzeichnungen und erst recht nicht als Modell und Blaupause von Entwurfshandlungen. Es geht vielmehr um den »harten Kern« der epistemologischen Frage, wie objektiv gültige Erfahrungserkenntnis, welche die Aufdeckung von Gesetzmäßigkeiten der Außenwelt anzielt, möglich ist, obwohl doch die Bedingungen des Erkennens von Kant als subjektiv ausgewiesen werden.

Angesichts der Ungleichartigkeit von Begriff und Anschauung betont Kant, dass Gegenstände, die unter Begriffe subsumierbar sind, bezüglich der »Vorstellung«, die wir mit Begriff und Gegenstand jeweils verbinden, etwas Gleichartiges haben müssen. Allerdings ist dieses Erfordernis einer Gleichartigkeit, abhängig von unterschiedlichen Begriffstypen, auch unterschiedlich komplex. Kant unterscheidet drei Arten von Begriffen, unter welche Gegenstände fallen können: Sowohl bei (i) empirischen Begriffen – Kants Beispiele sind »Hund« oder »Teller« – wie auch bei (ii) mathematischen Begriffen wie »Dreieck« und »Kreis« ist die Frage, wie unter solche Begriffe real erfahrbare Gegenstände subsumierbar sind,

---

46 Pendlebury 1995, S. 778 f.

weniger schwer zu beantworten, insofern es Einzelexemplare von Tellern und Hunden, von gezeichneten Kreisen und Dreiecken in unserer Erfahrungswelt gibt. Doch sobald es um eine dritte Art von Begriffen geht, (iii) um die reinen Verstandesbegriffe bzw. Kategorien wie »Quantität«, »Kausalität« oder »Relation« nämlich, also um Begriffe, denen in keiner Weise ein Gegenstück in der Erfahrung entspricht, da sie »niemals in irgend einer Anschauung angetroffen werden« (B 176), erweisen sich Begriff und Anschauung als ganz und gar »ungleichartig« (B 176). Es sind diese besonders *schwierigen* Fälle der »reinen Verstandesbegriffe« bzw. Kategorien, von denen Kant in erster Linie zeigen will, dass diese ohne Schematisierung nicht kompatibel sind mit Anschauungen. Gleichwohl wird er im Zuge der Erörterung dieses schwierigsten Falles der Anwendung von Begriffen auf Erscheinungen auch empirische und mathematische Begriffe heranziehen, um an ihrem Beispiel zu erklären, wozu Schemata nötig sind; woraus wir dann auch schließen können, dass die Schematisierung jeglichem Begriffsgebrauch, der der Erkenntnis dient, inhärent ist.

Nachdem Kant die konstitutive Heterogenität von Kategorien (»reinen Begriffen«) und Erscheinungen festgestellt hat, ist der nächste Schritt seiner Überlegung »daß es ein Drittes geben müsse, was einerseits mit der Kategorie, andererseits mit der Erscheinung in Gleichartigkeit stehen muß«. Und Kant fährt fort: »Diese vermittelnde Vorstellung muß […] einerseits intellektuell, andererseits sinnlich sein. Eine solche ist das transzendentale Schema.« (B 177/A 138)

Die epistemische Rolle des Schematismus ist also klar: Sie besteht in der Vermittlung, der Mediation zwischen Anschauung und Begriff, und diese kann nur gelingen, wenn zwischen den Seiten der Sinnlichkeit und der Intellektualität ein Drittes wirksam wird, das Eigenschaften *beider* Seiten auf sich vereinigt.

Wir haben an anderer Stelle darauf hingewiesen, dass eine Verbindung zwischen zwei ungleichartigen Seiten durch Hybridisierung gestiftet werden kann, bei der die unterschiedlichen Eigenschaften in einem Dritten als einem Medium verbunden werden, dem dann die Vermittlungsfunktion zwischen dem Ungleichartigen zufällt.[47] Und wir haben diese Strategie der Vermittlung

47 Krämer 2008, S. 122 ff.

durch Hybridisierung am Beispiel der imaginären Figur des Engels erläutert:[48] Durch die Vereinigung göttlicher und menschlicher Merkmale ermöglicht der Engel als fiktionale religiöse (und oftmals auch künstlerische) Figur einen Nexus zwischen dem Göttlichen und dem Menschlichen. Doch nun geht es nicht um Engel, sondern um Schemata. Sie sind das vermittelnde Dritte (B 177), das Kant sowohl als intellektuell wie auch als sinnlich bestimmt.

Stellen wir uns – ähnlich wie Platon es in seinem Liniengleichnis für die dritte Stufe, die »Dianoia«, am Beispiel mathematischer Erkenntnis erläuterte – einen gezeichneten Kreis vor. Es ist klar, dass der Mathematiker in seinen Erläuterungen sich nicht auf diesen singulären sichtbaren Kreis bezieht, sondern vielmehr auf den unanschaulichen Begriff des Kreises, der in jeder realen Zeichnung mangelhaft verkörpert ist. Der gezeichnete Kreis ist erkenntnistechnisch nur das Symbol für den unanschaulichen mathematischen Kreis. Wenn Kant nun von dem Sowohl-als-auch von Intellektualität *und* Sinnlichkeit spricht, das im Schema gegeben ist, zielt er damit auf diesen Tatbestand einer symbolischen Erkenntnis, auf den vor ihm schon Leibniz und nach ihm dann Peirce und Cassirer verwiesen haben (übrigens beide mit Rückbezug auf Kant!)? Ist das anschauliche sinnliche Zeichen nur ein operatives Substitut für den unanschaulichen intellektuellen Gegenstand?

Wir wollen im Folgenden Kants Schematismusgedanken allerdings so verstehen, dass er gerade nicht lediglich die Version einer zeichenvermittelten Erkenntnistheorie bildet. Um auf die Spur dieses Unterschieds zwischen zeichenvermittelter Erkenntnis und dem Schematismusgedanken zu kommen, sollen nun vier kantische Bestimmungen des Schematismus herangezogen und in ihrem Zusammenhang erörtert werden: (i) Die Schematisierung ist ein Verfahren der *Einbildungskraft*, das darin besteht, einem Begriff sein Bild zu verschaffen (B 179 f.). (ii) Das Schema erzeugt zwar Bilder, aber ist selbst kein Bild (B 180); es ist eine *Regel* der Synthesis der Einbildungskraft (B 180), die auch als »figürliche Synthesis« (B 151) bestimmt wird. (iii) Die Schemata sind nichts als Zeitbestimmungen (B 184). (iv) Die Schematisierung ist eine »verborgene Kunst in den Tiefen der menschlichen Seele« (B 181/A 142).

48 Ebd., S. 129.

8.2.3. Vier Aspekte der Schematisierung

(1) Schematisierung ist ein Verfahren der Einbildungskraft

»Das Schema ist an sich selbst jederzeit nur ein Produkt der Einbildungskraft« (B 179/A 140), sagt Kant, und ein wenig später fügt er hinzu: »Diese Vorstellung nun von einem allgemeinen Verfahren der Einbildungskraft, einem Begriff sein Bild zu verschaffen, nenne ich das Schema zu diesem Begriff.« (B 179 f./A 140) Kein Zweifel also, dass die Domäne des Schemas in der Sphäre der *Einbildung* liegt; als ebender Funktion ist die Schematisierung unersetzlich für gegenständliche Erkenntnis. Keine Erkenntnis ohne Imagination.

Um das nachzuvollziehen, müssen wir uns befreien von pejorativen Konnotationen, die im modernen Sprachgebrauch den Begriff »Einbildung« allzu leicht mit *Fehlgängen* oder Irrtümern unseres Vorstellungsvermögens identifizieren. Schon Thomas von Aquin hat betont, dass die Einbildung einen Gegenstand in seiner Abwesenheit so hervorzurufen vermöge, als ob er gegenwärtig sei.[49] Und so bestimmt auch Kant die Einbildungskraft als »das Vermögen, einen Gegenstand auch ohne dessen Gegenwart in der Anschauung vorzustellen« (B 151). Und genau hier kommt der »Bildcharakter« der Ein*bild*ungskraft ins Spiel. Jedes Bild, sofern es überhaupt Gegenständliches darstellt, zehrt davon, anzuzeigen, dass sein Gegenstand, dessen *Sichtbarkeit* es im Medium seiner Formen und Farben inszeniert und präsentiert, in material-realer Hinsicht zugleich abwesend ist. Sobald wir die gemalten mit wirklichen Trauben identifizieren, beziehen wir uns auf die Trauben gerade nicht mehr als Bild. Die Arbeit der Einbildungskraft setzt da ein, wo die sinnliche Wahrnehmung mangels eines Objektes gar nicht zur Geltung kommen kann; und doch hat die Einbildung – wurzelnd im Bildcharakter dessen, was sie produziert – wahrnehmungsanaloge Qualitäten. Daher ist sie für Kant prädestiniert, den Verstandesbegriffen, sofern diese »keine Wahrnehmungskomponenten enthalten«,[50] eine korrespondierende Anschauung hinzuzugesellen (B 151) und

---

49 »Es gibt eine gewisse Erkenntniskraft […,] die ein sinnenhaftes Bild erfaßt, während das Ding abwesend ist, wie dies das Vorstellungsvermögen (imaginatio) tut […]. Die Vorstellungskraft erfaßt meist ein Ding […] als anwesend, während es abwesend ist.« Thomas von Aquin 1986, S. 79.

50 Detel 1978, S. 24.

gehört daher zum Potenzial unserer Sinnlichkeit. Gleichwohl ist das Schema *kein* Bild; und diesen Unterschied zu verstehen, ist grundlegend für ein Verständnis der kantischen Schematisierung.

(2) Schematisierung besteht in den Regeln der »figürlichen Synthesis«

Mehrfach betont Kant, dass die Schematisierung als ein »allgemeines Verfahren« zugleich ein Vorgang der *Synthesis* sei. Da uns die Sinne nur mit einer zerstreuten Mannigfaltigkeit von Eindrücken versorgen, liegt es an der produktiven Kraft – der Spontaneität – unseres Denkens, durch eine synthetische Handlung diese Eindrücke zur Kohärenz eines Sachverhaltes so zu verbinden, dass Erfahrungserkenntnis möglich wird. Genau jenen »reinen Verstandesbegriffen«, die Kant »Kategorien« nennt und die von höchstem Allgemeinheitsgrad sind, fällt, als einer allgemeinen Grammatik der überhaupt möglichen Verbindungen subjektiver Sinneseindrücke, die Aufgabe zu, jene erkenntniskonstitutiven Verbindungen zu stiften – Kant nennt sie »intellektuelle Synthesis« (B 152) –, welche Erfahrungserkenntnisse ermöglichen. Doch da den Kategorien jegliche anschauliche Komponente fehlt, muss diese intellektuelle Synthesis durch eine in der Einbildungskraft verwurzelte »figürliche Synthesis« (B 151 f.) komplettiert werden, und genau diese Art von Synthesis, die durch Figürlichkeit ausgezeichnet ist, ist die Aufgabe der Schematisierung: Mit ihr wird es möglich, »Verbindung in das Mannigfaltige der Anschauung« hineinzubringen (B 162). Verbindung, begriffen als *Figur*, ist Anordnung, ist Struktur.

Doch wie können wir diese gestalt- und bildorientierte, figürliche Synthesis mit dem ihr attestierten *Regel*charakter in Zusammenhang bringen, insofern doch das Schema für Kant eine »Regel zur Bestimmung unserer Anschauung, gemäß einem gewissen allgemeinen Begriff« (B 181) ist? Verfolgen wir diese Frage anhand der drei Begriffsarten (empirischer Begriff, mathematischer Begriff, reine Vernunftbegriffe bzw. Kategorien) und mit Hilfe von Beispielen, die Kant selbst erörtert.

(i) Den einfachsten Fall bilden empirische Begriffe.[51] Kant führt aus: »Der Begriff vom Hunde bedeutet eine Regel, nach welcher

---

51 Für Walsh 2005 sind empirische Begriffe mit ihren Schemata nahezu identisch, doch Kant erwähnt explizit auch die Schematisierung empirischer Begriffe wie »Hund« und »Teller«.

meine Einbildungskraft die Gestalt eines vierfüßigen Tiers allgemein verzeichnen kann, ohne auf irgend eine einzige besondere Gestalt, die mir die Erfahrung darbietet, oder auch ein jedes mögliche Bild, was ich in concreto darstellen kann, eingeschränkt zu sein.« Auch hier also wieder der explizite Hinweis, dass das Schema nicht ein empirisch Gegebenes, also auch kein konkretes Bild sei, sondern vielmehr »die Gestalt [...] allgemein« verzeichnet. Wenn vier Beine zu haben ebenso zum Begriff des Hundes gehört, wie der Umstand, ein Fell zu besitzen, so ist damit gerade nicht bestimmt, ob die Beine lang oder kurz sind oder welche Farbe das Fell hat. Wir können empirische Begriffe mit Listen prototypischer Merkmale vergleichen; solche Listen allerdings sind prinzipiell unabgeschlossen: Dass ein »nackter Hund« gezüchtet wird, dessen Haut nicht zugleich Fell ist, ist keineswegs ausgeschlossen.[52] Das Schema des Hundes ist etwas, bei dem auf paradigmatische Weise jene Merkmale zusammengefügt werden, die – auf einem gegebenen Stand von Erfahrung und Erkenntnis – allen Hunden unabhängig von ihren je konkreten Differenzen gemein sind. Allerdings gibt es keinen Hund, der aus *allgemeinen* Merkmalen besteht. Die Hunde unserer Erfahrungswelt können daher nur Beispiele für den empirischen Begriff des Hundes sein. Das Schema eines empirischen Begriffes zu haben, bedeutet somit, zu der epistemischen Handlung befähigt zu sein, *Einzeldinge als Beispiele*[53] für einen Begriff identifizieren zu können.

Wir versuchen zu erklären, was unter der Regel für die synthetische Leistung der Schematisierung anlässlich empirischer Begriffe zu verstehen ist. In Ergänzung zu den Vorschlägen, diese als eine Regel zur Synthese eines *Gedanken*bildes[54] oder als Regel *kognitiver Musterbildung*[55] aufzufassen, schlagen wir vor, diese Regel im Hinblick auf unsere Fähigkeit zu verstehen, aus etwas Partikulärem, das in der realen Anschauung gegeben ist, ein Beispiel für einen Begriff zu machen und es dadurch allererst zu bestimmen: Schemata ermöglichen uns, einen realen Sinneseindruck dadurch als einen identifizierbaren Gegenstand zu erkennen, dass wir aus einem Einzelding das Beispiel für einen empirischen Begriff »machen«.

52 Zu dieser »Listentheorie des Begriffs«: Koriako 2001, S. 295.
53 Auf den Beispielcharakter verweist: Flach 2001, S. 469.
54 Warnock 1948 und Bennet 1966 identifizieren Schemata mit Gedankenbildern.
55 Zum Schema als Beitrag zum Problem der Musterbildung: Krausser 1976.

(ii) Dieser Tätigkeitsaspekt (»aus etwas ein Beispiel machen«) ist signifikant, und wir begegnen ihm – wenn auch in veränderter Form –, sobald es um apriorische mathematische Begriffe geht.[56]

Kants Beispiel ist das Dreieck (»Triangel«). »Dem Begriff von einem Triangel überhaupt würde gar kein Bild desselben jemals adäquat sein. Denn es würde die Allgemeinheit des Begriffs nicht erreichen, welche macht, dass dieser für alle recht- oder schiefwinklichte etc. gilt […]. Das Schema des Triangels […] bedeutet eine Regel der Synthesis der Einbildungskraft in Ansehung reiner Gestalten im Raume.« (B 180)

Diese Regeln der Synthesis können wir zuerst einmal als *Konstruktionsvorschriften* verstehen, denn die Spezifik der mathematischen Begriffe ist es, dass sie uns niemals als Phänomene in der Anschauung begegnen: Keine empirisch auftretende Rundheit, keine sinnlich wahrnehmbare Dreieckigkeit kann dem mathematischen Begriff des Kreises oder des Dreiecks entsprechen. Gleichwohl sind Dreiecke und Kreise nicht fiktiv, denn wir können deren geometrische Gestalten konstruktiv erzeugen. Zwar bleiben alle Resultate unserer Konstruktionshandlungen als empirisch eingezeichnete Kreise und Dreiecke bloße Bilder und sind – gemessen am Allgemeinheitsgrad des mathematischen Begriffes – partikulär, doch die Allgemeinheit des Schematismus »steckt« in dem Umstand, dass die Regeln der Konstruktion es ermöglichen, ihnen entsprechende Bilder von Kreisen und Dreiecken beliebig oft zu produzieren. Es ist eine Allgemeinheit, gestiftet durch Iterabilität.

Für Kant ist die Erkenntnisart der Mathematik darin begründet, dass sie nicht – wie etwa in der Vernunfterkenntnis der Philosophie – aus Begriffen abgeleitet ist, vielmehr aus der »Konstruktion der Begriffe«. Kant erläutert dazu: »Zur Konstruktion eines Begriffs wird also eine *nicht empirische* Anschauung erfordert, die folglich, als Anschauung, ein *einzelnes* Objekt ist, aber nichts desto weniger, als die Konstruktion eines Begriffes […] Allgemeingültigkeit für alle möglichen Anschauungen, die unter denselben Begriff gehören, […] ausdrücken muß.« (B 741/A 713) Wenn wir ein Triangel konstruieren, sei es in der reinen Anschauung der Einbildung, sei es »auch auf dem Papier, in der empirischen Anschauung, beidemal aber völlig a priori, ohne das Muster aus irgend einer Erfahrung

---

56 Wir werden später allerdings darauf hinweisen, dass dieser Tätigkeitsaspekt nicht konstruktivistisch verabsolutiert werden darf.

geborgt zu haben«, dann ist das, worauf es einzig ankommt, »die Handlung der Konstruktion des Begriffs, welchem viele Bestimmungen z. E. der Größe, der Seiten und der Winkel, ganz gleichgültig sind«. (B 742/A 714)

In diesem Sinne ist das Schema eines Kreises die Konstruktion, bei der, ausgehend von einem willkürlich gewählten Liniensegment, durch Rotation um einen Endpunkt eine geschlossene Linie entsteht, so dass dieser Endpunkt zum Mittelpunkt und das Liniensegment zum Radius des Kreises wird. So individuell jeder der dadurch entstehenden Kreise im Unterschied zum allgemeinen Begriff des Kreises auch ist, birgt das *Verfahren* der Konstruktion in seiner unbegrenzten Wiederholbarkeit die geforderte Allgemeinheit: Die Iterativität der Konstruktion – darauf hat Michel Friedman mit Nachdruck verwiesen[57] – verbürgt die Allgemeinheit im Verfahren des Schematismus für mathematische Gegenstände. Genau deshalb kann Kant den Schematismus als eine *Regel* zur Produktion von Begriffen korrespondierenden Bildern durch die Einbildungskraft bestimmen. Das Anschauen jedes konkreten Bildes eines geometrischen Objektes wird im Horizont dieser Konstruktionsregel zu einem Vorgang, bei dem das Hinsehen zugleich ein *Absehen* von den kontingenten Eigenschaften ist: Hinsichtlich einiger Dinge aufmerksam zu sein heißt, gegenüber Anderem gleichgültig sein zu können.

Hier zeichnet sich ab, warum für Kant die erfahrungsunabhängigen mathematischen Begriffe gleichwohl zur Verfassung der erfahrbaren Welt der Erscheinungen *passen* (ein für Kant überaus wichtiger Punkt): Reine Anschauungen geben uns die *Formen* empirischer Anschauungen.[58] Die figürliche Synthesis, mit der wir in der »Anschauung a priori« die Form des Dreiecks »*hervorbringen*«, ist gleichartig mit der Synthesis, bei der wir »Dreieckigkeit« in real vorkommenden Gegenständen (Musikinstrument Triangel, Warndreieck etc.) »*entdecken*«. Beide Synthesen stimmen in ihrer *Form* überein.[59]

57 Friedman 1992.
58 Kant betont, dass die »reine Anschauung« »objektive Gültigkeit, nur durch die empirische Anschauung bekommen [kann], wovon sie die bloße Form ist« (KrV B 298).
59 Zur objektiven Gültigkeit auch der mathematischen Begriffe: »Man nehme nur die Begriffe der Mathematik zum Beispiele […]. Der Raum hat drei Abmessun-

(iii) Wir wollen jetzt zur letzten Begriffsart kommen, deren Schematismus Kant zu sichern versucht, um ihre Anwendbarkeit auf Erfahrungen zu gewährleisten. Es geht um die »Kategorien«, die »reinen Verstandesbegriffe«, die »niemals in irgend einer Anschauung angetroffen werden« (B 176/A 137). Zu den Kategorien zählt das in der Kategorientafel in tabellarischer Anordnung dargestellte Quartett der Begriffe »Quantität«, »Qualität«, »Relation« und »Modalität« (B 106/A 80), die das Strukturgerüst bilden für alles, was wir als ein Gegebenes überhaupt erfahren. Aufzuklären darüber, wie diese »reinen Verstandesbegriffe auf Erscheinungen überhaupt angewandt werden können« (B 177/A 138), bildet den roten Faden des Schematismuskapitels; es ist die grundlegende Frage, auf die der Schematismus die kantische Antwort ist.

Bei dieser Begriffsart tritt in der kantischen Diktion unverhüllt zutage, was im Prinzip für die Schematisierung aller Begriffe gilt: Die im Schematismus erfolgende Gestaltgebung ist als eine *zeitliche* Figurierung zu verstehen. »Schemata sind daher nichts als Zeitbestimmungen a priori nach Regeln« (B 184/A 145). Die figürliche Synthesis ist – als Schema betrachtet – Zeit-Synthese. Es ist also die Temporalität, die letztlich die Anwendbarkeit der Kategorien auf Phänomene sicherstellt und damit zugleich zwischen Begriff und Anschauung vermittelt. Doch was bedeutet das?

Gehen wir vom Beispiel der Kategorie »Quantität« aus, die an der Spitze der Tafel der vier Kategorien – Quantität, Qualität, Relation und Modalität – steht (B 160/A 80). Das »reine Schema der Größe« ist für Kant »die Zahl« (B 182/A 142). Nun können wir die Zahl 3 durch unterschiedliche Symbolisierungen darstellen, etwa durch die Punkte »…« oder durch senkrechte »III« oder durch waagerechte Striche »---« oder sie – wie Kant betont – auch an »den Fingern, den Korallen des Rechenbrett, oder den Strichen und Punkten« vor Augen stellen (B 299/A 240). Doch keine dieser wahrnehmbaren Zeichenkonstellationen für die Zahl 3 ist deren

gen, zwischen zwei Punkten kann nur eine gerade Linie sein, etc. Obgleich alle diese Grundsätze […] völlig a priori im Gemüt erzeugt werden, so würden sie doch gar nichts bedeuten, könnten wir nicht immer an Erscheinungen (empirischen Gegenständen) ihre Bedeutung darlegen. […] [D]ie Mathematik erfüllt diese Forderung durch Konstruktion der Gestalt, welche eine den Sinnen gegenwärtige (obgleich a priori zu Stande gebrachte) Erscheinung ist.« KrV B 289 f. / A 239 f.

Schema, insofern dieses sich allein auf die Regel der Hervorbringung dieser Symbolisierungen bezieht. Das, was zählt, ist der Vollzug einer Operation, die darin besteht, homogene Einheiten in der Sukzession der Zeit aneinanderzureihen. Und diese Operationsregel behält auch da Gültigkeit, wo es um hohe Zahlen geht, die wir in keiner Weise mehr als abgeschlossene Mengen nebeneinandergestellter Markierungen uns sinnlich vergegenwärtigen können. Im Herzen der Quantität nistet »die sukzessive Addition von Einem zu Einem (Gleichartigen) zusammenbefaßt« (B 182/A 142).

Die Zeit bildet die Form der Anschauung und damit zugleich die Form der Gegenstände als Erscheinungen; und sie ist dies als Grundform der Reihe, damit der Aneinanderreihung als Handlung, die wir in Gestalt einer sukzessiven Operation ausführen. Daher gilt Kant die »Zeitreihe«, das der Kategorie »Quantität« entsprechende Schema, als »Erzeugung (Synthesis) der Zeit selbst« (B 184). Struktur ist Konstruktion in der Zeit.[60]

(3) Die Schemata – nichts als Zeitbestimmungen?

Radikaler kann die Grundlagenfunktion der Zeit kaum gedacht werden: Zeit ist dasjenige, was der Welt der Erscheinungen einerseits sowie unseren empirischen und »reinen« Anschauungen und Begriffen andererseits gemeinsam ist, und zwar über das Bindeglied eines temporal aufzufassenden Schematismus, den wir in Gestalt der *Aneinanderreihung*, im Modus des Nacheinander im eigenen Tun, konstituieren.[61]

Eva Schaper hat in ihrer Kantinterpretation daraus eine weitreichende Konsequenz gezogen: In seiner Fähigkeit zur Schematisierung entdeckt der Mensch, dass die Erscheinungen der Dinge sowie seine eigene menschliche Natur sich verbinden und kondensieren zur Zeitlichkeit seines In-der-Welt-Seins – und sie wählt diesen begrifflichen Anklang an Heidegger mit Bedacht.[62] Denn die Heranführung von Kant an Heidegger ist das Ergebnis ihrer Hypothese, dass die Botschaft des Schematismus die Einsicht in die Struktur

---

60 Schaper 1964, S. 287.

61 Hier zeigt sich eine Ähnlichkeit mit Descartes' Motiv der Aneinanderreihung und der Kette als epistemologischer Grundfigur.

62 »[T]he message of Schematism [is] that [the human – S. K.] discovers, via the schemata as underlying the possibility of things for him, his own nature and the nature of that in which he is, his being-in-the-world«. Schaper 1964, S. 281.

der Zeitlichkeit ist, verstanden sowohl als Existenzbedingung der objektiven Welt der Erscheinungen *wie auch* als Konstitutionsbedingung der subjektiven menschlichen Erfahrung. Gewöhnlich deuten wir Kant in dem Sinne, dass, nur weil die »Grammatik« menschlicher Erfahrung so und so beschaffen ist, dies auch für die Welt zu gelten hat, zumindest so, wie sie sich uns als Erscheinung zeigt: Die Form unserer Erfahrung konstruiert und konstituiert die Form der Erscheinungswelt. Doch Eva Schapers will zeigen, dass der Schematismus bei Kant mehr ist als »nur« die Bestärkung eines ihm so häufig zugeschriebenen Konstruktivismus. Der Schematismus führe vielmehr vor Augen, dass es etwas *in* der Welt selbst gebe, was diese an die Form unserer Erfahrung angepasst sein lässt. Erzeugen und Entdecken stehen in einem Passungsverhältnis, und es ist der Schematismus, der die Familienähnlichkeit zwischen dem Subjektiven und dem Objektiven in Gestalt ihrer genuinen Temporalität aufweist.

So birgt das Schematismuskapitel für Schaper einen Gedanken, den Kant dann in der Kritik der Urteilskraft genauer ausarbeitet, insofern im ästhetischen und teleologischen Urteil die menschliche Subjektivität etwas entdeckt, »that is in harmony and conformity with something other than itself«.[63] Daher ist es der für die reinen Vernunftbegriffe – also die Kategorien – entfaltete Schematismus, der gewährleistet, dass die von uns entwickelten Begriffe sich nicht zum intellektuellen Glasperlenspiel verflüchtigen, sondern welthaltig sind und also für objektive Erkenntnis »sorgen«.[64] Und jenes »Scharnier«, das Mensch und Welt in ein Passungsverhältnis führt, bildet die Ordnung der Zeit. Für Schaper ist der Schematismus daher keine bloß erkenntnistheoretische Erörterung Kants, sondern ein Stück »Metaphysik der Erfahrung«.[65] Wir kommen darauf zurück.

Alles bisher Entwickelte lief hinaus auf die asymmetrische Auszeichnung der Zeit gegenüber dem Raum als Anschauungsformen a priori. Doch kann diese – scheinbar ungebrochene – kantische Privilegierung der Zeit gegenüber dem Raum tatsächlich das letzte Wort sein? Es ist wohl wahr: Nicht das einzelne räumlich situierte Bild, das die Einbildungskraft und die zeichnende Hand qua Schematisierung schaffen, sondern die *Regel*, dies unbegrenzt oft

63 Schaper 1964, S. 284.
64 Auch Krausser 1976.
65 Schaper 1964, S. 286.

und in unterschiedlichen Medien der Darstellung wiederholen zu können, ist das, was Kant unter einem generellen Schema versteht. Das Schema ist – modern ausgedrückt – das *Programm* für eine »verzeichnende« Handlung. Doch können wir uns eine in diesem Sinne »programmierte Handlung« überhaupt vorstellen, ohne dass diese sich in spatio-temporalen Objekten, also in Anordnungen des äußeren Sinnes, auskristallisiert?

Wir wollen hier noch einmal die Grundsatzfrage stellen, ob die forcierte Auszeichnung des Zeitlichen gegenüber dem Räumlichen, wenn es um das Verständnis des Schematismus geht, nicht auch ein Problem darstellt. Tatsächlich zeigt sich in der *KrV* ein sublimes Spannungsverhältnis in der Rollenverteilung, die Zeit und Raum zugesprochen wird. Schauen wir uns dazu die folgenden Annahmen Kants an:

(i) Einerseits ist für Kant klar: Alle Erscheinungen sind zeitlich, und daher ist die Zeit »die formale Bedingung a priori aller Erscheinungen überhaupt« (B 50/A 34). (ii) Dann betont Kant, dass der Raum eine reine Form der Anschauung sei, also eine Bedingung a priori nur für die äußeren Erscheinungen (B 50/A 34). Während die Zeit also *alle* Erfahrungen strukturiert, macht das der Raum lediglich für die *äußere* Erfahrung. (iii) Als Pendant und Kontrast zu dieser Eingrenzung des Raumes als Anschauungsform der Außenwelt akzentuiert Kant dann wiederum die Zeit als eine »Form des inneren Sinnes, d. i. des Anschauens unserer selbst und unsers innern Zustandes« (B 49/A 33), um daraus zu folgern: »Denn die Zeit kann keine Bestimmung äußerer Erscheinungen sein; sie gehört weder zu einer Gestalt oder Lage etc.« (B 49 f./A 33). Hier wird die Zeit nicht nur der inneren Erfahrung zugeordnet, sondern ihr Bereich wird damit zugleich – analog dem Bereich des Raumes – eingegrenzt. So wie der Raum die äußere, so strukturiert die Zeit die innere Erfahrung. Das ist merkwürdig: Einerseits ist die Zeit formale Bestimmung aller Erscheinungen; andererseits ist sie definitiv keine Bestimmung äußerer Erscheinungen. Das ist offensichtlich widersprüchlich. Kann es sein, dass der Begriff »Zeit« hier in unterschiedlichen Hinsichten, in unterschiedlicher Nuancierung akzentuiert und eingesetzt wird?

Gregg Franzwa vermutet,[66] dass es einen hier relevanten Unter-

---

66 Franzwa 1978.

schied gibt zwischen der ersten und der zweiten Auflage der *Kritik der reinen Vernunft*; er soll darin bestehen, dass in der zweiten Auflage gegenüber dem Subjektivismus der ersten Auflage ein wachsender Phänomenalismus im Sinne eines Bezugs auf Objekte der äußeren Welt zur Geltung kommt. Diese Orientierung an äußeren Objekten, also dem »Realen«, hat zur Folge, dass der Absolutheitsanspruch der Zeitbestimmung in Gestalt des Vorrangs der *inneren* Erfahrungen – modern ausgedrückt: der latente Mentalismus Kants – relativiert und im gleichen Zuge die Bedeutung der Raumbestimmungen und der *äußeren* Objekte aufgewertet wird.

Ein Hinweis für diese Veränderung ist die allein in der zweiten Auflage zu findende »Widerlegung des Idealismus« (B 274 f.), in der Kant betont: Gegen die idealistische Annahme, es gebe keinen Beweis für die Existenz von Dingen außerhalb von uns, muss gezeigt werden, dass wir von äußeren Dingen »auch *Erfahrung* und nicht bloß *Einbildung* haben«, und ebendies geschieht, indem wir beweisen, dass unsere innere Erfahrung (die – so Kant – Descartes noch für unzweifelhaft hielt) »nur unter Voraussetzung äußerer Erfahrung möglich« ist (B 275). Und wenig später spezifiziert Kant, dass eine objektive Realität der Dinge nicht bloß der Anschauungen, sondern der »äußeren Anschauungen« bedürfe (B 291).

Diese Aufwertung der äußeren Erfahrung tritt noch deutlicher zutage, wenn er anschließend erörtert, dass der Kategorie der Kausalität auf der Seite der Anschauung die *Veränderung* entspreche, doch Veränderung wiederum nicht anders gegeben sei »als durch eine Bewegung im Raume«, und diese Bewegungsanschauung – so führt Kant aus – sei die »Bewegung eines Punkts im Raume« (B 292). Den Gedanken der Bewegung eines Punktes fortentwickelnd, überlegt Kant: »Denn um uns nachher selbst *innere* Veränderungen denkbar zu machen, müssen wir die Zeit, als die Form des inneren Sinnes, *figürlich* durch eine Linie, und die innere Veränderung durch das Ziehen dieser Linie (Bewegung), mithin die sukzessive Existenz unser selbst in verschiedenem Zustande durch *äußere* Anschauung uns faßlich machen« (B 292; Hervorhebung S. K.). Und noch ein weiterer – von der Phänomenalität zehrender – Gedankenschritt wird angefügt: Als Grund dafür, dass wir das Fließen der Zeit uns nur als Linie anschaulich machen können, gibt Kant an, dass Veränderung wahrzunehmen etwas Beharrliches voraussetzt, jedoch »im inneren Sinn aber gar keine beharrliche Anschauung angetroffen wird« (B 292). Dieses Beharrliche, das unabdingbar ist für die Wahrnehmung der Veränderung, gehört also für Kant weder dem zeitlichen Vorgang des Ziehens einer Linie noch der mentalen Repräsentation der Linie etwa als Vorstellungsbild, erzeugt durch die Einbildungskraft, an. Vielmehr ist die *Figur* der Linie als räumliche Extension ein Bestandteil der *äußeren* Welt.[67]

Wenn die hier nachgezeichneten Gedankenschritte einer Neuakzentuierung der Rolle äußerer Objekte zutreffen, dann ist die forcierte Temporalität, die Kant mit dem Schematismus verbindet und die ihren genuinen Ort in der Sukzession innerer Erfahrungen findet, in diesem ihrem »Innenbezug« zu relativieren. Denn die stabile (»beharrende«) Figürlichkeit und also Räumlichkeit, die den *Produkten* der Schematisierung eigen ist und die Kant als bloß partikuläre Bilder unterscheidet von der Allgemeinheit des Schemas als einer Handlungsregel, bildet gleichwohl eine conditio sine qua non des Erfahrungswissens. Indem das kantische Argument gegen eine Verabsolutierung des Zeitlichen die Beharrungsfähigkeit des Räumlich-Figürlichen ist, in deren Horizont alleine Veränderungen in der Zeit sich zeigen, ist klar, dass die Anordnung im zeitlichen Nacheinander ihr unabdingbares Pendant in der Anordnung im räumlichen Nebeneinander findet.

So wichtig es also ist, die Temporalität als »Mutterboden« der im Schematismus ausgedrückten Strukturaffinität zwischen Welt und Subjekt zu begreifen – wie Eva Schaper[68] dies tut –, so wichtig ist es zugleich, einzusehen, dass für Kant die Zeitlichkeit nicht die Räumlichkeit sich unterordnet, sondern beide chiastisch verschränkt sind im Akt der Schematisierung.

(4) Ist der Schematismus eine »verborgene Kunst« in den »Tiefen der menschlichen Seele«?

Wir wenden uns nun einer letzten Aussage Kants zum Schematismus zu, die für viele Interpreten eine Verlegenheit bildet und nicht selten schlichtweg ignoriert wird: Kant beschreibt

---

67 In der zweiten Auflage führt Kant in der Vorrede aus: »Dieses Beharrliche aber kann nicht eine Anschauung in mir sein. Denn alle Bestimmungsgründe meines Daseins, die in mir angetroffen werden können, sind Vorstellungen, und bedürfen, als solche, selbst ein von ihnen unterschiedenes Beharrliches.« KrV, B XL, Anmerkung:

68 Schaper 1964.

den Schematismus als eine »verborgene Kunst in den Tiefen der menschlichen Seele, deren wahre Handgriffe wir der Natur schwerlich jemals abraten, und sie unverdeckt vor Augen legen werden« (B 181 f./A 142).

Wenn bei Kant von Wahrnehmung, Erfahrung und Erkenntnis die Rede ist und es dabei auf das Wechselspiel von Anschauung und Begriff ankommt, wird der kantische Ansatz oftmals so rekonstruiert, dass durch die Sinne eine Mannigfaltigkeit von Daten gegeben ist, zwischen denen die Spontaneität unseres begrifflichen Denkens einen Zusammenhang stiftet. Kraft dieser synthetischen Leistung, die charakteristisch ist für das intellektuelle Vermögen des Menschen, und deren allgemeine »Verbindungsgrammatik«, welche wiederum die Kategorien (also die reinen Vernunftbegriffe) beisteuern, fügt sich die sinnliche Divergenz des Gegebenen dann zur Kohärenz einer vom Menschen »gemachten« gegenständlichen Erfahrung. Die Einheit der Erscheinungswelt ist damit eine durch die apriorischen Formen von Anschauung und Begriff *erzeugte* Einheit; die Konsistenz des Objekts ist durch das Subjekt konstituiert, wenn nicht gar konstruiert. Im Horizont dieser herkömmlichen Deutung der »kopernikanischen Wende«, die mit Kants theoretischem Ansatz verbunden ist, könnte dann der Schematismus zwanglos mit ebendieser Syntheseleistung identifiziert werden, bei der sich das konstruktive Vermögen als konstituierende Funktion des Erkenntnissubjektes entpuppt. In der epistemologischen Rolle des Schematismus würde sich Kant dann ein weiteres Mal als Vordenker, wenn nicht gar Meisterdenker der Konstitution der erfahrbaren Welt durch das menschliche Subjekt zeigen.

Doch eine solche Interpretation greift zu kurz. Schon die genuine Verbindung von Schematismus und Zeitlichkeit, die wir zuvor erörterten, impliziert, dass Kants Privilegierung der Zeitlichkeit darin wurzelt, dass diese sich als eine Bestimmung erweist, die dem Subjekt wie dem Objekt von Wahrnehmung, Erfahrung und Erkenntnis – also *beiden* – eignet. Die zeitliche Sukzession ist das so simple wie grundständige Muster, das die äußere und innere Welt in ein Entsprechungsverhältnis bringt: Darin wurzelt Kants forcierte Betonung des Schematismus als einer Zeitbestimmung (die wir allerdings um die räumliche Dimension ergänzten). Die Schematisierung ist nicht einfach ein weiteres Instrument aus der Werkzeugkiste, mit der die Erkenntnismacht des Subjekts von diesem selbst zu bewerkstelligen ist; vielmehr enthüllt sie – und hier folgen wir einem Grundgedanken von Eva Schaper[69] –, dass die formierenden intellektuellen Handlungen des Subjektes nur deshalb zur gegenständlichen Erkenntnis führen können, weil das in den Sinnen Gegebene auf eine bestimmte Weise *beschaffen* ist und beschaffen sein muss. Nicht: *Was* muss das Subjekt tun, um die Welt der Erscheinungen erkennen zu können? Sondern: *Wie* müssen Erscheinungen beschaffen sein, damit Erkenntnis möglich ist? Das ist die Grundfrage von Kants Schematismuskapitel. Und seine Antwort können wir dadurch konturieren, dass wir seine Frage »Wie sind Gegenstände unter Begriffe zu subsumieren?« mit seiner Aussage vom Schematismus als einer »verborgenen Kunst« verbinden. Wenn Kant gleich zu Anfang des Kapitels betont, dass es etwas geben muss, das Gegenstand und Begriff »gleichartig« (B 176/A 137) macht, und wenn dann dieses Gleichartige als ein Drittes gegenüber Begriff und Anschauung eingeführt wird, das Eigenschaften beider Seiten in sich vereint (B 177/A 138), und wenn überdies Kant dann den Schematismus als dieses dritte Gleichartige charakterisiert, dann wird mit dem Zitat von der »verborgenen Kunst« klar, wie ernst es Kant damit ist, im Schematismus eine Strukturgebung zu sehen, die gerade nicht auf die Strukturierungsleistung seitens des Subjektes reduzierbar ist.

Zitieren wir noch einmal die ganze Belegstelle: »Dieser Schematismus unseres Verstandes, in Ansehung der Erscheinungen und ihrer bloßen Form, ist eine verborgene Kunst in den Tiefen der menschlichen Seele, deren wahre Handgriffe wir der Natur schwerlich jemals abraten, und sie unverdeckt vor Augen legen werden« (B 181/A 141).

Hier werden die zwei Gesichter der Schematisierung beschrieben: Einmal als ein der Kunst nahestehender Vollzug des menschlichen Verstandes, über den wir jedoch nicht frei und absichtsvoll, also intentional verfügen: Die Schematisierung ist nichts, was der Kontrolle unseres Bewusstseins anheimgestellt ist. Zum anderen kommt die Natur hier ins Spiel, die an der Schematisierung offensichtlich beteiligt ist, ohne dass doch ihr Eigenbeitrag offen zutage gefördert werden könnte. Wir müssen uns zuerst einmal die Schematisierung als etwas vorstellen, was – auf Seiten des Subjekts –

69 Vgl. Schaper 1964, S. 277.

vor-begrifflich ist und überdies unbewusst abläuft. Dass diese Schematisierung – ihrer unbegrifflichen und unwillkürlichen Vollzugsform zum Trotz – gleichwohl die Anwendung der Begriffe auf Gegenstände eröffnet, hat – und das ist für unsere Überlegung entscheidend – mit der Natur ebendieser Gegenstände zu tun, mit etwas also, das dem Regime des Subjekts gerade nicht unterliegt. Damit wird die Betonung des Nicht-Intentionalen, des Verborgenen und Unwillkürlichen am Schematismus zum Echo des Umstandes, dass in Erkenntnisakten das Subjekt keineswegs nur sich selbst und seinen Ordnungsprinzipien begegnet. Das Subjekt steht der Natur nicht einfach gegenüber, sondern erweist sich im Lichte der Schematisierung als etwas, das – auch wenn diese Metapher nicht unproblematisch ist – »aus demselben Holze geschnitzt« ist. Der Beziehung, die das Subjekt zu seinen Erkenntnis-Objekten eingehen kann, entspricht etwas in den Objekten selbst, durch das diese unserem Erkenntnisapparat angepasst sind: Das Mannigfaltige der Sinnenwelt wird nicht einfach strukturiert, sondern *hat* Struktur. Nur deshalb ist gegenständliche Erkenntnis möglich und macht diese unterscheidbar von Fiktionen, Phantasien und Illusionen.[70] Kants Idee des Schematismus drückt diese doppelte, aneinander angepasste Strukturiertheit aus. So trägt das Schematismuskapitel dazu bei, dass Kant seine Erkenntnistheorie von der Radikalform eines subjektiven Idealismus und epistemologischen Konstruktivismus abgrenzen kann. Wenn die Figur nach Friedrich Kaulbach der »Schriftzug der beschreibenden Vernunft« ist,[71] so schlägt sich darin auch – um im Bild zu bleiben – eine »Handschrift der Natur« nieder. So wird die »verborgene Kunst in den Tiefen unserer Seele« zur Spur eines elementaren Sachverhaltes: In gegenständlicher Erkenntnis begegnen wir mehr als nur uns selbst.

8.3. Raum, Anschauung, Mathematik

Der Zusammenhang von Raum, Orientierung und Anschauung in der Perspektive unserer generellen Frage nach den Erkenntnisleistungen des Diagrammatischen führt uns nun zu einer Auseinandersetzung mit Kants Auffassung des Mathematischen. Die

70 Vgl. Krausser 1976, S. 187.
71 Kaulbach 1965, S. 465.

Eigenart seiner Mathematikkonzeption besteht darin, dass die Mathematik hier eine Form der *sinnlichen Erkenntnis* ist – und das gilt für die figürlich orientierte Geometrie ebenso wie für die symbolisch verfahrende Arithmetik bzw. Algebra.[72] Mathematik gilt als eine Art *cognitio sensitiva*,[73] sie ist Erkenntnis *in concreto*.[74] Mathematische Einsichten sind fundiert in der Anschauung und nicht im Schlussfolgern; sie werden nicht diskursiv – etwa in Gestalt logischer Ableitungen bzw. Folgerungszusammenhänge zwischen Sätzen –, sondern intuitiv gewonnen und überprüft, beruhen also auf der *Evidenz* mathematischer Sachverhalte. Diese Verwurzelung des Mathematischen in der Anschauung betrifft sowohl den Gegenstandsbereich – mathematische Gegenstände sind anschauliche Gegenstände – wie auch die Erkenntnisverfahren – die Erkenntnisquelle der Mathematik bilden nicht der Begriff und die axiomatisch-logische Definition, sondern die Intuition bzw. Anschauung. Was das bedeutet, wollen wir nun im Ausgang von einem Kapitel erläutern, in welchem Kant explizit den Unterschied zwischen der diskursiven philosophischen und der intuitiven mathematischen Erkenntnis erläutert. Zwei Vorbemerkungen sind dabei hilfreich:

(1) Kant bezieht sich weitgehend auf die *Alltagsmathematik*,[75] also jene mathematischen Zusammenhänge, die auch ohne ein Expertenwissen in alltäglichen quantifizierenden Betrachtungen zum Zuge kommen, etwa wenn Mengen in bestimmten Verhältnissen aufgeteilt, natürliche Zahlen miteinander verknüpft, Raumrelationen anhand gezeichneter Figuren betrachtet oder Ähnlichkeiten zwischen Strukturen entdeckt werden. Wie sich diese elementarmathematische Orientierung zu Kants Überzeugung verhält, dass die für unser Weltverhältnis relevante Geometrie eine *euklidische* sein müsse, wird zu erörtern sein.

(2) Kants Mathematikauffassung und insbesondere seine Fundierung der Geometrie in räumlicher Anschauung wurde – gerade im Rahmen der Tradition analytischer Philosophie – grundlegend

---

72 Zur Einbeziehung auch der Algebra in die anschauungsfundierte Erkenntnis: KrV B762/A734.

73 Dieser Terminus kommt allerdings bei Kant nicht vor und wird erst von Alexander Baumgarten eingeführt: Baumgarten 1988, §1; auch: ders. 1983, §§3, 4. Dazu auch: Mahrenholz 2011, S. 113-128.

74 KrV B 744/A 716, sowie der gesamte Abschnitt B 740-756/A 712-728.

75 Dazu: Koriako 1999, S. 6.

kritisiert.[76] Exemplarisch dafür kann Philip Kitchers Aussage gelten: »Kant's theory was wrong from the beginning. His attempt at explaining mathematical knowledge gives no explanation at all.«[77]

Solche kritischen Stimmen behandeln Kant zumeist wie einen zeitgenössischen Theoretiker, dessen Aussagen in die Sprache der analytischen Philosophie sowohl übersetzbar wie im Lichte der neuesten mathematischen Ergebnisse auch beurteilbar seien. Wir werden dieser *ahistorischen* Form einer Auseinandersetzung mit Kant hier nicht folgen. Unsere Überlegungen zielen nicht darauf ab, die kantische Privilegierung der euklidischen Geometrie sowie die damit verbundene figürliche Anschaulichkeit dadurch zu rechtfertigen, dass diese »lediglich« einen zu Kants Zeiten gegebenen Entwicklungsstand der Mathematik reflektiere und durch die Formalisierung der Geometrie sowie die Entdeckung nicht-euklidischer Geometrien historisch obsolet geworden sei. Vielmehr wollen wir in der nun folgenden Rekonstruktion und Interpretation von Kants mathematischem und insbesondere geometrischem Ansatz zeigen, dass sich darin Einsichten finden, die für unsere Frage nach der Erkenntniskraft der Linie und dem intellektuellen Potenzial diagrammatischer Aufzeichnungen grundlegend sind.

8.3.1. Über die nicht-empirische Anschauung:
Einzelheit versus Unmittelbarkeit?

In der *KrV* unterscheidet Kant die »philosophische Erkenntnis« als Erkenntnis »aus Begriffen« von der mathematischen Erkenntnis »aus der Konstruktion der Begriffe« (B 740 f./A 712 f.). Er erläutert diesen konstruktiven Charakter so: »Einen Begriff aber konstruieren, heißt: die ihm korrespondierende Anschauung a priori darstellen« (B 741/A 713), und diese Apriorizität der Anschauung (für Kant die *reine* Anschauung) wird als eine »nicht-empirische An-

---

76 Autoren des Logischen Empirismus wie Schlick 1925, Reichenbach 1920, Russell 1919 und Carnap 1966 sowie später auch Hempel 1945 und Nagel 1961 entwickeln eine an Einsteins Relativitätstheorie, der nicht-euklidischen Geometrie sowie der durch Frege, Peano und Russell initiierten logizistischen Grundlegung der Mathematik ausgerichtete Auffassung, in deren Horizont die kantische Mathematikkonzeption abgelehnt wird. Dazu: Barker 1992, S. 221 ff.; Kvasz 2011, S. 140 ff.

77 Kitcher 1992, S. 123.

schauung« charakterisiert, die zwar »ein einzelnes Objekt ist […],
aber nichts destoweniger […] Allgemeingültigkeit für alle möglichen Anschauungen« (B 741/A 713) beansprucht. Kants Auffassung
von »Konstruktion« ist also auf das engste verbunden mit einer
merkwürdigen, wenn nicht gar paradoxen Form von Anschaulichkeit: Diese soll zugleich einzeln *und* allgemeingültig sein; sie soll
konkret, aber *nicht* empirisch sein. Wie nun passen Einzelheit und
Allgemeingültigkeit zusammen?

Gehen wir zurück auf zwei mittlerweile »klassische« Positionen
der interpretierenden Literatur, die gemeinhin als konträr begriffen
werden: auf Jaakko Hintikka[78] und Charles Parsons.[79]

Hintikka hat im Ausgang von der Zitatstelle B 740f. betont,
dass das Charakteristische für die kantische Anschauung darin liegt,
dass sie als Anschauung von etwas Einzelnem sich stets auf Individuelles beziehe: »Intuitivity means simply individuality.«[80] Dass
immer nur *Individuelles* angeschaut werden kann, so dass dieser
Sachverhalt geradezu die Definition von »Intuition« abgibt, hat –
für Hintikka – auch einen guten Grund. Denn so wird der Begriff
der Anschauung abgelöst von unserem alltäglichen Verständnis, bei
dem wir Anschauung mit Visualität und sinnlicher Wahrnehmung
assoziieren. Für Hintikka besteht das Problem einer wahrneh-
mungszentrierten Auffassung von Anschauung nämlich darin, dass
– angewendet auf Kants Konzept »reiner« Anschauung – die Wahrnehmung allzu schnell in einen geistigen Vorgang umgedeutet, also
das Sehen mentalisiert wird, so, als ob das geistige Auge einen Gegenstand wahrnimmt, den allein ihm die Imagination repräsentiert.
Hintikka betont demgegenüber den konstruktiven Zug in Kants
Konzept mathematischer Erkenntnis, deren elementargeometrische
Bedeutung darin besteht, dass Figuren eben nicht nur *vorgestellt*,
sondern materialiter *dargestellt*, also real gezeichnet werden. Für
die euklidische Geometrie ist die Darstellung allgemeiner Begriffe
mit Hilfe partikularer Realisierungen[81] üblich und spielt als *ekthesis*
eine fundamentale Rolle in geometrischen Erkenntnisverfahren.[82]
Genau dieser *ekthesis* entspricht für Hintikka dann (auch) der kan-

78 Hintikka 1992.
79 Parsons 1992.
80 Hintikka 1992, S. 23.
81 Ebd., S. 34.
82 Zur *ekthesis* vgl. auch: Catton/Montelle 2012, S. 31 ff.

tische Konstruktionsbegriff, der das anschauliche Fundament der Mathematik in der Konstruktion von Begriffen gründet. Klar ist für ihn allerdings auch, dass das Verfahren der *ekthesis* heute in den Termini moderner Logik präzisiert werden kann.[83]

Worauf es in unserer Hintikka-Rezeption ankommt, ist, dass die Betonung des konstruktiven Moments zugleich eine Abgrenzung gegenüber mentalistischen Kantinterpretationen intendiert – allerdings um den Preis, dass die mit der figürlichen Konstruktion einhergehende Sinnlichkeit aus diesem konstruktiv orientierten Anschauungsbegriff völlig ausgeblendet wird.

Dieser Preis ist Parsons zu hoch. Er weist zu Recht darauf hin, dass das von Hintikka stark gemachte Kriterium der Singularität bzw. Individualität aller Anschauung eine weitere Dimension impliziert, die nicht eskamotiert werden darf: die »*Unmittelbarkeit*« jeder Anschauung. Denn an einer entscheidenden Stelle in der *KrV*, an der Kant den Unterschied von Anschauung *oder* Begriff (»intuitus vel conceptus«) für das Erkennen prinzipiell erläutert, heißt es, die Anschauung »bezieht sich unmittelbar auf den Gegenstand und ist einzeln«, der Begriff dagegen »vermittels eines Merkmals, was mehreren Dingen gemein sein kann« (B 377/A 320). Auch in anderen Passagen betont Kant die Unmittelbarkeit der Anschauung im Unterschied zur Mittelbarkeit des Begriffs.[84] Einzeln zu sein und unmittelbar gegeben zu sein, sind also die zwei grundlegenden Aspekte der Intuition und führen dazu, dass Gegenstände, die in diesem Modus vorliegen und erkannt werden können, weniger von (mentaler) Repräsentation als von *Präsenz* zehren.

Die Unmittelbarkeit kraft Präsenz – und dies ist der für Parsons entscheidende Punkt – bedeutet, dass der menschliche Geist durch das, was ihm präsent ist, auch sinnlich affiziert wird: Anschauung geht somit einher mit einer gewissen Passivität seitens der Anschauenden; Wahrnehmungen sind nicht nur das Produkt von selbstgesteuerter Aktivität, sondern entspringen auch einem Ausgesetztsein gegenüber den Einflüssen durch Objekte.[85] Wenn Wahrnehmung

---

83 Hintikka 1992, S. 35; 1965, S. 178 ff.

84 KrV B 33/A 16.

85 »[F]or Kant […] our mind can aquire intuitions of actual objects only by being affected by them […]. [T]his affection […] involves for the subject a certain passivity, so that our perceptions are not on the face of it brought about by our

gewöhnlich physischer, kontingenzbehafteter Einfluss von Objekten auf unsere Sinnesorgane ist, so weicht die mathematische Anschauung – das betont Parsons – allerdings auf entscheidende Weise von der empirischen Anschauung ab: Sie eliminiert gerade das, was zufällig ist in den vom Objekt ausgehenden Einflüssen. Gleichwohl bleibt durch die Fundierung im Unmittelbaren und in der Präsenz etwas bei dieser »reinen«, nicht-empirischen Anschauung erhalten, welches sie tatsächlich mit *allen* Anschauungen teilt. Das aber ist nicht der Gehalt, wohl aber die *Form*, in der Kontingentes und Singuläres dem Menschen als endlichem Wesen[86] überhaupt nur begegnen können: Und ebendies sind die Formen von Raum und Zeit. Kants »reine« Anschauung markiert somit eine Schwundstufe des Sinnlichen, insofern sie nichts anderes anschaut als die Formen von Räumlichkeit und Zeitlichkeit. Aber was heißt das: nicht etwas anzuschauen, was *in* Raum und Zeit gegeben ist, sondern die *Form* von Raum und Zeit selbst anzuschauen?

Ehe wir diese Frage behandeln, sei hier noch einmal aus *unserer Warte* rekapituliert, was der Rekurs auf Hintikka und Parsons erbracht hat: Gewöhnlich wird die Opposition beider Autoren in den Termini von Singularität *versus* Unmittelbarkeit artikuliert. Dass gleichwohl ein *gemeinsamer* Bezugspunkt bei ihnen zur Geltung kommt, können wir daran ersehen, dass beide kritisch eingestellt sind gegenüber Ansätzen, Kants »reine Anschauung« in die Domäne mentaler Repräsentation zu verlegen. Bei Hintikka erfolgt die Distanzierung von der mentalen Repräsentation durch Orientierung an der äußerlichen, figürlichen *Konstruktion*. Mathematische Anschauung bedeutet bei Kant wie zuvor schon bei Euklid den epistemischen Einsatz von Konstruktionsverfahren; nicht deren Sinnlichkeit, vielmehr ihr *Erzeugungscharakter* ist dabei entscheidend. Bei Parsons erfolgt die Relativierung mentaler Repräsentation durch Orientierung an der Präsentation; denn was präsent ist, affiziert sensorisch und setzt damit eine gewisse immer auch passive Empfänglichkeit beim Rezipienten voraus. Nicht die Erzeugung durch ein Subjekt – wie bei Hintikka –, sondern vielmehr die *Sinnlichkeit als Affiziertwerden* ist dabei entscheidend.

mental activity, and also a certain exposure to contingency in our relations with objects«. Parsons 1992, S. 46.

86 Ebd.: »finite intelligences«.

Konstruktivität und Sinnlichkeit: Das sind die Stichworte, die einen Leitfaden abgeben für die folgenden Überlegungen. Wie kann der Zusammenhang beider in der mathematischen Erkenntnis auf eine Weise bestimmt werden, die einsichtig macht, dass wir – indem wir eine einzelne Figur konstruieren – darin ein Allgemeines tatsächlich anschauen können? Wenn wir Kant folgen,[87] so liegt die Antwort darin, (i) das Einzelne als *Instantiierung* eines Allgemeinen zu erfassen, so dass das Allgemeine im Einzelnen präsent werden kann, und dies genau dadurch zu erreichen, dass (ii) bei der Konstruktion einer einzelnen Figur *schematisch* – und das heißt: nach einer durch einen Begriff vorgegebenen Regel – verfahren wird.

8.3.2. Kants Beispiel: Die Winkelsumme im Dreieck

Kant arbeitet den Unterschied zwischen philosophischer (»diskursiver«) und mathematischer (»intuitiver«) Erkenntnis am Beispiel des Dreiecks heraus. Angenommen, die Frage ist, wie sich im Dreieck die Winkelsumme zum rechten Winkel verhält.[88] Die Lösung: Die Winkelsumme im Dreieck entspricht zwei rechten Winkeln. Kant bemerkt nun: Der (mit dieser Frage konfrontierte) Philosoph kann über den Begriff eines Dreiecks verfügen im Sinne einer Figur, die von drei geraden Linien bzw. drei Winkeln eingeschlossen wird und die Begriffe der geraden Linie, des Winkels oder der Zahl zergliedern; doch durch begriffliche Analyse wird er keine Lösung finden können. Der Philosoph »wird nichts Neues herausbringen« (B 744/A 716). Anders der Geometer, der nicht den *Begriff* des Dreiecks zergliedert, vielmehr ein Dreieck *konstruiert*.

---

87 »Die philosophische Erkenntnis betrachtet also das Besondere nur im Allgemeinen, die mathematische das Allgemeine im Besonderen, ja gar im Einzelnen, gleichwohl doch a priori und vermittels der Vernunft, so daß, wie dieses Einzelne unter gewissen allgemeinen Bedingungen der Konstruktion bestimmt ist, eben so der Gegenstand des Begriffs, dem dieses Einzelne nur als sein Schema korrespondiert, allgemein bestimmt gedacht werden muß.« KrV B 742/A 714.

88 Wahrscheinlich hat Kant dieses Beispiel seinen Lektüren von Christian Wolff entnommen (zur Verbindung Wolff–Kant: Shabel 1998), der allerdings mit anderer Argumentation den Innenwinkelsummensatz Euklids aufnimmt und auf gleichsam empirische Weise, nämlich durch Messung, zu beweisen sucht. Zur Kritik daran: Wöpking 2012, S. 74.

Dieses oftmals eingesetzte Beispiel ist überliefert aus Euklids Lehrsatz 32 in den *Elementen.*[89]

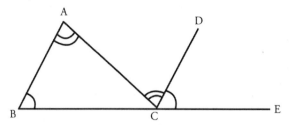

Abb. 52: Euklids Konstruktion zu Lehrsatz 32

Der Geometer zeichnet ein Dreieck ABC sowie zwei Hilfslinien: Die eine verlängert BC nach E, die zweite ist eine Parallele zur Seite BA. Die Funktion dieser zusätzlichen Linien besteht darin, eine Einsicht zu evozieren, auf die sich Euklid bereits in Lehrsatz 29 bezieht: Wenn eine Gerade zwei Parallelen schneidet, so sind die an den Schnittpunkten gegenüberliegenden Winkel jeweils gleich.[90]

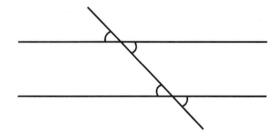

Abb. 53: Euklids Konstruktion zu Lehrsatz 29

Anhand von Dreieck und Hilfslinien kann die Lösung der Frage nach der Winkelsumme gefunden werden: An der Dreieckskonstruktion tritt zutage, dass der Winkel ABC dem Winkel DCE

89 An einem Dreieck, an dem eine Seite verlängert ist, ist der äußere Winkel gleich den beiden innen gegenüberliegenden, und die drei inneren Winkel des Dreiecks zusammen sind gleich zwei rechten Winkeln. Euklid I, 32.
90 Dazu: Harper 1992, S. 279 f.

gleich ist und dass BAC dem Winkel ACD entspricht. Kraft der Hilfslinien zeigt sich des Weiteren, dass die drei Winkel ACB, ACD und DCE zusammengenommen dem »geraden Winkel« BCE von 180 Grad, also zwei rechten Winkeln, gleich sind. Kant schließt dieses Beispiel mit folgender Bemerkung ab: [Der Geometer] »gelangt auf solche Weise, durch eine Kette von Schlüssen, immer von der Anschauung geleitet, zur völlig einleuchtenden und zugleich allgemeinen Auflösung der Frage.« (B 744 f./A 716 f.) Diese Kette »einleuchtender« Schlüsse anhand von Konstruktionen bezeichnet Kant auch als »*ostensiv*« – im Unterschied zum diskursiven Erkenntnisverfahren des Philosophen.

Wir sehen: Kant versteht unter Konstruktion ebendas, woraus schon Euklid geometrisches Wissen hervorgehen lässt: die Möglichkeit, mathematische Einsichten anhand figürlicher Darstellungen zu gewinnen. Dies allerdings gelingt nur, wenn Text und Zeichnung eng miteinander verknüpft sind, denn Euklids geometrisches Erkenntnisverfahren entfaltet sich – worauf Hintikka[91] und Catton/Montelle[92] nachdrücklich aufmerksam gemacht haben – in mehreren Schritten. (1) Eine Proposition wird sprachlich formuliert; (2) die Proposition wird graphisch in einer partikulären Zeichnung dargestellt (»*ekthesis*«), die (3) um eine Hilfskonstruktion in Gestalt weiterer Punkte, Linien oder Kreise ergänzt wird. (4) Sodann erfolgt der Beweis durch Rückgang auf Axiome, auf bereits bewiesene Propositionen wie auch auf die Zeichnung selbst. Im letzten Schritt (5) wird festgehalten, dass die bewiesene Proposition für *alle* geometrischen Figuren dieses Typs gilt.

Kant hat also sein Konzept geometrischer Konstruktion in enger Anlehnung an Euklids Verfahren der *ekthesis* gewonnen. Charakteristisch dafür ist, dass ein *genereller* Sachverhalt in einer *singulären* Zeichnung zur Darstellung kommt, so dass die ein Generelles instantiierende Darstellung in ihrer konkreten Figürlichkeit dann in den Argumentationsgang selbst eingeht, also neue Erkenntnis schafft: Genau in dieser Bezugnahme auf ein präsentes, vor Augen gestelltes Objekt beruhen die »ostensiven Schlüsse«, die Kant der Geometrie zuschreibt (B 745/A 717). Doch wie kann es sein, dass das besondere, raum-zeitlich situierte, gezeichnete Dreieck zutage fördert, was für *alle* Dreiecke, ja für das *Dreieck überhaupt*

91 Dazu: Hintikka 1992, S. 28 ff.
92 Catton/Montelle 2012, S. 32 f.

gilt? Worin wurzelt die Allgemeinheit und Notwendigkeit der auf geometrische Diagramme bezugnehmenden Erkenntnis, eine Allgemeingültigkeit also, die für Kant gerade nicht durch Logik, sondern durch Anschauung verbürgt ist?

8.3.3. Anschauung und Allgemeingültigkeit

Wir wollen diese Frage im Folgenden in drei Schritten aus unterschiedlichen Perspektiven beantworten, indem wir (i) vom geometrischen Gegenstand, (ii) von dessen anschaulicher Rezeption und schließlich (iii) von dessen regelgeleiteter Konstruktion ausgehen.

(i) Gegenstand. Darius Koriako betont, dass geometrische Begriffe, die auf geometrische Gegenstände wie Linie, Viereck, oder Kreis referieren, »morphologische Begriffe« sind.[93] Solche Gegenstände können nicht in Teile zerlegt werden, da nur durch ihre anschauliche, *holistische* Erfassung die »richtigen« Relationen zwischen den Teilen zutage treten. Ein Quadrat enthält nicht viermal eine Seite, vielmehr müssen die Seiten in einer bestimmten Anordnung enthalten sein, damit ein regelmäßiges Viereck entsteht.[94] Auch kann von dem Auftreten von drei Winkeln in einer ungeordneten Zusammenstellung von Dreiecksabschnitten (etwa: »> < >«) keineswegs auf ein Dreieck geschlossen werden, weil diese »Winkel nicht die richtige räumliche Orientierung aufweisen«.[95] Um etwas als Dreieck zu erkennen, müssen wir es »in seiner eigentümlichen räumlichen Gestalt« als eine Ganzheit erfassen.[96] Infolge dieses Holismus der Gestalt sind morphologische Begriffe »intimer an Anschauung gebunden als andere«.[97]

(ii) Anschauung. Im Rahmen dieser »Intimität« der Anschauung hatte Parsons die Unmittelbarkeit hervorgehoben, die bedeutet, dass phänomenal präsente Objekte unsere Sinne affizieren (müssen).[98] Es geht etwas vom Objekt aus und widerfährt dem erkennenden Subjekt. Doch wie ist das Widerfahren einer *nicht-*

93 Koriako 1999, S. 136 ff., 230 ff.
94 Ebd., S. 136 f.
95 Ebd., S. 231.
96 Ebd.
97 Ebd.
98 Parsons 1992.

empirischen Anschauung der gezeichneten geometrischen Gegenstände genauer zu fassen? Hier ist es sinnvoll, vier Unterscheidungen zu treffen in Bezug auf das, *was* bei einer geometrischen Figur zur Erscheinung kommen kann.[99]

(a) Einerseits ist an einer gezeichneten Figur das zu sehen, was durch das Befolgen der Konstruktionsregeln verbürgt, mithin in der konstruktiven Vorschrift angelegt ist: So darf ein Dreieck nicht als Fünfeck, parallele Linien nicht als sich schneidende Linien, der Kreis nicht als Ellipse gezeichnet werden. Es kommt – mit den Worten von Jan Wöpking – nicht darauf an, »was ich in einem Diagramm sehen *kann*, sondern was ich in ihm sehen *darf*«.[100] Im Horizont des operativen Charakters geometrischer Definitionen, die Erzeugungsregeln für die durch sie definierten Gegenstände enthalten, wird verständlich, wieso Kant vom »Konstruieren geometrischer *Begriffe*« (Herv. S. K.) spricht. Denn wir werden an einer hingezeichneten Figur zuerst einmal genau das sehen, was ihre Definition als ein Erzeugungsverfahren vorgibt – und sollen anderes, das ebenfalls sichtbar ist, jedoch nicht zum Erzeugungsverfahren gehört und somit kontingent ist, vernachlässigen. Wir sehen eine Figur im Lichte des Begriffs, den sie instantiiert.

(b) Es gibt überdies Attribute in der Struktur des geometrisch Sichtbaren, die durch die medial-technischen Bedingungen der Zeichenhandlungen vorgegeben sind. Dazu gehört die Flächigkeit des Mediums, das heißt, dass es eine plane und zugleich begrenzte Fläche der Inskription gibt, die über eine der Körperlichkeit des Betrachters korrespondierende Orientierung verfügt. So hat die Flächigkeit der Dreiecke und Kreise zur Folge, dass Transformationen dieser Figuren auf bestimmte Operationen in der Zweidimensionalität begrenzt sind, deren Zentrum das Verschieben und das Rotieren von Linien bilden.

(c) Überdies ist das am Diagramm Sichtbare auch bedingt durch Reichweite und Grenzen unseres Wahrnehmungsapparates. Die Begrenzung und Handhabbarkeit der Flächen der Inskription, zusammen mit den physiologischen Schranken unserer Sensorik, machen es beispielsweise unmöglich, *zugleich* die relative Größe

---

99 Philip Kitcher 1992, S. 124, hat 3 Typen von Wahrnehmungseigenschaften geometrischer Diagramme unterschieden; unsere Unterscheidung ist nicht konform zu seiner.

100 Wöpking 2012, S. 150.

und die Entfernung zwischen Sternen zeichnerisch zu veranschaulichen.[101] Oder denken wir an das Prinzip der Wechselwegnahme, bei der von einer größeren die jeweils kleinere Strecke abgezogen wird: Das »Nichtaufgehen« der Wechselwegnahme, ihre ins Unendliche verlaufende Fortsetzbarkeit, ist ein von alters her überlieferter Beweis für die Inkommensurabilität zweier Strecken, etwa von Seite und Diagonale im Quadrat.[102] Doch in einer realen Zeichnung kommt das Verfahren schnell zum Ende, statt – wie es für die Beweisführung wesentlich wäre – ad infinitum fortsetzbar zu sein. Kurzum: Gezeichnete geometrische Figuren müssen sich in den Toleranzen unseres sensorischen Systems bewegen. Und so drängt sich die Frage auf: Verdankt sich ein Gutteil des Apriori, das Kant in der mathematischen Erkenntnis zur Geltung bringt, diesen medialen und wahrnehmungstechnischen Begrenzungen?[103] Wir kommen darauf zurück.

(d) Schließlich sehen wir eine Figur als etwas Einzelnes durchtränkt mit dem, was an ihr zufällig ist. Wie groß oder klein die Figuren, wie dick oder dünn die Linien ihrer Aufzeichnung ausfallen, ob die Kreislinie tatsächlich in allen Punkten den gleichen Abstand zum Mittelpunkt hat, ob die Gerade wirklich ohne alle Krümmung gezeichnet ist: von diesen Zufälligkeiten der hingezeichneten Figur, das heißt aber von ihrer empirischen Präzision, kann gerade *abgesehen* werden. Diese Fähigkeit zum Absehen setzt allerdings voraus, dass zwischen den notwendigen und zufälligen figürlichen Eigenschaften im Akt der Wahrnehmung zu unterscheiden ist; denn erst diese Unterscheidbarkeit macht aus der Wahrnehmung eines empirisch Singulären die »reine« Anschauung eines Allgemeingültigen. Diese sinnliche Diskriminierbarkeit kann nicht anders gewonnen werden als durch das Konstruktionsverfahren selbst, das daher – genau genommen – eben nicht die Erzeugung einer partikulären Figur, sondern vielmehr eines *Schemas* ist. Eines Schemas allerdings, das – wie Kant im Schematismuskapitel mehrfach betonte – nicht das konkrete Bild ist, sondern im konkreten Bild lediglich instantiiert wird. Bilder können verschiedene Schemata realisieren: Sehen wir ein gezeichnetes Dreieck, ist vorab nicht klar, ob es – als Schema – ein Dreieck, ein gleichseitiges Dreieck oder gar ein n-Eck

101 Hopkins 1973; dazu auch: Harper 1992, S. 283.
102 Krämer 1991, S. 37 ff.
103 Dazu: Harper 1992, S. 282.

etc. zeigt.[104] Und umgekehrt kann *ein* Schema auch in verschiedenen Bildern verkörpert sein. Daher muss das Verhältnis zwischen Begriff, Bild und Schema so verstanden werden, dass ein konkretes Bild genau dann als Realisierung eines Schemas gedeutet werden kann, wenn es im Lichte eines Begriffs betrachtet wird.

Die Einsicht, die wir bisher gewonnen haben über den Charakter der geometrischen Anschauung, macht deutlich, dass diese Art von Anschauung auf einem Zusammenspiel von Sehen und *Übersehen* beruht; die sensorische Aufmerksamkeit fokussiert Bestimmtes und vernachlässigt anderes, und in der Grenzziehung zwischen beidem ist sie geleitet vom Begriff, der das, was sich zeigt, nicht einfach ein einzelnes Bild sein lässt, vielmehr ihm den Status eines Schemas verleiht. Aber ist damit die von Kant privilegierte Anschauungsfundierung mathematischer Einsichten dann, wenn dafür sich das einzelne Bild zu »verwandeln« hat in das Schema eines Begriffs, nicht doch wieder zurückgebunden an das Begriffliche? Und ist es damit gerade um die intuitive, mit Präsenz, Unmittelbarkeit und Einzelheit verbundene Dimension gebracht, die der ostensiven mathematischen Demonstration doch – nach Kant – eigen ist? Genau deshalb wird es nun wichtig zu verstehen, dass diese Begriffe – als mathematische – für Kant *Konstruktionen* sind. Die Fähigkeit, zwischen dem Notwendigen und dem Zufälligen an einer Figur unterscheiden zu können, gründet darin, dass die mathematischen Begriffe Erzeugungsverfahren ihrer Gegenstände implizieren. Die gezeichnete Figur »im Lichte des Begriffs« zu betrachten, heißt, sie »in der Perspektive ihrer Konstruier*barkeit*« der in ihr inkorporierten Handlungsweise zu sehen.

(iii) Konstruktion. Ein geometrisches Konzept zu sein und eine Konstruktionsvorschrift zu sein, ist für Kant nahezu synonym. Denn mathematische Begriffe beziehen sich auf »begriffliche«, also »reine« Gegenstände und zeigen – als genetische, also erzeugungsorientierte Definitionen[105] – nicht nur, *dass* solche Gegenstände möglich sind, sondern *wie* diese möglich sind. Zwei Gesichtspunkte sind zum Verständnis des kantischen Konstruktionskonzeptes wesentlich: die Zurückführbarkeit aller geometrischen Konstrukti-

---

104 Koriako 1999, S. 238.
105 Siehe die handschriftliche Notiz: »Ich denke, aus einer Definition, welche nicht zugleich die Construction des Begriffs in sich enthält, läßt sich nichts folgern [was synthetisch Prädikat wäre.]« AA XIV, S. 31, zit. nach Koriako 1999, S. 246.

onen auf zwei elementare Operationen sowie die Iterabilität dieser Operationen. Das aber sind genau die in der Elementargeometrie Euklids angegebenen Bedingungen.

In einem handschriftlichen Text, der zur Kontroverse mit Eberhardt von 1790 gehört,[106] betont Kant, dass für Euklid die »Möglichkeit von gerader Linie und Kreis nicht mittelbar durch Schlüsse, sondern nur unmittelbar, durch die Construction dieser Begriffe (die gar nicht empirisch ist) bewiesen werden« könne.[107] Und dieser nicht schlussfolgernde »Beweischarakter« gründet – so fährt Kant fort – darin, dass unter allen möglichen geometrischen Operationen zwei Verfahren eine privilegierte Stellung innehaben, so dass diese grundlegend sind für alle übrigen; und das sind »das Ziehen […] einer geraden Linie und das Drehen einer solchen um einen festen Punct […]«.[108] *Mathematische Begriffe legen Handlungsweisen fest*. Alle Figuren der elementaren Geometrie sind auf die Handlungen des Ziehens und Rotierens einer Linie zurückführbar. Das gilt allerdings nur, wenn zugleich die Iterierbarkeit, also die Wiederanwendbarkeit dieser Elementaroperationen, gewährleistet ist.

Die Postulate Euklids erfüllen für Kant ebendiese Aufgabe, die Existenz geometrischer Gegenstände durch ihre Erzeugungsverfahren zu gewährleisten.[109] So legt bei Euklid das Postulat 1 fest, dass von jedem Punkt aus zu einem anderen Punkt eine gerade Linie gezogen werden kann; Postulat 2 erfordert, dass eine endliche Strecke kontinuierlich in einer geraden Linie verlängert werden kann, und Postulat 3 fordert, dass man mit jedem Mittelpunkt und Abstand (Radius) einen Kreis zeichnen kann.[110]

Machen wir uns klar, was diese Orientierung an konstruktiven Handlungen bedeutet. Zuerst einmal: Es geht hierbei nicht um ein Wissen, ein *knowing that*, vielmehr um ein Können, ein *knowing how*. Dieses Können ist praktisch, es ist ein manuelles

106 AA XX.

107 AA XX, S. 411.

108 Ebd.

109 »Nun heißt ein Postulat in der Mathematik der praktische Satz, der nichts als die Synthesis enthält, wodurch wir einen Gegenstand zuerst geben, und dessen Begriff erzeugen, z. B. mit einer gegebenen Linie, aus einem gegebenen Punkt auf einer Ebene einen Zirkel beschreiben, und ein dergleichen Satz kann darum nicht bewiesen werden, weil das Verfahren, was er fordert, gerade das ist, wodurch wir den Begriff von einer solchen Figur zuerst erzeugen.« KrV B 287.

110 Euklid 2003.

Tun,[111] und es ist auf Instrumente angewiesen – auf den Gebrauch von Lineal und Zirkel. Wiewohl aus den altgriechischen Handwerkstechniken entstanden, unterliegen beide mathematisch eingesetzte Instrumente bei Euklid gewissen idealisierenden Besonderheiten: Das Lineal kann von beliebiger Länge, mithin unendlich lang sein, und es trägt keine metrischen Einteilungen. Der Zirkel kann – beliebig weit geöffnet – alle möglichen Kreise erzeugen; doch büßt er seine Funktion ein, sobald er vom Papier gelöst wird; er ist also nicht geeignet, Entfernungen zu konservieren und zu übertragen.[112] Auffallend ist also, dass diese Operationen nicht messenden, vielmehr *topologischen* Charakter haben: Räumliche Relationen als Lageverhältnisse von Punkten und Linien in der Ebene werden erzeugt.

Der manuell-praktische Charakter dieser Operationen macht klar, dass die Basis der geometrischen Gewissheit nicht Sätze bilden, sondern elementare *Bewegungen* des Geometers, Bewegungen, die räumliche Verhältnisse beschreiben, indem sie diese hervorbringen. Dieser Zusammenhang von Raum und Bewegung ist in zwei Hinsichten wesentlich:

Einerseits, weil die Objekte der Geometrie nur durch das Tun eines konstruierenden Subjektes ins Leben gerufen werden. Die Anschaulichkeit geometrischer Wissenschaft gründet in diesem ihrem handlungsbezogenen, wir können auch sagen: kinetischen Charakter. Daher betont Kant immer wieder, dass der Begriff der Linie ihre zeichnerische Hervorbringung impliziert – ob imaginativ vorgestellt oder graphisch ausgeführt: »Ich kann mir keine Linie, so klein sie auch sei, vorstellen, ohne sie in Gedanken zu ziehen, d. i. von einem Punkte alle Teile nach und nach zu erzeugen, und dadurch allererst diese Anschauung zu verzeichnen.«[113]

Andererseits wird nicht bloß das geometrische Objekt hervorgebracht (also der geometrische Begriff konstruiert), sondern es ist das Räumliche selbst, das hier hervorgebracht wird und entsteht – und zwar als eine Funktion des Subjekts, die übrigens mit der Zeitlichkeit, sozusagen buchstäblich, Hand in Hand geht. Denn Kant betont, dass man sich die Zeit nicht anders vorstellig

---

111 Diese praktische Fundierung der euklidischen Geometrie in der Arbeit mit der Hand haben vor allem herausgearbeitet: Catton/Montelle 2012, S. 29 ff.

112 Dazu: Catton/Montelle 2012, S. 29.

113 KrV B 203/A 162, auch: B 154, B 292.

machen könne »als unter dem Bilde einer Linie, so fern wir sie ziehen«.[114]

Doch zurück zu Raum und Bewegung; es kommt hier auf noch einen Unterschied an, und dieser führt zu der zentralen Frage, wie angesichts der Singularität der Anschauung die Generalität des Mathematischen überhaupt gewährleistet ist. Die Bewegung von Objekten im Raum gehört – betont Kant – nicht in die »reine Wissenschaft, folglich auch nicht in die Geometrie«, sondern gehört zu den Erfahrungswissenschaften. Im Unterschied dazu ist die Tätigkeit des konstruierenden Subjektes, mit der geometrische Begriffe erzeugt werden, eine Bewegung als B e s c h r e i b u n g eines Raumes«, und diese gilt ihm als »ein reiner Actus der sukzessiven Synthese des Mannigfaltigen in der äußeren Anschauung überhaupt durch produktive Einbildungskraft, und gehört nicht allein zur Geometrie, sondern sogar zur Transzendentalphilosophie«.[115] Halten wir fest: In der Tätigkeit des Geometers werden nicht einfach räumliche Objekte erzeugt, sondern die *Bedingungen von Räumlichkeit selbst hervorgebracht*; darin gründet der nicht-empirische Charakter geometrischer Konstruktion. Die irritierende Neutralität Kants gegenüber der Frage, ob der Geometer ein Dreieck wirklich zeichnet oder es sich nur vorstellt, findet darin seinen Fluchtpunkt: Die Geometrie handelt nicht von gezeichneten Figuren im Raum, sondern vom Raum, der durch Bewegung generiert wird. »Raum« ist keine vorfindliche Entität, sondern wird durch Akte der Verräumlichung erzeugt.[116] Darin besteht der synthetische Charakter mathematischer Operationen.

Doch unbeschadet dieser Differenz zwischen empirischer und nicht-empirischer Bewegung in Hinsicht auf den Raum liegt die *Verbindung* beider darin, dass es eine elementare Korrespondenz gibt zwischen dem Wahrnehmungsraum und dem mathematischen Operationsraum: Beide – dies betont Friedman[117] – sind von der gleichen formalen Struktur. Und diese formale Struktur ist durch die Ordnung in der iterativen Aufeinanderfolge der Elementaroperation des Ziehens einer Linie und der Rotation um einen Punkt gewährleistet; und diese Ordnung stiftet zugleich die Form der Anschauung.

114 KrV B 155.
115 KrV B 155, Anmerkung.
116 Melick 1992, S. 248 ff.
117 Friedman 2000, S. 192.

8.3.4. Anschaulichkeit in der kantischen
Mathematikkonzeption: ein Resümee

Wir haben analysiert, wie Kant geometrische Erkenntnis nicht in
der Logik des Begriffs, sondern in der Intuition der Anschauung
fundiert und diese als Erkenntnis »in concreto«, als »intuitiv«,
»nicht-diskursiv« und »ostensiv« charakterisiert. Fassen wir zusammen:

(1) Geometrische Begriffe beschreiben nicht, sondern schreiben
dem Geometer eine Handlung vor, mit der wahrnehmbare Objekte
graphisch produziert werden können. Dazu sind Hilfsmittel nötig
(Zirkel und Lineal), die allerdings bei Euklid – und hierin folgt ihm
Kant – idealisiert sind: Das Lineal hat keine metrische Skalierung,
der Zirkel kann beliebig weit geöffnet werden. So ist gewährleistet, dass die geometrischen Operationen nicht messenden, sondern
morphologischen Charakter haben. Es werden räumliche Relationen
als Lageverhältnisse von Punkten und Linien in der Ebene erzeugt.
Für die euklidische Geometrie ist die Flächigkeit ihrer Anordnungen konstitutiv.

(2) Zwei Operationen sind dabei grundlegend, wie Kant in einem handschriftlichen Text betont:[118] »das Ziehen [...] einer geraden Linie und das Drehen einer solchen um einen festen Punct
[...]«. Alle Konstruktionen der Geometrie zehren von den Operationen des Ziehens und des Rotierens einer Linie. Hinzu kommt die
Iterierbarkeit jeder Konstruktionshandlung.[119]

(3) Dass dabei »ein Begriff konstruiert« wird, heißt, dass beim
geometrischen Zeichnen einer Regel gefolgt wird, die angibt, was
an der sinnlich sichtbaren Figur mathematisch relevant und was an
ihr irrelevant ist, also für das Einsichtspotenzial einer Zeichnung
keine Rolle spielt. Ebendies ist der Effekt der Schematisierung: In
dem Akt des Zeichnens sind »viele Bestimmungen, z. E. der Größe,
der Seiten und der Winkel, ganz gleichgültig«. (B 742)

(4) Was aber nicht gleichgültig, sondern für das Schema grundlegend ist, ist die räumliche Direktionalität, der Richtungssinn in
der Anordnung der konstruktiven Elemente. Die Winkel im Dreieck müssen in einer bestimmten Anordnung zueinander stehen,

118 AA XX, S. 411.
119 Zur Iterierbarkeit: Friedman 1992; 2012.

also nicht so: »>>>«, sondern so: »Δ«. Die Schematisierung erzeugt eine gerichtete Konfiguration. Mit der Direktionalität wird für die Produktion und Rezeption von anschaulichen Konfigurationen die Körperlichkeit der epistemischen Subjekte grundlegend, welche eine elementare Matrix aller geometrischen Handlungen bildet. Als nicht-empirische Objekte sind geometrische Gegenstände nicht raum-zeitlich situiert; doch als konstruierte, der reinen Anschauung zugängliche Objekte stehen sie in Relation zur körperlichen Positionierung des Betrachters.

(5) Dass Subjekte von geometrischen Zeichnungen sinnlich affiziert werden, hängt mit dem »Bildmodus« der Schematisierung zusammen, durch den im Einzelnen etwas Allgemeines gesehen werden kann. Diese Vermittlung zwischen Partikulärem und Generellem, welche die Schematisierung leistet, ist verbündet mit der Einbildungskraft. Die Einbildungskraft ist ein Bildgebungsverfahren. Sie transformiert die Zeichnung in ein begrifflich reguliertes mathematisches Objekt; sie verwandelt das Sehen einer einzelnen, empirischen Zeichnung in die Anschauung eines allgemeinen, mathematischen Objektes.

(6) Dieses »Objekt«, das durch die Schematisierung erzeugt und in der Anschauung wahrgenommen wird, ist nicht ein »Ding«, sondern eine Form, die in unbegrenzt vielen aufgezeichneten Gegenständen inkorporiert bzw. instantiiert sein kann. Dieses Potenzial zur Erfassung einer allgemeinen Form realisiert sich nur in der iterierbaren konstruktiven Handlung: Wir haben den Raum als Anschauungsform bei Kant als die Prozessualität im Akt von Verräumlichung zu denken.

(7) Die Geometrie in der Nachfolge Euklids, so wie Kant sie versteht und konzipiert, wird zu einer (nicht-empirischen) Wissenschaft, die von den Regeln für die *zeichnerische Verkörperung* von Formen mit Hilfe von Punkt, Linie und Fläche handelt. Um in der gezeichneten Figur die essenzielle Form bei Vernachlässigung der zufälligen Attribute sowohl hervorbringen wie rezipieren zu können, bedarf es der Anschauung und der Einbildungskraft.

(8) Kant hat stets daran festgehalten, dass die Mathematik kein Glasperlenspiel ist, sondern vielmehr beiträgt zur Erkenntnis realer Gegenstände. In dieser lebensweltlich-epistemischen Perspektive können wir sagen: Die Geometrie ist die Lehre der diagrammatischen Erzeugung von Formen und deren Verhältnissen zueinander,

soweit diese zur realen zeichnerischen Projektion von konkreten wie von abstrakten Objekten nötig sind.

9. Wittgenstein: Grammatik als Diagrammatik

9.1. Ein diagrammatischer Grundzug bei Wittgenstein?

Wittgensteins Beziehung zum Bild rückt in den Fokus der Aufmerksamkeit.[1] Dies ist in unterschiedlichen Hinsichten von Belang. Zum einen ist das – insbesondere spätere – Werk durchzogen von Strichzeichnungen, Graphen und Diagrammen; mehr als 1300 solcher Bilder birgt sein Nachlass, und diese sind in Gänze noch kaum gesichtet, geschweige denn ausgewertet und verarbeitet. Da ist zum anderen sein »anschauliches Denken«,[2] das nicht nur vom Einsatz schematischer Zeichnungen als Erkenntnisinstrument und eben nicht nur als Veranschaulichungsmittel zehrt, sondern sich auskristallisiert in einer Terminologie, die sich bevorzugt auf Wortfeldern des Visuellen, der Sichtbarkeit und des Bildlichen bewegt. Des Weiteren können seinen Texten sogar Bausteine zu einer allgemeinen Theorie »epistemischer Bilder«[3] und zu einer Bildphilosophie[4] entnommen werden – wenn eine solche Theorie und Philosophie auch nie Wittgensteins Ziel gewesen ist. Und schließlich kann seine Sprachspielidee in die Richtung auf »Bildspiele« hin erweitert werden.[5] Kurzum: Wittgenstein ist als ein »visueller Denker« hervorgetreten und zu einem Gutteil in dieser Perspektive auch sondiert.

Doch wir wollen diese Kontur vom Bild und vom Visuellen als Nährboden des Philosophierens von Wittgenstein noch ein Stück deutlicher profilieren. Die dabei leitende Vermutung ist, dass die Art von Bild, um die es Wittgenstein zu tun ist, seine Inspirationsquelle, aber auch seinen Orientierungspunkt in diagrammatischen Inskriptionen findet. Nicht also das Gemälde, das im abendländischen Diskurs zu gerne als Prototyp des Bildes

---

1 Nur eine beschränkte Auswahl aus der Vielzahl von Studien: Aldrich 1958; Gmür 2000; Goppelsröder 2006; Gründler 2011; Hiltmann 1998; Krämer 2009, S. 114-117; Macho 2004; Mersch 2006a; 2006; Nedo 2007; Nyíri 2002; 2004; Richtmeyer 2009; 2014.

2 Kunzmann 1998, S. 127 ff.; Blich 1988; beide zit. nach Mersch 2006a, S. 939.

3 Mersch 2006a, S. 939; auch: Richtmeyer 2010; 2014.

4 Nyíri 2004.

5 Scholz 1994, S. 111 ff.

gilt, vielmehr eine epistemisch zu nutzende *operative Bildlichkeit* bildet den Kern seiner Affinität zum Visuellen. In der Perspektive unserer diagrammatologischen Rekonstruktion wollen wir nun in Wittgensteins Bezugnahme auf das Bildliche die Eigenarten einer »flächigen Spatialität« sowie einer »tätigkeitsorientierten Operativität« hervorheben. Nicht einfach die Visualität, sondern die – damit natürlich zusammenhängenden! – Attribute der Spatialität und der Operativität kennzeichnen die Hinsicht, in der wir Wittgensteins Beziehung zum Bildlichen akzentuieren. Zwei Leitgedanken sind es, die wir plausibel machen wollen:

(1) Der Bildbegriff Wittgensteins ist geprägt vom Vorbild des Diagrammatischen im erweiterten Sinne flächiger Inskriptionen, welche Notationen, Graphen, Diagramme und Karten umfassen. Obwohl Wittgenstein von seiner frühen Bildtheorie abrückte und statt von »Abbildern« später von »übersichtlichen Darstellungen« spricht, bleibt auch für den späteren Wittgenstein eine *diagrammatische Physiognomie* seines visuellen Denkens signifikant.[6]

(2) Dieser diagrammatische Grundzug lässt sich noch einmal zuspitzen im Sinne eines »kartographischen Impulses«, der nicht nur Wittgensteins Einsatz von Bildern und sein Denken in Bildern prägt, sondern eine Grundkonstellation seines Philosophierens überhaupt ausmacht. Ein philosophisches Problem entsteht für Wittgenstein durch die labyrinthartige Erfahrung, sich nicht auszukennen. Doch durch Projektionen und übersichtliche Darstellungen lassen sich verwickelte Begriffsverwendungen synoptisch ordnen. Kraft simultaner Anordnungen gewinnen jene Zusammenhänge Gestalt, die Wege aus dem intellektuellen Labyrinth weisen können. Dies zu gewährleisten, ist die Aufgabe einer philosophischen Grammatik, mit welcher der Philosoph zum aufzeichnenden und orientierenden Kartographen von Begriffsverwendungen wird.[7]

6 Während Michael Dummett dem Wittgenstein des *Traktatus* einen diagrammatischen Zug zugesteht und während Hans Julius Schneider zumindest den notationalen Charakter der »Bilder« selbst noch im *Big Typescript* bei Wittgenstein betont, wird diese diagrammatische Signatur bei Dieter Mersch für den späteren Wittgenstein explizit zurückgenommen bzw. abgeschwächt, obwohl auch Mersch konzediert, dass für diesen Modelle, Pläne, Graphen und Landkarten auch weiterhin Paradigmen des Bildlichen bleiben; vgl. Dummett 1981, S. 35; Schneider 2006, S. 79-98; Mersch 2006a, S. 933.

7 Sabine Plaud hat dieses geographisch-kartographische Orientierungsverhalten

9.2. Von der technischen Zeichnung
über die Notation zum Diagramm

Gerade wenn es um die Charakterisierung der im *Tractatus* angelegten Auffassung vom Bild geht, wird die Vorbildfunktion des technischen Zeichnens von einigen Autoren betont.[8]

Bevor Wittgenstein bei Bertrand Russell in Cambridge Philosophie und Logik studiert, wird er an der Technischen Hochschule in Berlin zum Ingenieur ausgebildet. Das Entwerfen und Erklären mit Hilfe technischer Zeichnungen, die Fähigkeit, funktionale Abläufe in Form von Strukturbildern darstellen zu können, ist für die Ingenieursarbeit grundlegend,[9] und zwar in konstruktiv-kognitiver wie auch in kommunikativer Hinsicht:[10] Sowohl die Entwurfszeichnung im Sinne eines Laboratoriums zur Erfindung und Variation konstruktiver Ideen wie auch die endgültige Konstruktionszeichnung als eine Montageanweisung für diejenigen, welche die Apparate bauen, zeugen davon, wie sehr die Tätigkeit des Ingenieurs immer auch ein anschauliches, ein visuelles Denken impliziert, das sich weniger durch das Sagen als durch ein Zeigen artikuliert. Die Sprache des Ingenieurs ist – wie Eugene Ferguson in einer eindringlichen Studie klargemacht hat – eine »Bildersprache«, »die *lingua franca* der modernen Technik«.[11]

Im Zentrum dieser konstruktiven Bildersprache steht die Kunst der *Projektion*, mit der komplexe technische Zusammenhänge in der Form zweidimensionaler Räumlichkeit visualisiert werden. Für Ferguson bedarf daher die Ingenieurskunst eines wohlausgebildeten »geistigen Auges«. Dieser Zusammenhang zwischen visueller Vorstellungskraft, graphischer Praxis und der Konstruktionsarbeit des Ingenieurs ist unabweisbar und in einer Vielzahl von Studien ausgelotet.[12] »Engineers learn to think through drawings«, resü

als einen sich durchhaltenden Gestus bei Wittgenstein hervorgehoben: Plaud 2010, S. 1-22.

8 Hamilton 2001; Biggs 2004; Pircher 2011.

9 Zu Funktion und Geschichte der Ingenieurzeichnung: Kelly 2001; Baynes/Pugh 1981; Booker 1963; Hankins/Silverman 1995; Layton 1974; Paré 1978; König 1999.

10 Eugen S. Ferguson unterscheidet zwischen »Denkskizze«, »sprechender Skizze« und »vorschreibender Skizze«: ders. 1993, S. 99 ff.

11 Ebd., S. 47: »Ein großer Teil der technischen Informationen wird in einer Bildersprache aufgezeichnet und weitergegeben.«

12 Booker 1963; Ferguson 1993; Layton 1974.

miert Kelly Hamilton,[13] und Wolfgang Pircher betont: »Ingenieur ist jemand, der die Sprache des Zeichnens zum Konstruieren von Artefakten benutzt, wobei dieses Konstruieren zeichnerische Darstellung und Rechnung zusammenfaßt.«[14]

Hamilton hat nicht nur die im Berliner Studium erworbene Kompetenz Wittgensteins zur »spatial conceptualization«[15] minutiös nachvollzogen, sondern überdies gezeigt, dass Wittgenstein bereits in der Oberrealschule in Linz in mathematischem Zeichnen und darstellender Geometrie unterrichtet wurde. Anders als das auf klassisch-philologische Bildung ausgerichtete Gymnasium kam der auf den Erwerb technischer Kenntnisse und praktischer Fähigkeiten gerichtete Unterricht an einer Realschule den Talenten des jungen Wittgenstein entgegen: Er bastelte schon als Zehnjähriger hölzerne Maschinenmodelle.[16]

Während Hamilton eher den visuell-darstellenden Charakter der Ingenieurszeichnung betont, haben Biggs und jüngst auch Pircher die operativen Funktionen des Graphischen betont. Ob es um die Visualisierung nicht einfach der Erscheinungs-, sondern vielmehr der Funktionsweise von Objekten geht, ob es um Berechnungen im Medium einer »graphischen Statik« zu tun ist, ob es um die Modellierung des Verhaltens von Objekten geht[17] oder grundsätzlicher um den »Befehlscharakter«, der Konstruktionszeichnungen des Ingenieurs eigen ist: Stets verbinden sich die Funktionen des Darstellens und des Herstellens in der Ingenieurszeichnung, denn sie ist Mittel der Kommunikation wie auch Werkzeug der Konstruktion.

Kein Zweifel also, dass Wittgenstein genuin vertraut gewesen ist mit der produktiven Rolle des Graphismus beim Problemlösen, mit der Klärungskraft von Zeichnungen in der Hervorbringung und Vermittlung von Gedanken. Und doch sollten wir über den Tellerrand technischer Zeichnungen hinausschauen, denn die Doppelfunktion von Kommunikationsmittel und Werkzeug, die technischen Zeichnungen eigen ist, ist auf diese doch nicht beschränkt. Wie uns schon das schriftliche Rechnen demonstriert: Auch Zahlennotationen können zugleich Zahlensprache (im Sinne

13 Hamilton 2001, S. 66.
14 Pircher 2011, S. 3.
15 Hamilton 2001, S. 62.
16 McGuiness 1988, S. 45, zit. nach Hamilton 2001, S. 57.
17 Biggs 2004.

einer »Augensprache« bzw. der Schrift) *und* Rechenwerkzeug sein. In der Aussage »Das Zeichnen ist die Schrift des Ingenieurs«[18] sind das Zeichnen und das Schreiben als eine Unterscheidung gesetzt, die in der Ingenieurszeichnung gerade überwunden wird. Und so zehrt auch unsere diagrammatische Perspektive davon, eine im Graphismus der Interaktion von Punkt, Strich und Fläche wurzelnde *Familienähnlichkeit* zwischen Gezeichnetem und Geschriebenem anzunehmen. »Papiermaschinen« gibt es in zwei Versionen: Als reale Konstruktionszeichnung im technischen Entwurf sowie als formale Notation, etwa im Falle der mathematischen Turingmaschine, die aus einer Tabelle von Inskriptionen besteht.[19]

So ist es nicht verwunderlich, dass im Zuge der Rekonstruktionen des epistemischen Gehaltes des *Tractatus* auch auf den *Schriftcharakter* von Wittgensteins Vorstellungen über »Sprache« und »Bild« aufmerksam gemacht wurde. Ulrike Ramming[20] bringt in ihrer Analyse des frühen Wittgenstein einen Schriftbegriff zu Geltung, der sich von der Schrift als aufgeschriebener Sprache abgrenzt und sich auf den operativen Charakter von Schriften bezieht, wie er in logischen Notationen oder Computerprogrammen zutage tritt. Am Leitfaden dieses Schriftkonzeptes zeigt sie, dass die dem *Tractatus* implizite Epistemologie und Begriffstheorie infiltriert ist vom Medium formaler Schriften. Auch Hans Julius Schneider ist davon überzeugt, dass Wittgensteins Idee vom Bildcharakter der Sprache – und damit seine Vorstellungen über das Bild und das Abbilden – weder an natürlichen Sprachen noch an herkömmlichen Bildern oder Zeichnungen ausgerichtet ist, sondern an Notationssystemen.[21] Was im *Tractatus* als Bedingung der Möglichkeit von Symbolsystemen überhaupt gefasst wird, gilt für Schneider ausschließlich für die Untergruppe der Notationen und gerade nicht für sprachliche und bildliche Symbolisierungen. Er – wie übrigens auch Ramming – folgt dabei Nelson Goodmans[22] Definition des

---

18 Aus dem *Allgemeinen Wörterbuch der Kriegsbaukunst* von 1815, zit. nach Pircher 2011, S. 2.

19 So ist das erste Programm für eine Universalmaschine, das Ada Lovelace (1815-1852) entwickelte, in Form einer Tabelle überliefert; vgl. Krämer 2015, S. 75 ff. Zu »symbolischen Maschinen« vgl. Krämer 1988.

20 Ramming 2006.

21 Schneider 2006, S. 82.

22 Goodman 1995.

Notationalen mit Hilfe der Konzepte von syntaktisch/semantischer Disjunktivität und endlicher Differenziertheit; Goodman hat damit in der Tat den Grundstein zu einem Schriftkonzept gelegt, welches sich damit sowohl vom Symbolismus der Sprache wie auch dem des Bildes abgrenzen lässt. Aufschlussreich bei Schneider ist nun, dass er betont, Notationen nicht auf Schriften im engeren Sinne einzuschränken, sondern – durchaus auf der Linie Goodmans – so zu bestimmen, dass auch Wahrheitswerttabellen, Partituren und Choreographien, Grammophonplatten, Zifferblätter von Uhren, Messgeräte mit Teilstrichen oder Karten – dies alles sind Wittgensteins Beispiele – einbegriffen sind. So nähert sich Schneiders Notationsbegriff dem an, was wir unter »diagrammatischen Inskriptionen« verstehen.[23] Auf den Diagrammcharakter der frühen Bildkonzeption von Wittgenstein haben unter anderem auch Dummett[24] und Mersch[25] verwiesen.

Damit ist das Tableau unserer eigenen Fragestellung erreicht: Dass der junge Wittgenstein in seinen Vorstellungen vom Bild und von dem, was Bilder leisten, am Diagrammatischen orientiert ist, kann als nahezu gesichert gelten. Technische Zeichnungen, Graphen, Diagramme, Notationssysteme bilden das Feld, aus dem Wittgensteins Idee der Sprache als Bild und seine Annahme einer Abbildrelation zwischen Welt, Satz und Gedanke erwachsen. Doch genau diese Überzeugung von der *einen* richtigen Abbildung hat er in späteren Jahren fallen lassen. Daher scheint es nur folgerichtig, dass alle hier erwähnten Studien sich auf die Rekonstruktion der Gedanken des »*Tractatus*-Wittgenstein« beschränken, verbunden mit der Option, dass das Bilddenken des späteren Wittgenstein, der schon im Stil seiner Texte dann so signifikant einen mündlichen Gestus herausstellt, die Bahnen des Diagrammatischen verlässt, um an die Stelle des Abbildes nun die Grammatik zum Fluchtpunkt philosophischer Tätigkeit zu adeln. Wir jedoch wollen zeigen, wie auch diese *Grammatik sich als eine Form von Diagrammatik* rekonstruieren lässt.

Sabine Plaud hat darauf aufmerksam gemacht, dass gerade die im *Abbilden* mathematisch getönte Idee der Bildlichkeit bei Wittgenstein nicht etwa aufgegeben wird, sondern auch seine spätere

---

23 Vgl. Schneider 2006, S. 79, Anm. 1.

24 Dummett 1993, S. 35.

25 Mersch 2006a.

Theorie übersichtlicher Darstellungen grundiert. Die Achse, um die Wittgensteins Abbilden und Darstellen sich drehen, ist das *map-making*: Das Entwerfen einer Karte wird zu seinem elementaren Anliegen. Das aber ist nicht möglich ohne Projektionsmethode, und so bildet die Übersetzung bzw. Transformation durch Projektion für Plaud die entscheidende Gelenkstelle zwischen dem frühen und dem späten Wittgenstein.

Näher als mit Sabine Plauds Gedanken kommen wir mit Hilfe der Literatur an unsere Annahme eines kartographischen Impulses bei Wittgenstein nicht heran. Zu Recht hat Plaud die Bedeutung des Begriffes »Projektion« herausgestellt. Das projektive Verfahren stiftet eine Brücke zwischen verschiedenen Phasen in Wittgensteins Philosophieren; das »Gesetz der Projektion« (T 4.0141) bildet für ihn die Grundregel alles Darstellens mit Hilfe von Zeichen und – insofern Erkennen auf Zeichengebrauch unabdingbar angewiesen ist – das dem Erkennen zugrundeliegende Verfahren. Versuchen wir nun zu erklären, wie das gemeint und inwiefern »Projektion« ein zentraler Begriff im *Tractatus* ist.

9.3. Was bedeutet »Projektion«?

Wir wollen das, worauf es bei Projektionen ankommt, in fünf Hinsichten akzentuieren.

(1) *Geordnete Mannigfaltigkeiten von Elementen*. Damit sinnvoll von »Projektion« zu sprechen ist, muss es zwei geordnete Mannigfaltigkeiten von Elementen geben. Stenius spricht in seiner Erörterung der *Tractatus*-Bildtheorie davon, dass »artikulierte Felder« aufeinander bezogen werden.[26] Der Ausdruck »artikuliertes Feld« ist treffend, weil damit einerseits die Assoziation der Feldern meist zukommenden Flächigkeit[27] verbunden ist und andererseits die Vorstellung eines strukturierten Zusammenhanges zwischen den Elementen dieses Feldes. Augenblicklich kommt es uns nur auf das Letztere an: Es geht nicht um eine Anhäufung von Elementen, sondern darum, dass Elemente etwas sind, was in *Verbindung* stehen kann und steht. Es gibt stets eine Vielzahl möglicher Ver-

---

26 Stenius 1960, S. 89 ff.
27 Die Stenius allerdings mit diesem Wortgebrauch nicht anzielt.

bindungen; und es gilt: Wir können »uns keinen Gegenstand außerhalb der Möglichkeit seiner Verbindung mit anderen denken« (T 2.0121). Eine bestimmte Verbindung der Elemente untereinander nennt Wittgenstein einen »Sachverhalt« (T 2.0122). Es gibt also zwei Arten von Verbindung: die interne Verbindung untereinander sowie die externe Zuordnung zueinander. Zur Formel kondensiert: Etwas ist, sofern es verbindbar ist. Konfigurierbarkeit wird zur conditio sine qua non von Existierendem, jedenfalls sofern es denkbar, also erkennbar ist. Deshalb gehen für Wittgenstein »denkbar sein« und »ein Bild sein« ineinander über,[28] denn ein Bild sein heißt: Elemente stehen in einer bestimmten Anordnung zueinander. Anordnungen zu sehen, aber heißt: erkennen.

(2) *Zuordnung zweier Mannigfaltigkeiten*: Erst die Zuordnung der Elemente des einen Feldes zu denjenigen eines anderen stiftet dann die Projektionsbeziehung; die Weise dieser Zuordnung ist die Projektionsregel. So sind – um ein Beispiel Wittgensteins zu nehmen – Partituren für den Musiker eine »allgemeine Regel«, wie er aus der Notation den Klang erzeugen kann, aber auch, wie die Linien der Grammophonplatte sich in Musik umsetzen.[29] Auf diesen »Übersetzungsgedanken« kommen wir noch zurück. Hier geht es alleine um die »externe« Verbindung, die zwei geordnete Mannigfaltigkeiten zueinander haben und die den Kern der Projektion ausmacht. Überlegen wir noch einmal, was »Zuordnung« in einem grundlegenden Sinne bedeutet. Wittgenstein gibt einen Hinweis, wenn er von »Projektionsstrahlen« spricht, durch welche zwei Würfel miteinander verbunden sind (PU 141). Die konfigurationsbildenden Elemente eines Feldes werden dann als Punkte behandelt, von denen aus Linien gezogen werden können zu den Elementen eines anderen Feldes. Solche Zuordnungen können »1-1-Zuordnungen« sein, müssen es aber nicht, wie Wittgenstein an dem Beispiel des Verhältnisses zwischen einer Strichreihe und den Ecken eines Sterns demonstriert.[30]

---

28 T 3.001: »›Ein Sachverhalt ist denkbar‹ heißt: wir können uns ein Bild von ihm machen.«

29 T 4.0141: »Und jene Regel ist das Gesetz der Projektion, welches die Symphonie in die Notensprache projiziert. Sie ist die Regel der Übersetzung der Notensprache in die Sprache der Grammophonplatte.«

30 BGM I, § 39, 53; dazu: Richtmeyer 2010, S. 274.

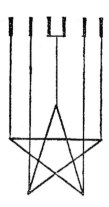

Abb. 54: Stern und Strichreihe zugeordnet (BGM I, S. 53)

Der einfachste Fall der Zuordnung ist also die graphische Verbindung der Elemente zweier konfigurierter Systeme, die damit in einer
Relation der Isomorphie stehen. Der Fall von Linienzügen (Projektionsstrahlen), mit denen Punktmannigfaltigkeiten zu verbinden
sind, ist zwar elementar, aber er steht auch den verwickelteren Projektionsmethoden Pate, bei denen Verbindungen nur noch kraft
komplexer Hilfsliniensysteme (wie etwa Koordinatensysteme bzw.
Netze) zu bewerkstelligen sind, welche dann als eine vermittelnde
»Schnittstelle« fungieren, um eine Konfiguration auf eine andere
zu projizieren. Solche Hilfsliniensysteme sind die Bedingung der
Möglichkeit komplexer Projektionen. Das gilt für die geographische Kartographie ebenso wie für die Ingenieurszeichnung. Erinnern wir uns: Nur indem Ptolemaios die Erde mit dem Netz seiner
Längen- und Breitengrade überzog und nur weil dadurch alle bekannten Örtlichkeiten eine wohlbestimmte Lage erhielten, mithin
zum Punkt in einem vermessenen Raum wurden, war es dann kraft
seiner Kegelprojektion möglich, Karten zu zeichnen, die in einem
Entsprechungsverhältnis zur Realgeographie stehen. Ein ähnliches
Phänomen begegnet uns in der Ingenieurszeichnung, die zumeist
auf Orthogonalprojektionen beruht.[31] Dabei werden von Punkten
des abzubildenden Objektes Lote auf die Papierseite gefällt, wel-

31 Vgl. Ferguson 1993, S. 88 ff.

che die Projektion wiederzugeben hat. Von der Multiplizität der Projektionsmethoden zeugt, dass die Projektionen in technischen Zeichnungen zumeist drei Ansichten wiedergeben können: Grundriss, Seitenansicht und Draufsicht. Genauso hatte bereits Albrecht Dürer dieses Verfahren eingeführt.

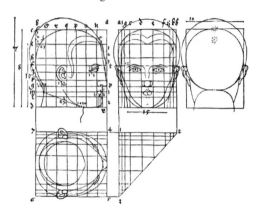

Abb. 55a: Dürers Netz überträgt Punkte vom Aufriss auf den Grundriss (Ferguson 1993, S. 90)

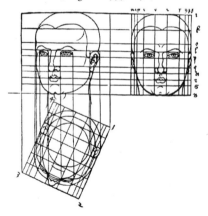

Abb. 55b: Durch Drehung und Übertragung der Punkte in den Aufriss lässt sich die Form des gedrehten Kopfes ermitteln (Ferguson 1993, S. 90)

Gerade der Gebrauch von Karten und technischen Zeichnungen verdeutlicht, dass eine der entscheidenden Leistungen der Projektion die dadurch eröffnete Möglichkeit einer wechselseitigen Transposition von Dreidimensionalem und Zweidimensionalem ist. So, wie die topographische Karte von der Abbildung des dreidimensionalen Raumes auf die Fläche zehrt, gewährleistet umgekehrt die technische Montagezeichnung die Übersetzbarkeit zweidimensionaler Darstellungen in Realobjekte. Wittgenstein hat auf diese Übersetzbarkeit zwischen unterschiedlich dimensionierten »Sachlagen« großen Wert gelegt; davon zeugt nicht nur sein Partitur-Symphonie-Grammophonbeispiel (4.014), sondern auch der Bericht über das Nachstellen eines Autounfalles mit Puppen vor Gericht, von dem ein Tagebucheintrag berichtet.[32]

Dieser Umstand des *Formwechsels* ist es, der Bilder zu Modellen macht und damit eine Erkenntnisfunktion stiftet. Doch ehe wir dies erörtern, gilt es, etwas ins Spiel zu bringen, das für die Räumlichkeit des wittgensteinschen Satz-als-Bild-Konzeptes grundlegend ist: die Idee eines »logischen Raumes«.

(3) *Der logische Raum als Inbegriff von Verbindungsmöglichkeiten.* Konfigurierung, Anordnung, Zuordnung, Verbindung: Das alles sind Termini, die Bezug nehmen auf etwas, das positioniert ist, dem ein Platz zukommt und das daher in Beziehungen der Lage eintreten kann, eben weil es einen Ort besetzt. Es sind allesamt Begriffe, die vom Phänomen der *Spatialität* in der einen oder anderen Weise zehren. Die Räumlichkeit, um die es hier geht, ist auf die Schwundstufe von Anordnungsverhältnissen reduziert; sie ist daher »formal« zu nennen. An dieser formalen Spatialität hat auch der spätere Wittgenstein festgehalten, wenn er betont,[33] dass räumliche Phänomene nicht durch physikalische Eigenschaften, sondern wie bei den Figuren des Schachspiels durch Spielregeln zu spezifizieren seien: Räumlichkeit wird durchgängig als die Möglichkeit begriffen, eine Position auf einem Feld, mithin einer Fläche, einzunehmen und dieses operativ verändern zu können! Von dieser Auffassung des Räumlichen als Matrix von Konfigurationen macht nun ein Begriff Gebrauch, der für den Wittgenstein des *Tractatus* zentral ist. Es geht um den »logischen Raum« und, damit verbunden, um den »logischen Ort«: »Der Satz bestimmt einen Ort im

32 GT 94 f., Eintrag vom 29.9.14.
33 PU 108.

logischen Raum« (T 3.4). Wittgenstein verwendet sogar den Begriff der »logischen Koordinaten«, die zusammen mit dem Satzzeichen den logischen Ort eines Satzes ausmachen (T 3.41). Und schließlich parallelisiert er noch den geometrischen und den logischen Ort, insofern beide jeweils Existenz ermöglichen (T 3.411). Der logische Raum ist somit der Inbegriff von Anordnungsmöglichkeiten; jene Untergruppe von Anordnungen, die Tatsachen sind, bilden für den frühen Wittgenstein die Welt.[34] Diese reale Welt ist dann allerdings – hier folgen wir der Interpretation von Stenius[35] – lediglich »ein Punkt« im logischen Raum der möglichen Welten.

Wir wollen hier die systematische Auseinandersetzung mit dem Begriff des »logischen Raumes« nicht vertiefen. Für uns wichtig ist hier der Umstand einer systematischen Verwendung räumlicher Termini durch Wittgenstein sowie die Einsicht, dass die Art der Räumlichkeit, um die es hier zu tun ist, eine formale ist, die durch Elementkonfigurationen und Verbindungsregeln hervorgebracht wird.

Wenn wir die Attribute (1) - (3) zusammenfassen, so können wir sagen: Projektion ist eine am Vorbild graphischer Transformationen gewonnene geregelte Weise einer Transposition, welche auf die Bewahrung von Anordnungen und Lagebeziehungen zwischen unterschiedlichen Feldern abzielt. Wittgenstein nennt dies auch »interne Ähnlichkeit« oder »formale Eigenschaften«.[36] Er hat damit eine mögliche Weise bestimmt, verschiedene Darstellungsformen ineinander zu übersetzen bzw. zu überführen. Doch warum ist eine solche Übersetzungsoperation für Wittgenstein so wichtig?

(4) *Modellcharakter.* Hier nun weitet sich das Transpositionsspiel mit Konfigurationen zur Tätigkeit des Erkennens, und damit kommen wir an die Gelenkstelle des Projektions- und auch Bildbegriffes beim jungen Wittgenstein, denn: »das Bild ist ein Modell der Wirklichkeit«,[37] und zwischen ihnen ist ein Projektionsverhältnis gegeben. Der Witz der auf einer isomorphen – also formalen – Beziehung beruhenden Verbindung zwischen Konfigurationen ist es, dass die eine als Modell der jeweils anderen genutzt werden kann. Dass die Herkunft dieser modelltheoretischen Bestimmung

---

34 T 1.13: »Die Tatsachen im logischen Raum sind die Welt.«
35 Stenius 1960, S. 43.
36 T 5.231.
37 T 2.12.

des Bildes bei Wittgenstein sowohl mit Heinrich Hertz[38] wie auch mit Ludwig Boltzmann zu tun hat, ist inzwischen wohlsondiert. Hertz, auf den sich Wittgenstein expressis verbis bezieht,[39] bezeichnet genau dann zwei Systeme als dynamische Modelle voneinander, wenn die internen Relationen des einen mit Hilfe der internen Relationen des anderen dargestellt werden können; so sind Erkenntnisse aus der Herstellung und dem Gebrauch dynamischer Modelle zu gewinnen.[40] Boltzmann wiederum geht davon aus, dass der menschliche Geist Phänomene mit Hilfe von analogen Modellen versteht, unter denen die mechanischen Modelle, die auf isomorphen Transpositionen von Sachverhalten beruhen, von zentralem Stellenwert sind.[41]

Beachtet werden sollte hier, dass eine Isomorphierelation symmetrisch ist, somit die Frage, welche Konfiguration der jeweils anderen als Modell dient, also offenbleibt. Nicht zuletzt diese Offenheit macht klar, dass das Modellsein des Bildes, welches die Grundlage seiner Erkenntnisfunktion abgibt, nicht einfach gegeben ist, sondern hervorgebracht wird, indem die eine Konfiguration als Projektion der anderen eingesetzt und genutzt wird. Wir sehen also: Der Gebrauchscharakter des Bildes findet sich bereits beim *Tractatus*-Wittgenstein angelegt, denn er vollzieht sich bereits im Denken: »To think is to form pictures« bemerkt Stenius lakonisch.[42] Der Einsatz von Bildern ist kein Glasperlenspiel, sondern hat Weltbildfunktion; und für den jungen Wittgenstein bedeutet dies: wahre oder falsche Bilder der Wirklichkeit hervorbringen. Der Bildgebrauch hat darin zu bestehen, dass die Welt auf die *eine* richtige Weise, mithin *wahr* abgebildet wird. Das war auch das Ziel des Ptolemaios, der mit Hilfe seiner Projektionsmethoden hoffte, die bekannte Erde auf die eine richtige Weise abzubilden.

(5) *Position des Beobachters.* Wesentlich nun ist eine Implikation des auf Projektion basierenden Modellcharakters des Bildes, sobald es als *wahres* Bild zum Fluchtpunkt der Beziehung zwischen Gedanke, Satz und Welt wird. Sie besteht darin, dass die Welt als ein *abgeschlossenes Ganzes* vorausgesetzt werden muss, welches von

38 Vgl. Poser 2007, S. 91-102.
39 T 4.04.
40 Hertz 1994, § 427.
41 Boltzmann 1974.
42 Stenius 1960, S. 116.

einer Position, die ihrerseits keinen Ort innerhalb dieses Ganzen einnehmen darf, also wie im Vogelflug – oder auch: wie von einem göttlichen Auge betrachtet – überblickt werden kann. Wittgenstein drückt dies unmissverständlich aus: »[D]ie Anschauung der Welt subspecie aeterni ist ihre Anschauung als – begrenztes – Ganzes«.[43] Diese Externalität der Beobachterposition einerseits und die Idee, dass die Welt eine abgeschlossene Konfiguration bildet, andererseits, machen das spezifische Profil jenes Projektionsgedankens aus, den der junge Wittgenstein als epistemisches Instrument anvisiert. Und genau dieses Profil ist der neuralgische Punkt, den Wittgenstein später zu revidieren unternimmt, ohne allerdings die Projektionsidee selbst aufzugeben: Weder können wir eine externe Beobachterposition einnehmen – denn wir sind mitten im Geschehen –, noch zeigt sich die Welt als abgeschlossenes Ganzes. Doch dass die Besonderheit von Projektionsverfahren – insbesondere für Erkenntniszwecke – unweigerlich mit der Frage nach der *Positionierung* desjenigen zusammenhängt, aus dessen Perspektive eine Projektion gebildet wird, ist damit auf der Tagesordnung. Für den jungen Wittgenstein ist die Antwort darauf klar: Projektion ist ein Erkenntnismittel, insofern vom Standpunkt eines externen Beobachters Wirklichkeit, Gedanke und Satz jeweils als strukturierte Felder von Elementen vorliegen, die in ein eindeutiges Abbildverhältnis zueinander gesetzt werden können und dadurch einen ganz eigenen, neuartigen Raum bilden: den logischen Raum. Dabei ist wichtig zu sehen, dass – anders, als es der Ausdruck »logischer Raum« nahelegt – dieser Raum nicht einfach ein Strukturraum, sondern ein durch die *Projektionstätigkeit* hervorgebrachter Raum ist: Er entsteht, wenn ein externer Beobachter Bilder zum Zwecke epistemischer Modellbildung einsetzt. Während die Externalität des Beobachters sich auf die abzubildende Wirklichkeit bezieht, hat er gegenüber dem logischen Raum gerade *keine* externe Position inne, eben weil dieser an seine eigene Projektionstätigkeit gebunden ist. Daher kann das Projektionsgesetz / die Abbildungsregel sich nur zeigen, aber selbst nicht ausgesagt werden.

43 T 6.45.

9.4. Von der Abbildung zur »übersichtlichen Darstellung«

Unser Ziel ist es, eine Affinität zutage zu fördern, die zwischen Wittgensteins Bildkonzept und dem Diagrammatischen, auch dem Technischen besteht. Das allerdings hätten wir auch einfacher haben können, denn Wittgenstein nennt selbst zwei Inspirationsquellen seines frühen Bildkonzeptes, aus denen hervorgeht, dass Wittgenstein sein Bildkonzept gerade nicht am Vorbild des Gemäldes oder des Kunstbildes gewonnen hat: Den »Begriff des Bildes habe ich von zwei Seiten geerbt: erstens vom gezeichneten Bild und zweitens von dem Bild des Mathematikers, das schon ein allgemeiner Begriff ist. Denn der Mathematiker spricht ja auch dort von Abbildung, wo der Maler diesen Ausdruck nicht verwenden würde.«[44] Wie sehr sich Wittgensteins Bildbegriff am Handwerk – oder besser: am Bildwerk des Graphismus – orientiert, das zwar für den *technischen* Zeichner und auch für den Mathematiker, kaum aber für den bildenden Künstler leitend ist, wird damit klar. Von hier aus wäre es nicht allzu schwierig, eine Art von Gleichung aufzustellen zwischen dem, was für Wittgenstein ein Bild ist, und dem, was für uns eine diagrammatische Inskription ist. Wenn wir stattdessen den Umweg über das Konzept der Projektion genommen haben, das uns als *erste* Gelenkstelle[45] für den diagrammatischen Grundzug des wittgensteinschen Bildkonzeptes gilt, hat das einen guten Grund: Wir hoffen, dass damit deutlich geworden ist, wie sehr die für den frühen Wittgenstein zentrale Idee einer isomorphen Abbildbeziehung, die zwischen charakteristischen Gruppierungen bzw. Konfigurationen hergestellt werden kann, auch implizit so zu charakterisieren ist, dass sie ihre Urszene und ihr Vorbild findet in der graphischen Operation, mit der ein mathematisch-technischer Zeichner geordnete Punktmengen bzw. »charakteristische Gruppierungen«,[46] wie Wittgenstein auch sagt, aufeinander abbilden kann. Eine solche Elementarsituation ist etwa gegeben, wenn wir eine Liste aus fünf Strichen den Zacken eines fünfeckigen Sternes zuordnen, indem wir die verbindende Linie einzeichnen. Und sie ist gegeben in *jedweder* technischen, geographischen, mathematischen Abbildung, die auf Projektionsverfahren beruht. Zu-

---

44 WWK 185.
45 Die zweite Gelenkstelle wird das Konzept der »übersichtlichen Darstellung« sein.
46 PG 115.

ordnen, abbilden, projizieren heißt also – auf seinen wesentlichen Kern gebracht – eine Verbindung ziehen.[47] Der Elementarakt in der Herstellung solcher Verbindung ist der Strich. Und genau das – Verbindungen zwischen Gegenständen im Sinne charakteristischer Gruppierungen zu zeigen – ist auch für den späteren Wittgenstein entscheidend. Die Idee, dass das Erkennen darauf beruht, Verbindungen zu *sehen*, die aufzuzeigen wiederum Charakteristikum von Bildern ist, ist eine Idee, die *alle* Phasen in Wittgensteins Philosophieren überspannt und die auf das zielt, was uns Bilder – als Erkenntnismittel – überhaupt »zu sagen« haben.[48] Nicht nur der Tractatus-Wittgenstein überschreitet mit dieser Idee die begriffliche Demarkationslinie, die das Ikonische und das Diskursive – und übrigens auch das Zeigen und das Sagen – voneinander trennt; für den späteren Wittgenstein gilt das erst recht.

Nun können Verbindungen auch als »Wege« begriffen werden, die von einem Ort zu einem – ebendamit verbundenen – anderen Ort führen. Diese Überblendung von Konfigurationen mit einem Wegenetz wird uns nun zum Ausgangspunkt für eine Hinwendung zu späteren Phasen in Wittgensteins Denken. Denn dass die Philosophie die Kenntnis von Wegen aus dem Labyrinth des Sich-nicht-Auskennens zu eröffnen habe, ist die Problemkonstellation, als dessen Lösung und Auflösung das Schlüsselkonzept der »übersichtlichen Darstellung« für Wittgenstein zielt.

9.5. Was heißt »übersichtliche Darstellung«?

Wenn wir uns nun mit der *übersichtlichen Darstellung*[49] beschäftigen, so tun wir dies in einer bestimmten Perspektive: Wir wollen den »diagrammatischen Zug« dieser Idee herausarbeiten, verstanden als ein Band, das über die Differenzen des jungen und späteren Wittgenstein hinweg sein Denken grundiert. Diese Differenz wird

---

47 »Only Connect …« hat Klaus Puhl seine Rekonstruktion des Konzeptes der übersichtlichen Darstellung genannt; ders. 2006, S. 23-38.

48 »Das Bild sagt mir also sich selbst. Und daß es mir etwas sagt, wird darin bestehen, daß ich in ihm Gegenstände in irgendeiner charakteristischen Gruppierung wiedererkenne.« PG 115.

49 »Der Begriff der Übersichtlichkeit ragt aus Wittgensteins gesamter späterer Philosophie heraus.« Hacker 2004.

häufig damit in Zusammenhang gebracht, dass die Rolle, welche der Begriff der »Logik« spiele, später auf den Begriff »Grammatik« übergehe.[50] Unsere Vermutung nun ist, dass das für den späteren Wittgenstein zentrale Projekt einer grammatischen Untersuchung einerseits und sein Konzept einer »übersichtlichen Darstellung« andererseits aufs engste zusammenhängen. Im Fluchtpunkt dieses Zusammenhanges zeigt sich bei ihm eine deutliche kartographisch-geographische Einstellung.

Nicht zufällig führt Wittgenstein in jenem § 122 der *Philosophischen Untersuchungen*, der am häufigsten zitiert wird, wenn es um den Begriff der übersichtlichen Darstellung geht, in einem Atemzug Grammatik, Übersichtlichkeit und »übersichtliche Darstellung« zusammen:

»122. Es ist eine Hauptquelle unseres Unverständnisses, dass wir den Gebrauch unserer Wörter nicht *übersehen*. – Unserer Grammatik fehlt es an Übersichtlichkeit. – Die übersichtliche Darstellung vermittelt das Verständnis, welches eben darin besteht, daß wir die ›Zusammenhänge sehen‹. Daher die Wichtigkeit des Findens und Erfindens von *Zwischengliedern*. Der Begriff der übersichtlichen Darstellung ist für uns von grundlegender Bedeutung. Er bezeichnet unsere Darstellungsform, die Art, wie wir die Dinge sehen. (Ist dies eine ›Weltanschauung‹?)«

Und er fährt fort:

»123. Ein philosophisches Problem hat die Form: ›Ich kenne mich nicht aus‹.«

Wir können diese Textstellen als Einsatzpunkt unserer Erörterung nutzen und die diagrammatische Physiognomie der »übersichtlichen Darstellung« in vier Schritten explizieren: (1) Sich-Auskennen im Sprachgebrauch: Das Projekt einer philosophischen Grammatik. (2) Synopsis statt historisch-kausale Erklärung: Wittgensteins Bemerkungen zu Frazer. (3) Nichts liegt hinter den Phänomenen: Wittgensteins Anknüpfen an Goethes morphologische Methode. (4) Der Beweis ist ein Bild: Wittgensteins figurative Interpretation mathematischer Beweise.

50 Schulte 1989, S. 113.

9.5.1. Sich-Auskennen im Sprachgebrauch:
Das Projekt einer philosophischen Grammatik

»Ich kenne mich nicht aus«: Immer wieder hat Wittgenstein die
epistemische Situation, in der wir uns befinden, analog zu Situationen von räumlicher Orientierung oder Desorientierung aufgefasst,
in denen Richtungen von Wegen und Pfaden gekannt oder eben
verfehlt werden können. Wie aufschlussreich für ihn diese räum-
lich-geographische Analogie ist, lässt sich daran ablesen, dass er
auch das für ihn zentrale Phänomen des Sprachgebrauchs mit dem
Gehen im Raum vergleicht: Wir bewegen uns in der Sprache wie in
einer Landschaft, unser Sprachgebrauch weist Worten Raumstel-
len zu, so dass also die Grammatik vom »Ort eines Wortes« sowie
von dessen Umgebungen handelt,[51] denn von Worten aus führen
»eine Menge wohlbekannter Pfade in alle Richtungen«.[52] Bleiben
wir bei dieser auf das Sprechen übertragenen »Räumlichkeit«: Was
kann es heißen, »sich nicht auszukennen«, wenn doch unser Reden – eingebettet in alltägliche Lebensvollzüge – gemeinhin flüssig
und unproblematisch funktioniert? Die Desorientierung – und
das ist hier wichtig – ist kein Problem des gewöhnlichen Sprachgebrauchs, sondern ein Problem der philosophischen Reflexion,
welches entsteht, sobald das, was wir beim Sprechen immer schon
tun, zu beschreiben ist. Denn wir lernen den Gebrauch von Worten – so erinnert uns Wittgenstein – unter Bedingungen, die zu
beschreiben wir wiederum *nicht* gelernt haben.[53] Das Sprechen ist
in dieser Hinsicht der Beherrschung einer Technik vergleichbar;
»Sprachhandlungen«[54] sind ein Können, dessen Vollzug *kein* gram-
matisches Wissen voraussetzt.

Die Verwirrungen nun, die den Philosophen beunruhigen,
bestehen darin, dass er die Mannigfaltigkeit von Wortgebräuchen
nicht überblickt und infolgedessen – verführt von Ähnlichkeiten in
der grammatischen Form – gleichsetzt und gleich behandelt, was
ganz und gar unterschiedlich ist: »Peter geht« und »Peter glaubt«
oder »Peters Größe kann gemessen werden« und »die Zeit kann
gemessen werden« täuschen über das, was »glauben« oder »Zeit«

51 VL I, S. 83.
52 PU 525.
53 Z 114.
54 PG 193.

bedeuten – wir können auch sagen: täuschen über den Ort, den »glauben« oder »Zeit« in der Grammatik unserer Sprache innehaben. Worte werden dann mit einem »Dunst« umgeben, der »das klare Sehen unmöglich macht«.[55] Daher hat »die Philosophie« den »Kampf gegen die Verhexung unseres Verstandes durch die Mittel der Sprache« aufzunehmen;[56] und »daher ist das, worauf das Philosophieren zielt, eine grammatische Betrachtung«.[57] Dabei hat »Grammatik« bei Wittgenstein eine gegenüber dem traditionellen Gebrauch veränderte Bedeutung: Grammatik bezieht sich nicht auf Regeln der Sprache, betrachtet als *Zeichensystem*, sondern vielmehr auf die raum-zeitlich situierte Praxis im *Gebrauch von Worten*. Die Vielfalt der Sprechhandlungen im Umgang mit einem Wort aufzuzeichnen, zu tabulieren, zu beschreiben, ist dann die Aufgabe der philosophischen Grammatik.

Wenn es aber die *äußere* Form von Aussagen ist, die Sätze für Philosophen zur Fallgrube von Fehldeutungen werden lässt, dann scheint ein probater Weg vorgezeichnet zu sein, um solchen Täuschungen zu begegnen: So, wie es später Chomsky für die Linguistik ausarbeitete, hätte dann die philosophische Reflexion eine Unterscheidung zu treffen zwischen der »Oberflächengrammatik« und der »Tiefenstruktur« der Sprache, und mittels der Durchdringung der Oberfläche alltäglicher Sprechweisen wäre dann eine Tiefengrammatik zutage zu fördern, die – verstanden als eine philosophische Erklärung sprachlicher Bedeutungen – Besonderheiten philosophisch interessanter Phänomene wie zum Beispiel die Zeit oder mentale Zustände zu erklären erlaubte. Tatsächlich hat der frühe Wittgenstein auch eine ähnliche Strategie verfolgt: Gleichsam unter die Oberfläche der Sprache hinabzusteigen, um in deren Tiefe die logische Syntax einer idealen Sprache zu erschließen, in der sich die gemeinsame logische Ordnung von Welt, Gedanke und Satz spiegelt. Doch genau dieser Weg erscheint dem späteren Wittgenstein als eine Sackgasse und damit unbegehbar geworden. Seine »philosophische Grammatik« als Nachfolgeprojekt der »logischen Syntax« zu verstehen, heißt daher zu begreifen, warum solches gerade *nicht* zu tun ist: die Oberfläche durchdringen, um eine Tiefenstruktur freizulegen; eine logisch bereinigte Idealsprache

55 PU 5.
56 PU 109.
57 PU 90.

konstruieren; Hypothesen formulieren und dadurch Neues entdecken; allgemeine Theorien aufstellen, die dazu dienen, Erklärungen für Phänomene zu liefern. Diese Versuche der philosophischen Theoretisierung werden umso sicherer fehlgehen, je mehr das fragliche Phänomen eines ist, das wir – solange uns niemand fragt – im praktischen Umgang beherrschen, doch dann, wenn wir nach ihm gefragt werden, es nicht zu erklären wissen.[58]

Die Antipathie des späteren Wittgenstein gegenüber Hypothesen- und Theoriebildung sowie gegen alle Formen des Erklärens[59] ist hinreichend bekannt und vielfach erörtert.[60] Für uns ist daran wesentlich, dass das Opponieren der philosophischen Grammatik gegen Ansprüche der Theoriebildung und der Erklärung im *Verzicht* auf das Verfahren einer Oberflächendurchdringung ihren Angelpunkt findet. Und jenes Verfahren, das an dessen Stelle tritt, ist nun eben die »übersichtliche Darstellung«. Deren Kunstgriff besteht darin, das, was gewöhnlich in logischen, epistemischen oder ontologischen Hierarchiestufen begriffen wird und damit Gebrauch macht von der Unterscheidung zwischen sichtbarer Oberfläche und verborgener Tiefe, nun im sichtbaren Nebeneinander einer topologischen Konfiguration flächiger Anordnung zur Anschauung zu bringen. Daher ist die *Synopsis* und die mit ihr verbundene *Synchronizität* das charakteristische Merkmal einer übersichtlichen Darstellung; in ihr liegt auch der Zugang zum Verständnis ihrer »diagrammatischen Natur«.

9.5.2. Synopsis statt historisch-kausale Erklärung: Wittgensteins Bemerkungen zu Frazer

Hans Jonas hat die epistemische Auszeichnung des Augensinns gegenüber dem Hör- und Tastsinn (von Geschmack und Geruch ganz zu schweigen!) darauf zurückgeführt, dass die Simultaneität der synoptischen Zusammenstellung den Vergleich überhaupt erst möglich mache und dadurch Ähnlichkeiten und Unterschiede zutage

---

58 »Das, was man weiß, wenn uns niemand fragt, aber nicht mehr weiß, wenn wir es erklären sollen, ist etwas, worauf man sich besinnen muß.« PU 89.
59 »Alle *Erklärung* muss fort […].« PU 109.
60 McGinn 1997, S. 17 ff. Allerdings sollte nicht vergessen werden, dass diese Haltung sich nicht schlechthin gegen Theoriebildung und Erklärung in der Wissenschaft richtet, sondern »nur« die Rolle der Philosophie betrifft.

fördere.[61] Wittgenstein verallgemeinert ungern, doch Jonas kommt ihm mit dieser Überlegung durchaus nah. Der spätere Wittgenstein wird zum überzeugten Verfechter der Synopsis als Erkenntnismedium, welches dem Auge eine Zusammenschau von Daten bzw. Phänomenen möglich macht, so dass dabei ein Muster, eine charakteristische Konstellation anschaulich wird: Genau darin besteht der Akt von Verständnis, auf den die philosophische Erörterung zielt.

Schauen wir genauer hin, wie Wittgenstein diese Hinwendung zum Synoptischen vollzieht.

Was im Rahmen theoretisch-erklärender Anstrengungen mit der Matrix eines kausalen, funktionalen, historischen oder genetischen Nacheinanders *erklärt* wird, soll nun in der übersichtlichen Darstellung eines Nebeneinanders *dargestellt* und *beschrieben* werden. Die traditionellen Erklärungen werden allerdings – und das ist hier wichtig zu sehen – von Wittgenstein nicht einfach abgelehnt,[62] sondern vielmehr »umgepolt«: Das Diachrone nimmt dann die Gestalt des Synchronen, das genetisch Sukzessive die Gestalt des Synoptischen an. Die übersichtliche Darstellung beruht nicht auf der Abweisung herkömmlicher methodischer Strategien,[63] vielmehr auf deren Umbildung zu einem Verfahren des Sichtbarmachens. Es ist aufschlussreich, dass da, wo Wittgenstein den Begriff der »übersichtlichen Darstellung« zum ersten Mal gebraucht – 1931, in seinen Bemerkungen zu *The Golden Bough* von James Frazer[64] –, er dies in Auseinandersetzung mit Frazers historischen und funktionalistischen Erklärungen unternimmt, die Wittgenstein eben nicht nur kritisiert, sondern auch aufnimmt und in eine Perspektive rückt, in welcher der methodische Sinn seiner Idee einer übersichtlichen Darstellung Gestalt gewinnt.[65]

61 Jonas 1994.
62 So jedoch: Rudich/Stassen 1971, S. 84-89.
63 Daher will er auch nicht »wissenschaftliche Erkenntnisansprüche gezielt […] konterkarieren«. Gessmann 2009, S. 173.
64 Wittgenstein 1967.
65 Klaus Puhl arbeitet in zwei Veröffentlichungen diese kritische Umbildung von kausal-funktionalistischen und historisch-genetischen Erklärungsmustern bei Wittgenstein im Hinblick auf sein Konzept der übersichtlichen Darstellung anhand von Wittgensteins Auseinandersetzung mit Frazer gründlich heraus. Er zeigt, wie Wittgenstein die kausalhistorischen Erklärungen Frazers als Beschreibungen interner Beziehungen deutet; ders. 2001, S. 20; überdies zieht er Parallelen zu Freuds Konzept der »Nachträglichkeit«; ders. 2006.

James Frazer hatte in seinem zwölfbändigen Werk Riten und magische Praktiken weltweit gesammelt; er sah in diesen oftmals befremdlichen Ritualen teilweise Vorläufer von auch heute noch vollzogenen rituellen Zeremonien und zugleich Zeugnisse von vorwissenschaftlichen, vor allem aber von fehlerhaften Anschauungen über die physikalische Natur der Dinge.[66] Worin nun besteht Wittgensteins »aufnehmende Umbildung« von Frazers Ansatz? Dessen »historische Erklärung« sei »nur *eine* Art der Zusammenfassung der Daten – ihrer Synopsis«. Wittgenstein projiziert also das Synoptische zuerst einmal zurück auf die genetisch-historische Erklärungsmethodik Frazers und fährt dann fort: »Es ist ebensowohl möglich, die Daten in ihrer Beziehung zueinander zu sehen und in ein allgemeines Bild zusammenzufassen, ohne es in Form einer Hypothese über die zeitliche Entwicklung zu machen.«[67]

Das Sichtbarmachen in Form eines allgemeinen Bildes wird von Wittgenstein der Erklärung durch Hypothesen epistemisch gleichgestellt. Aber *was* macht ein solches Bild sichtbar? Gesammeltes Material dient gewöhnlich dazu, eine Idee bzw. ein Gesetz zum Ausdruck zu bringen. Das sieht auch Wittgenstein so, er fährt jedoch fort: »[D]ieses Gesetz, diese Idee kann ich nun durch eine Entwicklungshypothese darstellen oder auch [...] durch das Schema einer religiösen Zeremonie, oder aber durch die Gruppierung des Tatsachmaterials allein, in einer *übersichtlichen* Darstellung«.[68] Während die theoretische Erklärung also darauf beruht, ein singuläres Phänomen als Realisierung eines allgemeinen Gesetzes zu begründen, kann dieses Gesetz auch auf andere Art verständlich gemacht werden: indem die singulären Phänomene als Bild zur Anschauung gebracht werden, sei es durch Schematisierung oder durch synoptische Zusammenstellung des Materials. Das, was solche übersichtlichen Darstellungen dann vermitteln, basiert darauf – das wissen wir jetzt schon –, »Zusammenhänge zu sehen«.[69]

Es ist kaum zu bezweifeln, dass Begriffe wie »Schema«, »Gruppierung« und »Synopsis« eine diagrammatische Konnotation aufweisen. Wittgenstein erinnert explizit daran, wie sehr die synoptische Sichtbarmachung mit der graphischen Möglichkeit des

---

66 Wittgenstein 1967b, S. 240.
67 Wittgenstein 1967b, S. 241
68 Ebd.
69 Ebd.

Linienzuges zusammenhängt. Er notiert anlässlich Frazers Kapitel über Feuerfeste in Europa und in Hinsicht auf die Ähnlichkeit dieser Riten:

»Es ist eine Mannigfaltigkeit von Gesichtern, mit gemeinsamen Zügen, die da und dort immer wieder auftauchen. Und was man tun möchte ist, Linien ziehen, die die gemeinsamen Bestandteile verbinden. Es fehlt dann noch ein Teil der Betrachtung und es ist der, welcher dieses Bild mit unseren eigenen Gefühlen und Gedanken in Verbindung bringt. Dieser Teil gibt der Betrachtung ihre Tiefe.«[70]

Wir sehen an diesem Rekurs auf das »Linienziehen«, wie hier die früher bereits rekapitulierte Basishandlung der Projektionsmethode, die darin besteht, Elemente der einen Konfiguration mit den Elementen einer anderen graphisch zu verbinden, thematisch wird. Wittgensteins Beispiel der Verbindung einer Strichliste mit den Enden eines Sternes kennen wir schon; in seinen *Bemerkungen* führt er ein weiteres diagrammatisches Beispiel an: Das Verhältnis von Kreis und Ellipse, deren Ähnlichkeitsbeziehung, die er »interne Beziehung« nennt, dadurch zu demonstrieren ist, »daß man eine Ellipse allmählich in einen Kreis überführt; aber nicht um zu behaupten, daß *eine gewisse Ellipse tatsächlich historisch aus einem Kreis entstanden wäre* (Entwicklungshypothese), sondern nur um unser Auge für einen formalen Zusammenhang zu schärfen. Aber auch die Entwicklungshypothese kann ich als weiter nichts sehen, als eine Einkleidung eines formalen Zusammenhangs.«[71]

Anhand des Ellipsen-Kreis-Beispiels wird auch deutlich, wie die Rede von den *Zwischengliedern* zu verstehen ist, die zu finden sind, damit in der übersichtlichen Darstellung ein interner, mithin formaler Zusammenhang sichtbar wird:[72] Es ist der optische Übergang der Ellipse in einen Kreis, der operativ in Gang gesetzt wird, indem sich die Mittelpunkte der Ellipse, die von ihrer Peripherie gleich weit entfernt sind, einander annähern.[73] Die Erzeugungsregel von Kreis und Ellipse, in welcher die Ähnlichkeit beider ver-

---

70 Wittgenstein 1967, S. 246.

71 Ebd., S. 241 f.

72 »Diese übersichtliche Darstellung vermittelt das Verständnis, welches eben darin besteht, daß wir die ›Zusammenhänge sehen‹. Daher die Wichtigkeit des Findens von *Zwischengliedern*.« Ebd., S. 241.

73 Vgl. Gessmann 2009, S. 177.

wurzelt ist, da beide als »ein Ensemble von Punkten« gelten, »die gleichweit von einem oder zwei Punkten entfernt sind«, wird durch diesen »gleitenden Übergang« dann anschaulich gemacht.[74]

Die übersichtliche Darstellung zehrt also davon, zwischen Phänomenen eine Anordnung herzustellen, und zwar mit Hilfe von Zwischengliedern. Spätestens an diesem Punkt müssen wir – neben Frazers *The Golden Bough* – eine weitere Lektüreerfahrung Wittgensteins einbeziehen, die sein Vorgehen nachhaltig prägte: Es geht um Goethe und um die »morphologische Methode«.

9.5.3. Nichts liegt hinter den Phänomenen: Wittgensteins morphologische Methode im Anknüpfen an Goethe

Der Einfluss Goethes auf Wittgenstein blieb nicht unbemerkt[75] und ist inzwischen mehrfach beleuchtet worden.[76] Übrigens hat sich Wittgenstein nicht nur auf Goethe, sondern auch auf Oswald Spengler bezogen,[77] als er erstmals in den *Bemerkungen über Frazer* die übersichtliche Darstellung explizierte.[78] Wir konzentrieren uns hier aber auf die Einflüsse Goethes, mit dessen Dichtungen Wittgenstein vertraut war.[79] Seine *Bemerkungen über die Farben* sind geprägt von der Auseinandersetzung mit Goethes *Farbenlehre* und teilen mit dieser nicht nur den Gegenstand, sondern auch den antiszientifischen Gestus und sogar Merkmale im Schreibstil.[80] Goethes Zitat aus den *Maximen und Reflexionen*,[81] »man suche nur nichts hinter den Phänomenen: sie selbst sind die Lehre«, greift Wittgenstein unmittelbar auf:[82] Der Ansatz, dass es nichts hinter den Phänomenen gebe, bildet nach 1930 geradezu das Band, welches die ontologischen, epistemologischen und darstellungs-

---

74 Ebd.

75 Baker/Hacker 1980, S. 301-304; Monk 1990, S. 509 f.; Schulte 1989, S. 108-111.

76 Hacker 2004; Klagge 2003; Nordmann 2003; Plaud 2010; Rowe 1991, S. 283-303; Schulte 1987; 2014, S. 141-156.

77 Spenglers *Untergang des Abendlandes* trägt den Untertitel *Umrisse einer Morphologie der Weltgeschichte*. Zur Frage nach dem Einfluss Spenglers: Haller 1986; Schulte 1984, S. 24 ff.

78 Wittgenstein 1967, S. 241.

79 Schulte 1984, S. 1.

80 Rowe 1991, S. 300.

81 Goethe 1976, S. 116.

82 BP 889.

technischen Reflexionen Wittgensteins verknüpft. Goethe versteht unter »Morphologie« die »Lehre von der Gestalt, der Bildung und Umbildung der organischen Körper«.[83] Er führt aus – und diese Wendung könnte ebenso gut aus Wittgensteins Feder stammen –, dass die Morphologie »nur darstellen und nicht erklären« wolle.[84] Das, *was* die Morphologie darstellen will, ist ein gesetzmäßiger Zusammenhang zwischen Phänomenen, der von Goethe explizit charakterisiert wird als etwas, das nicht mit Worten und also nicht für den reinen Intellekt, sondern mit den Augen und daher für die Anschauung zu erschließen ist. Denn nur diese in dem Zusammenhang *zwischen* Phänomenen erscheinenden Gesetzlichkeiten sind ihrerseits phänomenale Sachverhalte, Goethe nennt sie *Urphänomene.* »Von nun an fügt sich alles nach und nach unter höhere Regeln und Gesetze, die sich aber nicht durch Worte und Hypothesen dem Verstande, sondern [...] durch Phänomene dem Anschauen offenbaren. Wir nennen sie Urphänomene, weil nichts in der Erscheinung über ihnen liegt.«[85] Die Morphologie ist also eine an Phänomenen orientierte Darstellungsform, die etwas Allgemeines in einem buchstäblichen Sinne zur Erscheinung bringt. Wie aber ist solche Sichtbarmachung von etwas Allgemeinem möglich?

Um das nachzuvollziehen, ist die in Goethes Gestaltbegriff angelegte dynamische Dimension einer Umbildung wesentlich, einer Transformation, die er häufig »Metamorphose« nennt. Denn wenn die Entwicklungsdynamik der Morphologie die Metamorphose ist, muss ihr darstellungstechnisch etwas entsprechen. Ursprünglich verband Goethe mit seiner Idee von einem Urphänomen einen generativen Impuls, sofern es sich etwa um die »Urpflanze« handelt, vertritt er die Überzeugung, diese könne sich biologisch als reale Stammmutter aller Pflanzen erweisen. Doch – wie unter anderem Rowe zeigt – sieht er dann zunehmend in der »Urpflanze« eine Form, die genau dann zutage tritt, wenn die Mannigfaltigkeit real vorkommender Pflanzen in einer Reihenfolge gruppiert wird.[86] Der Metamorphose entspricht also im Erkenntnishandeln die Ar-

83 HA XIII, S. 123 ff.
84 Ebd., S. 122.
85 HA XIII, S. 367 f.
86 Zu dieser Interpretation der »Urpflanze«: Rowe 1991; Rowe bezieht sich dabei u. a. auf Heller 1975, S. 153.

beit einer Anordnung, bei welcher das Urphänomen nicht mehr als ein historisch zurückliegendes Gegebenes fungiert, als der Anfang einer genealogischen Kette, sondern zu einem heuristischen Werkzeug wird, mit dessen Hilfe eine Ordnung in die Darstellung von Phänomenen zu bringen ist. Joachim Schulte hat herausgearbeitet, wie dieses heuristische Werkzeug bei Goethe zweierlei Gestalt annimmt: einmal mit dem Begriff der »*Urpflanze*«, zum andern mit dem Begriff des »*Typus*« verbunden.

Bei der *Urpflanze* geht es um eine Art Entwicklungsmodell für ein Gesetz bzw. eine Regel, nach der sich eine Entwicklung vollzieht. Schulte wählt das Beispiel des Lehrfilms, um Goethes Anliegen zu erläutern: Wenn die Metamorphose einer Rose im Zeitraffer abgespielt wird, ist nicht das einzelne Bild, wohl aber die ganze Reihe der Bilder ein Modell für die Entwicklung einer Rose. Nur die Ordnung, in der nacheinander etwas erscheint – also aufgereiht wird –, zeigt das Allgemeine, auf das es dabei ankommt. Zugleich ist klar, dass das Modell dann auch exemplifiziert, was es modelliert. Daher können wir sagen: Das Allgemeine wird hier im Einzelfall präsent, indem dieser als ein Modell eingesetzt wird. Beim *Typus* handelt es sich um einen Begriff, den Goethe vor allem in seinen zoologischen Betrachtungen entwickelt. Der Typus ist ein den einzelnen Phänomenen übergeordnetes, »allgemeines Bild«, worin die Gestalten sämtlicher Tiere der Möglichkeit nach erhalten wären.[87] Der Typus ist dann ein Schema – Goethe verwendet dafür auch die Ausdrücke »Plan« und »Bauplan«[88] –, eine idealisierte Gestalt nach Art eines Strukturplans. Das grundlegende Prinzip ist dasjenige der Nachbarschaft bzw. des »Platzes«.[89]

Am Urphänomen und dem Gedanken der Morphologie bei Goethe wesentlich ist also das Bemühen, etwas noch Unverstandenes dadurch einsehbar zu machen, dass Phänomene in übersichtlicher Anordnung in eine Reihenfolge gebracht werden, so dass im Durchgang durch diese Reihe ein Gesetz anschaulich wird, das sich auf eine Entwicklung (Pflanzenmetamorphose) oder eine Struktur (vergleichende Anatomie) beziehen kann. Der Entwicklung (»Urpflanze«) entspricht dann die Aneinanderreihung, der Struktur (»Typus«) entspricht das Schema bzw. der Bauplan. Schon in Goe-

87 HA XIII, S. 172.
88 HA XIII, S. 172.
89 Zit. nach ebd.

the Morphologie zeichnet sich somit eine diagrammatisch inspirierte Methode ab.

Zurück zu Wittgenstein, der Goethes morphologische Ideen aufgreift: Eine *realistische* Deutung des Urphänomens bei Goethe kann er zweifellos nicht teilen – dies hat Sabine Plaud in diffiziler Argumentation aufgewiesen[90] –, doch umso mehr inspiriert Wittgenstein dessen *methodisch-heuristische* Deutung. Diese Perspektive führt ihn nämlich zum Konzept seiner übersichtlichen Darstellung, welches – zugespitzt ausgedrückt – darauf beruht, dass das morphologische Verfahren zu einer Art »operativem Bildgebungsverfahren« umgearbeitet wird. Das aber ist eine Umarbeitung, die sich stets in der Nähe zu Goethe – wenn nicht gar in Übereinstimmung mit dessen Gedanken – weiß. Es sind vier Aspekte, die das verdeutlichen:

(i) Der *Phänomenalismus*, der Goethe und Wittgenstein eint, geht zuerst einmal davon aus, dass alles, was ist, sich auch zeigt.[91] Die Welt wird zum Inbegriff von Phänomenen. Dies birgt zwei Facetten: Die erste hat mit der Gegebenheitsweise von Phänomenen zu tun, die wir hier als »prononcierte Flächigkeit« charakterisieren können. Ein Phänomen ist das, was nichts hinter oder über sich hat, sondern nur *neben* sich. Für Wittgenstein besteht die Problematik traditioneller Fragen in der Philosophie darin, dass wir glauben, »Erscheinungen durchschauen«[92] zu müssen, um mit Hilfe der Analyse nach dem zu graben, was »unter der Oberfläche liegt«.[93] Doch Phänomene können nur in der Ebene angeordnet werden – in Bezug auf topologische Relationen, auf Nachbarschaft und Distanz –, aber keineswegs in einer hierarchischen Ordnung gestaffelt werden. Dabei ist zu bedenken, dass die dabei entstehende topologische Ordnung ein Merkmal der Ebene der Darstellung, also keineswegs ontologisch aufzufassen ist. Die zweite Facette bezieht sich auf die Anschaulichkeit: Phänomene sind sichtbar und liegen vor Augen; es gibt nichts Verborgenes an ihnen. Eine Fülle von Bemerkungen Wittgensteins zielt in diese Richtungen. Wir »wollen etwas verstehen, was schon offen vor unseren Augen liegt. Denn *das* [Herv. S. K.] scheinen wir, in irgendeinem Sinne, nicht

90 Plaud 2010.
91 HA XIII, S. 123 f.
92 PU 90.
93 PU 92.

zu verstehen.«[94] »Die Philosophie stellt eben alles bloß hin, und erklärt und folgert nichts. – Da alles offen daliegt, ist auch nichts zu erklären. Denn, was etwa verborgen ist, interessiert uns nicht.«[95] Schon hier zeichnet sich ab: das Sichtbarmachen, um das es Wittgenstein zu tun ist, besteht nicht darin, Unsichtbares zur Erscheinung zu bringen, sondern uns das, was erscheint, auf eine andere Art sehen zu lassen.

(ii) *Operation der Anordnung.* Wenn wir das, was offen vor Augen liegt, nicht verstehen können, dann bedarf es einer gezielten Aktivität, um dieses Verständnis herzustellen, einer Aktivität, welche die Phänomene zwar belässt, wie sie sind, jedoch auf andere Weise darstellt. Diese Darstellungsweise besteht in der Gruppierung von Phänomenen und ihrer Anordnung in Form von Reihen, die zweierlei möglich macht: Der Vergleich zwischen Phänomenen wird möglich, und die Verbindung zwischen ihnen wird sichtbar. Das Vergleichen-Können und das Verbindungen-Sehen werden zum Kern dessen, was das Sichtbarmachen in übersichtlichen Darstellungen zu eröffnen hat. Daher ist das Sichtbarmachen durch Gruppierung ein schöpferischer, auch konstruktiver Prozess, bei dem es nicht nur um das Finden, Sammeln und Zusammenstellen, sondern auch um das Erfinden – zum Beispiel von Zwischengliedern – geht. Dabei ist für Goethe und Wittgenstein klar, dass es nicht nur *eine* Art von Anordnung gibt. Akte des Sichtbarmachens sind immer auf verschiedenartige Weise realisierbar; es gibt eine Multiplizität von Darstellungsformen.

(iii) *Subjektbezug des Darstellens.* Stärker als Goethe betont Wittgenstein, dass Darstellungen den Einblick und Überblick, den sie geben, immer nur in Relation zu bestimmten Betrachtern eröffnen: Übersichtlichkeit ist keine intrinsische Eigenschaft der Darstellung, sondern beobachterrelativ.[96] Daher kann und muss die aufklärende Wirkung, die eine übersichtliche Darstellung evoziert, darin bestehen, dass der Betrachter selbst – mehr oder weniger plötzlich – seinen Gesichtspunkt ändert und die Dinge jetzt anders zu sehen vermag. In einer Vorlesung hat Wittgenstein diese »Drehung« der Betrachterposition so erläutert:[97] Ein Mann steht vor einer Wand,

94 PU 89.
95 PU 126.
96 Puhl 2006, S. 29 f.
97 Zit. nach Gasking/Jackson 1967, S. 52.

auf die vier Türen gemalt sind; er versucht erfolglos, sie zu öffnen. Tatsächlich aber gibt es hinter ihm eine echte Tür. Ihm hinauszuhelfen, hieße dann, ihn dazu zu bringen, sich umzudrehen und in eine andere Richtung zu schauen. Das aber wird schwer werden – bemerkt Wittgenstein –, da es dem Mann widerstrebt, sich aus der Position herauszubegeben, in der er den Ausgang vermutet.[98] Er gibt auch eine andere Analogie: Ein Mann wird in einem Raum mit einer sich nach innen öffnenden unverschlossenen Tür solange gefangen bleiben, wie es ihm nicht aufgeht, dass er die Türe nicht aufstoßen, sondern aufziehen muss.[99] Dass also etwas offen zutage liegt, heißt gerade nicht, dass wir es auch sehen können; vielmehr müssen wir selbst sehend *gemacht* werden, und das ist ebendas, was durch Philosophieren zu erreichen ist: »Ich habe seine Anschauungsweise geändert«,[100] die »Art, wie wir die Dinge sehen«.[101]

(iv) *Modell, Paradigma, Maßstab.* Wenn zwischen Phänomenen verglichen wird, so muss es einen Maßstab für den Vergleich geben. Goethe findet diesen in der dann von Wittgenstein aufgenommenen Idee des Urphänomens. Im Horizont des Phänomenalismus ist es für das Urphänomen signifikant, dass es nicht hinter oder unter den Erscheinungen liegt, sondern seinerseits den Status eines Phänomens hat. Das kann im Sinne der Unterscheidung Goethes zwischen modellhafter »Urpflanze« und schematisiertem »Typus« heißen: Entweder geht es um ein Phänomen, das von allen übrigen als modellhaft geschieden wird und an dessen Vorbild dann die Nähe oder Ferne, Ähnlichkeit oder Unähnlichkeit der anderen Phänomene bestimmbar wird; oder es wird eine vereinfachte schematisierte Darstellung gewählt, deren Grundzüge in allen Phänomenen – mehr oder weniger – verkörpert sind. Auf jeden Fall geht die Auszeichnung einer paradigmatischen Funktion eines Phänomens für alle übrigen nicht mit einer Hierarchisierung einher: In fast buchstäblichem Sinne beruht die synoptische Darstellung darauf, dass das maßstabsbildende Phänomen gleich einer Farbkarte neben die anderen Phänomene »gehalten« oder gleich dem Län-

---

98 »To help him get out of the room all we have to do is to get him to look in a different direction. But it's hard to do this, since, wanting to get out, he resists our attempts to turn him away from where he thinks the exit must be.« Ebd., S. 52.

99 Wittgenstein 1984c, S. 42.

100 PU 144.

101 PU 122.

genmaß auf der Landkarte an das kartierte Gebiet angelegt werden kann. Denken besteht dann darin, mit Hilfe des modellhaften Phänomens einen Zusammenhang zwischen den modellierten Phänomenen zu sehen; und obwohl Modellhaftes und Modelliertes eine je unterschiedliche Funktion erfüllen – das eine dient als Maßstab, das andere ist das Gemessene –, liegen beide auf derselben Ebene und sind auch in gleicher Weise sichtbar. Denn das Theoretische fungiert dann nicht als eine Erklärung von Phänomenen, sondern ist dasjenige *in* den Phänomenen, das sie mit anderen Phänomenen verbindet. Diese Verbindung sichtbar zu machen, ist das epistemische Anliegen von Goethe wie auch von Wittgenstein; es charakterisiert beide als *visuelle Denker.*

Die Orientierung an der Bildlichkeit, die sich dabei ausspricht, hat Rowe in einen Vergleich gefasst:[102] Goethe und Wittgenstein verhalten sich wie Kunstkritiker, die Betrachter zum Verständnis der Einheit und der Organisation eines Bildes führen wollen: Kraft dieser Führung sollen wir nichts Neues *wissen*, sondern das vor Augen Liegende *sehen* lernen.

Wir kommen jetzt zu einem weiteren Angelpunkt für Konzept und Verständnis der »übersichtlichen Darstellung«: Wittgensteins Auseinandersetzung mit dem mathematischen Beweis, den er nur dann als einen Beweis akzeptiert, wenn er *übersichtlich* ist.

9.5.4. Der Beweis ist ein Bild: Wittgensteins figurative Interpretation mathematischer Beweise

Nahezu alle Deutungen des Konzeptes der übersichtlichen Darstellung klammern die *Bemerkungen über die Grundlagen der Mathematik* aus,[103] wie umgekehrt da, wo der Zusammenhang von Mathematik, Beweis und Übersichtlichkeit untersucht wird, die Rolle der übersichtlichen Darstellung im nichtmathematischen Werk Wittgensteins unberücksichtigt bleibt.[104] Wie sehr »Übersichtlichkeit« und »mathematische Beweiskraft« für Wittgenstein zusammenhängen, lässt sich daran ermessen, dass er überhaupt nur dasjenige als einen mathematischen Beweis anzuerkennen be-

---

102 Rowe 1991, S. 300.

103 So betont Hacker 2004, S. 405, den Aspekt der übersichtlichen Darstellung, der mit der Mathematik zu tun hat, gerade *nicht* zu untersuchen.

104 Mühlhölzer 2005; 2008.

reit ist, das auch »übersichtlich« genannt zu werden verdient:[105] »Ein mathematischer Satz muß übersichtlich sein«,[106] beginnt er den dritten Teil der *Bemerkungen über die Grundlagen der Mathematik*, der in reflexiven Umkreisungen seines Beweiskonzeptes besteht. Ehe wir nun sein Konzept des »übersichtlichen Beweises« im engeren Sinnen erörtern, wollen wir einen Blick werfen auf Wittgensteins Einstellung zum mathematischen Zeichengebrauch im Allgemeinen.

(1) Über den Zusammenhang von Formalität und Bildlichkeit

Skizzieren wir einige Grundzüge von Wittgensteins Auffassung hinsichtlich des Umgangs mit mathematischen Zeichen. Mathematische Beweise bedürfen der Zeichen; sie sind eine Abfolge von figürlichen oder numerischen Zeichenkonfigurationen; Wittgenstein nennt sie daher auch regelgeleitete »Handlungen mit Zeichen«.[107] Würde man die Mathematik jedes Inhalts entkleiden, so bliebe übrig, »daß gewisse Zeichen aus anderen nach gewissen Regeln sich konstruieren lassen«.[108] Dabei gilt für ihn – hier ganz auf den Spuren von Leibniz und Peirce – der Zeichenbezug auch für das Denken schlechthin: Wir können gar nicht anders denken als im Medium von Zeichen. Hinweise darauf finden sich in einer Vielzahl von Bemerkungen.[109]

»Wir können sagen, daß Denken im wesentlichen eine Tätigkeit des Operierens mit Zeichen ist [...]. Wenn wir über den Ort sprechen, wo das Denken stattfindet, haben wir ein Recht zu sagen, daß dieser Ort das Papier ist, auf dem wir schreiben, oder der Mund der spricht.«[110]

Das Denken wird nicht einfach begleitet von äußerlichen Zeichen, es drückt sich nicht nur in ihnen aus, so als ob neben den

---

105 »Wenn man eine nicht übersehbare Beweisfigur durch Veränderung der Notation übersehbar macht, dann schafft man erst einen Beweis, wo früher keiner war.« BGM III, §2, S. 143.

106 BGM III, §1, S. 143.

107 WWK 180: »Was ist der indirekte Beweis? Eine Handlung mit Zeichen. Aber das ist noch nicht alles. Es kommt jetzt noch eine weitere Regel hinzu, die mir sagt, was ich zu tun habe ...«.

108 BGM III, §38, 169.

109 PU 504:»Wenn man aber sagt, »Wie soll ich wissen, was er meint, ich sehe ja nur seine Zeichen«, so sage ich: »Wie soll er wissen, was er meint, er hat ja auch nur seine Zeichen.«

110 BB 23.

Zeichenausdrücken auch noch zeichenunabhängige Gedanken existierten,[111] sondern Denken vollzieht sich überhaupt nur *im* Gebrauch der Zeichen.[112] Im Einklang mit der Maxime, dass nichts hinter den Phänomenen ist, nimmt Wittgenstein an, dass – sowenig es ein Denken außerhalb von Zeichen gibt – die Zeichen auch keine zusätzliche, sozusagen »geistige« Sphäre von Sinn und Bedeutung mit sich führen, und sei es auch nur im – Sinne Freges – mittels eines für Zeichen unabdingbaren Bezuges auf Gegenstände und ihre Gegebenheitsweise. Vielmehr ist das, was »das Leben des Zeichens ausmacht«, nichts anderes als eben »sein Gebrauch«.[113] Dieser Gebrauch – zumal wenn es um die Mathematik geht – birgt für Wittgenstein zwei Konnotationen: eine Orientierung sowohl an der Technik wie am Spiel. Wittgensteins Vorliebe für die Mechanik von Handlungsfolgen, für den Werkzeugcharakter der Sprache, für eine Technik des Denkens findet ihr Echo in seiner Auffassung der Mathematik: »In der Mathematik ist alles Algorithmus, nichts Bedeutung.«[114] Ein Algorithmus ist eine Rechenvorschrift, wir können auch sagen: eine Vorschrift, bei der sich diejenigen, die diese Vorschrift in ihrem Tun anwenden, wie Maschinen verhalten.[115] Soweit die Mathematik also kalkülisierbar ist – und für Wittgenstein ist sie es sogar zur Gänze[116] –, ist sie »immer eine Maschine, ein Kalkül. Der Kalkül beschreibt nichts.«[117]

Doch der Zeichengebrauch birgt nicht nur diese technische Dimension, sondern – als die andere Seite der Medaille – auch eine spielerische Dimension[118] – »Spiel« hier im eher minimalistischen Sinne von geregelten Zeichenspielen ohne externen Bezug. Die Mathematik als ein »bloßes Zeichenspiel« anzusehen, ist nun ein Topos, der gewöhnlich mit dem Formalismus in der Mathematik zusammengebracht wird. Felix Mühlhölzer hat zu Recht darauf

111 Hierin liegt ein wichtiger Differenzpunkt zu Frege: BB 20.
112 Dazu: Mühlhölzer 2008, 118.
113 BB 20.
114 PG 468.
115 Vgl. Wittgensteins Ausführungen über eine »menschliche Rechenmaschine«: BGM III, §3, 258.
116 »Die Mathematik besteht ganz aus Rechnungen.« PG 468.
117 WWK 106.
118 Zur Konvergierbarkeit von Technik und Spiel: »Und das macht die Rechentechnik der Technik eines Spieles, wie des Schach, ähnlich.« BGM III, §67, 193.

aufmerksam gemacht, dass es augenfällige Parallelen zwischen Hilbert und Wittgenstein gibt, auch wenn Hilberts metamathematische und begründungstheoretische Intentionen von Wittgenstein in keiner Weise geteilt werden.[119] Jedenfalls ist das Schachspiel Wittgensteins beständige Inspirationsquelle.[120] Es steht für ihn nicht nur beim Übergang von dem frühen Idealsprachenkonzept zum späteren Sprachspielkonzept Pate, sondern charakterisiert auch den mathematischen Zeichengebrauch von Grund auf. Die Schachfiguren sind dem Spiel intern; ihr Verhältnis zueinander wird durch die ihnen möglichen Spielzüge geregelt, und damit ist das Schachspiel formal: Die »Bedeutung« der Figuren besteht in nichts anderem als darin, wie wir mit ihnen auf dem Spielfeld operieren können.

»Zu sagen, die Mathematik sei ein Spiel, soll heißen: wir brauchen beim Beweisen nirgends an die Bedeutung der Zeichen appellieren, also an ihre außermathematische Anwendung.«[121]

Wenn aber die Formalität einer Zeichenoperation genau darin besteht, dass Struktur und Funktion der Zeichen nicht durch die Beziehung auf ein »Außerhalb« reguliert werden, dann sind wir bei dem angekommen, was für Wittgenstein synonym ist mit dem Bildlichen. Die Zeichennatur des Schachspiels ist also so zu verstehen, dass das Schachspielen in der Transformation einer visuellen Konfiguration besteht, ganz unabhängig vom physikalischen Substrat, in dem diese realisiert ist – wie übrigens bei jeder in einer Notation ausgeführten Rechnung. Daher betrachtet Wittgenstein Rechnungen auch als Ornamente: »Die Rechnung als Ornament zu betrachten, das ist auch Formalismus, aber einer guten Art.«[122] Wir sehen also: Bildlichkeit und Formalität sind für Wittgenstein durchaus verwandt. Dass auch eine formale Prozedur ein Bild ist, bildet übrigens die Gelenkstelle für den erweiterten Begriff des Diagrammatischen, der unserer Studie zugrunde liegt. Nun aber greifen wir die Frage nach der »Übersichtlichkeit des mathematischen Beweises« wieder auf und setzen ein mit der Erörterung der »Anschaulichkeit«, die allen Beweisen eigen ist.

119 Mühlhölzer 2005, S. 62 ff.
120 Dazu: PU 31, 33, 108, 136, 197, 316, 337, 365, 563.
121 BGM V, § 4, 259.
122 Z 709.

(2) Was bedeutet »Übersichtlichkeit des Beweises«?

Der Sinn formaler Ausdrücke besteht in dem, was sie uns zeigen.[123] Damit ist klar, dass das *Formale* – sofern es, mit Wittgenstein gesprochen, von der »guten Art« ist[124] – der *Anschaulichkeit* verpflichtet bleibt; erst recht gilt das für den Beweis: »Der Beweis muß ein anschaulicher Vorgang sein.«[125] Drei charakteristische Züge weist diese beweisbezogene Anschaulichkeit auf:

(i) Sie bezieht sich nicht nur auf geometrische Figürlichkeit im engeren Sinne, sondern ebenso auf numerische Inskriptionen; was zählt, ist alleine, dass *alles*, worum es geht, tatsächlich offen vor Augen liegt und dass Überzeugungskraft und Richtigkeit eines mathematischen Ausdrucks auf nichts zurückgehen, was unsichtbar bleibt und damit »hinter« dem visuellen Ausdruck liegt: »Nicht etwas hinter dem Beweis, sondern der Beweis beweist.«[126]

(ii) Die Anschaulichkeit darf nicht als Wahrnehmbarkeit per se gedeutet werden – das bildet einen Leitgedanken in Wittgensteins Konzeption von »Beweis« –, sondern es geht um eine *spezifische Form von Visualität*, insofern diese mit einer *charakteristischen Gestalt*[127] verbunden ist. Wir können die Zahl »Siebenundfünfzig« zum Beispiel darstellen mit einer Liste aus 57 Strichen (»|||||||||||| |||||||||||||||||||||||||||||||||||||||||||||«) oder in der Notation als aneinandergereihte Addition der 1: »1 + 1 + 1 + 1 + ... + 1«[128] oder auch als »57« schreiben. Nur bei der Dezimalnotation, nicht aber in den beiden anderen Fällen spricht Wittgenstein von einer charakteristischen Gestalt, obwohl in allen Fällen die Zahl zweifelsohne durch Zeichen visualisiert wird.[129] Die Anschaulichkeit muss von der Art eines »einprägsamen Bildes« sein.[130]

---

123 »Der mathematische Satz soll uns ja zeigen, was zu sagen SINN macht.« BGM III, § 28, S. 164.

124 Z 709.

125 BGM III, § 42, S. 173.

126 Ebd.; s. auch: »Wenn wir beim Beweis sagen: ›Das muß herauskommen‹ – so nicht aus Gründen, die wir nicht sehen.« BGM III, § 39, S. 171.

127 BGM III, § 11, S. 151.

128 »Die Ziffer für 1000 im 1 + 1 + 1 + 1...System kann nicht durch ihre *Gestalt* erkannt werden.« BGM III, § 10, S. 150.

129 Dazu auch: Mühlhölzer 2005, S. 73 ff.

130 »Wenn die Ziffern und das Gezählte ein einprägsames Bild ergeben. Wenn dieses Bild nun statt jedes neuen Zählens dieser Menge gebraucht wird.« BGM III, § 9, S. 149.

(iii) Anschaulichkeit kommt weniger der einzelnen Gestalt als vielmehr einem ganzen *Vorgang* zu, der im Durchlaufen einer Reihe von Gestaltungen besteht. Ein mathematischer Satz zeigt dann, »daß *diese* Transformation *diese* Gestalt in *diese* überleitet«.[131] Daher charakterisiert Wittgenstein diesen dynamischen, prozessualen Aspekt auch als »kinematographisch«.[132]

Mit diesen drei charakteristischen Zügen, die der Anschaulichkeit von Beweisen zukommen, ist der Horizont skizziert, vor dem Wittgensteins Konzept eines *übersichtlichen Beweises* Kontur gewinnt. Lassen wir ihn selbst zu Wort kommen:

»Ein mathematischer Beweis muß übersichtlich sein.« »Beweis« nennen wir nur eine Struktur, deren Reproduktion eine leicht lösbare Aufgabe ist. [...] Der Beweis muß ein Bild sein, welches sich mit Sicherheit genau reproduzieren läßt. [...] Zur Reproduktion eines Beweises soll nichts gehören, was von der Art einer genauen Reproduktion eines Farbtons oder einer Handschrift ist.[133]

Wenn ich sage »der Beweis ist ein Bild« – so kann man sich ihn als kinematographisches Bild denken.[134]

»Der Beweis muß übersehbar sein« heißt eigentlich nichts anderes als: der Beweis ist kein Experiment. Was sich im Beweis ergibt, nehmen wir nicht deshalb an, weil es sich einmal ergibt, oder weil es sich oft ergibt. Sondern wir sehen im Beweis den Grund dafür zu sagen, dass es sich so ergeben *muß*.[135]

»Wenn ich schrieb, »der Beweis muß übersichtlich sein«, so hieß das: *Kausalität* spielt im Beweis keine Rolle.
Oder auch: der Beweis muß sich durch bloßes Kopieren reproduzieren lassen.[136]

»Der Beweis muß übersehbar sein« – heißt: wir müssen bereit sein, ihn als Richtschnur unseres Urteilens zu gebrauchen.[137]

---

131 BGM IV, § 13, S. 231.
132 BGM III, § 22, S. 159.
133 BGM III, § 1, S. 143.
134 BGM III, § 22, S. 159.
135 BGM III, § 39, S. 170.
136 BGM IV, § 41, S. 246.
137 BGM III, § 22, S. 159; auch: »Den Beweis anerkennen: Man kann ihn anerkennen als Paradigma der Figur, die entsteht, wenn *diese* Regeln richtig auf gewisse Figuren angewendet werden.« BGM III, § 38, S. 168.

Wir können nun die Grundideen des übersichtlichen Beweises anhand von vier miteinander zusammenhängenden Gesichtspunkten entwickeln.

(i) *Der Beweis ist ein Bild bzw. eine Abfolge von Bildern.* Wir wissen zur Genüge: die Art von Bildern, um die es Wittgenstein geht, schließt satzförmige Gebilde ein. Worauf es alleine ankommt – und dies gilt schon für den Wittgenstein des *Tractatus* –, ist das Zeigen einer Konfiguration, indem der Beweis einen internen Zusammenhang herstellt. Das Beweis-Bild ordnet etwas; seine Übersichtlichkeit besteht darin, das »Wie« des Zusammenhanges zu präsentieren: »Die Beweise ordnen die Sätze. Sie geben ihnen Zusammenhang.«[138] Der Begriff »Zusammenhang« ist gewöhnlich strukturell konnotiert. Doch für Wittgenstein gilt nun: Der Zusammenhang, der im Beweis hergestellt wird, ist prozessual, ist als ein Entstehungszusammenhang von Figuren zu begreifen. »Der Beweis läßt ein Gebilde aus einem anderen entstehen. Er führt uns die Entstehung von einem aus anderen vor.«[139] Im Horizont der uns bereits bekannten morphologischen Methode liegt der Sachverhalt durchaus nah, dass weniger das einzelne Bild als vielmehr der Durchgang durch eine Reihe von Bildern etwas zu zeigen hat. Es geht Wittgenstein in seiner reflexiven Umkreisung des Beweisbildes um das Überleiten[140] und Transformieren[141] von Gestalten und um das Umwandeln von Zeichen.[142] Und all dies drückt er dadurch aus, dass er das Bildsein des Beweises als »kinematographisches Bild« fasst. Diese Prozessualisierung und Dynamisierung – Nyiri spricht sogar von einer »Animierung«[143] – ist bemerkenswert, wenn auch im morphologischen Verfahren durchaus angelegt. Wittgenstein erläutert das Kinematographische an folgendem Beispiel:

---

138 BGM VI, §1, S.303.
139 BGM III, §29, S.165.
140 BGM IV, §13, S.231.
141 BGM IV, §13, S.231.
142 BGM IV, §18, S.234.
143 Nyiri 2004, S.126 ff., hat auf das Kinematische als einen Aspekt von Wittgensteins Bildphilosophie mit Nachdruck hingewiesen: »D.h. der Beweis würde im Zeichnen einer Bilderserie – oder in einer Animation derselben Serie – bestehen.«

Abb. 56: Wittgensteins Beweis von 2 + 3 = 5, kinematographisch aufgefasst
(Nyíri 2004, S. 127; Wittgenstein 1937, MS 118, 65r)

Diese Art, mathematische Zusammenhänge durch in Mustern aus-
gelegte Punkte und Punktreihen zu visualisieren, zeigt eine frap-
pierende Nähe zur Rechenstein-Arithmetik der Pythagoreer, eine
Nähe, die ein erhellendes Licht auf Wittgensteins Einstellung wirft:
Die voreuklidische Beweistechnik der Pythagoreer beruhte darauf,
nicht als *knowing that*, mithin als axiomatisch-deduktives Satzsys-
tem, verfasst zu sein, sondern vielmehr als ein *knowing how* praktiziert zu werden, indem Zahleneigenschaften demonstriert wurden
mit Hilfe gegenständlicher, bildhafter Handlungen, die im Aus-
legen von Rechensteinen auf der Fläche bestanden.[144] Um Wittgenstein zu zitieren: »Der Schwerpunkt ihrer Mathematik liegt
für diese Menschen *ganz* im *Tun*.«[145] Noch ein weiteres Beispiel
kündet von dieser Affinität zum mathematischen *Vollzug*: Wittgenstein führt als Beweis für die Geltung des kommutativen Gesetzes
eine Figur an, die sowohl als 4 Reihen zu 5 Punkten wie auch als
5 Kolumnen zu 4 Punkten betrachtet werden kann und somit vor
Augen führt, dass »4 × 5 = 5 × 4« ist.

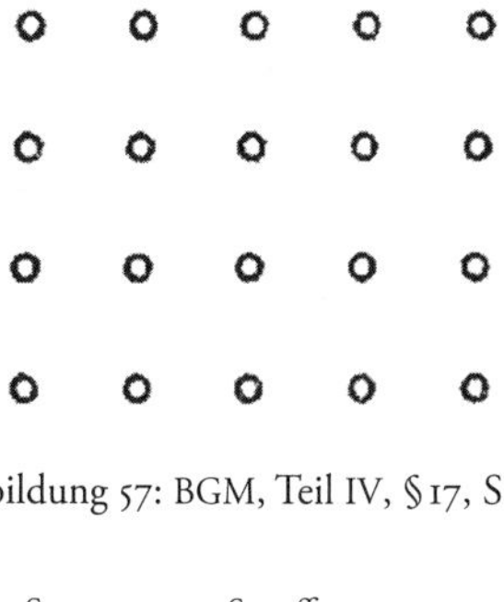

$$O \quad O \quad O \quad O \quad O$$

$$O \quad O \quad O \quad O \quad O$$

$$O \quad O \quad O \quad O \quad O$$

$$O \quad O \quad O \quad O \quad O$$

Abbildung 57: BGM, Teil IV, § 17, S. 233

144 Dazu: Krämer 1991, S. 12-31; 2007, S. 43 ff.
145 BGM IV, § 15, S. 232.

Obwohl es in diesem Falle um ein statisches Bild geht, ist das, was der Leser damit zu machen hat, eine Operation in der Zeit, denn er hat als Abfolge das Bild einmal von links nach rechts, das andere mal von oben nach unten zu lesen: Diese Umorientierung des Blicks ähnelt einem Aspektwechsel. Wir sehen also, dass dieser »Durchgang durch eine Reihe von Bildern« von doppelter Bedeutung ist: Er schließt eine externe Aneinanderreihung realer Figuren auf der Simultaneität der Fläche ebenso ein wie die Sukzession einer kognitiven Operation, bei der wir nacheinander ein und dasselbe Bild in unterschiedlicher »Ausrichtung« anschauen.

(ii) *Der Beweis verfährt schematisch und ist (daher) einfach zu reproduzieren.* Wo etwas schematisch dargestellt wird, kommt es auf die Präsentation von Formen an. Im Schema wird eine Form einprägsam dargestellt.[146] Formen sind nur einprägsam, wenn beim Hinsehen auf das Schema zugleich ein Absehen und Wegsehen von etwas möglich ist. Abzusehen ist etwa von allen material-physischen wie auch aisthetischen Eigenschaften einer Darstellung: Es macht keinen Unterschied, in welcher Handschrift und mit welcher Tinte ein Beweis geschrieben ist.[147] Nur so ist für Wittgenstein erklärbar, dass ein geometrischer Konstruktionsbeweis »einen Satz der Geometrie« und nicht etwa »einen über die Eigenschaften von Papier, Zirkel, Lineal und Bleistift beweist«.[148] Einprägsamkeit der Form bedeutet aber auch, einen Schematismus einzusetzen, der einfach auszuführen und zu rezipieren ist, wie es das von Wittgenstein häufig erwähnte Notationsbeispiel erläutert: Die Form eines arithmetischen Beweises ist übersichtlich, wenn Zahlen in Dezimalnotation angeschrieben sind, und sie verliert genau diese Übersichtlichkeit, wenn der Beweis als Strichkonfiguration oder Einser-Addition zur Darstellung kommt. Daher bildet die einfache Reproduzierbarkeit den Kern des übersichtlichen Beweises. Das Vorbild einfacher Reproduktion ist die Kopie: Für Wittgenstein ist das Reproduzieren eines Beweises gleichbedeutend mit seinem Kopieren.[149] Auch der

---

146 »Ich möchte sagen, es seien in dem Beweis nicht bloß diese individuellen Figuren zugeordnet, sondern die Formen selbst. Aber das heißt doch nur, daß ich mir jene Formen gut einpräge.« BGM I, § 41, S. 54.

147 BGM III, § 1, S. 143.

148 Ebd.,

149 BGM III, § 10, S. 150; IV, § 41, S. 246; zum »Kopieren« auch: Mühlhölzer 2005, S. 68.

aller »guten« Formalität zugesprochene Ornamentcharakter weist in diese Richtung: Ornamente sind zumeist sich reproduzierende Muster und können ihrerseits auch leicht reproduziert werden. Und nicht zuletzt: Das Kopieren ist die einfachste Form, um Bilder abzubilden.

(iii) *Der Beweis ist kein Experiment, und Kausalität spielt keine Rolle.* Die Abgrenzung von »Experiment« und »Beweis« durchzieht Wittgensteins gesamte Bemerkungen zu den Grundlagen der Mathematik. Wir können vom Beispiel der Rechnung ausgehen, die Wittgenstein – wie den Beweis selbst – vom Experiment unterscheidet.[150] Wäre eine Rechnung ein Experiment, so müssten wir jeweils unterschiedliche Ergebnisse akzeptieren; doch unsere Auffassung vom Rechnen ist so, dass ein und dieselbe Rechnung stets auch zu *einem* Ergebnis führt. Und es ist der Beweis, der uns zeigt, »was herauskommen *soll*«[151] und »daß es so sein muß«.[152] Worin aber wurzelt dieser »Zwang«, der dem Beweis eignet?[153] Wittgenstein betont, dass »Experiment« und »Beweis« jeweils unterschiedlichen Reproduktionskriterien folgen. Ein Experiment ist reproduziert, wenn dieselben Bedingungen gegeben sind – die dann aber zu durchaus unterschiedlichen Resultaten führen können; ein Beweis jedoch ist nur wiederholt, wenn mit den Bedingungen jeder Schritt des Verlaufs sowie das Resultat selbst sich reproduziert.[154] Doch ist damit die Frage, warum der Beweis »Zwangscharakter« hat, worin sein eigenartiges »logisches Muß« besteht, schon beantwortet?

Es gibt weitere, etwas anders akzentuierte Aussagen Wittgensteins, in denen er Beweis und Experiment unterscheidet: Beim Beweis dient ein Experiment als Bild: »Der Beweis, könnte man sagen, muß ursprünglich eine Art Experiment sein – wird aber dann

---

150 Schon im *Tractatus* 6.2331: »Die Rechnung ist kein Experiment.« Auch: BGM III, §73 ff., S. 198 ff. Dazu: Weiberg 2008, wobei nicht ausgeschlossen ist – s. ebd., S. 26 –, dass wir einer Rechnung auch einmal einen experimentellen Charakter zusprechen können; gewöhnlich aber wäre kein »Rechnen« mehr möglich, wenn eine »experimentelle Unsicherheit« über deren Ausgang bestände: BGM III, §73, S. 198.

151 BGM III, §55, S. 187.

152 BGM III, §9, S. 149.

153 Vgl. auch Ramharter/Weiberg 2006.

154 »Das heißt: Wir reproduzieren nicht nur die *Bedingungen*, unter welchen sich dies Resultat einmal ergab (wie beim Experiment), sondern das Resultat selbst.« BGM III, §55, S. 187.

einfach als Bild genommen.«[155] Oder auch: Sobald man einen mathematischen Vorgang als »einprägsames Bild ansieht«, verschwindet »das Experimenthafte«.[156]

Wir wissen bereits, dass im Herzen des wittgensteinschen Bildkonzeptes dessen *paradigmatische* Funktion steht, also dessen Eigenschaft, weniger ein Abbild als ein *Vorbild* zu sein und damit einen Maßstab bzw. ein Vergleichsobjekt abzugeben. Damit aber berühren wir einen Sachverhalt, der uns – im wittgensteinschen Sinne – an den »grammatischen Charakter« von mathematischen Sätzen heranführt.

(iv) *Der Beweis ist Vorbild, Maßstab, Richtschnur und Regel.* Es findet sich eine Fülle von Kommentaren, in denen Wittgenstein die Vorbild- und Richtschnurfunktion von Beweisbildern betont:[157] Gerade die Übersichtlichkeit als essenzielle Bedingung dafür, dass eine mathematische Operation einen Beweis abgibt, gründet darin, dass wir den Beweis »als Richtschnur unseres Urteilens [...] gebrauchen«.[158] Wie schon in der morphologischen Methode angelegt, bei der ein Phänomen als maßstabbildend ausgesondert werden kann und durch diesen Akt zur Richtschnur dafür gemacht wird, in welcher Reihenfolge von Ähnlichkeit und Unähnlichkeit alle übrigen Phänomene angeordnet werden können, so wird auch der Beweis zu einem Standard, der sein Maß anderen mathematischen Operationen als Stempel aufdrückt: »Der durch den Beweis bewiesene Satz dient als Regel, also als Paradigma. Denn nach der Regel *richten* wir uns.«[159] Somit kulminiert im Beweis, was für Wittgenstein für *alle* mathematischen Sätze gilt: Diese sind grammatische und keine empirischen Sätze. Denn während empirische Sätze überprüfbar sind und von uns immer auch bezweifelt werden können, sind »grammatische Sätze« derart, dass ihre Geltung unhinterfragt ist, da sie in ihren regulativen Funktionen wurzelt.[160]

---

155 Ebd., § 23, S. 160; auch: BGM I, § 36, S. 51.

156 BGM I, § 80, S. 68.

157 »Der Beweis ist unser Vorbild eines bestimmten Ergebens, welches als Vergleichsobjekt (Maßstab) für wirkliche Veränderungen dient.« BGM III, § 24, S. 161; auch: ebd., § 22, S. 159.

158 Ebd.

159 »Diese Regel ist das Ergebnis eines Vorgangs, den wir als *maßgebend* zur Beurteilung anderer Vorgänge annehmen. Der die Regel begründende Vorgang ist der Beweis der Regel.« BGM VI, § 16, S. 320.

160 »Einen Satz als unerschütterlich gewiß anzuerkennen [...] heißt, ihn als gram-

Auf diesen regulativen Charakter spielt Wittgenstein an, wenn er betont, dass ein Sachverhalt nicht erfahrungsmäßig, nicht kausal ist, sondern viel strenger und härter den Charakter eines »logischen Muß« hat, ohne dass dieses »Muß« – in seiner Perspektive – dann tatsächlich als ein logisches zu deuten ist. »Es ist nicht die Logik, die mich zwingt […]. Etwas *anderes* zwingt mich, so einen Satz als der Logik gemäß anzuerkennen.«[161] Dieses »andere« nun ist von der »Natur« einer Norm in Gestalt einer sprachlichen Regelung. Der Beweis normiert einen Sprach- bzw. Zeichengebrauch, so dass also »das *Muß* einem Gleise entspricht, das ich in der Sprache lege«. Der Beweis formt unsere mathematische Sprache.[162] Im Rahmen unserer Lebensform sind wir dann zu dieser Haltung des »Gehorsams« im Sinne einer Unhinterfragbarkeit von grammatischen Sätzen erzogen und »abgerichtet«. Daher ist der Beweis immer auch Teil einer Institution,[163] in der wir all die Techniken erwerben, welche die Vielfalt mathematischer Verfahren ausmachen[164] und die zugleich eine »filigrane Textur aus diskursiven und außerdiskursiven Bestandteilen« bilden,[165] in denen Aspekte von uhrwerkhaftem Regelgehorsam[166] und effizientem Problemlösen zusammenwirken.

Im Schnittpunkt der Aspekte von Bildlichkeit, Übersichtlichkeit, Schematismus und Normativität, die dem mathematischen Beweis zukommen, erweist dieser sich wie der Knotenpunkt in einem Wegenetz aus Sätzen.[167] Seine Überzeugungskraft gewinnt er dadurch, dass er »bestimmte Verbindungen herstellt«, andere Verbindungen verstellt[168] und kraft dieser Anordnung von Verbin-

matische Regel zu verwenden; dadurch entzieht man ihn der Ungewißheit.« BGM III, §39, S.170: »[W]ir werden in der Mathematik von *grammatischen* Sätzen überzeugt; der Ausdruck, das Ergebnis, dieser Überzeugtheit ist also, daß wir eine Regel annehmen.« BGM III, §26, S.162.

161 Ebd., §16, S.155.
162 Ebd., §71, S.196.
163 Ebd., §36, S.168.
164 BGM III, §46, S.176.
165 Kroß 2008, S.10.
166 Wittgenstein bemerkt in BGM III, §69, S.195: »Ich lasse mich gleichsam ablaufen und sehe, wo ich hingelange. Und die richtige Multiplikation ist das Bild davon, wie wir alle ablaufen, wenn wir *so* aufgezogen werden.«
167 Wittgenstein redet davon, dass die Mathematik immer neue Regeln schafft, und vergleicht sie mit dem Straßennetz, das immer weiter ausgebaut wird; BGM I, §166, S.99.
168 Zit. nach Mühlhölzer 2008, S.135.

dungen Sätzen – wie Wittgenstein betont – Plätze zuweist oder auch einen »neuen Platz gibt«.[169] Als zugleich prägnante und übersichtliche Konfiguration bewahrt er uns davor, im mathematischen Tun in die Irre zu gehen. Vergessen werden darf dabei allerdings nicht, dass Wittgenstein die Verkürzung des Mathematischen auf die Beweisprozeduren, die philosophische Zentrierung auf Fragen der Begründung und Rechtfertigung von mathematischen Sätzen, nicht teilt. Seine Intention ist es, den Fundierungsdiskurs in der Philosophie der Mathematik[170] gerade zu suspendieren, indem er mathematische Praktiken in ihrer alltäglichen Vielfalt, als Corpus von Zeichentechniken, als »filigrane Textur von diskursiven und außerdiskursiven Bestandteilen«[171] begreift.

Nach dieser Engführung hin auf das Mathematische weiten wir nun in einem letzten Schritt unseren Blick, indem wir die Rolle kartographischer Übersichtlichkeit als einen Generalimpuls in Wittgensteins Philosophieren überhaupt zusammenfassend resümieren.

9.6. Labyrinth und Orientierung: ein Resümee

Kommen wir zum Schluss: Unsere Auseinandersetzung mit Wittgenstein verfolgte zwei Ziele: Einerseits zu zeigen, dass und wie sein Konzept des Bildes einen »diagrammatischen Grundzug« aufweist, der sowohl in seiner frühen Orientierung am »Abbild« wie auch in der späteren Hinwendung zur »übersichtlichen Darstellung« bemerkbar ist. Andererseits war aufzuspüren, wie sich diese diagrammatische Dimension – auf Wittgensteins Philosophieren im Ganzen bezogen – tatsächlich als ein kartographischer Impuls erweist, der einen vernehmlichen Aspekt in Wittgensteins Auffassung vom Philosophieren bildet. Denn kaum ein anderer Philosoph hat das Denken so nachhaltig als Bewegung in einer Situation artikuliert, die fruchtbar in Analogie zu setzen ist zur Bewegung in geographischen Räumen, die von Wegen durchzogen sind, welche sich allzu oft als Irrwege erweisen.

Diese Irrtumsanfälligkeit kommt im alltäglichen Sprachge-

169 BGM III, § 41, S. 173.
170 Kroß 2008, S. 8.
171 Ebd., S. 10.

brauch selten vor, wohl aber bildet die philosophische Sprachver-
wendung ein Labyrinth: »Ein philosophisches Problem hat die
Form: ›Ich kenne mich nicht aus‹.«[172]

Mit seiner Revision der noch dem *Tractatus* entsprechenden
Einstellung, den *einen* richtigen Weg artikulieren und aufweisen
zu können, gibt Wittgenstein keineswegs seinen generellen Anspruch auf, so etwas wie ein Führer im Labyrinth philosophischen
Denkens zu sein. Vielmehr besteht diese »Führungsarbeit« zum
Gutteil darin, dass er sich als philosophischer Kartograph betä-
tigt, indem er diejenigen Wege, die sich als Sackgassen erweisen,
als solche aufzeigt und seinen Lesern als Denkoptionen verstellt.
Wittgenstein zeigt nicht, wie der richtige Weg verläuft, sondern
wo wir uns verlaufen (würden). Sein Anliegen, die philosophischen
Probleme nicht lösen, sondern auflösen zu wollen, zielt auf genau
dies: Denn in dem Augenblick, in dem in einem Labyrinth alle
Sackgassen gekennzeichnet und gesperrt werden, gibt es auch kein
Labyrinth mehr. Gleichwohl gilt es zu bedenken: Der kartographi-
sche Impuls[173] bei Wittgenstein, seine Affinität zu geographischen
Termini,[174] der Umstand, dass seine Grammatik auf synoptische
Darstellungen von Sprachgebräuchen zwecks Beherrschung der
Geographie von Begriffen zielt[175] – all dies darf nicht so verstan-
den werden, als realisiere sich dieser Impuls aus einer Position des
Überblicks heraus, mit dem eine vollständige Landkarte *sub specie
aeternitatis* zu geben wäre. Der spätere Wittgenstein suspendiert
die Position des »göttlichen Auges« und befindet sich – wie alle
anderen auch – inmitten unserer Sprachwelten; er kann sich in
diesen auch verirren und nur situativ und lokal, also auf einzelne
Sprachspiele und deren Grammatik bezogen, die Falschheit von
Wegen markieren. Doch seine Orientierungsarbeit – so viel zumindest kann gesagt werden – ist davon inspiriert, dass im Aufweisen
von Verbindungen im morphologischen Gestus einer synoptischen

---

172 PU 122 f.

173 »Teaching philosophy involves the same immense difficulty as instruction in
geography would have if a pupil brought with him a mass of false and falsely
simplified ideas about the courses and connections of rivers and mountains.«
BT 90. Siehe auch BEE 162b, S. 6v: »[The philosopher's] duty is to teach you the
geography of a labyrinth, so that you may completely find your way about it«.

174 Hacker 2004, S. 407; Plaud 2010, S. 267.

175 MS 137, S. 63a, zit. nach Hacker 2004, S. 419.

Anordnung der Phänomene, der Erfindung von Zwischengliedern und der Auszeichnung eines Phänomens als paradigmatisches Vergleichsobjekt aller übrigen jene Art von übersichtlicher Darstellung erreicht wird, die zugleich deutlich macht: Wittgensteins Idee von »Grammatik« kann ihren kartographisch-diagrammatischen Grundzug kaum verleugnen.

Literaturverzeichnis

Adelmann, Ralf/Frercks, Jan/Heßler, Martina/Hennig, Jochen (2009): *Datenbilder. Zur digitalen Bildpraxis in den Naturwissenschaften*, Bielefeld: transcript.

Aldrich, Virgil C. (1958): »Pictorial Meaning, Picture-thinking, and Wittgenstein's Theory of Aspects«, in: *Mind. A Quarterly Review of Psychology and Philosophy* (Jan 1), S. 70-79.

Allen, Reginald E. (Hg.) (1965): *Studies in Plato's Metaphysics*, London: Routledge & Kegan Paul.

Alloa, Emmanuel (2010): »Seeing-as, seeing-in, seeing-with: Looking through images«, in: Nemeth, Elisabeth/Heinrich, Richard/Pichler, Wolfram (Hg.): *Image and Imaging in Philosophy, Science, and the Arts. Preproceedings of the 33rd International Wittgenstein Symposium*, Kirchberg am Wechsel: Austrian Ludwig Wittgenstein Society, S. 14-16.

Ambuel, David (2010): »In Bildern denken«, in: Grave, Johannes/Schubbach, Arno (Hg.): *Denken mit dem Bild. Philosophische Einsätze des Bildbegriffs von Platon bis Hegel*, München: Fink, S. 13-42.

Aristoteles (1982): *Metaphysik, Bücher I (A) – VI (E)*, übers. v. Hermann Bonitz, hg. v. Horst Seidl, Hamburg: Meiner.

– (1984): »Meteorologie«, übers. v. Hans Strohm, in: *Aristoteles. Werke in deutscher Übersetzung, Bd. 12, Buch 1*, Berlin: Akademie.

– (1984a): »Kategorien«, übers. v. Klaus Oehler, in: Flashar, Helmut (Hg.): *Aristoteles. Werke in deutscher Übersetzung, Bd. 1, Teil 1*, Darmstadt: Wissenschaftliche Buchgesellschaft.

– (1988): *Physik*, Bücher V-VIII, griech./dtsch. übers., eingel. v. Hans Günter Zekl, Hamburg: Meiner.

– (1998): *Über die Seele (De anima)*, griech./dt., übers. nach W. Theiler, hg. v. Horst Seidl, griechischer Text in der Edition von Wilhelm Biehl und Otto Apelt, Hamburg: Meiner.

Baba, Kohei (2013): »Optische Simultaneität. Die Bildtafel ›Natural History‹ in der *Cyclopaedia* (1728) von Ephraim Chambers«, in: Hamazaki, Keiko/Ivanovic, Christine (Hg.): *Simultaneität – Übersetzen*, Tübingen: Stauffenburg, S. 33-58.

Baker, G. P./Hacker, P. M. S. (1980): *Wittgenstein: Understanding and Meaning, Volume 1 of an analytical commentary on the Philosophical Investigations*, Oxford: Blackwell.

Barker, Stephen (1992): »Kant's view of Geometry: A Partial Defense«, in: Posy, Carl. J. (Hg.): *Kant's Philosophy of Mathematics. Modern Essays*, Dordrecht u. a. Kluver, S. 221-244.

Bauer, Matthias/Ernst, Christoph (2010): *Diagrammatik. Einführung in ein kultur- und medienwissenschaftliches Forschungsfeld*, Bielefeld: transcript.

Baum, Manfred (1992): »Relation: Neuzeit«, in: Ritter, Joachim/Gründer, Karlfried (Hg.): *Historisches Wörterbuch der Philosophie*, Bd. 8, Basel: Schwabe, S. 595-602.

Baumgarten, Alexander Gottlieb (1983): *Meditationes philosophicae de nonnullis ad poema pertinentibus / Philosophische Betrachtungen über einige Bedingungen des Gedichts (1735)*, lat./dt., übers. v. Heinz Paetzold (Hg.), Hamburg: Meiner.

– (1988): *Theoretische Ästhetik: Die grundlegenden Abschnitte aus der »Aesthetica« (1750-1758)*, lat./dt., übers. v. Hans Rudolf Schweizer (Hg.), Hamburg: Meiner.

Baxandall, Michael (1998): *Löcher im Licht. Der Schatten und die Aufklärung*, München: Fink.

Baynes, Ken/Pugh, Francis (1981): *The art of the engineer*, Woodstock/New York: Overlook.

Becker, Oskar (1954): *Grundlagen der Mathematik in geschichtlicher Entwicklung. Orbis Academicus. Problemgeschichten der Wissenschaft in Dokumenten und Darstellungen*, Freiburg/München: Karl Alber.

Bedu-Addo, J. T. (1983): »Sense-Experience and Recollection in Plato's Meno«, in: *The American Journal of Philology* 104 (3), S. 228-248.

Belting, Hans (2001): *Bild-Anthropologie. Entwürfe für eine Bildwissenschaft*, München: Fink.

Bender, John/Marrinan, Michael (2010): *The Culture of Diagram*, Stanford: University Press.

Benedek, András/Nyíri, Kristóf (2014): *The Power of the Image. Emotion, Expression, Explanation*, Frankfurt/M.: Peter Lang.

Bennett, Jonathan (1991): »The difference between right and left«, in: van Cleve, James/Frederick, Robert E. (Hg.): *The Philosophy of Right and Left. Incongruent Counterparts and the Nature of Space*, Dordrecht u. a.: Kluwer, S. 97-130.

– (1966): *Kant's Analytic*, Cambridge: University Press.

Biggs, Michael A. R. (2004): »Visualization and Wittgensteins Tractatus«, in: Malcolm, Grant (Hg.): *Multidisciplinary approaches to visual representations and interpretations,* Amsterdam/London: Elsevier, S. 293–303.

Boehm, Gottfried (2001): »Zwischen Auge und Hand: Bilder als Instrumente der Erkenntnis«, in: Heintz, Bettina/Huber, Jörg (Hg.): *Mit dem Auge denken. Strategien der Sichtbarmachung in wissenschaftlichen und virtuellen Welten*, Zürich/New York: Springer, S. 43-54.

Bogen, Steffen (2005): »Schattenriss und Sonnenuhr. Überlegungen zu einer kunsthistorischen Diagrammatik«, in: *Zeitschrift für Kunstgeschichte* 68 (2), S. 153-176.

– /Thürlemann, Felix (2003): »Jenseits der Opposition von Text und Bild. Überlegungen zu einer Theorie des Diagramms und des Diagrammatischen«, in: Patschovsky, Alexander (Hg.): *Die Bildwelt der Diagramme Joachims von Fiore. Zur Medialität religiös-politischer Programme im Mittelalter*, Ostfildern/Ruit: Thorbecke, S. 1-22.

Boltzmann, Ludwig (1974): »Models«, in: ders. (Hg.): *Theoretical physics and philosophical problems. Selected writings,* Dordrecht/Boston: Reidel, S. 220-231.

Bonhoff, Ulrike Maria (1993): *Das Diagramm. Kunsthistorische Betrachtung über seine vielfältige Anwendung von der Antike bis zur Neuzeit,* Dissertation, Universität Münster.

Booker, Peter Jeffrey (1963): *A history of engineering drawing,* London: Chatto & Windus.

Bos, Henk J. M. (2001): *Redefining Geometrical Exactness. Descartes' Transformation of Early Modern Concept of Constructions,* Sources and Studies in the History of Mathematics and Physical Sciences, Berlin/Heidelberg u. a.: Springer.

Boschung, Dietrich/Jachmann, Julian (Hg.) (2013): *Diagrammatik in der Architektur, Morphomata 6,* München: Fink.

Boyer, Carl B. (1956): *History of Analytic Geometry,* Scripta Mathematica Studies, Easton: Mack Printing Company.

Brading, Katherine/Castellani, Elena (Hg.) (2003): *Symmetries in Physics. Philosophical Reflections,* Cambridge: University Press.

Bredekamp, Horst (2002): »Die Erkenntniskraft der Linie bei Galilei, Hobbes und Hooke«, in: Hüttel, Barbara/Hüttel, Richard/Kohl, Jeanette (Hg.): *RE-VISIONEN. Zur Aktualität von Kunstgeschichte,* Berlin/Oldenbourg: Akademie, S. 145-160.

– /Schneider, Birgit/Werner, Gabriele (Hg.) (2005): *Diagramme und bildtextile Ordnungen,* Bildwelten des Wissens. Kunsthistorisches Jahrbuch für Bildkritik, Bd. 3 und 1, Berlin: Akademie.

– /Schneider, Pablo (Hg.) (2006): *Visuelle Argumentationen. Die Mysterien der Repräsentation und die Berechenbarkeit der Welt,* München: Fink.

Breidbach, Olaf (2005): *Bilder des Wissens. Zur Kulturgeschichte der wissenschaftlichen Wahrnehmung,* München: Fink.

Brentlinger, John A. (1963): »The Divided Line and Plato's ›Theory‹ of Intermediates‹«, in: *Phronesis* 8 (1), S. 146-166.

Brockt, Johannes (1992): »Einleitung«, in: *Musicae Compendium – Leitfaden der Musik,* übers. und mit Anmerkungen versehen von Johannes Brockt (Hg.), Darmstadt: Wissenschaftliche Buchgesellschaft, S. IX-XIII.

Bromand, Joachim/Kreis, Guido (Hg.) (2010): *Was sich nicht sagen lässt. Das Nicht-Begriffliche in Wissenschaft, Kunst und Religion,* Berlin: Akademie.

Brown, James Robert (1999): *Philosophy of mathematics. An introduction to the world of proofs and pictures*, London/New York: Routledge.

Brown, Malcolm S. (1967): »Plato Disapproves of the Slave-Boy's Answer«, in: *Review of Metaphysics* 20 (1), S. 57-93.

Brumbaugh, Robert S. (1989): *Platonic Studies of Greek Philosophy. Forms, Arts, Gadgets and Hemlock*, Albany/New York: State University of New York Press.

Bucher, Sebastian (2008): »Das Diagramm in den Bildwissenschaften«, in: Reichle, Ingeborg/Siegel, Steffen/Spelten, Achim (Hg.): *Verwandte Bilder. Die Fragen der Bildwissenschaft*, Berlin: Kadmos, S. 113-131.

Burnet, John (1930): *Early Greek Philosophy*, London/Edinburgh: A. and C. Black.

Buroker, Jill Vance (1981): *Space and Incongruence: The Origin of Kant's Idealism*, Dordrecht u. a.: Reidel.

Butler, Samuel/Dent, J. M./Dutton, E. P. (1907): *Atlas of Ancient and Classical Geography*, Suffolk: Richard Clay & Sons.

Calvert, Brian (1974): »Meno's paradox reconsidered«, in: *Journal of the History of Philosophy* 12, S. 143-152.

Carnap, Rudolf (1966): *Philosophical Foundations of Physics. An Introduction to the Philosophy of Science*, hg. v. M. Gardner, New York/London: Basic Books.

Casey, Edward (2002): *Representing Place. Landscape Painting and Maps*, Minneapolis: University of Minnesota Press.

– (2006): *Ortsbeschreibungen. Landschaftsmalerei und Kartographie*, Paderborn: Fink.

Catton, Philip/Montelle, Clemency (2012): »To Diagram, to Demonstrate: To Do, To See, and To Judge in Greek Geometry«, in: *Philosophia Mathematica* 3 (20), S. 25-57.

Cajori, Florian (1928): *A History of Mathematical Notations,* Vol. 1, London: The Open Court Company.

Certeau, Michel de (1988): *Die Kunst des Handelns*, Berlin: Merve.

Châtelet, Gilles (2000): *Figuring Space. Philosophy, Mathematics and Physics*, Dordrecht: Kluwer.

Clark, Andy (2008): »Pressing the Flesh. A Tension in the Study of the Embodied, Embedded Mind«, in: *Philosophy and Phenomenological Research* LXXVI (1), S. 37-59.

– (2010): »Material Surrogacy and the Supernatural: Reflections on the Role of Artefacts in ›Off-line Cognition‹«, in: Malafouris, Lambros/Renfrew, Colin (Hg.): *The cognitive life of things, recasting the boundaries of mind*, Cambridge: Macdonald Institute for Archaeological Research, S. 23-29.

– /Chalmers, David (2013): »The Extended Mind«, in: Fingerhut, Joerg/ Hufendiek, Rebekka/Wild, Markus (Hg.): *Philosophie der Verkörperung. Grundlagentexte zu einer aktuellen Debatte*, Frankfurt/M.: Suhrkamp, S. 205-223.

Coliva, Annalisa (2012): »Human Diagrammatic Reasoning and Seeing-as«, in: *Synthese* 186 (1), S. 121-148.

Colyvan, Mark (2012): *An Introduction to the Philosophy of Mathematics*, Cambridge Introductions to Philosophy, Cambridge: University Press.

Crombie, Ian M. (1963): *An Examination of Plato's Doctrines*, London: Routledge & Kegan Paul.

Curd, Martin (1991): »Showing and telling. Can the difference between right and left be explained in words?«, in: van Cleve, James/Frederick, Robert E. (Hg.): *The Philosophy of Right and Left. Incongruent Counterparts and the Nature of Space*, Dordrecht u. a.: Kluwer, S. 195-202.

Curley, Edwin M. (1978): *Descartes against the Skeptics*, Oxford: Basil Blackwell.

Day, Abby (2010): Propositions and performativity: Relocating belief to the social, in: *Culture and Religio*, 11 (1), S. 9-30.

Day, Jane M. (1994) (Hg.): *Plato's Meno in Focus*, New York/London: Routledge.

Day, Matthew C. (2004): »Religion, off-line cognition, and the extended mind«, in: *Journal of Cognition and Culture* 4 (1), S. 101-121.

Dahlstrom, Daniel (1981): *Of Thinking, Knowing, and Schematism*, Bonn: Akten des 5. Internat. Kant-Kongresses, S. 209-220.

de Buzon, Frédéric (2013): »Beeckman, Descartes and Physico-Mathematics«, in: Garber, Daniel/Roux, Sophie (Hg.): *The Mechanization of Natural Philosophy*, Dordrecht: Springer, S. 143-158.

Descartes, René (1897-1913): *Œuvres de Descartes*, 13 Bände, hg. v. Charles Adam/Paul Tannery, Paris: Cerf, Neuausgabe in 11 Bänden (1964-1974), Paris: Vrin.

– (1949): *Briefe 1629-1650*, hg. v. Max Bense, Köln: Staufen.

– (1960): *Discours de la méthode. Von der Methode des richtigen Vernunftgebrauchs und der wissenschaftlichen Forschung*, übers. v. Lüder Gäbe (Hg.), Hamburg: Meiner.

– (1966): »Musicae Compendium«, in: Adam, Charles/Tannery, Paul (Hg.): *Œuvres de Descartes*, Bd. X, Paris: Cerf, Paris: Vrin.

– (1966a): »Bd. X«, in: Adam, Charles/Tannery, Paul (Hg.): *Œuvres de Descartes*, Paris: Vrin.

– (1972): *Meditationen über die Grundlagen der Philosophie, mit den sämtlichen Einwänden und Erwiderungen*, übers. v. Artur Buchenau (Hg.), Hamburg: Meiner.

- (1981): *Geometrie*, hg. v. Ludwig Schlesinger, Darmstadt: Wiss. Buchgesellschaft.
- (1992): *Musicae Compendium; Leitfaden der Musik*, übers. und mit Anmerkungen versehen von Johannes Brockt (Hg.), Darmstadt: Wiss. Buchgesellschaft.
- (2005): *Die Prinzipien der Philosophie* (lat./dt.), übers. v. Christian Wohlers (Hg.), Hamburg: Meiner.
- (2006): »Les météores. Die Meteore. Faksimile der Erstausgabe 1637«, übersetzt, eingeleitet und kommentiert von Claus Zittel (Hg.), in: *Forschungen zur Frühen Neuzeit* 10 (1, 2), Frankfurt/M.: Klostermann.
- (2011): *Regulae ad directionem ingenii/Cogitationes privatae* (lat./dt.), übers. v. Christian Wohlers (Hg.), Hamburg: Meiner.
- (2013): »Die Dioptrik«, in: ders.: *Entwurf der Methode mit der Dioptrik, den Meteoren und der Geometrie*, hg. v. Christian Wohlers, Hamburg: Meiner.

Detel, Wolfgang (1978): »Zur Funktion des Schematismuskapitels in Kants *Kritik der reinen Vernunft*«, in: *Kant-Studien* 69 (1), S. 17–45.
- (2000): »Descartes und der wissenschaftstheoretische Fundamentalismus«, in: Schnädelbach, Herbert/Niebel, Wilhelm Friedrich/Horn, Angelica (Hg.): *Descartes im Diskurs der Neuzeit*, Frankfurt/M.: Suhrkamp, S. 230-258.

Derrida, Jacques (1997): *Aufzeichnungen eines Blinden. Das Selbstportrait und andere Ruinen*, mit einem Nachwort versehen v. Michael Wetzel (Hg.), München: Fink.

Diels, Hermann (1965): *Antike Technik. Sieben Vorträge*, Osnabrück: Otto Zeller.
- /Kranz, Walther (2004): *Die Fragmente der Vorsokratiker*, griech./dt., Hildesheim: Weidmann.

Dijksterhuis, Fokko Jan (2007): »Constructive Thinking. A Case for Dioptrics«, in: *The Mindful Hand: Inquiry and Invention from the late Renaissance to Early Industrialization*, hg. v. Lissa Roberts/Simon Schaffer/Peter Dear, Amsterdam: KNAW, S. 59-82.

Dillon, John/Zovko, Marie-Élise (Hg.) (2008): *Platonism and Forms of Intelligence,* Berlin: Akademie.

Dirmoser, Gerhard (2011): »›Figures of Thought‹ and ›Collection of Figures of Thought‹«, in: N. Gansterer (Hg.): *Drawing a Hypothesis. Figures of Thought*, Wien/New York: Springer, S. 153-175.
- (2013): »Diagrammbegriffe im Vergleich«, in: *Diagrammatik der Architektur*, hg. v. Dietrich Boschung, Julian Jachmann, München: Fink, S. 308-326.

Driesen, Christian/Köppel, Rea/Meyer-Krahmer, Benjamin/Wittrock, Eike (Hg.) (2012): *Über Kritzeln. Graphismen zwischen Schrift, Bild, Text und Zeichen*, Zürich: Diaphanes.

– (2012a): »Die Kritzelei als Ereignis des Formlosen«, in: dies. (Hg.): *Über Kritzeln. Graphismen zwischen Schrift, Bild, Text und Zeichen*, Zürich: Diaphanes, S. 23-38.

– (2012b): »Einleitung«, in: dies. (Hg.): *Über Kritzeln. Graphismen zwischen Schrift, Bild, Text und Zeichen*, Zürich: Diaphanes, S. 7-22.

– (2014): Dissertation »Theorie der Kritzelei«, eingereicht im Januar 2014 am Institut für Philosophie der Freien Universität Berlin.

Dummett, Michael (1983): »Frege and Wittgenstein«, in: Block, Irving/ Wittgenstein, Ludwig (Hg.): *Perspectives on the philosophy of Wittgenstein,* Cambridge, MA: MIT Press, S. 31-42.

Earman, John (1971): »Kant, inkongruente Gegenstücke und das Wesen der Zeit und Raum-Zeit«, in: *Ratio* 13, S. 1-18.

– (1991) »Kant, Incongruous Counterparts, and the Nature of Space and Space-Time«, in: van Cleve, James/Frederick, Robert E. (Hg.): *The Philosophy of Right and Left. Incongruent Counterparts and the Nature of Space,* Dordrecht u. a.: Kluwer, S. 131-149.

Eco, Umberto (1990): »Die Karte des Reiches im Maßstab 1:1«, in: ders.: *Platon im Striptease-Lokal. Parodien und Travestien*, München/Wien: Hanser, S. 85–97.

Ehlich, Konrad (2009): »Oberflächen, Performanzen und Tiefe«, in: Linke, Angelika/Feilke, Helmuth (Hg.): *Oberfläche und Performanz. Untersuchungen zur Sprache als dynamische Gestalt,* Tübingen: Niemeyer, S. 19-31.

Elkins, James (1995): »Marks, Traces, ›Traits‹, Contours, ›Orli‹, and ›Splendores‹: Nonsemiotic Elements in Pictures«, in: *Critical Inquiry* 21 (4), S. 822-860.

Ernst, Bruno (1985): *Der Zauberspiegel des M.C. Escher*, München: dtv.

– (1987): *Abenteuer mit unmöglichen Figuren*, Berlin: Taco.

Euklid (2003): *Die Elemente*, Ostwalds Klassiker der Exakten Wissenschaften, Band 235, hg. v. Clemens Thaer, Haan/Gruiten: Europa Lehrmittel.

Farinelli, Franco (1996): »Von der Natur der Moderne. Eine Kritik der kartographischen Vernunft«, in: Dagmar Reichert (Hg.): *Räumliches Denken*, Zürich: vdf, S. 267-301.

– (2012): »Map knowledge«, in: Günzel, Stephan/Nowak, Lars (Hg.): *KartenWissen. Territoriale Räume zwischen Bild und Diagramm,* Wiesbaden: Reichert, S. 33-43.

Ferguson, Eugene S. (1993): *Das innere Auge,* Basel: Birkhäuser.

Fichte, Johann Gottlieb (1976): *Die Wissenschaftslehre in ihrem allgemeinen Umriß* (1810), eingel. und komm. v. Günter Schulte, Frankfurt/M.: Klostermann.

Fingerhut, Joerg/Hufendiek, Rebekka/Wild, Markus (Hg.) (2013): *Phi-

losophie der Verkörperung. Grundlagentexte zu einer aktuellen Debatte, Frankfurt/M.: Suhrkamp.

Finke, Marcel/Halawa, Mark (Hg.) (2012): *Materialität und Bildlichkeit. Visuelle Artefakte zwischen Aisthesis und Semiosis*, Berlin: Kadmos.

– (2012a): »Materialität und Bildlichkeit. Einleitung«, in: dies. (Hg.): *Materialität und Bildlichkeit. Visuelle Artefakte zwischen Aisthesis und Semiosis*, Berlin: Kadmos, S. 9-20.

Feilke, Helmuth/Linke, Angelika (2009): »Oberfläche und Performanz. Zur Einleitung«, in: dies. (Hg.): *Oberfläche und Performanz. Untersuchungen zur Sprache als dynamische Gestalt*, Tübingen: Niemeyer, S. 3-18.

Flach, Werner (2001): »Kants Lehre von der Gesetzmäßigkeit der Empirie. Zur Argumentation der Kantischen Schematismuslehre«, in: *Kant-Studien* 92, S. 464-473.

Frederick, Robert E. (1991): »Introduction to the Argument of 1768«, in: van Cleve, James/Frederick, Robert E. (Hg.): *The Philosophy of Right and Left. Incongruent Counterparts and the Nature of Space*, Dordrecht u. a.: Kluwer, S. 1-15.

Frege, Gottlob (1962): »Über Sinn und Bedeutung«, in: ders.: *Funktion, Begriff, Bedeutung. Fünf logische Studien*, hg. v. G. Patzig, Göttingen: Vandenhoeck & Ruprecht, S. 38-63.

– (1988): *Grundlagen der Arithmetik*, hg. v. Christian Thiel, Hamburg: Meiner.

Freudenthal, Hans (1963): »Der orientierte Raum des Mathematikers«, in: *Die Naturwissenschaften* 50, S. 199-205.

– (1978a) (Hg.): »Raumtheorie«, in: *Wege der Forschung*, Bd. 270, Darmstadt: Wiss. Buchgesellschaft, S. 283-286.

– (1978b): »Die Orientierung des Raumes«, in: ders. (Hg.): *Raumtheorie*, Darmstadt: Wiss. Buchgesellschaft, S. 395-408.

Friedman, Michael (1985): »Kant's Theory of Geometry«, in: *The philosophical Review* 94 (4), S. 455-506.

– (1992): »Kant's Theory of Geometry, The Philosophical Review 94/1985«, in: *Kant and the Exact Sciences*, Cambridge: Harvard UP.

– (1992a): *Kant and the Exact Sciences*, Cambridge: Harvard UP.

– (2012): »Kant on geometry and spatial intuition«, in: *Synthese* 186 (1), S. 231-255.

Fürlinger, Anton (1984): »Wie real ist die Linie?«, in: Oehler, Klaus (Hg.): *Zeichen und Realität,* Tübingen: Stauffenburg, S. 753-765.

Galison, Peter (1984): »Descartes' Comparisons: From the Invisible to the Visible«, in: *ISIS* 75, S. 311-326.

– (1997): *Image and Logic. A material Culture of Microphysics*, Chicago: University Press.

Gansterer, Nikolaus (Hg.) (2011): *Figures of Thought*, Wien, New York: Springer

Garber, Daniel (1992): *Descartes' Metaphysical Physics*, Chicago: University Press.

– (2000): »A different Descartes. Descartes and the program for a mathematical physics in his correspondence«, in: Gaukroger, Stephen Schuster, John Andrew/Sutton, John (Hg.): *Descartes' Natural Philosophy*, London: Routledge, S. 113-130.

– /Roux, Sophie (Hg.) (2013): *The Mechanization of Natural Philosophy*, Dordrecht: Springer.

Gardner, Martin (1991a): »The Fourth Dimension«, in: van Cleve, James/Frederick, Robert E. (Hg.): *The Philosophy of Right and Left. Incongruent Counterparts and the Nature of Space*, Dordrecht u. a.: Kluwer, S. 61-74.

– (1991b): »The Ozma Problem and the Fall of Parity«, in: van Cleve/Frederick, Robert E. (Hg.): *The Philosophy of Right and Left. Incongruent Counterparts and the Nature of Space*, Dordrecht u. a.: Kluwer, S. 75-96.

Gasking, D. A. T./Jackson, A. T. (1967): »Wittgenstein as a teacher«, in: Fann, K. T. (Hg.): *Wittgenstein. The man and his philosophy*, Sussex: Harvester, S. 49-55.

Gaston, Milhaud (1921): *Descartes savant*, Paris: Alcan.

Gaukroger, Stephen (Hg.) (1980): *Descartes. Philosophy, Mathematics, Physics*, Sussex, NJ: Harvester.

– (1995): *Descartes. An intellectual biography*, Oxford: Clarendon.

– /Schuster, John Andrew/Sutton, John (Hg.) (2000): *Descartes' Natural Philosophy*, London: Routledge.

Gazalé, Midhat J. (1999): *Gnomon. From Pharaos to Fractals*, Princeton, NJ: University Press.

Gehring, Petra/Keutner, Thomas/Maas, Jörg M./Ueding, Wolfgang Maria (Hg.) (1992): *Diagrammatik und Philosophie*, Amsterdam/Atlanta, GA: Rodopi.

Gessmann, Martin (2009): *Wittgenstein als Moralist. Eine medienphilosophische Relektüre*, Bielefeld: transcript.

Giardino, Valeria (2014): »Diagramming: Connecting Cognitive Systems to Improve Reasoning«, in: Benedek, András/Nyíri, Kristóf (Hg.): *The Power of the Image*, Frankfurt/M.: Peter Lang.

Giaquinto, Marcus (1993): »Diagrams: Socrates und Meno's Slave«, in: *International Journal of Philosophical Studies* 1 (1), S. 81-97.

– (2007): *Visual Thinking in Mathematics. An Epistemological Study*, Oxford: University Press.

Gmür, Felix (2000): *Ästhetik bei Wittgenstein. Über Sagen und Zeigen*, Freiburg i. Br.: Karl Alber.

Goethe, Johann Wolfgang von (1965):

- (HA): *Goethes Werke: Band XIII, Naturwissenschaftliche Schriften*, Hamburg: Wegner.
- Goethe, Johann Wolfgang von/Hecker, Max F. (1976): *Maximen und Reflexionen*, Frankfurt/M.: Insel.
Gombrich, Ernst H. (1995): *Shadows. The depiction of cast shadows in Western Art*, London: National Gallery Publications.
Goodman, Nelson (1995): *Weisen der Welterzeugung*, übers. v. Max Looser, Frankfurt/M.: Suhrkamp.
- (1997): *Sprachen der Kunst. Entwurf einer Symboltheorie*, Frankfurt/M.: Suhrkamp.
Goppelsröder, Fabian (2006): *Wittgensteinkunst. Annäherungen an eine Philosophie und ihr Unsagbares*, Zürich: Diaphanes.
Gormans, Andreas (2000): »Imaginationen des Unsichtbaren«, in: Holländer, Hans (Hg.): *Erkenntnis, Erfindung, Konstruktion. Studien zur Bildgeschichte von Naturwissenschaften und Technik vom 16. bis zum 19. Jahrhundert*, Berlin: Gebr. Mann, S. 51-71.
Gramelsberger, Gabriele (2010): *Computerexperimente. Zum Wandel der Wissenschaft im Zeitalter des Computers*, Bielefeld: transcript.
Grave, Johannes/Schubbach, Arno (Hg.) (2010): *Denken mit dem Bild*, München: Fink.
Green, W. C. (1938): *Scholia Platonica*, Harvard: Societas Philologica Americana.
Gregg, E. Franzwa (1978): »Space and Schematism«, in: *Kant-Studien* 69 (2), S. 149-159.
Grube, Gernot/Kogge, Werner/Krämer, Sybille (Hg.) (2005): *Schrift. Kulturtechnik zwischen Auge, Hand und Maschine*, München: Fink.
Gründler, Hana (2011): »Eine Menge von Landschaftsskizzen. Zur Bedeutung des Zeichnerischen in Ludwig Wittgensteins Spätphilosophie«, in: Heinrich, Richard (Hg.): *Image and imaging in philosophy, science, and the arts*, Frankfurt/M.: Ontos, S. 1-22.
Gugerli, David/Speich, Daniel (2002): *Topografien der Nation. Politik, kartografische Ordnung und Landschaft im 19. Jahrhundert*, Zürich: Chronos.
Günzel, Stephan (Hg.) (2010): *Raum. Ein interdisziplinäres Handbuch*, Stuttgart/Weimar: Metzler.
- /Nowak, Lars (Hg.) (2012): *KartenWissen. Territoriale Räume zwischen Bild und Diagramm*, Wiesbaden: Reichert.
- (2012a): »Das Medium Karte zwischen Bild und Diagramm: zur Einführung«, in: dies. (Hg.), *KartenWissen. Territoriale Räume zwischen Bild und Diagramm*, Wiesbaden: Reichert, S. 1-32.

Halbfass, Wilhelm (1972): »Evidenz I«, in: *Historisches Wörterbuch der Philosophie*, Bd. 2, hg. v. Joachim Ritter, Karlfried Gründer, Basel: Schwabe, S. 830 f.

Haller, Rudolf/Puhl, Klaus (Hg.) (2002): *Wittgenstein and the future of philosophy. A reassessment after 50 years.* Proceedings of the 24th International Wittgenstein-Symposium, 12th to 18th August 2001, Kirchberg am Wechsel (Austria), Wien: Öbv & hpt.

Hamazaki, Keiko/Ivanovic, Christine (Hg.) (2013): *Simultaneität – Übersetzen*, Tübingen: Stauffenburg.

Hamilton, Kelly (2001): »Wittgenstein and the mind's eye«, in: Klagge, James C. (Hg.): *Wittgenstein. Biography and philosophy,* Cambridge: University Press, 53-97.

Hankins, Thomas L./Silverman, Robert J. (1995): *Instruments and the imagination*, Princeton, NJ: University Press.

Hardy, Jörg (2001): *Platons Theorie des Wissens im »Theaitet«*, Göttingen: Vandenhoeck & Ruprecht.

Harper, William (1992): »Kant on Space, Empirical Realism, and the Foundations of Geometry«, in: Posy, Carl. J. (Hg.): *Kant's Philosophy of Mathematics. Modern Essays*, Dordrecht u. a. Kluver, S. 257-292.

Harrison, Andrew (1991): »A Minimal Syntax for the Pictorial. The Pictorial and the Linguistic, Analogies and Disanalogies«, in: Kemal, Salim/Gaskell, Ivan (Hg.): *The Language of Art History*, Cambridge: University Press.

Haugeland, John (1998): »Mind Embodied and Embedded«, in: ders.: *Having thought. Essays in the Metaphysics of Mind,* Cambridge, MA: Harvard University Press, S. 207-240.

Hayes, Brian (2006): »Gauss's Day of Reckoning«, in: *American Scientist* 94, S. 200-205.

Heath, T. L. (1960): *A History of Greek Mathematics*, Oxford: Clarendon.

Heidegger, Martin (1973): *Kant und das Problem der Metaphysik*, Frankfurt: Klostermann.

– (1976): *Sein und Zeit*, Tübingen: Niemeyer.

– (1978): *Der Satz vom Grund*, Pfullingen: Neske.

Heinrich, Richard/Nemeth, Elisabeth/Pichler, Wolfram/Wagner, David (Hg.) (2011): *Image and imaging in philosophy, science, and the arts*, Beiträge der Österreichischen Ludwig-Wittgenstein-Gesellschaft, 33. Internationales Wittgenstein-Symposium, Kirchberg am Wechsel, Frankfurt/M.: Ontos.

Heller, Erich (1975): »Goethe and the Idea of Scientific Truth«, in: *The Disinherited Mind. Essays in Modern German Literature and Thought*, London: Bowes & Bowes.

Hempel, Carl Gustav (1945): »On the Nature of Mathematical Truth«, in: *American Mathematical Monthly* 52 (10), S. 543-556.

Hertz, Heinrich (1996): *Die Prinzipien der Mechanik in neuem Zusammenhange dargestellt. Drei Beiträge (1891-1894)*, Frankfurt/M.: Deutsch.

Heßler, Martina/Mersch, Dieter (Hg.) (2009a): *Logik des Bildlichen. Zur Kritik der ikonischen Vernunft*, Bielefeld: transcript.

– (2009b): »Bildlogik oder Was heißt visuelles Denken?«, in: *Logik des Bildlichen. Zur Kritik der ikonischen Vernunft*, Bielefeld: transcript, S. 8-62.

Hiltmann, Gabrielle (1998): *Aspekte sehen. Bemerkungen zum methodischen Vorgehen in Wittgensteins Spätwerk*, Würzburg: Königshausen & Neumann.

Hintikka, Jaakko (1965): »Are Logical Truths Analytic?«, in: *Philosophical Review* 74, S. 178-203.

– (1978): »A Discourse on Descartes's Method«, in: Hooker, Michael (Hg.): *Descartes. Critical and Interpretative Essays,* Baltimore: The Johns Hopkins University Press, S. 74-88.

– (1992): »Kant on the mathematical method«, in: Posy, Carl. J. (Hg.): *Kant's Philosophy of Mathematics. Modern Essays*, Dordrecht u. a. Kluver, S. 21-42.

– /Remes, Unto (1974): *The Method of Analysis. Its Geometrical Origin and Its General Significance*, Dordrecht: Reidel.

Holländer, Hans (Hg.) (2000): *Erkenntnis, Erfindung, Konstruktion: Studien zur Bildgeschichte von Naturwissenschaften und Technik vom 16. bis zum 19. Jahrhundert*, Berlin: Gebr. Mann.

Homann, Karl/Trede, Johann Heinrich (1972): »Einbildung, Einbildungskraft«, in: Ritter, Joachim/Gründer, Karlfried (Hg.): *Historisches Wörterbuch der Philosophie*, Bd. 2, Basel: Schwabe, S. 346-358.

Hopkins, James (1973): *Visual Geometry. The Philosophical Review*, Cambridge: Duke University Press, S. 3-34.

Ingold, Tim (2007): *Lines. A Brief History*, London: Routledge.

Jacobi, Friedrich Heinrich (1812-15): *Werke*, Bd. III, Leipzig: Fleischer.

Jäger, Ludwig (2002): »Transkriptivität. Zur medialen Logik der kulturellen Semantik«, in: ders./Stanitzek, Georg (Hg.): *Transkribieren – Medien – Lektüre*, München: Fink, S. 19-41.

Jègues-Wolkiewiez, Chantal (2014): *Le calendrier luni-solaire paléolithique de Sergeac décodé*, Sergeac-en-Dorgogne: Cagnes-sur-Mer.

Jonas, Hans (1994): »Der Adel des Sehens«, in: ders. (Hg.): *Das Prinzip Leben. Ansätze einer philosophischen Biologie*, Frankfurt/M., Leipzig: Insel.

Kandinsky, Wassily (1959): *Punkt und Linie zu Fläche. Beitrag zur Analyse der malerischen Elemente*, Bern-Bümpliz: Benteli.

Kants *Gesammelte Schriften, Akademieausgabe*, hg. v. der Königlich Preußischen Akademie der Wissenschaften, Berlin (1900 ff.): Reimer / ab 1922 de Gruyter.

Kant, Immanuel (1768): »Von dem ersten Grunde des Unterschiedes der Gegenden im Raume«, in: ders.: *Vorkritische Schriften bis 1768/2*, Werkausgabe in zwölf Bänden, hg. v. Wilhelm Weischedel, Bd. II, Frankfurt/M.: Suhrkamp, S. 991-1000 (Akademieausgabe: AA 2, S. 375-383).

– (1770): »De mundi sensibilis atque intelligibilis forma et principiis. Von der Form der Sinnen- und Verstandeswelt und ihren Gründen«, in: ders.: *Schriften zur Metaphysik und Logik 1*, Werkausgabe in zwölf Bänden, hg. v. Wilhelm Weischedel, Bd. V, Frankfurt/M.: Suhrkamp, S. 1-107 (Akademieausgabe: AA 2, S. 385-420).

– (1783): »Prolegomena zu einer jeden künftigen Metaphysik die als Wissenschaft wird auftreten können«, in: ders.: *Schriften zur Metaphysik und Logik I*, Werkausgabe in zwölf Bänden, hg. v. Wilhelm Weischedel, Bd. V, Frankfurt/M.: Suhrkamp, S. 113-264 (Akademieausgabe: AA 4, S. 253-380).

– (1786): »Metaphysische Anfangsgründe der Naturwissenschaft«, in: ders.: *Schriften zur Naturphilosophie*, Werkausgabe in zwölf Bänden, hg. v. Wilhelm Weischedel, Bd. IX, Frankfurt/M.: Suhrkamp (Akademieausgabe: AA IV, 465-554).

– (*KrV*) (1974): *Kritik der reinen Vernunft*, Werkausgabe in zwölf Bänden, hg. v. Wilhelm Weischedel, Bd. III/IV, Frankfurt/M.: Suhrkamp (Akademieausgabe: AA 3 und 4).

– (1786): »Was heißt: sich im Denken orientieren?«, in: ders.: *Schriften zur Metaphysik und Logik/1,* Werkausgabe in zwölf Bd., hg. v. Wilhelm Weischedel, Bd. V, 1977, Frankfurt/M.: Suhrkamp, S. 267-283 (Akademieausgabe: AA 8, S. 131-148).

Kaulbach, Friedrich (1965): »Schema, Bild und Modell nach den Voraussetzungen des Kantischen Denkens«, in: *Studium Generale* 18 (1), S. 464-479.

– (1967): »Philosophisches und Mathematisches Kontinuum«, in: *Philosophia Mathematica* 1 (2), S. 47-69.

Kemmerling, Andreas (1993): »Cartesische Ideen«, in: *Archiv für Begriffsgeschichte*, Bd. XXXVI, S. 43-94.

Kitcher, Philip (1992): »Kant and the foundation of mathematics«, in: Posy, Carl. J. (Hg.): *Kant's Philosophy of Mathematics. Modern Essays*, Dordrecht u. a. Kluver, S. 109-134.

Kjørup, Søren (1978): »Pictorial Speech Acts«, in: *Erkenntnis* 12 (1), S. 55-71.

Klagge, James C. (2003): »The Puzzle of Goethe's Influence on Wittgenstein«, in: Breithaupt, Fritz (Hg.): *Goethe and Wittgenstein. Seeing the World's Unity in its Variety*, Frankfurt/M.: Lang, S. 19-26.

Klee, Paul (1987): *Kunst-Lehre. Aufsätze, Vorträge, Rezensionen und Beiträge zur bildnerischen Formlehre*, hg. v. Günther Regel, Leipzig: Reclam.

Klein, Jacob (1965): *A Commentary on Plato's Meno*, Chapel Hill: The University of North Carolina Press.

– (1968): *Greek Mathematical Thought and the Origin of Algebra*, übers. v. Eva Brann, Cambridge, MA/London: MIT Press.

Kleineberg, Andreas/Knobloch, Eberhard/Lelgemann, Dieter (2006): »Die Weltkarte des Klaudios Ptolemaios – geodätisch entzerrt«, in: *Spektrum der Wissenschaft,* S. 89-93.

Knorr, Wilbur Richard (1975): *The Evolution of the Euclidean Elements. A Study of the Theory of Incommensurable Magnitudes and Its Significance for Early Greek Geometry*, Dordrecht: Springer.

König, Wolfgang (1999): *Künstler und Strichzieher. Konstruktions- und Technikkulturen im deutschen, britischen, amerikanischen und französischen Maschinenbau zwischen 1850 und 1930*, Frankfurt/M.: Suhrkamp.

Koriako, Darius (1999): *Kants Philosophie der Mathematik: Grundlagen – Voraussetzungen – Probleme*, Kant-Forschungen, Bd. 11, hg. v. Reinhard Brandt und Werner Stark, Hamburg: Meiner.

– (2003): »Kants Theorie der Mathematik. Versuch einer Neubewertung«, in: *Zeitschrift für philosophische Forschung* 57, S. 257-282.

Kosslyn, Stephen M. (1983): *Ghosts in the Mind's Machine*, New York: Norton.

– (2001): »Kants Schematismuslehre und ihre Relevanz für die Philosophie der Mathematik«, in: *Archiv f. Gesch. d. Philosophie* 83, S. 286-307.

Koyré, Alexandre (1939): *Études Galiléennes*, 3 Bde., 1: A l'aube de la Science Classique, 2: La loi de la chute des corps. Descartes et Galilée, 3: Galilée et la loi d'inertie, Paris: Hermann.

Krämer, Sybille(1988): *Symbolische Maschinen. Die Idee der Formalisierung in geschichtlichem Abriß*, Darmstadt: Wissenschaftliche Buchgesellschaft.

– (1991): *Berechenbare Vernunft. Mathematik und Kalkül und Rationalismus im 17. Jahrhundert,* Quellen und Studien zur Philosophie, Vol. 28, Berlin, New York: de Gruyter.

– (1992): »Symbolische Erkenntnis bei Leibniz«, in: *Zeitschrift für philosophische Forschung* 46 (2), S. 224-237.

– (2003): »›Schriftbildlichkeit‹ oder: Über eine (fast) vergessene Dimension der Schrift«, in: dies./Bredekamp, Horst (Hg.): *Bild – Schrift – Zahl*, München: Fink, S. 157-176.

– /Bredekamp, Horst (Hg.) (2003a): *Bild – Schrift – Zahl* (Reihe Kulturtechnik), München: Fink.

– (2005): »Operationsraum Schrift: Über einen Perspektivenwechsel in der Betrachtung der Schrift«, in: Grube, Gernot/Kogge, Werner/Krämer, Sybille (Hg.): *Schrift. Kulturtechnik zwischen Auge, Hand und Maschine*, München: Fink, S. 23-60.

– (2007): »Was also ist eine Spur? Und worin besteht ihre epistemologische Rolle? Eine Bestandsaufnahme«, in: Grube, Gernot/Kogge, Werner/Krämer, Sybille (Hg.): *Spur. Spurenlesen als Orientierungstechnik und Wissenskunst.* Frankfurt/M.: Suhrkamp, S. 11-33.

– (2008): *Medium, Bote, Übertragung. Kleine Metaphysik der Medialität*, Frankfurt/M.: Suhrkamp.

– (2009): »Operative Bildlichkeit. Von der ›Grammatologie‹ zu einer ›Diagrammatologie‹? Reflexionen über ›erkennendes Sehen‹«, in: Hessler, Martina/Mersch, Dieter (Hg.): *Logik des Bildlichen. Zur Kritik der ikonischen Vernunft*, Bielefeld: transcript, S. 94-123.

– (2009b): »Von der ›Tiefe‹ des intellektualistischen Sprachbildes zur ›Oberfläche‹ der verkörperten Sprache«, in: Feilke, Helmuth/Linke, Angelika (Hg.): *Oberfläche und Performanz. Untersuchungen zur Sprache als dynamische Gestalt*, Tübingen: Niemeyer, S. 33-50.

– (2010): »Übertragen als Transfiguration oder: Wie ist die Kreativität von Medien erklärbar?«, in: *Zeitschrift für Medien- und Kulturforschung* 2, Hamburg: Meiner, S. 77-93.

– (2012): »Punkt, Strich, Fläche. Von der Schriftbildlichkeit zur Diagrammatik«, in: Cancik-Kirschbaum, Eva/Krämer, Sybille/Trotzke, Rainer (Hg.): *Schriftbildlichkeit. Wahrnehmbarkeit, Materialität und Operativität von Notationen*, Berlin: Akademie, S. 79-100.

– (2013): »Die Ordnung der Simultaneität. Reflexionen über die epistemische Bedeutung des Synoptischen. Ein Essay«, in: Hamazaki, Keiko/Ivanovic, Christine (Hg.): *Simultaneität – Übersetzen*, Tübingen: Stauffenburg, S. 23-32.

– (2014): »Trace, Writing, Diagram. Reflections on Spatiality, Intuition, Graphical Practices and Thinking«, in: Benedek, András/Nyiri, Kristóf (Hg.): *The Power of the Image. Emotion, Expression, Explanation*, Frankfurt/M.: Peter Lang, S. 3-22.

– (2014b): »Zur Grammatik der Diagrammatik. Eine Annäherung an die Grundlagen des Diagrammgebrauches«, in: Bleumer, Hartmut (Hg.): *Diagramm und Narration, LiLi. Zeitschrift für Literaturwissenschaft und Linguistik* 176, Stuttgart: J. B. Metzeler, S. 11-30.

– (2015) (Hg.): *Ada Lovelace. Die Pionierin der Computertechnik und ihre Nachfolgerinnen*, Paderborn: Fink.

– (2016): »Leibniz on Symbolism as a Cognitive Instrument«, in: Floyd, Juliet/Katz, James, E. (Hg.): *Philosophy of emerging media. Understanding, appreciation, application,* Corby: Oxford University Press, S. 307-318.

– Christina Ljungberg (2016a) (Hg.): *Thinking with Diagrams – The Semiotic basis of human cognition.* Mouton Series Semiotics, Communication, Cognition. Berlin, Boston, Bejing: Mouton de Gruyter.

Krausse, Joachim (1999): »Information auf einen Blick. Zur Geschichte der Diagramme«, in: *Form + Zweck* 31 (16), S. 4-23.

Krausser, Peter (1976): »Kant's schematism of the categories and the problem of pattern recognition«, in: *Synthese* 33, S. 175-192.

Krauthausen, Karin/Nasim, Omar W. (Hg.) (2010): *Notieren, Skizzieren. Schreiben und Zeichnen als Verfahren des Entwurfs*, Zürich: Diaphanes.

Kroß, Matthias (Hg.) (2008): *»Ein Netz von Normen«. Wittgenstein und die Mathematik*, Berlin: Parerga.

Kruse, Christiane (2003): *Wozu Menschen malen. Historische Begründungen eines Bildmediums*, München: Fink.

Kulpa, Zenon (1983): »Are Impossible Figures Possible?«, in: *Signal Processing* 5 (3), S. 201-220.

Kunzmann, Peter (1998): *Dimensionen von Analogie. Wittgensteins Neuentdeckung eines klassischen Prinzips*, Düsseldorf: Parerga.

Kümmel, Friedrich (1968): *Platon und Hegel. Zur ontologischen Begründung des Zirkels in der Erkenntnis*, Tübingen: Niemeyer.

Kusukawa, Sachiko/Maclean, Ian (Hg.) (2006): *Transmitting knowledge. Words, images, and instruments in early modern Europe*, Oxford Warburg Studies, Oxford: Oxford University Press.

Kvasz, Ladislav (1998): »History of geometry and the development of the form of its language«, *Synthese* 116, S. 141-186.

– (2011): »Kant's philosophy of Geometry – on the road to a final assessment«, in: *Philosophia Mathematica* 3 (19), S. 139-166.

Lambert, Johann Heinrich (1765): »Theorie der Zuverlässigkeit der Beobachtungen und Versuche«, in: ders. (Hg.): *Beyträge zum Gebrauche der Mathematik und deren Anwendung 3*, Berlin: Max Steck, S. 424-488.

Larmore, Charles (1980): »Descartes' Empirical Philosophy«, in: Gaukroger, Stephen (Hg.): *Descartes. Philosophy, Mathematics, Physics*, Sussex, NJ: Harvester, S. 6-22.

Latour, Bruno (1997): »Der Pedologenfaden von Boa Vista. Eine photo-philosophische Montage«, in: Hagner, M./Rheinberger, H.-J./Wahrig-Schmidt, B. (Hg.): *Räume des Wissens. Repräsentation, Codierung, Spur*, Berlin: Akademie, S. 213-264.

– (1986): »Visualization and Cognition. Drawing things together«, in: Kuklick, H. (Hg.): *Knowledge and Society, Studies in the Sociology of Culture Past and Present*, Vol. 6, Greenwich, CT: Jai Press, S. 1-40.

Layton, Edwin T., Jr. (1974): »Technology as Knowledge«, in: *technology and culture*, S. 31-41.

Lee, T.-D./Yang, C. N. (1956): »Questions of Parity Conservation in Weak Interactions«, in: *Physical Review* 104, S. 254-258.

Leeb, Susanne (Hg.) (2012): *Materialität der Diagramme. Kunst und Theorie*, Berlin: Polypen.

Lefèvre, Wolfgang (1981): »Rechenstein und Sprache«, in: Damerow, Peter/

Lefèvre, Wolfgang (Hg.): *Rechenstein, Experiment, Sprache. Historische Fallstudien zur Enstehung der exakten Wissenschaften*, Stuttgart: Klett-Cotta, S. 115-170.

Leibniz, Gottfried Wilhelm (1971): *Neue Abhandlungen über den menschlichen Verstand*, Hamburg: Meiner.

— (1965a): *Die philosophischen Schriften*, hg. v. C. I. Gerhardt, VII Bde., (Berlin/Halle 1875-1890) Hildesheim: Olms.

— (1965b): *Mathematische Schriften*, hg. v. C. I. Gerhardt, VII Bde., (Berlin/Halle 1875-1890) Hildesheim: Olms.

— (2009): *Sämtliche Schriften und Briefe*, Zweite Reihe: Philosophischer Briefwechsel. Bd. 2: 1686-1694, Berlin: Akademie.

Lelgemann, Dieter/Knobloch, Eberhard/Fuls, Andreas/Kleineberg, Andreas (2005): »Zum antiken astro-geodätischen Messinstrument Skiotherikós Gnomon«, in: *ZfV. Zeitschrift für Geodäsie, Geoinformation und Landmanagement* 130 (4), S. 238-247.

Lengauer, Thomas (2011): »Computermodelle in der Wissenschaft – zwischen Analyse, Vorhersage und Suggestion«, in: *Nova Acta Leopoldina* 110 (377), Neue Folge.

Leppäkoski, Markku (1995): *The Transcendental Schemata, Proceedings of the Eighth Kant Congress*, Memphis Bd. 1, Milwaukee: Marquette UP.

Leroi-Gourhan, André (1980): *Hand und Wort. Die Evolution von Technik, Sprache und Kunst*, Frankfurt/M.: Suhrkamp.

Leupold, Jacob (1724): *Theatrum Machinarum Generale. Oder Schauplatz Des Grundes Mechanischer Wissenschafften*, Leipzig: Gleditsch.

Liess, Hans-Christoph (2012): *Astronomie mit Diagrammen. Geschichte und epistemische Funktion der Planetendiagramme des frühen Mittelalters*, Bern: Bern Studies.

Linde, Charlotte/Labov, William (1985): »Die Erforschung von Sprache und Denken anhand von Raumkonfigurationen«, in: Schweizer, Harro (Hg.): *Sprache und Raum. Psychologische und lingusitische Aspekte der Aneignung und Verarbeitung von Räumlichkeit. Ein Arbeitsbuch für das Lehren von Forschung*, Stuttgart: Metzler, S. 44-64.

Lindgren, Astrid/Heinig, Cäcilie/Rettich, Rolf (1967): *Pippi Langstrumpf*, Hamburg: Oetinger.

Linke, Angelika/Feilke, Helmuth (Hg.) (2009): *Oberfläche und Performanz. Untersuchungen zur Sprache als dynamische Gestalt*, Tübingen: Niemeyer.

Ljungberg, Christina (2012): *Creative Dynamics. Diagrammatic Strategies in Narrative*, Amsterdam, Philadelphia: John Benjamins.

Lissarrague, François (1992): »Graphein. Ecrire et dessiner«, in: Bron, Christiane/Kassapoglou, Effy (Hg.): *L'image en jeu. De l'Antiquité à Paul Klee*, Yens-sur-Morges: Cabédita, S. 189-203.

Lloyd, A. C. (1965): »Plato's Description of Division«, in: Allen, Reginald E. (Hg.): *Studies in Plato's Metaphysics*, London: Routledge & Kegan Paul, S. 219-230.

Locke, John (1981): *Versuch über den menschlichen Verstand in vier Büchern*, Bd. I (Buch I u. II), Hamburg: Meiner.

Lohmann, Johannes (1979): »Descartes' ›Compendium Musicae‹ und die Entstehung des neuzeitlichen Bewußtseins«, in: *Archiv für Musikwissenschaft* XXXVi (2), Stuttgart: Steiner, S. 6-104.

– (1991): »Kants Schemata als Anwendungsbedingungen von Kategorien auf Anschauungen«, in: *Zeitschrift für philosophische Forschung* 45, Frankfurt/M.: Klostermann.

Ludwig, Otto (2005): *Geschichte des Schreibens, Band 1: Von der Antike bis zum Buchdruck*, Berlin u. a.: de Gruyter.

Lüthy, Christoph: (2006): »Where logical necessity becomes visual persuasion: Descartes's clear and distinct illustrations«, in: Kusukawa, Sachiko/Maclean, Ian (Hg.): *Transmitting knowledge. Words, images, and instruments in early modern Europe*, Oxford Warburg studies, Oxford: University Press, S. 97-134.

Lutz, Eckart Conrad (2014): »Diagramm, Diagrammatik und diagrammatisches Denken. Zur Einleitung«, in: ders./Jerjen, Vera/Putzo, Christiane (Hg.): *Diagramm und Text. Diagrammatische Strukturen und die Dynamisierung von Wissen und Erfahrung*, Wiesbaden: Reichert, S. 9-22.

Lyre, Holger (2004): *Lokale Symmetrien und Wirklichkeit. Eine naturphilosophische Studie über Eichtheorien und Strukturenrealismus*, Paderborn: mentis.

– (2005): »Metaphysik im ›Handumdrehen‹: Kant und Earman, Parität und moderne Raumauffassung«, in: *Philosophia naturalis* 42 (1), S. 49-76.

Maasen, Sabine/Mayerhauser, Torsten/Renggli, Cornelia (Hg.) (2006): *Bilder als Diskurse – Bilddiskurse*, Weilerswist: Velbrück.

Macbeth, Danielle (2009): »Meaning, Use, and Diagrams«, in: *Etica & Politica / Ethics & Politics* XI, S. 369-384.

– (2010): »Diagrammatic reasoning in Euclid's Elements«, in: van Kerkhove, Bart/de Vuyst, Jonas/van Bendegem, Jean Paul (Hg.): *Philosophical perspectives on mathematical practice,* London: College Publications, S. 235-267.

Macho, Thomas (2004): »›Es schaut uns doch an‹. Zur physiognomischen Metaphorik in Wittgensteins Aufzeichnungen«, in: Arnswald, Ulrich (Hg.): *Wittgenstein und die Metapher,* Berlin: Parerga, S. 253-267.

Magnus, David (2016): *Aurale Latenz. Wahrnehmbarkeit und Operativität in der bildlichen Notationsästhetik von Earle Brown*, Berlin: Kadmos.

Mahoney, Michael S. (1968): »Another Look at Greek Geometrical Analysis«, in: *Archive History of Exact Sciences* 5, S. 318-348.

– (1980): »The Beginnings of Algebraic Thought in Seventeenth Century«, in: Gaukroger, Stephen (Hg.): *Descartes. Philosophy, Mathematics, Physics*, Sussex, NJ: Harvester, S. 141-155.

Mahrenholz, Simone (2011): *Kreativität. Eine philosophische Analyse*, Berlin: Akademie.

Mainberger, Sabine (2007): »Ordnungen des Gehens. Überlegungen zu Diagrammen und moderner Literatur. Mit Beispielen von Claude Simon, Robert Musil u. a.«, in: *Poetica* 39 (1-2), S. 211-241.

Majetschak, Stefan (Hg.) (2006): *Wittgensteins »große Maschinenschrift«. Untersuchungen zum philosophischen Ort des Big Typescripts (TS 213) im Werk Ludwig Wittgensteins*, Frankfurt/M.: Lang.

Malafouris, Lambros (2004): »The cognitive basis of material engagement: Where Brain, Body and Culture Conflate«, in: DeMarrais, Elisabet/Gosden, Chris/Renfrew, Colin (Hg.): *Rethinking materiality. The engagement of mind with the material world*, Cambridge, UK: McDonald Institute for Archaeological Research.

– /Renfrew, Colin (Hg.) (2010): *The cognitive life of things. Recasting the boundaries of the mind*, Cambridge, UK: McDonald Institute Monographs.

Mancosu, Paolo (1996): *The Philosophy of mathematics*, Oxford, New York: Oxford University Press.

Manders, Kenneth (2008a): »The Euclidean Diagram« (1995), in: Paolo Mancosu (Hg.): *The Philosophy of Mathematical Practice*, Oxford, New York: Oxford University Press, S. 80-133.

– (2008b): »Diagram-Based Geometric Practice«, in: Paolo Mancosu (Hg.): *The Philosophy of Mathematical Practice*, Oxford, New York: Oxford University Press, S. 65-79.

Manovich, Lev (2001): *Language of New Media*, Cambridge, MA: MIT Press.

Marion, Jean-Luc (1992): »Cartesian Metaphysics and the role of the simple natures«, in: Cottingham, John (Hg.): *The Cambridge Compendium to Descartes*, Cambridge: Cambridge University Press.

Martin, Craig (2006): »Experience of the New World and Aristotelian Revisions of the Earth's Climates during the Renaissance«, in: *History of Meteorology* 3, S. 1-16.

Massey, Doreen (1999): »Philosophy and politics of spatiality: some considerations«, in: dies. (Hg.): *Power-geometries and the politics of space-time*, Bd. 2, Dep. of Geography, Univ. Heidelberg: Hettner-Lectures, S. 27-42.

McGinn, Marie (1997): *Wittgenstein and the Philosophical Investigations,* Oxford: Routledge.

McGuinness, Brian (1988): *Wittgenstein, a life. Young Ludwig, 1889-1921*, Berkeley: University of California Press.

Meinong, Alexius (1923): »A. Meinong«, in: Schmidt, Raymund (Hg.): *Die deutsche Philosophie der Gegenwart in Selbstdarstellungen*, Bd. 1, Leipzig: Meiner, S. 91-150.

Melnick, Arthur (1992): »The Geometry of a form of intuition«, in: Posy, Carl. J. (Hg.): *Kant's Philosophy of Mathematics. Modern Essays*, Dordrecht u. a. Kluver, S. 245-256.

Merleau-Ponty, Maurice (1984): *Das Auge und der Geist*, Frankfurt: Meiner.
– (1986): *Das Sichtbare und das Unsichtbare*, München: Fink.

Mersch, Dieter (2002): *Was sich zeigt, Materialität, Präsenz, Ereignis*, München: Fink.
– (2005): »Das Bild als Argument. Visualisierungsstrategien in der Naturwissenschaft«, in: Wulf, Christoph/Zirfas, Jörg (Hg.): *Ikonologie des Performativen*, München: Fink, S. 345-364.
– (2006a): »Wittgensteins Bilddenken«, in: *Deutsche Zeitschrift für Philosophie* 54 (6), S. 925-942.
– (2006b): »Visuelle Argumente. Zur Rolle der Bilder in den Naturwissenschaften«, in: Maasen, Sabine/Mayerhauser, Torsten/Renggli, Cornelia (Hg.): *Bilder als Diskurse – Bilddiskurse,* Weilerswist: Velbrück, S. 95-116.

Meyer-Krahmer, Benjamin (2012): »My brain is localized in my inkstand. Zur graphischen Praxis von Charles Sanders Peirce«, in: Krämer, Sybille/Cancik-Kirschbaum, Eva/Totzke, Rainer (Hg.): *Schriftbildlichkeit. Wahrnehmbarkeit, Materialität und Operativität von Notationen*, Berlin: Akademie, S. 401-414.

Meynen, Gloria (2007): »Über die Tafel. Das erste Universalmedium der Mathematik«, in: Kittler, Friedrich/Ofak, Ana (Hg.): *Medien vor den Medien*, München: Fink, S. 61-86.
– (2012): *Büro. Die Erfindung der Schreibfläche*, Zürich: Diaphanes.

Minow, Helmut (2005): »Schattenmessung mit dem Gnomon«, in: *Zeitschrift für Geodäsie, Geoinformation und Landmanagement* 4, S. 248-252.

Mitchell, W. J. T. (1980): »Spatial Form in Literature: Toward a General Theory«, in: ders.: *The Language of Images*, Chicago: University of Chicago Press.
– (1981): »Diagrammatology«, in: *Critical Inquiry* 7 (3), S. 622-633.

Möbius, August Ferdinand (1991): »On Higher Space« (1827), in: Cleve, James van/Frederick, Robert E. (Hg.): *The Philosophy of Right and Left. Incongruent Counterparts and the Nature of Space*, Dordrecht u. a.: Kluwer, S. 39-41.

Monk, Ray (1990): *Ludwig Wittgenstein. The Duty of the Genius*, London: Jonathan Cape.

Moretti, Franco (2009): *Kurven, Karten, Stammbäume. Abstrakte Modelle für die Literaturgeschichte*, Frankfurt/M.: Suhrkamp.

Morris, Charles William (1988): »Ästhetik und Zeichentheorie«, in: ders.: *Grundlagen der Zeichentheorie. Ästhetik der Zeichentheorie* (1938), Frankfurt/M.: Suhrkamp.

Morrison John S. (1977): »Two unresolved difficulties in the Line and the Cave«, in: *Phronesis* 22 (2), S. 212-231.

Moseler, Günter (2000): »Descartes' ›Compendium Musicae‹ und der Prolog der Platée von J.-Ph. Rameau. Techniken der (Selbst-)Beherrschung und Selbst(er)findung«, in: Schnädelbach, Herbert/Niebel, Wilhelm Friedrich/Horn, Angelica (Hg.): *Descartes im Diskurs der Neuzeit*, Frankfurt/M.: Suhrkamp, S. 167-185.

Mühlhölzer, Felix (1992): »Das Phänomen der inkongruenten Gegenstücke«, in: *Kant-Studien* 83, S. 436-453.

– (2006) »›A Mathematical Proof Must Be Surveyable‹ – What Wittgenstein meant by this and what it implies«, in: *Grazer philosophische Studien* 71, S. 57-86.

– (2008): »Wittgenstein und der Formalismus«, in: Kroß, Matthias (Hg.): *»Ein Netz von Normen«: Wittgenstein und die Mathematik*, Berlin: Parerga, S. 107-148.

– (2010): *Braucht die Mathematik eine Grundlegung? Ein Kommentar des Teils III von Wittgensteins »Bemerkungen über die Grundlagen der Mathematik«*, Frankfurt/M.: Klostermann.

Müller, Kathrin (2008): *Visuelle Weltaneignung. Astronomische und kosmologische Diagramme in Handschriften des Mittelalters,* Historische Semantik 11, Göttingen: Vandenhoeck & Ruprecht.

Muzzulini, Daniel (2006): *Genealogie der Klangfarbe*, Bern: Peter Lang.

– (2015): »The Geometry of Musical Logarithms«, in: *Acta Musicologica* LXXXVII (2), S. 193-216.

Nagel, Ernest (1961): *The Structure of Science. Problems in the Logic of Scientific Explanations*, New York: Harcourt, Brace & World.

Nake, Frieder (2006): »Das doppelte Bild: Bilderwelten des Wissens«, in: *Kunsthistorisches Jahrbuch für Bildkritik* 3 (2), S. 40-50.

Natorp, Paul (Hg.) (1911): *Philosophie. Ihr Problem und ihre Probleme*, Göttingen: Vandenhoeck & Ruprecht.

Nedo, Michael (1998): »Familienähnlichkeit. Philosophie und Praxis. Eine Collage«, in: Hiltmann, Gabrielle/Abel, Günther (Hg.): *Aspekte sehen. Bemerkungen zum methodischen Vorgehen in Wittgensteins Spätwerk*, Würzburg: Königshausen & Neumann.

Nerlich, Graham (1991): »Hands, Knees, and Absolute space«, in: Cleve, James van/Frederick, Robert E. (Hg.): *The Philosophy of Right and Left.*

Incongruent Counterparts and the Nature of Space, Dordrecht u. a.: Kluwer, S. 151-172.

Netz, Reviel (1998): »Greek mathematical diagrams: their use and their meaning«, in: *For the learning of Mathematics* 18 (3), S. 33-39.

– (1999): *The Shaping of Deduction in Greek Mathematics. A Study in Cognitive History*, Cambridge: Cambridge University Press.

Neuber, Wolfgang (2001): »Wahrnehmungen an der Oberfläche des Denkens – Zur Kanonkonstruktion der mnemonischen Literatur bei Frances Yates«, in: Drügh, Heinz J./Moog-Grünewald, Maria (Hg.): *Behext von Bildern? Ursachen, Funktionen und Perspektiven der textuellen Faszination durch Bilder*, Heidelberg: Universitätsverlag Winter, S. 57-70.

Niebel, Wilhelm Friedrich (1991): »Zur Logik und Semiotik der neuzeitlichen Mathematik. Der Tractatus der ›Regulae‹ von Descartes‹, in: *Die Zeitschrift für Semiotik* 13 (3/4), S. 283-299.

– (2000): »Die esoterische Lehre Descartes'«, in: Schnädelbach, Herbert/ Niebel, Wilhelm Friedrich/Horn, Angelica (Hg.): *Descartes im Diskurs der Neuzeit*, Frankfurt/M.: Suhrkamp, S. 51-60.

Nietzsche, Friedrich Wilhelm (1967 ff.): *Werke. Kritische Gesamtausgabe*, hg. v. G. Colli und M. Montinari, Berlin, New York: de Gruyter.

Nordmann, Alfred (2003): »›I have changed his way of seeing‹: Goethe, Lichtenberg and Wittgenstein«, in: Breithaupt, Fritz (Hg.): *Goethe and Wittgenstein. Seeing the World's Unity in its Variety*, Frankfurt/M.: Lang, S. 91-110.

Notopoulos, James Anastasios (1936): »Movement in the Divided Line of Plato's ›Republic‹«, in: *Harvard Studies in Classical Philology* 47, S. 57-83.

Nowak, Adolf (1980): »Anschauung als musikalische Kategorie«, in: Bubner, Rüdiger (Hg.): *Anschauung als ästhetische Kategorie*, Göttingen: Vandenhoeck & Ruprecht, S. 103-117.

Nyíri, J. C. (2001): »The Picture Theory of Reason«, in: *Rationalität und Irrationalität. Akten des 23. Internationalen Wittgenstein-Symposiums, 13. bis 19. August 2000, Kirchberg am Wechsel (Österreich)*, Wien: Öbv & hpt, S. 242-266.

– (2002): »Pictures as Instruments in the Philosophy of Wittgenstein«, in: Haller, Rudolf/Puhl, Klaus (Hg.): *Wittgenstein and the future of philosophy. A reassessment after 50 years. Proceedings of the 24th International Wittgenstein-Symposium, 12th to 18th August 2001, Kirchberg am Wechsel (Austria)*, Wien: Öbv & hpt, S. 329-336.

Nyíri, Kristóf (2004): »Wittgensteins Philosophie der Bilder«, in: ders. (Hg.): *Vernetztes Wissen. Philosophie im Zeitalter des Internets*, Wien: Passagen.

Ong, Walter J. (1959): »From Allegory to Diagram in the Renaissance

Mind. A study in the significance of the allegorical tableau«, in: *The Journal of Aesthetics and Art Criticism* 17 (4), S. 423-440.

Pais, Abraham (1986): *Inward Bound. Of Matter and Forces in the Physical World*, Oxford: Oxford University Press.

Paré, Eugene G. (1959): *Engineering Drawing*, New York: Henry Holt.

Parsons, Charles (1992a): »Kant's philosophy of Arithmetic«, in: Posy, Carl. J. (Hg.): *Kant's Philosophy of Mathematics. Modern Essays*, Dordrecht u. a. Kluver, S. 43-69.

– (1992b): »Postscript«, in: Posy, Carl. J. (Hg.): *Kant's Philosophy of Mathematics. Modern Essays*, Dordrecht u. a. Kluver, S. 69-80.

Paton, H. J. (1976): *Kant's Metaphysics of Experience*, London: Allen/New York: Humanities.

Patschovsky, Alexander (Hg.) (2003): *Die Bildwelt der Diagramme des Joachim von Fiore. Zur Medialität religiös politischer Programme im Mittelalter,* Ostfildern: Thorbecke.

Peirce, Charles Sanders (1991): *Naturordnung und Zeichenprozess, Schriften über Semiotik und Naturphilosophie,* hg. v. H. Pape, Frankfurt/M.: Suhrkamp.

Pendlebury, Michael (1995): »Making Sense of Kant's Schematism«, in: *Philosophy and Phenomenological Research* 55 (4), S. 777-797.

Penrose, Lionel S./Penrose, Roger (1958): »Impossible objects. A special type of visual illusion«, in: *British Journal of Psychology* 49, S. 31-33.

Philip, James A. (1966): »Platonic Diairesis«, in: *Transactions and Proceedings of the American Philological Association* 97, S. 335-358.

Piaget, Jean/Inhelder, Bärbel/Szeminska, Alina (1975): *Die natürliche Geometrie des Kindes*, Stuttgart: Klett.

Pircher, Wolfgang (2011): »Die Zeichnung als Befehl«, in: Heinrich, Richard (Hg.): *Image and imaging in philosophy, science, and the arts,* Frankfurt/M.: Ontos, S. 131-139.

Pirro, André (1907): *Descartes et la musique*, Paris: Fischbacher.

Platon (1990): *Werke in 8 Bänden*, griech./dtsch. Hg. v. Gunther Eigler, Sonderausgabe (unv. Auflage der Ausgabe Darmstadt 1970), Darmstadt: Wiss. Buchgesellschaft.

– *Menon*, Band 2, 505-600.

– *Phaidon*, Band 3, 1-207.

– *Politeia*, Band 4.

– *Parmenides*, Band 5, 195-320.

– *Theaitetos*, Band 6, 1-217.

Plaud, Sabine (2010): »Picturing as mapping. A Mark of continuity in Wittgenstein's Notion of representation«, in: Heinrich, Richard (Hg.): *Image and imaging in philosophy, science, and the arts,* Frankfurt/M.: Ontos, S. 256-258.

Plinius Secundus der Ältere, Gaius (1997): *Naturkunde / Historia Naturalis in 37 Bd., lat./dt., Buch 35: Farben, Malerei, Plastik*, übers. v. Roderich König (Hg.) in Zusammenarbeit mit Gerhard Winkler, Düsseldorf/Zürich: Artemis & Winkler.

Pooley, Oliver (2003): »Handedness, Parity Violation, and the Reality of Space«, in: Brading, Katherine/Castellani, Elena (Hg.): *Symmetries in Physics. Philosophical Reflections*, Cambridge: Cambridge University Press, S. 250-280.

Poincaré, Henri (1898): »On the Foundations of Geometry«, in: *Monist* 9, S. 1-43.

Pombo, Olga/Gerner, Alexander (Hg.) (2010): *Studies in Diagrammatology and Diagram Praxis, Logic and Cognitive Systems, Studies in Logic 24*, London: College publications.

Poser, Hans (2007): »Hertz und Wittgenstein über Bilder«, in: Abel, G./Kroß, M./Nedo, M. (Hg.): *Ludwig Wittgenstein. Ingenieur, Philosoph, Künstler*, Berlin: Parerga, S. 91-102.

Posy, Carl J. (1992) (Hg.): *Kant's Philosophy of Mathematics. Modern Essays*, Dordrecht u. a.: Kluwer.

Potter, Dennis (2006): »Diagrammatic representation in Geometry«, in: *Dialectica* 60 (4), S. 369-382.

Prichard, H. A. (1909): *Kant's Theory of Knowledge*, Oxford: Clarendon.

Ptolemaios, Klaudios (2006): *Klaudios Ptolemaios. Handbuch der Geographie*, griech./dt., hg. v. Alfred Stückelberger und Gerd Grasshoff, Basel: Schwabe.

Puhl, Klaus (2001): »Geschichte und Ritual. Wittgenstein und Foucault über genetische Erklärungen kultureller Praktiken«, in: Meixner, Uwe (Hg.): *Metaphysik im postmetaphysischen Zeitalter / Metaphysics in the Post-Metaphysical Age*, Wien: öbv & htp, S. 15-25.

– (2006): »Only connect… Perspicious Representation and the Logic of Nachträglichkeit«, in: *Grazer philosophische Studien* 71 (1), S. 23-38.

Putzo, Christiane (2014): »Narrative Diagrammatik. Mit einer Modellanalyse: Die Diagrammatik des ›Decameron‹«, in: Lutz, Eckart Conrad/Jerjen, Vera/Putzo, Christiane (Hg.) (2014): *Diagramm und Text. Diagrammatische Strukturen und die Dynamisierung von Wissen und Erfahrung*, Wiesbaden: Reichert, S. 413-450.

Queiroz, Joao/Stjernfelt, Frederik (Hg.) (2011): »Diagrammatical Reasoning and Peircian logic representations«, in: *Semiotica* 186 (Special issue), S. 1-439.

Ramharter, Esther/Weiberg, Anna (2006): *»Die Härte des logischen Muß«. Wittgensteins Bemerkungen über die Grundlagen der Mathematik*, Berlin: Parerga.

Ramming, Ulrike (2006): *Mit den Worten rechnen. Ansätze zu einem philosophischen Medienbegriff*, Bielefeld: transcript.

Raulff, Ulrich/Smith, Gary (Hg.) (1999): *Wissensbilder. Strategien der Überlieferung*, Berlin: Akademie.

Raven, John E. (1965): *Plato's Thought in the Making: A Study of the Development of His Metaphysics,* Toronto: Cambridge University Press.

Reichenbach, Hans (1920): *Relativitätstheorie und Erkenntnis apriori*, Berlin: Springer.

Reichert, André (2013): *Diagrammatik des Denkens: Descartes und Deleuze*, Bielefeld: transcript.

Reutersvärd, Oscar (1990): *Unmögliche Figuren. Vom Abenteuer der Perspektive*, Augsburg: Augustus.

Richtmeyer, Ulrich (2009): »Logik und Aisthesis – Wittgenstein über Negationen, Variablen und Hypothesen im Bild«, in: Heßler, Martina/Mersch, Dieter (Hg.): *Logik des Bildlichen. Zur Kritik der ikonischen Vernunft,* Bielefeld: transcript.

– (2010): »Einprägsame Bilder. Paradigmen ohne Beweiskraft«, in: Heinrich, Richard (Hg.): *Image and imaging in philosophy, science, and the arts,* Frankfurt/M.: Ontos, S. 274-277.

– (2011): »Vom visuellen Instrument zum ikonischen Argument – Entwurf einer Typologie der Hilfslinie«, in: Voorhoeve, Jutta (Hg.): *Welten schaffen. Zeichnen und Schreiben als Verfahren der Konstruktion*, Reihe »Wissen im Entwurf«, Bd. 4, Zürich, Berlin: diaphanes, S. 111-134.

– (2014): *Wittgensteins Bilddenken. Ikonische Intransitivität – Vom Wahrnehmen, Verstehen und Überzeugen des zeigenden Bildes*, Manuskript, Universität Potsdam.

Ringbom, Sixten (1965): »Plato on Images«, in: *Theoria* 31, S. 86-109.

Robinson, Richard (1953): *Plato's Earlier Dialectic*, Oxford: Clarendon.

Röttgers, Kurt (2013): *Kopflos im Labyrinth*, Essen: Die Blaue Eule.

Rosenberg, Daniel/Grafton, Anthony (2010): *Cartographies of time. A history of the timeline*, Princeton: Architectural Press.

Rosenblum, Lawrence J. (Hg.) (1994): *Scientific Visualization. Advances and challenges*, Academic Press.

Ross, William D. (1951): *Plato's Theory of Ideas*, Oxford: Clarendon.

Rottmann, Michael (2007): »Das digitale Bild als Visualisierungsstrategie der Mathematik«, in: Ingeborg Reichle, Steffen Siegel, Achim Spelten (Hg.), *Verwandte Bilder. Die Fragen der Bildwissenschaft*, Kadmos Verlag, Berlin 2007, S. 281-296.

Rowe, Mark W. (1991): »Goethe and Wittgenstein«, in: *Philosophy* 66, S. 283-303.

Rudich, N./Stassen, M. (1971): »Wittgenstein's Implied anthropology: Remarks on Wittgenstein's Notes on Frazer«, in: *History and Theory* 10 (1), S. 84-89.

Rusnock, Paul/George, Rolf (1995): »A Last Shot at Kant and Incongruent Counterparts«, in: *Kant-Studien* 86, S. 257-277.

Russell, Bertrand (1918): *Mysticism and Logic and Other Essays*, London: Longmans, Green, & Co.

– (1919): *Introduction to Mathematical Philosophy*, London: Allen & Unwin.

Sartre, Jean-Paul (1993): *Das Sein und das Nichts. Versuch einer phänomenologischen Ontologie*, übers. v. Hans Schöneberg und Traugott König, Reinbek bei Hamburg: Rowohlt.

Schaldach, Karlheinz (2001): *Römische Sonnenuhren*, Frankfurt: Deutsch.

Schaper, Eva (1964): »Kant's Schematism Reconsidered«, in: *The Review of Metaphysics* 18 (2), S. 267-292.

Schlick, Moritz (1925): *Allgemeine Erkenntnislehre*, Berlin: Springer.

Schmidt-Burkhardt, Astrit (2012): *Die Kunst der Diagrammatik. Perspektiven eines neuen bildwissenschaftlichen Paradigmas*, Bielefeld: transcript.

Schneider, Birgit (2005): »Diagramme und bildtextile Ordnung«, in: *Bildwelten des Wissens. Kunsthistorisches Jahrbuch für Bildkraft* 3 (1), S. 9-19.

– (2009): »Wissenschaftsbilder zwischen digitaler Transformation und Manipulation«, in: Mersch/Heßler (Hg.): *Logik des Bildlichen. Zur Kritik der ikonischen Vernunft*, Bielefeld: transcript, S. 188-200.

Schneider, Hans Julius (2006): »Satz – Bild – Wirklichkeit«, in: Majetschak, Stefan (Hg.): *Wittgensteins »große Maschinenschrift«. Untersuchungen zum philosophischen Ort des Big Typescripts (TS 213) im Werk Ludwig Wittgensteins*, Frankfurt/M.: Lang.

Scholz, Oliver R. (2004): *Bild, Darstellung, Zeichen. Philosophische Theorien der bildhaften Darstellung*, Kolleg Philosophie, Klostermann Seminar Band 1, Frankfurt/M.: Klostermann.

Schopenhauer, Arthur (1960): »Kritik der kantischen Philosophie«, in: *Sämtliche Werke*, Band 1, Stuttgart, Frankfurt/M.: Löhneysen.

Schoy, Karl (1923): *Über den Gnomonschatten und die Schattentafeln der arabischen Astronomie; ein Beitrag zur arabischen Trigonometrie nach unedierten arabischen Handschriften*, Hannover: H. Lafaire.

Schulte, Joachim (1984): »Chor und Gesetz. Zur ›morphologischen Methode‹ bei Goethe und Wittgenstein«, in: *Grazer philosophische Studien* 21, S. 1-32.

– (1989): *Wittgenstein. Eine Einführung*, Stuttgart: Reclam.

– (2014): »Ideen mit den Augen sehen. Wittgenstein und Goethe über Morphologie«, in: Maatsch, Jonas (Hg.): *Morphologie und Moderne: Goethes »Anschauliches Denken« in den Geistes- und Kulturwissenschaften seit 1800*, Berlin: de Gruyter, S. 141-156.

Schuster, John A. (1977): *Descartes and the Scientific Revolution, 1618-1634. An Interpretation*, Ph. D. diss., Princeton University.

- (1980): »Descartes' Mathesis Universalis: 1619-28«, in: Gaukroger, Stephen (Hg.): *Descartes. Philosophy, Mathematics, Physics*, Sussex, NJ: Harvester, S. 41-96.

Schüttpelz, Erhard (2009): »Die medientechnische Überlegenheit des Westens. Zur Geschichte und Geographie der *immutable mobiles* Bruno Latours«, in: Döring, Jörg/Thielmann, Tristan (Hg.): *Mediengeographie. Theorie – Analyse – Diskussion*, Bielefeld: transcript, S. 67-110.

Schwerzmann, Katia (2012): »Dimensionen des Graphismus: Die drei Pole der Linie«, in: Driesen, Christian/Köppel, Rea/Meyer-Krahmer, Benjamin/Wittrock, Eike (Hg.): *Über Kritzeln. Graphismen zwischen Schrift, Bild, Text und Zeichen*, Zürich: Diaphanes, S. 39-58.

- (2016): *Theorie des Graphischen Feldes*. Dissertation, eingereicht Juni 2016 am Institut für Philosophie der FU Berlin.

Scott, Dominic (2006): *Plato's Meno*, Cambridge, MA: Cambridge University Press.

Seel, Martin (2000): *Ästhetik des Erscheinens*, München / Wien: Hanser.

- (2002): *Sich bestimmen lassen. Studien zur theoretischen und praktischen Philosophie*, Frankfurt/M.: Suhrkamp.

Semper, Gottfried (1878): *Der Stil in den technischen und tektonischen Künsten oder praktische Ästhetik: ein Handbuch für Techniker, Künstler und Kunstfreunde, Bd. 1: Die textile Kunst für sich betrachtet und in Beziehung zur Baukunst*, München: Bruckmann.

Sepper, Dennis L. (1996): *Descartes' imagination. Proportion, images, and the activity of thinking*, Berkeley: University of California Press.

- (2000a): »Figuring things out: figurate problem-solving in the early Descartes«, in: Schuster, John Andrew/Gaukroger, Stephen/Sutton, John (Hg.): *Descartes' Natural Philosophy*, London: Routledge, S. 228-248.

- (2000b): »The Texture of Thought: Why Descartes' Meditationes is Meditational, and Why It Matters«, in: Schuster, John Andrew/Gaukroger, Stephen/Sutton, John (Hg.): *Descartes' Natural Philosophy*, London: Routledge, S. 736-750.

Shabel, Lisa (1998): »Kant on the ›symbolic construction‹ of mathematical concepts«, in: *Studies in history and philosophy of science* 29 (4), S. 589-621.

- (2002): *Mathematics in Kant's critical philosophy. Reflections on mathematical practice*, New York: Routledge.

- (2003): »Reflections on Kant's concept (and intuition) of space«, in: *Studies in history and philosophy of science* 34, S. 45-57.

Shapiro, Lawrence (2001): *Embodied Cognition*, London: Routledge.

- (2004): *The Mind Incarnate*, Cambridge, MA: MIT Press.

Shemyakin, F. N. I. (1961): »Orientation in Space«, in: *Psychological Science in the U.S.S.R.* 1 (1), S. 186-255.

Sherry, David (2009): »The Role of Diagrams in Mathematical Arguments«, in: *Foundations of Science* 14 (1), S. 59-74.

Shin, Sun-Joo/Lemon, Oliver/Mumma, John (2008): »Diagrams«, in: Zalta, Edward (Hg.): *Stanford Encyclopedia of Philosophy*, ⟨http://plato.stanford.edu/entries/diagrams⟩, (Zugriff 09/2014).

Siegel, Steffen (2009): *Tabula. Figuren der Ordnung um 1600*, Berlin: Akademie.

Smith, Nicholas, D. (1996): »Plato's Divided Line«, in: *Ancient Philosophy* 16 (1), S. 25-46.

Smith, Norman Kemp (1962): »A commentary on Kant's ›Critique of Pure Reason‹«, New York: Humanities.

Sommer, Manfred (2016): *Von der Bildfläche. Eine Archäologie der Lineatur*, Frankfurt/M.: Suhrkamp.

Stafford, Barbara M. (1996): *Artful Science: Enlightenment, Entertainment and the Eclipse of Visual Education*, Cambridge, MA: MIT Press.

Stegmaier, Werner (1992): »Schema, Schematismus I«, in: Ritter, Joachim/Gruber, Karlfried (Hg.): *Historisches Wörterbuch der Philosophie*, Bd. 8, Basel: Schwabe, S. 1246-1261.

– (Hg.) (2005): *Orientierung. Philosophische Perspektiven*, Frankfurt/M.: Suhrkamp.

– (2008): *Philosophie der Orientierung*, Berlin, New York: de Gruyter.

Stekeler-Weithofer, Pirmin (2002): »Zur Logik des ›Wir‹. Formen und Darstellungen gemeinsamer Praxis«, in: Gutmann, Mathias/Hartmann, Dirk/Zitterbarth, Walter (Hg.): *Kultur – Handlung – Wissenschaft. Für Peter Janich*, Weilerswist: Velbrück, S. 216-240.

– (2008): *Formen der Anschauung*, Berlin, New York: de Gruyter.

– (2010): »Die soziale Logik der Anschauung«, in: Bromand, Joachim/Kreis, Guido (Hg.): *Was sich nicht sagen lässt. Das Nicht-Begriffliche in Kunst, Wissenschaft und Religion,* Berlin: Akademie, S. 235-257.

Stenius, Erik (1964): *Wittgenstein's Tractatus. A critical exposition of its main lines of thought*, Oxford: Blackwell.

– (1975): »Die Bildtheorie des Satzes«, in: *Erkenntnis* 9 (1), S. 35-55.

Stenning, Keith/Lemon, Oliver (2001): »Aligning Logical and Psychological Perspectives on Diagrammatic Reasoning«, in: *Artificial Intelligence Review* 15, S. 29-62.

Stenzel, Julius (1961): *Studien zur Entwicklung der platonischen Dialektik von Sokrates zu Aristoteles*, Darmstadt: Wiss. Buchgesellschaft.

Stetter, Christian (2005): »Bild, Diagramm, Schrift«, in: Grube, Gernot/Kogge, Werner/Krämer, Sybille (Hg.): *Schrift. Kulturtechnik zwischen Auge, Hand und Maschine*, München: Fink, S. 115-136.

Stjernfelt, Frederik (2008): *Diagrammatology. An Investigation on the Borderlines of Phenomenology, Ontology and Semiotics*, Dordrecht: Springer.

– (2000): »Diagrams as Centerpiece of a Peircean Epistemology«, in: *Transactions of the Charles S. Peirce Society* 36 (3), S. 357-384.

Stocks, J. L. (1911): »The Divided Line of Plato Rep. 6«, in: *C Q* 5, S. 73-88.

Stoichita, Victor I. (1999): *Eine kurze Geschichte des Schattens*, übers. v. Heinz Jatho, München: Fink.

Stollberg, Arne (2006): *Ohr und Auge – Klang und Form. Facetten einer musikästhetischen Dichotomie bei Johann Gottfried Herder, Richard Wagner und Franz Schreker*, Stuttgart: Steiner.

Stroth, Gernot (1998): *Algebra. Einführung in die Galoistheorie*, Berlin: de Gruyter.

Stückelberger, Alfred (2005): »Der geographische Atlas des Ptolemaios, ein oft verkanntes Meisterwerk«, in: Aspernig, Walter/Winkler, Gerhard (Hg.): *Festschrift. Gerhard Winkler zum 70. Geburtstag*, Linz: Gesellschaft für Landeskunde von Oberösterreich, S. 31-39.

– /Grasshoff, Gerd (2006): »Einleitung«, in: Stückelberger, Alfred/ Grasshoff, Gerd (Hg.): *Klaudios Ptolemaios. Handbuch der Geographie*, griech./dt., Basel: Schwabe, S. 9-39.

Summers, David (2003): *Real spaces. World Art History and the Rise of Western Modernism*, London: Phaidon.

Tetens, Johann N. (1913): *Philosophische Versuche über die menschliche Natur und ihre Entwicklung*, Bd. I, besorgt von Wilhelm Uebele, Berlin: Reuther & Reichert.

Thomas von Aquin (1986): *Von der Wahrheit*, übers. v. Albert Zimmermann (Hg.), Hamburg: Meiner.

Totzke, Rainer (2012): »›Assoziationsgrammatik des Denkens‹. Zur Rolle nichttextueller Schriftspiele in philosophischen Manuskripten«, in: Krämer, Sybille/Cancik-Kirschbaum, Eva/Totzke, Rainer (Hg.): *Schriftbildlichkeit. Wahrnehmbarkeit, Materialität und Operativität von Notationen*, Berlin: Akademie, S. 415-436.

Trede, J. H. (1972): Stichwort »Einbildung, Einbildungskraft«, in: Ritter, Joachim/Gruber, Karlfried (Hg.): *Historisches Wörterbuch der Philosophie*, Bd. 2, S. 346-348, Darmstadt: Wiss. Buchgesellschaft.

Treitz, Stefan (2009): *Metaphysik – Sprachspiele – Lebensformen. Untersuchungen zu den Grundlagen von Erkenntnis*, Würzburg: Königshausen & Neumann.

Tufte, Edward (1997): *Visual Explanations. Images and Quantities, Evidence and Narrative*, Cheshire, CT: Graphics.

Ueding, Wolfgang Maria (1992): »Die Verhältnismäßigkeit der Mittel bzw. die Mittel-Mäßigkeit der Verhältnisse: Das Diagramm als Thema und Methode der Philosophie am Beispiel Platons bzw. einiger Beispiele Platons«, in: Gehring, P./Keutner, Th./Maas, J. F. u. a. (Hg.): *Diagrammatik und Philosophie*, Amsterdam/Atlanta, GA: Rodopi, S. 13-50.

van Cleve, James/Frederick, Robert E. (Hg.) (1991a): *The Philosophy of Right and Left. Incongruent Counterparts and the Nature of Space*, Dordrecht u. a.: Kluwer.
– (1991b): »Introduction to the Arguments of 1770 and 1783«, in: dies. (Hg.): *The Philosophy of Right and Left. Incongruent Counterparts and the Nature of Space*, Dordrecht u. a.: Kluwer, S. 15-26.
van Kerkhove, Bart/van Bendegem, Jean Paul/de Vuyst, Jonas (Hg.) (2010): »Philosophical Perspectives on Mathematical Practice«, in: *College Publications* 12.
Varela, Francisco/Thompson, Evan/Rosch, Eleanor (Hg.) (1991): *The Embodied Mind. Cognitive Science and Human Experience*, Cambridge, MA: MIT Press.
Viète, François (1973): *Einführung in die neue Algebra*, übers. v. Reich, Karin/Gericke, Helmuth (Hg.), *Historia Scientiarum Elementa 5*, München: Fritsch.
Vitruvius (1964): *Vitruvii de architectura libri decem. Zehn Bücher über die Architektur*, übers. v. Curt Fensterbusch (Hg.), Darmstadt: Primus.
Vlastos, Gregory (1965): »Anamnesis in the Meno«, in: *Dialogue* 4, S. 143-167.
– /Graham, Daniel W. (1996) (Hg.): Vlastos, Gregory: *Studies in Greek Philosophy*, vol. II, Princeton: Princeton University Press, S. 147-165.
von Waltershausen, Wolfgang Sartorius (1856): *Gauss zum Gedächtnis*, Leipzig: Hirzel.
Voorhoeve, Jutta (2011): *Welten schaffen. Zeichnen und schreiben als Verfahren der Konstruktion*, Zürich: Diaphanes.

Wagner, Kirsten (2010): »Kognitiver Raum. Orientierung – Mental Maps – Datenverwaltung«, in: Günzel, Stephan (Hg.): *Raum. Ein interdisziplinäres Handbuch*, Stuttgart, Weimar: Metzler, S. 234-249.
Walsh, W. H. (1957/58): »Schematism«, in: *Kant-Studien* 49, S. 95-106.

Wardhaugh, Benjamin (Hg.) (2013): *The »Compendium Musicae« of René Descartes. Early English Responses*, Turnhout: Brepols.
Warnock, G. J (1948): »Concepts and Schematism«, in: *Analysis* 8, Oxford University Press.
Waugh, Albert E. (1973): *Sundials. Their Theory and Construction*, New York: Dover.
Weber, Jean-Paul (1964): *La constitution du texte des »Regulae«*, Paris: enseignement supérieur.

Wedberg, Anders (1955): *Plato's Philosophy of Mathematics*, Stockholm: Almqvist & Wiksell.

Weiberg, Anja (2008): »Rechnung versus Experiment. Mathematische Sätze als grammatische Sätze«, in: Kroß, Matthias (Hg.): *»Ein Netz von Normen«. Wittgenstein und die Mathematik*, Berlin: Parerga, S. 17-40.

Wessels, Gregor (2000): »Manierismen der technischen Zeichnung. Zur Ikonographie des Perpetuum Mobile«, in: Holländer, Hans (Hg.): *Erkenntnis, Erfindung, Konstruktion. Studien zur Bildgeschichte von Naturwissenschaften und Technik vom 16. bis zum 19. Jahrhundert*, Berlin: Gebr. Mann, S. 587-616.

Weyl, Hermann (1955): *Symmetrie*, Basel: Birkenhäuser.

– (1966): *Philosophie der Naturwissenschaft*, München: Oldenbourg.

White, N. P. (1974): »Inquiry«, in: *Review of Metaphysics* 28, S. 289-310.

Wieland, Wolfgang (1982): *Platon und die Formen des Wissens*, Göttingen: Vandenhoeck & Ruprecht.

Wiesing, Lambert (2013): *Sehen lassen. Die Praxis des Zeigens*, Berlin: Suhrkamp.

Wilkes, Kathleen Vaughan (1979): »Conclusions in the ›Meno‹«, in: *Archiv für Geschichte der Philosophie* 61, S. 143-153.

Wilkerson, T. E. (1976): *Kant's Critique of Pure Reason*, Oxford: Clarendon.

Wilkinson, Leland (2005): *The Grammar of Graphics*, New York: Springer.

Wittgenstein, Ludwig (1967): *Zettel*, hg. v. Anscombe, G. E. M./von Wright, G. H., Oxford: Blackwell.

– (1967b): »Bemerkungen über Frazers *The Golden Bough*«, in: *Synthese* 17, S. 233-253.

– (1976): »Ursache und Wirkung. Intuitives Erfassen«, in: *Philosophia* 6, S. 391-408.

– (1984): *Werkausgabe in 8 Bänden*, Frankfurt/M.: Suhrkamp:

T, TG, PU	Bd. 1: *Tractatus logico-philosophicus. Tagebücher 1914-1916. Philosophische Untersuchungen*
PB	Bd. 2: *Philosophische Bemerkungen*
WWK	Bd. 3: *Ludwig Wittgenstein und der Wiener Kreis*
PG	Bd. 4: *Philosophische Grammatik*
BB	Bd. 5: *Das Blaue Buch. Eine philosophische Betrachtung (Das Braune Buch)*
BGM	Bd. 6: *Bemerkungen über die Grundlagen der Mathematik*
BP	Bd. 7: *Bemerkungen über die Philosophie der Psychologie. Letzte Schriften über die Philosophie der Psychologie*
BF, ÜG, Z	Bd. 8: *Bemerkungen über die Farben. Über Gewißheit. Zettel. Vermischte Bemerkungen*
VL 1	– (1984b): *Vorlesungen 1930-1935*. Aus den Aufzeichnungen von John King und Desmond Lee, hg. v. Desmond Lee,

Cambridge 1930-1932. Aus den Aufzeichnungen von Alice Ambrose und Margaret Macdonald, hg. v. Alice Ambrose, Cambridge 1932–1935, übers. v. Joachim Schulte, Frankfurt/M.: Suhrkamp.

– (1984c): Wright, G. H. von/Nyman, Heikki (Hg.): *Culture and value*. Chicago: University of Chicago Press.

VE   – (1989): *Vortrag über Ethik und andere kleine Schriften*, hg. v. Joachim Schule, Frankfurt/M.: Suhrkamp.

BEE   – (2000): *Wittgensteins's »Nachlass«, The Bergen Electronic Edition*, Oxford: University Press.

BT   – (2005): *The Big Typescript TS 213*, übers. v. C. Grant Luckhardt & Maximilian A. E. Aue (Hg.), Oxford: Blackwell.

Verwiesen wird auf Paragraphen, Zitierweise BGM weicht aus Gründen der Übersichtlichkeit ab (s. o.).

Wittmann, Barbara (2009): *Spuren erzeugen. Zeichnen und Schreiben als Verfahren der Selbstaufzeichnung*, Zürich: Diaphanes.

Wohlers, Christian (2011): »Einleitung«, in: *Regulae ad directionem ingenii/ Cogitationes privatae*, lat./dt., übers. v. Christian Wohlers (Hg.), Hamburg: Meiner, VII-LXXXVII.

Wolff, Michael (2009): »Absolute Selbstähnlichkeit in der euklidischen Geometrie. Zu Kants Erklärung der Möglichkeit der reinen Geometrie als einer synthetischen Erkenntnis a priori«, in: *Kant-Studien* 100 (3), S. 285-308.

Wolzogen, Christoph von (1992): »Relation IV. 20. Jahrhundert«, in: Ritter, Joachim/Gruber, Karlfried (Hg.): *Historisches Wörterbuch der Philosophie*, Bd. 8, Basel: Schwabe, S. 602-606.

Wöpking, Jan (2015): »Geometrisches Aspektsehen«, in: Czolbe, Fabian/ Magnus, David (Hg.): *Notationen in kreativen Prozessen,* Würzburg: Königshausen & Neumann, S. 37-58.

– (2016): *Raum und Wissen. Elemente einer Theorie epistemischen Diagrammgebrauchs*, Berlin: de Gruyter.

Wu, C.-S./Ambler, E./Hayward, R. W./Hoppes, D. D./Hudson, R. P. (1957): »Experimental Test of Parity Conservation in Beta Decay«, in: *Physical Review* 105, S. 1413-1415.

Wulf, Christoph/Zirfas, Jörg (Hg.) (2005): *Ikonologie des Performativen*, München: Fink.

Young, J. Michael (1984): »Construction, schematism and imagination«, in: *Topoi* 3 (2), S. 123-131.

Zarlino, Gioseffo (1558): *Le istitutioni harmoniche*, Venice: Senese.

Zittel, Claus (2009): *Theatrum philosophicum. Descartes und die Rolle ästhetischer Formen in der Wissenschaft*, Berlin: Akademie.

Zovko, Marie-Élise (2008): »The Way Up and the Way Back are the Same. The Ascent of Cognition in Plato's Analogies of the Sun, the Line and the Cave and the Path Intelligence Takes«, in: Dillon, John/Zovko, Marie-Élise (Hg.): *Platonism and Forms of Intelligence*, Berlin: Akademie, S. 313-341.

Sybille Krämer
im Suhrkamp Verlag

Figuration, Anschauung, Erkenntnis. Grundlinien einer Diagrammatologie. stw 2176. 361 Seiten

Medium, Bote, Übertragung. Kleine Metaphysik der Medialität. Gebunden. 379 Seiten

Sprache, Sprechakt, Kommunikation. Sprachtheoretische Positionen des 20. Jahrhunderts. stw 1521. 288 Seiten

Bewußtsein. Philosophische Beiträge. Herausgegeben von Sybille Krämer. stw 1240. 250 Seiten

Gibt es eine Sprache hinter dem Sprechen? Herausgegeben von Sybille Krämer und Ekkehard König. stw 1592. 290 Seiten

Medien – Computer – Realität. Wirklichkeitsvorstellungen und Neue Medien. Herausgegeben von Sybille Krämer. stw 1379. 328 Seiten

Spur. Spurenlesen als Orientierungstechnik und Wissenskunst. Herausgegeben von Sybille Krämer, Werner Kogge und Gernot Grube. stw 1830. 366 Seiten

Stimme. Annäherung an ein Phänomen. Herausgegeben von Doris Kolesch und Sybille Krämer. stw 1789. 300 Seiten

NF 158/1/9.16